澳門基金會 FUNDAÇÃO MACAU 资助出版

U1013106

前沿性·国际性·原创性

BLUE BOOK OF CLEAN ENERGY

THE SMART ENERGY INDUSTRY INNOVATION AND DEVELOPMENT REPORT (2018)

IFCE Macao
智库年度报告

清洁能源蓝皮书

BLUE BOOK OF CLEAN ENERGY

智慧能源产业创新发展报告（2018）

The Smart Energy Industry Innovation and Development Report（2018）

国际清洁能源论坛（澳门）
主　编／苏树辉　毕亚雄　王忠敏
副主编／周　杰　朱松强　武　钢

世界知识出版社

图书在版编目（CIP）数据

智慧能源产业创新发展报告．2018/苏树辉，毕亚雄，王忠敏主编．—北京：世界知识出版社，2018.11

（清洁能源蓝皮书）

ISBN 978-7-5012-5898-7

Ⅰ.①智… Ⅱ.①苏… ②毕… ③王… Ⅲ.①无污染能源—能源发展—研究报告—世界—2018 Ⅳ.①F416.2

中国版本图书馆 CIP 数据核字（2018）第 259889 号

责任编辑　刘豫徽
责任出版　王勇刚
责任校对　陈可望

书　　名　智慧能源产业创新发展报告（2018）
Zhihui Nengyuan Chanye Chuangxin Fazhan Baogao（2018）
主　　编　苏树辉　毕亚雄　王忠敏
副 主 编　周　杰　朱松强　武　钢

出版发行　世界知识出版社
地址邮编　北京市东城区干面胡同 51 号（100010）
网　　址　www.ishizhi.cn
投稿信箱　lyhbbi@163.com
电　　话　010-65265923（发行）
010-85119023（邮购）
经　　销　新华书店
印　　刷　北京虎彩文化传播有限公司
开本印张　710 毫米×1000 毫米　1/16　30 印张
字　　数　473 千字
版次印次　2018 年 12 月第一版　2018 年 12 月第一次印刷
标准书号　ISBN 978-7-5012-5898-7
定　　价　128.00 元

《智慧能源产业创新发展报告(2018)》
编委会成员名单

姜耀东　论坛理事/专家委员，中国经济社会理事会理事，中国矿业大学（北京）副校长

周　杰　论坛副理事长兼秘书长，中国经济社会理事会理事，武汉新能源研究院研究员

黄　珺　论坛副监事长

云　图　论坛常务理事，全国工商联执委，渝商会会长

周　维　论坛理事，原国务院三峡办巡视员、副司长，研究员

卢志勇　论坛理事，中国葛洲坝集团装备工业有限公司总经理

罗　宏　论坛理事，中国环境科学研究院研究员，能源与环境经济研究领域首席专家

张晓晨　论坛理事，美国 FinTech4Good 区块链前沿组织创始人、总裁

刘建平　中国智慧能源产业技术创新战略联盟副理事长，广东工业大学智慧能源研究中心主任

王克娇　中国智慧能源产业技术创新战略联盟副理事长

常　幸　中国智慧能源产业技术创新战略联盟副理事长兼零碳生活专业委员会主任

张　勇　中国智慧能源产业技术创新战略联盟秘书长，双泽维度信息技术有限公司 CEO

尹向勇　中国广核集团有限公司研究中心研究员

刘　飞　葛洲坝能源重工有限公司总经理

王　炜　中国社会科学院研究生院国际能源安全研究中心秘书长

王　焱　论坛秘书处项目官员

陈小华　论坛秘书处项目官员

张　文　中国矿业大学（北京）

Oliver Titheridge-Stone　清华大学

主编单位简介

国际清洁能源论坛（澳门）是一个常设于澳门的非营利性国际组织（简称 IFCE），IFCE 是由部分全国政协委员和多国专家学者联合发起的，在全国政协和澳门特别行政区政府的支持下，于 2012 年 4 月在澳门正式成立。其宗旨是以普及清洁能源、提高能源效率、发展节能型经济、建设低碳型社会、实现可持续发展的生态文明社会为目标，促进和深化世界各国在清洁能源和节能环保领域的交流、协调与合作。

全国政协原常委、澳门生产力暨科技转移中心主席杨俊文担任论坛大会主席，全国政协常委、澳门中华总商会会长马有礼担任论坛大会执行主席，全国政协原委员、中国长江三峡集团有限公司原副总经理袁国林担任论坛大会副主席。全国政协原委员、葡萄牙驻香港名誉领事、澳门博彩控股有限公司行政总裁苏树辉担任论坛理事长，全国政协原委员、中国广核集团有限公司党委书记、董事长贺禹担任论坛执行理事长，中国长江三峡集团、中国南方电网、中国葛洲坝集团、浙江省能源集团、新疆金风科技、隆基绿能科技、国家发改委能源研究所、澳门基金会等单位的领导担任论坛副理事长。论坛现有来自海内外能源、电力、节能、环保、汽车、工程技术、金融投资等行业的工商领袖以及大专院校和科研院所的专家学者等理事百余名。中国经济社会理事会作为论坛指导单位，联合国有关机构、国际能源署、国际可再生能源署、澳门基金会、澳门环境保护局和澳门能源业发展办公室作为论坛支持单位参与论坛各项活动。

论坛是一个“官产学”的清洁能源产业研究平台，也是一个“产学研”的清洁能源技术交流平台，更是一个技术与资本对接的清洁能源项目合作平台。主要任务是：研究清洁能源政策、支持清洁能源研发、普及清洁能源市场、推动清洁能源投资。具体任务如下：

1. 召开年会、研讨会以及其他学术讨论会，讨论世界清洁能源发展和节能环保的重要问题；对于能源与环境发展有关的技术经济政策、贸易政策和法律法规进行跟踪研究，及时向有关国家和地区的政府部门反映清洁能源和节能环保行业和企业的意见和要求。

2. 提出地区性或全球性的倡议，呼吁各国政府对清洁能源和节能环保给予更多关注和支持。促进和加强各国政府与商业实体之间在清洁能源开发和利用方面的合作关系。为有关国家和地区的政府制定清洁能源和节能环保行业发展规划、产业发展与技术政策、法律法规及行业改革与发展方向等提供建议和咨询服务。

3. 编辑出版“清洁能源蓝皮书”，蓝皮书是一本以年度发展报告形式针对全球清洁能源领域包括技术、政策、市场、产业等层面热点问题的研究成果。探索创办清洁能源网站、可持续发展研究院和论坛学术刊物，努力将论坛建成一个国际性的高端智库。

4. 通过论坛建立的工作网络，增进区域内外企业间联系；搜集和发布相关国际清洁能源经济和技术信息，跟踪了解国内外市场动态，为会员单位提供信息服务；组织会员单位、行业企业参观学习、交流及商务考察活动；为企业开拓市场提供咨询服务；开展有助于实现论坛宗旨的会议展览、信息交流、经济技术评估、教育培训、电子商务等各类活动。

5. 致力于清洁能源的技术创新力和产业竞争力的提高。组织国际清洁能源领域专家，对拥有较高市场需求的应用性技术难题进行联合研发，并进行重点孵化和培育，吸引产业基金和风险投资积极参与重点项目投资。促进全球清洁能源领域高新技术的研发和成果转化，以提升清洁能源的技术性、生态性、经济性和应用性等综合竞争力。

目 录

第三篇 技术创新篇

第四篇 创新实践篇

序　言

当前，新一轮能源革命正在全球范围内加速推进，智慧能源应运而生，并深刻改变着人类社会生产生活方式，智慧能源被视为掀起第三次工业革命浪潮的基础原动力。智慧能源的系统集成和信息管理优势，可以有效协调和对接能源供需，改变一直以来能源供应被动满足需求的模式。如今互联网理念、先进信息技术正在与能源产业深度融合，支撑和推动能源革命，构建绿色低碳、安全高效的现代能源体系，在此过程中，智慧能源产业不可避免地碰到很多前所未有的难题。

国际清洁能源论坛（澳门）是一个常设于澳门的非营利性国际组织，以"致力于清洁能源的技术创新力和产业竞争力的提高"为宗旨。"清洁能源蓝皮书"是论坛对中国与世界清洁能源领域发展状况和热点问题观察和研究的一份年度报告，主要针对某一行业或区域现状与发展趋势进行分析和预测，具有权威性、前沿性、原创性、实证性、时效性等特点。蓝皮书以切实加强自主创新能力、拓展能源新领域为目标，旨在为我国政府决策部门制定能源产业政策提供前瞻性建议，以及制定合理的清洁能源产业扶持政策提供参考依据。与此同时，通过绘制清洁能源技术发展的路线图，对研发和产业界具有一定的指导和借鉴意义，为相关企业战略规划提供针对性指导意见。论坛作为一个国际清洁能源的"智库"，迄今为止已编辑和出版了《国际清洁能源发展报告（2013）》《国际清洁能源发展报告（2014）》《国际清洁能源发展报告（2015）》《世界能源发展报告（2014）》《世界能源发展报告（2015）》《温室气体减排与碳市场发展报告（2016）》《清洁供热与建筑节能发展报告（2016）》《国际氢能产业发展报告（2017）》《全球核能产业发展报告

（2017）》等9本蓝皮书研究报告，受到业内广泛好评。《智慧能源产业创新发展报告（2018）》是我论坛本年度清洁能源蓝皮书系列研究报告之一。全书由29篇独立研究报告构成，分为行业综述、市场创新、技术创新、创新实践四个篇章。新书首发式将于今年12月11日至13日在澳门举行的第七届国际清洁能源论坛上举行，相信此书的出版将为我们打开解决难题的智慧之门。在此，我谨代表论坛对参与智慧能源产业创新研究课题组的各位理事、专家委员及作者表示衷心的感谢。

《推进“互联网+”智慧能源发展的指导意见》指明了我国今后智慧能源发展的方向：在能源生产消费的智能化方面，鼓励建设智能风电场、智能光伏电站等，鼓励煤、油、气开采、加工及利用全链条智能化改造；在能源消费的智能化方面，涉及智能工厂、智能家居、智能小区、智慧城市；在网络建设方面，以智能电网为基础，与热力管网、天然气管网、交通网络等多种类型网络互联互通协同控制。其中，智能电网的建设与发展是智慧能源的重心，是智慧城市不可或缺的重要组成部分，更是电力产业发展的必然趋势。南方电网以打造“数字南网、智慧南网”为目标，以创新发展电网的信息化、数字化、自动化和交互化为核心，努力构建新一代的“坚强智能电网”。智能电网不仅有助于促进清洁能源的开发利用，减少温室气体排放，推动低碳经济发展，而且有助于优化能源结构，实现多种能源形式的互补，确保能源供应的安全稳定。让我们一起携手共创智慧能源产业创新的华美篇章。

国际清洁能源论坛（澳门）副理事长
中国南方电网有限责任公司副总经理
毕亚雄
2018年11月16日

前言　智慧能源产业创新概述

一、概述

自从2015年7月，国务院印发《关于积极推进“互联网+”行动的指导意见》做出“互联网+智慧能源”的总体部署之后，2016年2月，国家发展和改革委员会、国家能源局、工业和信息化部又联合发布《关于推进“互联网+”智慧能源发展的指导意见》。国家层面上的这些部署，使得国内有关智慧能源产业创新的热潮滚滚而来，越来越多的专家、学者、企业领导、工程技术人员和管理者，纷纷加入这个行列，经济主管部门和行业协会广泛参与，研究机构、大专院校乐此不疲。与智慧能源、能源互联网有关的概念、技术方法、发明创造、整体解决方案和市场策划充满生机和活力，可谓异彩纷呈。与此相呼应，资本市场也闻风而动，各种类型的投资、融资方案不断出笼，基金、债券纷纷跟进。就连长期在痛苦中挣扎的制造业和实体经济也开始思索，试探着把不知道该放在哪儿的双脚踏入这个未知的领域，这是一件好事。事实上，智慧能源产业创新恰恰是实体经济摆脱虚拟困惑，走向良性发展的良好开端。

什么是智慧能源？智慧能源与传统能源和新能源是什么关系？智慧能源与能源互联网有什么联系？能源互联网是否就是“坚强电网”？智慧能源与环境保护、生态文明、绿色发展是什么关系，怎样协同？智慧能源的技术支撑和产业特点是什么？智慧能源产业创新如何构成，怎样发展？中国的智慧能源产业和国外有什么不同、有什么特点？未来发展趋势怎样？所有这些问题都是业内人士十分关心和倾情关注的事情。毫无疑问，彻底解决这些问题都需要在发展中认真摸索、不断总结、不断理清和升华，这是一个过程，缺了哪个环节都不完整。因此全面地了解这一过程的来龙去脉和发展趋势，对于当事者一定大有好处。本文试图从这一目的出发，根据创办全国节能减排标准化技术联盟和中国智慧能源产业技术创新战略联盟历时八年多的研究和实践，初步给出一个较为清晰的思路和发展梗概，以期达到与大家交流、探索和分享之目的，希望得到读者的批评指正。

二、国内智慧能源理论研究的由来

关于智慧能源理论或概念的系统研究并不多见，曾经有几位专家、学者从不同角度涉足其中，如 2012 年 1 月清华大学出版社出版的由王毅、张标标等五人编著的《智慧能源》一书，侧重是介绍一家公司参与智慧城市和智慧能源建设的成功案例。再如由刘建平、陈少强和刘涛三位博士合著的《智慧能源——我们这一万年》，从宏观角度传播了有关智慧能源的理念和未来愿景，以及智慧能源的相关科普知识，该书于 2013 年 6 月由中国电力出版社和科学技术文献出版社联合出版。而从组织和团体的角度对智慧能源产业创新开展探索和研究，则起始于中国标准界和节能减排。

2010 年 10 月，在当时的国家质检总局、国家标准委、国家认监委和国家发改委、科技部、工信部、中国科协等部门的支持下，中国标准化研究院正式发起成立了“全国节能减排标准化技术联盟”，其目的是在推进节能减排的基础上进一步建立健全低碳标准和相关标准体系。此前，中国标准化研究院作为国内权威的标准化研究机构，跟踪和研究中国的节能事业和节能标准已有 30 年的历史，创办了“能效标识”“节能认证”等方式方法，制定了一大批节能标准，积累了节能技术支撑的深厚功底和管理经验。

《中华人民共和国节约能源法》于 1997 年 11 月 1 日通过，1998 年 1 月 1 日正式生效实施。到目前为止，在不到二十年的时间内，这部法律已经经历了两次修改，反映出节能工作在中国的特殊地位和极端重要性。事实上，在这部法律制定之前，企业和行业的节约能源工作早已展开。那时候，节能工作主要是以国有企业为主并以降低生产成本为主要目的进行的。在计划经济时代，企业不是真正的市场主体，能源的供给完全由国家配套，在能源使用上根本不在乎是节约还是浪费，更没有人想到这与全球气候变化有关。即使在改革开放以后与国际市场对接，企业有了强烈的外部压力，为了提高经济效益，不得不开始注意提高能源使用效率，降低生产成本，所以那个时候抓节能工作，更多地是为了在国有企业转向市场后尽快扭亏增盈。

20 世纪 90 年代初，随着中国经济的进步和对外开放的推进，减排二氧化碳温室气体的全新概念传到了中国。早在 20 世纪 70 年初，欧洲国家为代表的发达国家已经从应对全球气候变化的角度开始审视和研究能源问题，其中一个重要原因，就是它们已经渡过了工业化的各个阶段，转而开始关注环境和生态、研究可持续发展。中国进入工业化，与它们相比，整整差了一大截。

要减排温室气体，就要限制和减少化石能源的使用量，这样一来，中国倍感压力，因为按照同样的减排标准，对于像中国这样技术一直落后正在奋起直追的发展中国家来说，无疑是被套上了紧箍咒。所以那个时候中国从上到下对节能并不反对，但对减排则抱有这样那样的抵触。另一方面，由于市场饥渴，供求失衡，节约能源省下来的那点钱与市场扩张所获红利相比已经微不足道，各级政府把全部精力投入追求速度上，企业把全部精力投入通过扩大产能和市场谋取利益上，罔顾环境和生态，更加无视什么“节约能源法”。这种状况导致了对能源资源的过度开发和对廉价劳动力的无节制使用，从而一步步造成和推高了过剩产能，过度消耗了人口红利，造成了今天如大家所知的严重后果。

进入 21 世纪后也是中国加入世贸组织融入全球化的开始，合理开发和有效利用包括能源资源在内的各种资源、努力保护环境、积极应对气候变化，成为可持续发展的必然需求。由于已经积累的问题和欠账，在节约能源减少碳排放方面，中国政府和企业面临着的来自国内外的巨大压力，迫使人们不得不回过头来审视过去二十多年间走过的节能之路，也审视从 1995 年开始在世界银行指导下全国范围内分批开展的节能减排、节能技术服务和合同能源管理的示范、试点工作，开始研究和关注以欧洲国家为代表从 2006 年开始在全球推行的低碳行动。为适应这些需求，《中华人民共和国节约能源法》做了最新修订，这部法律开宗明义对能源做了这样定义：“本法所称能源，是指煤炭、石油、天然气、生物质能和电力、热力以及其他直接或者通过加工、转换而取得有用能的各种资源。”这里将煤炭、石油和天然气这三种不可再生的一次性化石能源列在了前三位，这当然是节约的重点，同时也是减排的重点。

要完成这些任务、实现节能减排目标，一个重要的问题就是标准，标准既是确定目标的准绳，也是测量成果的标尺。没有标准，技术的先进性无法确定，减排的成效性无法度量。标准又具有公益、公正和公认的特点，它不是依据长官意志、行政命令和领导指令制定的，必须是在实践基础上，由技术专家和专业人员集体研制产生。标准作用的大小，取决于标准应用的范围。低碳和应对气候变化标准显然不是一时一地或一个工厂、一个企业、一个单位孤立的事情，所以在三十多年研究节能工作和节能标准的基础上，全国节能减排标准化技术联盟在中国标准化研究院倡导发起中应运而生，这个联盟为后来智慧能源理论和产业创新的出现和发展做了组织准备。

三、智慧能源概念的形成和能源互联网

2012 年 6 月有一本书传到中国，书的作者叫杰里米·里夫金，是个美国人。最初，只有少数人开始阅读这本叫作《第三次工业革命》的著作。借助互联网的传播，这本书的思想很快就被传播开来。中央政府的高层领导指示有关部门“密切关注”。北京、上海、浙江、江苏、安徽、云南等省市也相继组织了干部学习。由此，在仅仅一年半的时间内，此书在中国竟被印刷了 37 次，人们趋之若鹜。新华网头条报道说，全球正迎来第三次工业革命，转变经济发展方式已经刻不容缓，评介这是一本有可能改变中国命运的书。为什么这样一本洋著作会这样迅速地在中国热起来？是因为作者敏锐地发现，人类历史上数次重大的经济革命都是在新的通信技术和新的能源系统结合之际发生的。他判断，新的通信技术和新的能源系统将再次结合，标志就是互联网技术寻找到可

再生能源，这是第三次工业革命的基础。

与里夫金的研究差不多在同一个时间象限，一家叫 IBM 的著名公司，正在为在全球金融危机中如何使自己的主流业务由硬件制造转向软件设计和咨询服务而绞尽脑汁，他们首次提出了“智慧地球”的概念。差不多与此同时，以“城市，让生活更美好”为主题的上海世博会正在紧锣密鼓地筹备中，作为精明的商人，IBM 恰逢其时地提出并最早让中国人津津乐道地接受了“智慧城市”的新概念。2009 年，中国政府为了应对全球金融危机，提出了 4 万亿投资项目，IBM 公司抓住机遇，趁热打铁，在全国范围内积极推广他们的“智慧城市”新理念。他们连续在中国召开 22 次“智慧城市”研讨会，吸引超过 200 名以上市长和近 2000 名政府官员参加，使“智慧城市”的概念迅速普及，成为至今高烧不退的热词。人们看到，里夫金研究关注的焦点是“可再生能源”，IBM 大做文章的是“智慧城市”，而中国的问题绝不止于此，于是，“智慧能源”的研究开始进入人们的视线。

什么是智慧能源？2015 年 10 月，由中国标准出版社出版的《中国智慧能源产业发展报告（2015）》开宗明义这样写道：“什么是智慧能源？智慧能源必须是应用互联网和现代通信技术对能源的生产、使用、调度和效率状况进行实时监控、分析，并在大数据、云计算的基础上进行实时检测、报告和优化处理，以达到最佳状态的开放的、透明的、去中心化和广泛自愿参与的能源综合管理系统。”对于这个定义，报告做了如下阐释：（1）智慧能源不只是概念，必须是产业创新的实践。（2）智慧能源产业不是单一的产业，而是能源产业与互联网产业和现代通信技术的复合体。（3）智慧能源不仅包括传统的能源生产，也包括新能源的开发利用；不仅涵盖能源生产，也涵盖能源消费；不仅关系环境资源、应对气候变化，更关系能效提升。（4）智慧能源产业创新是物联网的实践，最终的结果是能源互联网。

做出这样的判断，并不是一个人、几个人的力量，而是一群人和一个组织、一个公共技术平台循序渐进的研究结果，这个组织和平台就是中国智慧能源产业技术创新战略联盟。该联盟自 2012 年末开始酝酿筹备，由全国节能减排标准化技术联盟主导，联合中关村下一代互联网联盟共同发起，经过多次研讨、论证，反复听取政府主管部门、研究机构、大专院校尤其是企业第一线科研人员的意见，在科技部推行产业技术创新联盟工作的大背景下，于 2013 年 11 月 14 日在北京正式成立。2014 年 7 月，在贵阳国际生态论坛年会上举办第一届全国论坛，发布研究专著《智慧能源——产业创新与实践》，树立了一面鲜艳的创新旗帜。2015 年 10 月，在杭州，联盟以自己的方式借助“西湖博览会”的东风，成功举办了“2015 中国能源互联网大会暨智慧能源产业博览会”，邀请到美国著名学者，《第三次工业革命》作者杰夫里·里夫金，世界银行首席能源科学家，将节能减排理念和节能减排技术方法传播到中国来的第一人罗伯特·泰勒，德国工业 4.0 起草人艾克·韦伯教授，韩国环境科学研究院院长金勇周等国际知名专家学者，共同聚焦研讨这个全新的产业，从而使中国的智慧能源产业创新跨上与发达国家比肩的起跑线。

四、能源互联网生态圈与智慧能源产业链

2014 年 6 月，习近平总书记提出要积极推动我国能源生产和消费革命。2015 年 3 月，李克强总理主持国务院常务会议，明确提出包括智慧能源在内的“互联网+”行动计划。同年 7 月，国务院印发《关于积极推进“互联网+”行动的指导意见》。2016 年 2 月，国家发展和改革委员会、国家能源局、工业和信息化部联合发布《关于推进“互联网+”智慧能源发展的指导意见》，提出十大重点任务和两大发展阶段，为智慧能源产业发展指明了方向。与此同时，国家推动的电力体制改革、中国制造 2025、节能减排升级创新、多能互补集成优化和互联网升级换代等，从各个领域、各个方向，全面推动了智慧能源产业创新和能源互联网的发展，由此，互联网+智慧能源倍受关注，能源互联网生态新模式正式开启。

能源互联网不会在一觉醒来时自然形成，它是通过智慧能源产业的创新实践日积月累的最终结果，没有智慧能源产业创新的成功实践，就不会有能源互联网。智慧能源既然是产业，这个产业的形态是什么？产业链如何构成？智慧能源产业技术创新包含哪些内容？涵盖哪些领域？涉及哪些技术和产品？目前

就全世界来说尚未有过这方面的系统研究，在我国，这也是个循序渐进的实践过程，既急不得，也慢不得。综合几年来中国智慧能源产业技术创新战略各领域、各产业、各专业的探索和实践，本文总结出智慧能源产业链的构成及其相互关系，如图1所示。

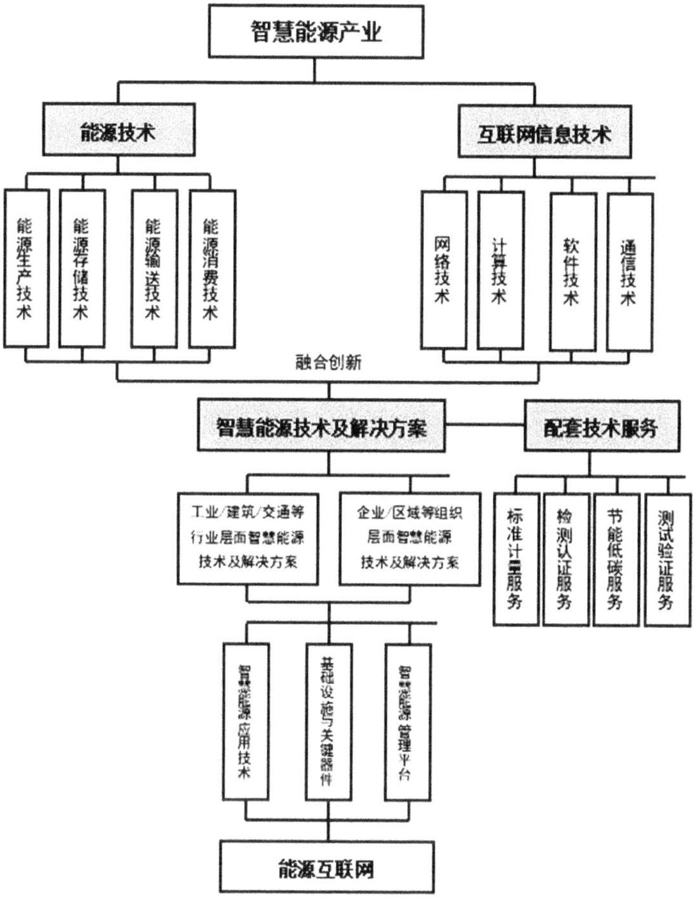

图1　智慧能源产业整体框架图

智慧能源技术及解决方案是能源技术与互联网信息技术的融合创新的结果。其中：能源技术包括了能源生产技术、存储技术、输送技术及消费技术等；互联网信息技术包括了网络技术、计算技术、软件技术及移动通信技术等。

按应用范围划分，智慧能源技术及解决方案包含了工业/建筑/交通等行业层面智慧能源技术及解决方案、企业/区域等组织层面智慧能源技术及解决方案等内容；按技术产品划分，智慧能源技术及解决方案包含了智慧能源各类应用技术、基础设施与关键器件、智慧能源管理平台等内容。

和其他产业一样，智慧能源产业也需要配套技术服务予以支撑，服务内容包括标准计量服务、检测认证服务、节能低碳第三方服务及测试验证服务等。

智慧能源产业与能源互联网的核心理念是一致的，智慧能源技术、产品及解决方案的创新发展及推广应用将有效推动能源互联网的形成与发展。

五、智慧能源产业各组成部分分解

（一）能源技术部分

依据能源利用的四个环节（生产、存储、输送、消费），能源技术则包括能源生产技术、存储技术、输送技术及消费技术，其中：能源生产技术包括传统能源技术（煤炭、石油、天然气、水能等）和新能源技术（太阳能、风能、生物质能、地热能等）；能源存储技术包括机械储能、电磁储能、电化学储能等；能源输送技术包括直流供电技术、并网技术、分布式能源/微网技术等；能源消费技术指的是能效提升/节能低碳技术，主要涉及工业（电力、钢铁、化工、建材等）、建筑（公共建筑、居住建筑、工业建筑、农业建筑等）、交通（传统交通工具、新能源汽车、充电桩等）三大领域，近年来农业对智慧能源技术的探索和应用也出现良好苗头，是未来发展的又一个亮点。能源技术框架图如图 2 所示。

能源技术是发展智慧能源产业的基础和依托。智慧能源的目标对象是能源，包括传统能源和新能源，只有能源的生产、存储、输送、消费等技术日趋完善，智慧能源产业才能拥有坚实的发展根基。

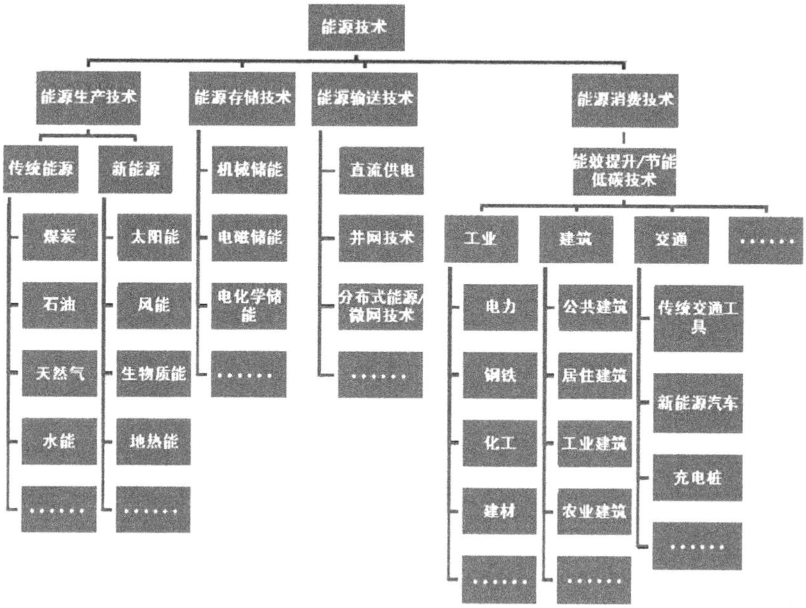

图 2 能源技术框架图

（二）信息技术部分

信息技术是主要用于管理和处理信息所采用的各种技术的总称，包括互联网技术和现代通信技术，随着技术的创新发展，这两类技术正在逐渐靠近融合，而且以万物互联为特征的物联网正在形成。根据这一特点，互联网信息技术包括了网络技术、计算技术、软件技术及通信技术等内容。其中：网络技术包括下一代互联网、物联网技术等；计算技术包括云计算、大数据等；软件技术包括系统软件、应用软件、SDN（软件定义网络）等；通信技术包括有线通信（光纤、同轴电缆、网线等）、无线通信（3G/4G/5G、WLAN、蓝牙等）等，特别值得重视的是传感器技术，未来的物联网时代，将是传感器研究和应用暴发的时代。互联网信息技术框架图如图 3 所示。

信息技术是发展智慧能源产业的工具和手段。智慧能源的目标是实现能源的“智慧化”，其技术核心是在能源技术基础上引入人类的“智慧”，而实现这一“智慧”的载体则是互联网、物联网、云计算、大数据等信息技术。

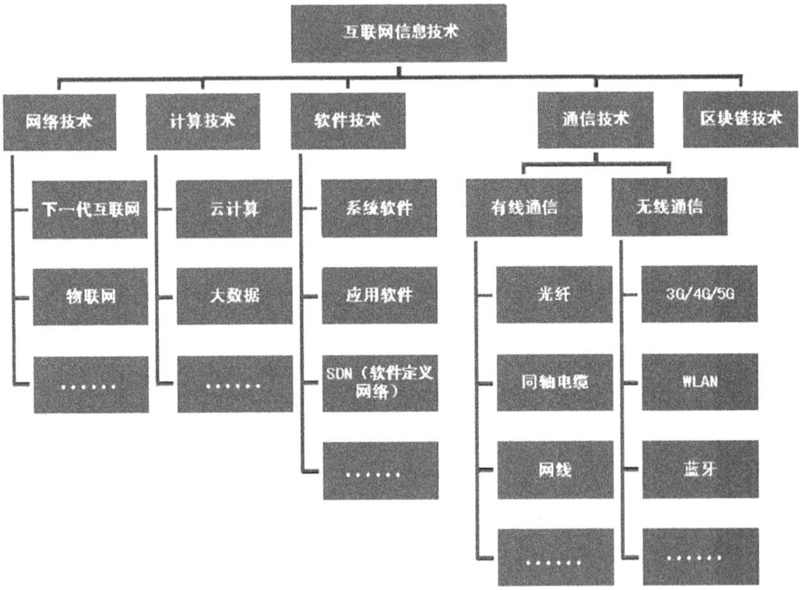

图 3　互联网信息技术框架图

（三）智慧能源技术及解决方案框架

1. 按照应用范围划分，智慧能源技术及解决方案包括了工业/建筑/交通等行业层面、企业/区域等组织层面的技术及解决方案等内容。其中：工业/建筑/交通等行业层面智慧能源技术及解决方案包括智慧供热、智慧供冷、智慧流体、智慧蒸汽、智能变电站、智能输配电、智慧照明、智慧家居、智慧交通等；企业/区域等组织层面智慧能源技术及解决方案包括企业/区域能耗监测与优化、企业/区域生产过程优化、企业/区域能源系统优化等。智慧能源技术及解决方案框架图（按应用范围划分）如图 4 所示。

2. 按照技术、产品划分，智慧能源技术及解决方案包括了智慧能源应用技术、基础设施与关键器件、智慧能源管理平台等内容。其中：智慧能源应用技术包括分布式能源技术、智能输配电技术、智能用电及智能调度技术、高效节能变频调速控制技术、无功补偿技术、低耗损配变技术、相位跟踪控制技术等；基础设施与关键器件包括传感器、网关、流量计、智能阀门、逻辑模块、编码器、光通信产品等；智慧能源管理平台架构由现场设施域、网络传输域、分析处

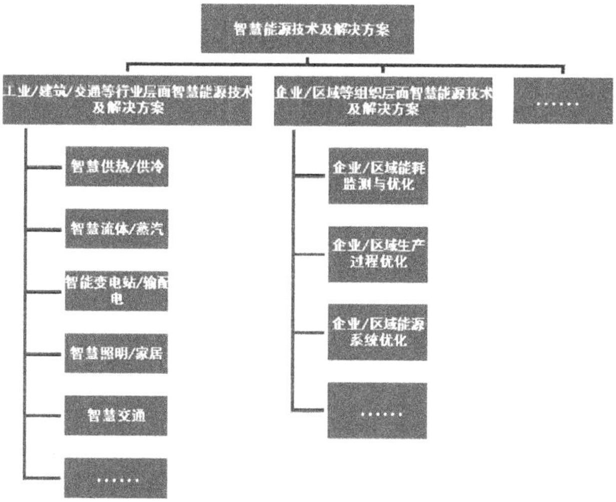

图 4　**智慧能源技术及解决方案框架图**（按应用范围划分）

理域以及控制处理域四个部分组成，各部分的作用分别为数据采集、数据传输、数据存储与处理、数据展现与应用（实现自动控制、总线管理、智能联动等功能）等。智慧能源技术及解决方案框架图（按技术产品划分）如图 5 所示。

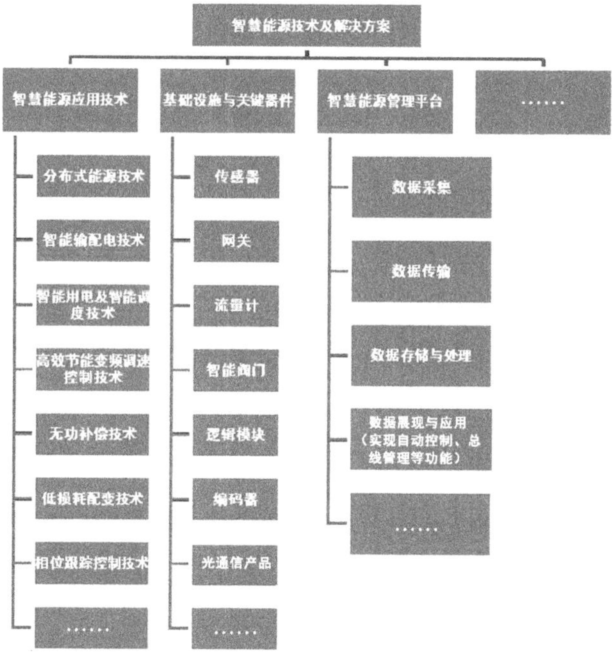

图 5　**智慧能源技术及解决方案框架图**（按技术产品划分）

(四) 配套技术服务

智慧能源产业配套技术服务包括标准计量服务、检测认证服务、节能低碳服务及测试验证服务等。其中：标准计量服务、检测认证服务和节能低碳服务是为智慧能源产业提供的基础通用服务，测试验证服务是为智慧能源产业提供的专项特有服务，是根据智慧能源技术特点衍生出来的一项新服务。各个服务内容具体如下：

标准计量服务包括标准体系及标准研发、标准培训及推广、能源计量等；检测认证服务包括节能量测量和验证、碳减排量测量和验证、核查/评价和认证等；节能低碳服务包括合同能源管理、碳交易、节能量交易等；测试验证服务主要针对信息技术领域的测试，包括 IPv6 测试、IEEE1888 测试、SDN 测试等，以满足智慧能源管理平台中的庞大域名地址、数据互联互通、智能联动控制等功能需求。配套技术服务框架图如图 6 所示。

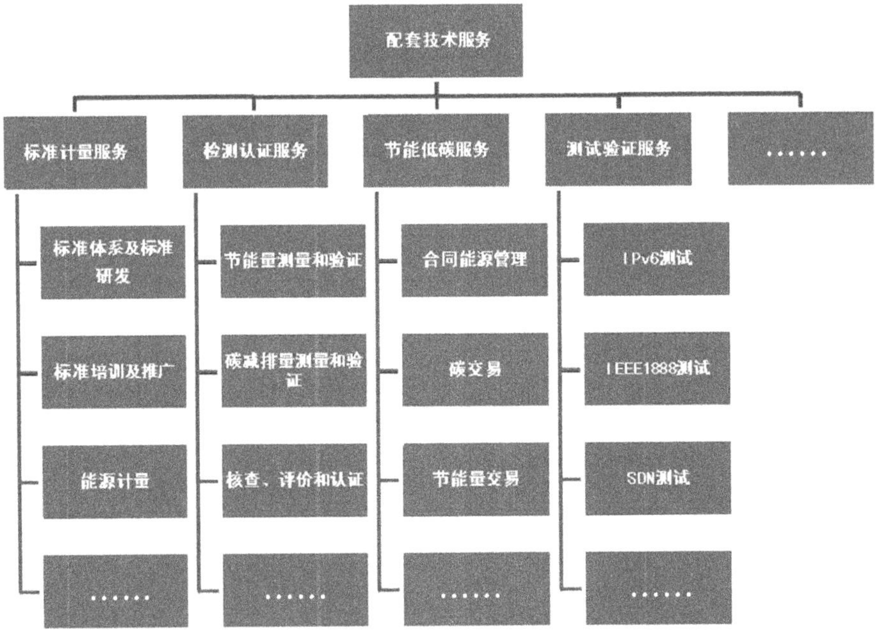

图 6　配套技术服务框架图

六、智慧能源与零碳技术

零碳技术包括近零碳技术是对低碳技术的升级。1992 年全球气候大会召开的时候，我国第一次派代表参加，会议讨论的是如何应对气候变化，如何节能减排，如何可持续发展。我国代表参会后竟认为这是帝国主义限制我们发展的罪恶阴谋。现在听起来可笑，那时我们确实是无知，不但不知道零碳、近零碳，连低碳的概念也一无所知。可是从那个时候起英国的比尔·邓斯特教授就开始研究零碳建筑了。相对于低碳技术而言，零碳技术更严格、更细腻，目前只是在建筑领域获得了应用。比尔·邓斯特教授和他的“零碳工场”的研究成果，集中体现在他们在南伦敦建成的贝丁顿零碳社区和在海滨小镇黑斯廷斯建成的零账单房屋上。他们的零碳技术以建筑物为载体完全采用新能源满足该建筑物的所有能源需求，既可提供舒适宜居的环境，用来居住和办公、还可以给电动车充电，不仅如此，多余电力还可以卖给电网，实现用能零账单。早在 2010 年上海举办世博会期间，比尔·邓斯特教授他们就把零碳理念和零碳技术带到中国来展示，办起了很有特色的“英国零碳馆”。遗憾的是那个时候这个理念并没有引起人们足够的注意。去年 4 月，我本人亲自到比尔·邓斯特教授的“零碳工场”实地考察，发现他们应用的单项技术包括光电、换热、储能、电动车充放电、多能互补，微能网等，与智慧能源产业创新直接相关，不只是盖房子，而且是对这些与碳排放有关技术的综合应用。分解开看，这些技术在中国国内早已具备，所不同的就是缺乏系统整合。而且，这一类技术在中国各地有着广阔的应用空间和发展前景，可以在建筑领域或其他领域广泛推广使用。2017 年 10 月 27 日，在杭州西湖博览会上，在笔者主导下，中国智慧能源产业创新技术联盟成功举办了开启零碳新生活的专题论坛，反响强烈。同年 11 月 7—9 日，在上海我们又以“互联网+能源新技术，开创零碳新生活”为主题，成功举办了 2017 中国能源互联网大会暨智慧能源产业博览会。前世界银行前首席能源科学家罗伯特·泰勒先生和比尔·邓斯特教授都应邀参会，与大家在一起论证中国由高碳到低碳，再由低碳到零碳的发展历程和技术路径，推动了智慧能源产业创新的深化发展。大会之后，由联盟核心成员擎洲光电科技公司主导打造的“零碳示范园区”项目已经在广东东莞破土落地。

七、智慧能源标准化

智慧能源标准是跨界的标准、创新的标准、协同和融合的标准。

社会上有一种误解，似乎什么事情出来，一定要先定出个国家标准，否则就没有权威性。其实，标准是实践的产物，科技研发的过程也是技术标准的研制过程，但这个过程不一定是国家标准或国际标准，主要看标准的应用范围，它是随着科技成果的应用范围和应用主体来决定的，不能一概而论。

根据中国智慧能源产业技术创新战略联盟所属成员企业和科研机构的探索与实践，经初步梳理，智慧能源产业创新标准体系应至少包含以下几个方面：智慧能源基础类标准、共性技术类标准、监测类标准、大数据标准、评价类标准、控制类标准以及服务平台类标准等，由此形成智慧能源产业标准体系框架，如图 7 所示。

其中，智慧能源标准体系框架各个组成部分的主要内容如下：

1. 智慧能源基础类标准

主要针对智慧能源定义、智慧能源分类、编码对象、编码方案以及智慧能源通用符号、专用符号、技术产品用符号、设备用符号等内容开展标准化工作。智慧能源通用基础标准应至少包括：术语、分类方面的标准，图形符号方面的标准以及编码格式方面的标准等。

2. 智慧能源共性技术类标准

主要针对智慧能源系统架构的四个关键层次开展标准化工作。智慧能源共性支撑技术类标准应至少包括：感知层方面的标准、网络层方面的标准、数据层方面的标准以及平台层方面的标准等。

3. 智慧能源监测类标准

主要针对智慧能源的能源计量、测量以及信息传输监测等内容开展标准化工作。智慧能源监测类标准应至少包括：计量方面的标准、网关方面的标准以

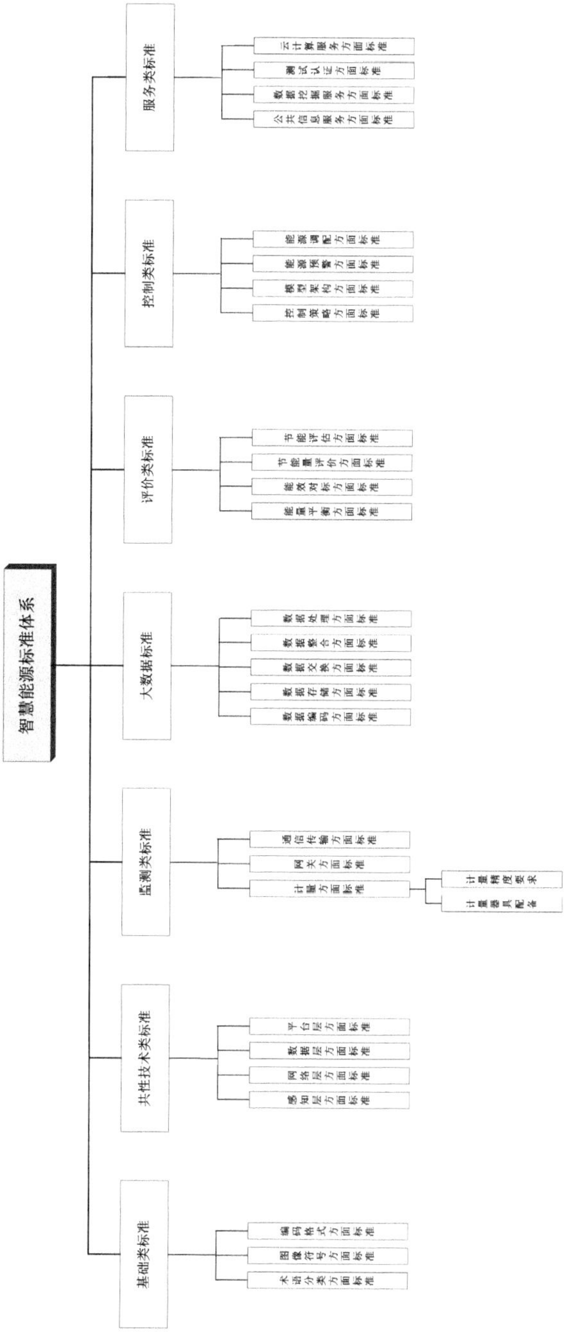

图 7 智慧能源标准体系框架

及通信传输方面的标准等。其中计量方面的标准包括计量器具配备以及计量精度要求等方面的标准。

4. 智慧能源大数据标准

主要针对智慧能源大数据的特点以及大数据的应用过程开展标准化工作。智慧能源大数据标准至少应包括：数据编码方面的标准、数据存储方面的标准、数据交换方面的标准、数据整合方面的标准以及数据处理方面的标准等。

5. 智慧能源评价类标准

主要针对智慧能源综合管理系统应用前后的节能减排成效进行评价。智慧评价类标准至少应包括：能量平衡方面的标准、能效对标方面的标准、节能量评价方面的标准以及节能评估方面的标准等。

6. 智慧能源控制类标准

主要针对智慧能源控制策略与技术等方面开展标准化工作。智慧能源控制类标准至少应包括：控制策略方面的标准、模型架构方面的标准、能源预警方面的标准以及能源调配方面的标准等。

7. 智慧能源服务平台类标准

主要针对智慧能源各类技术服务开展标准化工作。智慧能源控制类标准至少应包括：公共信息服务方面的标准、数据挖掘服务方面的标准、测试和认证方面的标准以及云计算服务方面的标准等。

八、智慧能源企业分类标准

现阶段，在国家各项政策的推动下，“智慧能源”受到了越来越多的关注，智慧能源产业发展迅速，市场上涌现出一大批生产或销售智慧能源产品、研发智慧能源技术及解决方案的企业，具体包括但不限于以下企业：能源管理解决方案企业、传感及计量器具企业、智慧照明企业、智慧家电企业、建筑节能企业、节能技术服务企业、新能源生产企业、可再生能源企业、分布式能源及多能互补企业、配电及电力零售企业、能源站及运维企业、传感器提供商、电信服务商、投融资机构、检测认证机构、碳交易机构等。

虽然目前我国开展智慧能源业务的企业种类及数量众多，但是由于我国智慧能源产业处于刚起步阶段，产业链上、中、下游构成还不够清晰，产业链构成还欠清晰，造成这些企业在发展智慧能源业务时，大多比较分散、产业聚集程度不高，企业之间的协同创新能力不足，行业缺乏龙头企业，产业示范效应尚未形成。部分企业对于智慧能源理解也不够透彻，在发展智慧能源业务方面还存在偏差，这在一定程度上阻碍了智慧能源产业发展。因此，急需以标准的形式，提出智慧能源企业发展的必要条件，明确智慧能源企业的内涵、基本范围和主要类型，提出不同类型和档次智慧能源企业需要达到的规模和水平，指导智慧能源企业建设发展，并通过指标评估体系为智慧能源市场提供判断及评价依据。这对于指导智慧能源企业健康发展，促进智慧能源市场的规范化，推动智慧能源企业做强做大，参与国际智慧能源市场竞争，将起到积极作用，同时也是一种符合市场经济原则的积极探索与有效尝试。

因此，开展《智慧能源企业分类》《智慧能源企业评估指标》等标准研制工作，对智慧能源产业进行科学划分，对智慧能源企业进行精确分类及合理评价，明确产业链上、中、下游及产业分工合作，将有利于指导智慧能源企业提升自身能力，有利于开展智慧能源协同创新，有利于培养智慧能源典型企业和试点示范项目，有利于推动智慧能源产业良性发展。

在实际工作中，对智慧能源企业的界定和分类，需要从以下三个基本点出发：一是符合智慧能源的基本内涵与本质要求。智慧能源管理系统须是应用互联网、物联网等新一代信息技术对能源的生产、存储、输送和使用状况进行实时监控、分析，并在大数据、云计算的基础上进行实时检测、报告和优化处理，以形成最佳状态的、开放的、透明的、去中心化和广泛自愿参与的综合管理系统。从这些基本要求与要素出发，界定智慧能源企业。在这里，需要明确另一个关系，即智慧能源和清洁能源的关系，个人认为，可以将其认定为同位语，在某种意义上说，智慧能源就是清洁能源。因为新能源是相对于传统能源而言，传统能源 = 化石能源 = 煤、油、气。毫无疑问，这类能源是不清洁的。据专家计算，如果用这三种能源分别生产 10000 千卡热量的话，标准煤产生的二氧化碳为 5.14 千克；原油为 3.37 千克；天然气为 2.26

千克，说明这一类能源既不低碳也不清洁。只有风能、太阳能、水力发电，生物质能才具备清洁能源的物质，智慧能源恰恰研究和解决这一类能源怎样科学合理运用。

二是符合我国智慧能源企业发展的实际状况。从总体上看，我国智慧能源企业主要由信息技术企业、节能环保企业和一大批新能源企业转型而成。从产业链上看，我国智慧能源企业主要包含了硬件设备供应商、系统集成和解决方案供应商、信息技术服务供应商和节能服务供应商等。

三是对智慧能源企业的分类不宜过多过细，因为智慧能源技术是跨界整合，产业也是跨界融合的，常常出现你中有我，我中有你的状况，需要相互学习，共同发展。

为提升智慧能源企业整体素质，推动智慧能源产业可持续发展，应在智慧能源企业分类标准的基础上，制定企业评估评价标准并注意以下三个方面：

一是对智慧能源企业的评估应包括基本要求与等级评估两个部分。前者是智慧能源企业的基本条件，也是门槛，不符合这些条件的就不是智慧能源企业，后者是对符合条件的智慧能源企业综合实力的评估和分级。

二是对智慧能源企业的评估应该是全面的、综合性的。根据智慧能源的基本内涵和要求，达到较高水平的智慧能源企业必须具备多方面的要素与能力，才能具有提供良好智慧能源产品及服务的基础。因此，评估指标应覆盖经营状况、资产状况、技术水平、管理水平、人员素质等多方面内容。

三是在评估指标的设计上，既要充分体现各个类型智慧能源企业的共性要求，也要考虑各个类型智慧能源企业的个性差异。

九、小结

根据相关数据分析，目前中国内地的能源使用领域大体可分三个板块：以工业为主的制造业，约占总能耗 60%；包括城乡居民生活在内的建筑业：约占总能耗 30%；交通约占 10%。智慧能源产业技术创新的实现途径在上述三个板块都有体现。在第一个板块中是以节能减排和提升能效为主；在第二个板块中是在研究和实施既有建筑的节能和新建筑的低碳和零碳；在第三个板块中主要是在研究新能源车的应用。无论是哪个板块，都同样离不开新能源也就是清洁能源的合理配置和有效使用，不断提高替代比重。这就为智慧能源产业技术创新和能源互联网建设提供了巨大的商机和无限的可能。

还要看到能源需求的刚性原则。人类的一切努力都是为了使生活更美好，这就使得我们对能源的使用产生了刚性需求，不可能用减少和取消能源消费的方式去解决气候变化问题，只能实行能源替代。另一方面，中国正面临着后工业化和城镇化时代。按照现在的消费水平，在中国，一个生活在农村的人口转移到城市，能源的消费量就要增加四倍。与发达国家相比，我国现阶段的能源强度，即能源利用与经济产出之比，尚有相当大的差距，这种情况也直接制约着全面建成小康社会目标的实现。在应对气候变化方面，如何兑现中国对全世界做出的承诺，最终实现达峰和减排目标也是一种巨大的挑战。舍此便不能圆满实现习近平主席提出的构建人类命运共同体的伟大目标。因此，习近平主席才提出要在能源领域来一场包括生产、消费、技术和体制方面的彻底革命，并且要加强这方面的国际合作。中国智慧能源产业创新几年来的实践证明，智慧能源产业创新和能源互联网建设就是实现能源革命强有力的技术支撑和日见成效的有益实践。

有专家预测，未来中国智慧能源产业创新和能源互联网建设将至少拉动20万亿产值，这个巨大的市场值得开发。

附：

智慧能源产业创新大事记

2010年，在我担任中国标准化研究院院长期间，曾经发起成立了全国节能减排标准化技术联盟，主要任务是研究和制定节能低碳联盟标准，抢占国际制高点，支撑国家应对气候变化战略。这一举措得到了国家发改委、工信部、科技部、中国科协、国家质检总局、国家标准委、国家认监委和十几个国家级协会的大力支持。

随着工作深入，逐渐认识到，像以往一般性地推进节能减排和低碳标准化工作已不适应，应该更多地学习和应用互联网的思想、方法和技术手段推动工作，由此产生了对智慧能源的关注。

从2013年3月开始，联盟成立智慧能源工作组，率先以智慧能源产业创新为题开展社会调查、产业研究和市场分析，在此基础上与中关村下一代互联网联盟达成共识，于2013年11月14日联合创办了中国第一个也是目前唯一一个以推动智慧能源产业创新发展为己任的技术创新组织——中国智慧能源产业技术创新战略联盟。

联盟的成立得到了国家科技部、国家发改委、工业和信息化部、国家质检总局、国家能源局、中国科协、国家标准委、北京市科委、中关村管委会等主管机构的大力支持。联盟的名字也得了科技部创新中心的认可，成为科技部支持的技术创新战略联盟之一。

在联盟成立至今的所有活动中，都留有上述领导机关和相关领导大力支持的影子。智慧能源产业创新本身就是一项跨领域、跨学科、跨部门的事业，得到这么多上级机构的关注和支持，我们深感欣慰。

从2014年开始，联盟积极组织开展学术和理论研究，以《智慧能源——产业创新与实践》一书的出版为标志，完成智慧能源产业创新的理论准备。

2014年7月，在生态文明贵阳国际论坛年会上，首创“智慧能源产业——迈向生态文明之路”专题论坛，完成智慧能源由学术概念向产业创新的理论转变。工信部原部长李毅中、教育部副部长章新胜、国家发改委原副秘书长赵家荣莅临指导并发表讲话。

2014年年末，联盟出版《2014中国智慧能源产业发展报告》，开始逐年对我国智慧能源产业发展和创新进行分析、总结。

从2015年开始，联盟率先研究和提出智慧能源产业技术创新与能源互联网建设的关系，通过分析国内外关于能源互联网的不同主张、类型和区别，明确提出中国的能源互联网建设应该是“智慧能源产业创新+能源互联网”的主张，并在2015年年初召开的峰会上宣布启动“能源互联网元年”。

同年5月，联盟与英特尔合作，率先尝试建立“智慧能源公共服务云平台”，为联盟企业开展服务。在推广应用 IEEE1888 标准基础上，率先成立“智慧能源产业创新和能源互联网标准化委员会”，开启智慧能源标准化工作，使这项以联盟专家为主体研制的标准成功升级为 ISO/IEC 国际标准，编号为 ISO/IEC18880。

2015 年，率先以创新和推动联盟标准为已任，支持国家标准化改革，不仅最先成为国家标准委联盟标准试点，也被科技部列为样板，在各联盟标准创新实践中获得推广。

2015 年 10 月 16—18 日，为引导智慧能源产业创新发展，与杭州“西湖博览会”合作，首创“2015 中国能源互联网大会暨智慧能源产业博览会”，一举成功，获得组委会大奖。国家质检总局副局长吴清海等领导全国政协人口资源与环境委员会副主任齐让莅临指导，世界银行原首席能源工业科学家罗伯特·泰勒，美国未来学者、《第三次工业革命》作者杰夫里·里夫金，德国“工业 4.0”起草人艾克·韦伯教授，韩国环境科学研究院院长金勇周莅临演讲。

2016 年，与秦皇岛市政府合作，于 8 月 10—12 日，成功举办“2016 中国能源互联网大会暨智慧能源产业博览会”。中国工程院原副院长、国家能源专家杜祥琬院士在这次大会上充分肯定“智慧能源产业创新+能源互联网”发展模式。齐让、吴清海局长再次亲自到会讲话，原科技部老领导石定寰参事出席讲演，领导们充分肯定了智慧能源产业创新的历史意义和现实意义，充分肯定了已经取得的开拓性成果，表示坚定支持联盟的创新发展。

2016 年 8 月，联盟与全球最大的中文搜索引擎、国际著名互联网企业百度达成共识并签署长期战略合作协议，共同开发建设“中国智慧能源百度公共服务云平台”。

2016 年 10 月 14 日，应杭州市政府特别邀请，在 G20 后首次在杭州举办智慧能源产业创新暨储能技术应用国际论坛，德国能源署和澳大利亚清洁委员会领导出席，杭州市市委常委、常务副市长马晓辉出席致辞，论坛从下午一点半开到晚上七点，座无虚席，非常成功，又一次获得杭州市政府大奖。

上述工作也获得中关村管委会和首都创新大联盟的高度赞同和大力支持，联盟多次获得产业创新贡献奖。

在国际合作方面，中国智慧能源产业技术创新战略联盟已经同联合国工业发展组织、美国能源基金会、世界银行、德国能源署、日本东京大学、韩国环境卫生科学技术院、澳大利亚清洁能源委员会和英国标准化协会 BSI 等组织和机构建立合作。在国内，河北省保定市、秦皇岛、湖北省襄阳市、浙江省杭州市、义乌市已经和联盟建立合作关系。

联盟还在山东省成立了代表处，在湖北武汉建立了分联盟，在沈阳、西安、东莞建立了办事机构等等。北京航空航天大学和联盟共同建立了智慧能源产业技术研究中心，中国计量大学正在与联盟磋商建立合作机构，等等。

2016 年 9 月，联盟召开新阶段工作会议，明确智慧能源产业创新 0—1 的起步阶段已经完成，下一步，要在新的起点上跃升新高度，把智慧能源产业创新和能源互联网建设推向新阶段。

国际清洁能源论坛（澳门）理事
中国智慧能源产业技术创新战略联盟理事长
王忠敏

第一篇

行业综述篇

B.1

“互联网+”智慧能源产业化道路探寻

苗 韧*

摘 要：

“互联网+”智慧能源是推动我国能源革命的重要战略支撑，对我国经济转型与绿色发展具有重要意义。但受市场机制建立缓慢、技术应用发展滞后的影响，“互联网+”智慧能源产业的价值并未能得到充分体现。要突破发展的瓶颈、打通“互联网+”智慧能源的产业

* 苗韧，商务部国际官员研修学校客座教授，原国家发改委能源系统分析中心副主任。

化道路，需要市场开拓和产品打造的双管齐下：一方面，应以与各行业的产业融合为核心发展路径，积极推动“互联网+”智慧能源与能源行业、工业用户、商业建筑、居民用户和交通行业的产业融合与协同发展，在服务行业的过程中实现自身的快速发展壮大；另一方面，应以构建标准化的产品和服务体系为关键发展举措，打破产业企业各自为战、解决方案因地制宜的局面，为实现规模化发展奠定基础。

关键词：

智慧能源　产业化　产业融合　产品和服务标准化

一、“互联网+”智慧能源具有重大价值，但面临产业化困境

在全球新一轮科技革命和产业变革中，建立在互联网理念、先进信息技术与能源产业深度融合基础之上的“互联网+”智慧能源，是推动我国能源革命的重要战略支撑，对我国经济转型与绿色发展具有重要意义。“互联网+”智慧能源产业的发展，将带来节约用能成本、提升能源资产使用效率、保护生态环境等多重价值，根据笔者此前研究预测，2030 年时相关产业规模有望突破万亿（参见下图）。

表 1　“互联网+”智慧能源的产业效益分析

亿元，2010 年价	2020	2025	2030
节约能源成本效益	230—350	1000—1220	2485—4550
提升能源资产使用效率	160—250	710—880	1775—3250
环境保护效益	260—400	1140—1400	2840—5200
合计	650—1000	2850—3500	7100—13000

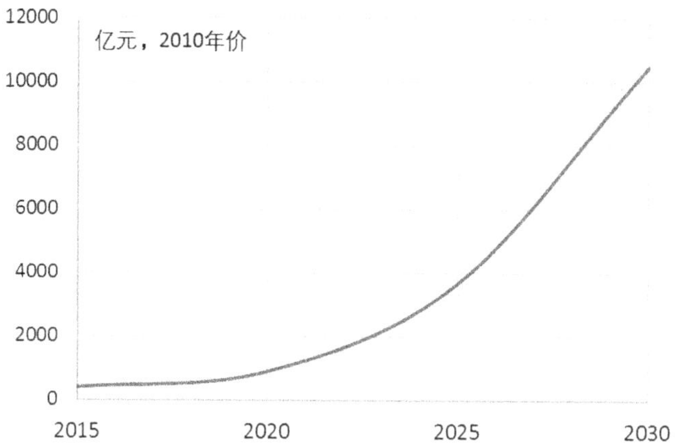

图 1 “互联网+”智慧能源产业发展规模

但受机制与途径的限制，“互联网+”智慧能源产业的价值并未能得到充分体现。首先，尽管智慧能源技术已在能源生产和传输环节取得了显著的节能效益和经济效益，但在规模最大的终端用能市场，由于智慧能源技术尚未与终端用能需求实现无缝对接，节约用能成本的价值并无法得到充分体现；其次，由于电力辅助服务市场机制尚不完善，能源资产使用效率提升所带来的收益主要为上游和中游企业所分享，下游企业缺乏参与动力，未能形成一体化市场；最后，由于我国现在尚缺乏有效的环境成本部化机制，智慧能源保护生态环境的价值亦无法“货币化”。

“互联网+”智慧能源要探索产业化的道路。过去几年，政府在“互联网+”智慧能源发展方面给予了很大支持，在政府主导、企业参与的项目化发展模式下，“互联网+”智慧能源在节能减排综合示范城市、需求侧管理、企业能源信息化管理等方面取得了良好的示范效果。但是未来要体现“互联网+”智慧能源的规模效益，实现广泛覆盖，就必须依靠市场，探索出一条可持续的产业化道路，规模化地推广“互联网+”智慧能源。

产业化的发展思路是，在市场经济条件下，以市场需求为导向，以创造经济和环境效益为目标，依靠专业服务和质量管理，形成系列化、品牌化的经营方式和组织形式。“互联网+”智慧能源要实现产业化发展，一要以与各行业的产业融合为核心发展路径，强化对终端用能用户的渗透，在服务行业的过程中实现自身的发展壮大，二要以构建标准化、系列化、层次化的产品和服务体系为关键发展举措，为实现规模化发展奠定基础。

二、“互联网+”智慧能源与各行业的产业融合是其产业化路径的核心

“互联网+”智慧能源产业化路径的核心，在于如何通过信息化技术和创新应用模式，推进“互联网+”智慧能源与传统行业有机融合。要实现“互联网+”智慧能源的规模化成长，也必须把握好能源领域的特异性，解决“互联网+”智慧能源与传统行业的产业融合问题。因此，“智慧能源产业规模不断增长”的过程，和“智慧能源与传统行业融合并促进传统行业绿色转型升级”的过程，两个进程具有高度的一致性。

根据产业经济学理论，上述进程可以划分为技术积累期、应用推广期与深度融合期三个阶段。

在技术积累期，由于技术和应用模式不成熟，“互联网+”智慧能源尚处于研究开发阶段，只部分地开展试点示范，市场规模有限。能源相关行业虽存在着节能减排、优化能源系统的迫切需求，但只能按照传统方式运行。

在应用推广期，随着“互联网+”智慧能源在技术、解决方案、和市场机制方面的基本成熟，在能源相关领域应用由“逐点攻坚”转变为“全面推广”。在此背景下，“互联网+”智慧能源与传统能源、工业等领域融合加速：在融合深度上，从技术应用深化至运营管理，并逐步摸索出可持续商业模式和市场机制；在融合广度上，从工艺流程较为简单的水泥、电解铝，逐步拓展至纺织、钢铁、制造乃至化工部门。

在深度融合期，“互联网+”智慧能源技术将于其他信息技术，乃至其他各领域技术融合，形成具有多元化“智慧”特征的技术体系，节能、高效、低碳等理念无疑也将成为其重要内涵。传统行业以“绿色”为特征的转型，将与“创新”“高附加值”等其他概念协同起来，形成现代化、信息化、智慧化的产业体系。

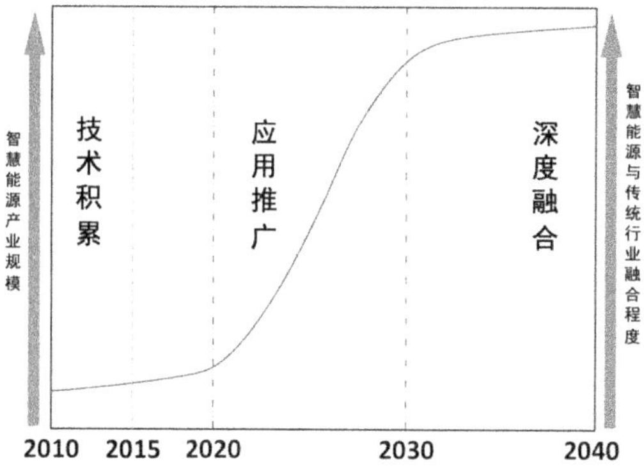

图 2 "互联网+"智慧能源发展与传统产业转型升级的不同阶段

由于产业集中度、信息化基础、工艺复杂度、能源密集度等方面差异，不同行业使用"互联网+"智慧能源技术的需求和难度存在较大差异，因此与"互联网+"智慧能源融合存在着路径与时序上的差异。从各行业特征和目前的发展进程来看，"互联网+"智慧能源在各个行业的应用推广，很可能按照能源、工业、交通、商业建筑、居民的次序进行，实现最终能源智慧化的全过程可能持续 20—30 年。

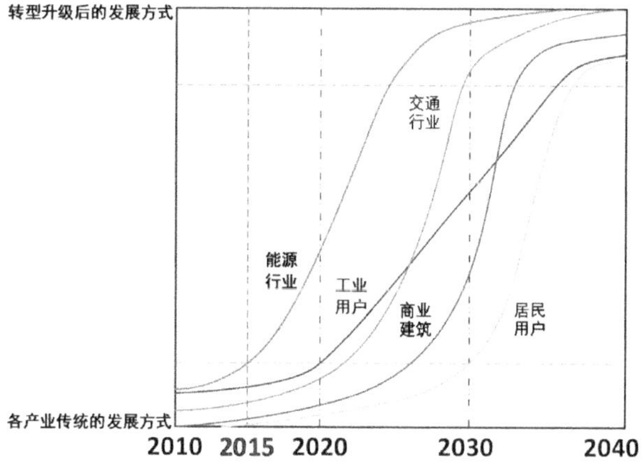

图 3 "互联网+"智慧能源与各行业的产业融合路径

（一）能源行业

能源行业正处在"能源革命"的重大机遇期，信息化和智慧化是实现革命的重要助力。经过多年发展，能源行业上游的供应至传输环节已有一定的信息化基础。展望未来，得益于可再生能源、储能设备与分布式能源的广泛应用，能源行业有望能够实现从能源生产到消费全过程的智慧化。

能源领域将是短期应用“互联网+”智慧能源的引爆点，鉴于两者目标高度一致，“互联网+”智慧能源将在未来能源革命过程中扮演重要角色。能源领域智慧化有望在未来10年实现，从上游生产和运输环节逐步拓展至下游消费环节，通过可再生能源并网、分布式能源接入、需求侧响应、能源实时交易、企业能源信息化管理等一系列举措稳步推进。最乐观的情况，到2025—2030年，我国将初步建成智慧化的能源体系。

（二）工业用户

工业部门用能量大，能源消费集中，应用“互联网+”智慧能源可能创造的经济与环境效益更为显著。因此，与其他终端用能领域相比，工业应用智慧能源意愿更加强烈。但工业领域的难点在于，不同企业的能源消费体系差异巨大，即使是生产同一种产品的不同企业，由于工艺和原材料的差异，能源体系架构和智慧能源框架也可能完全不同。从应用推广的角度，未来可能先从工艺流程简单的水泥、电解铝等行业开始，逐步推广至钢铁、纺织、制造业，乃至化工等领域。

工业将是第二个与“互联网+”智慧能源开展产业融合的领域，结合“中国制造2025”德国“工业4.0”的发展导向，“互联网+”智慧能源将大力推动工业的自动化、信息化改造。由于不同企业能源消费系统的巨大差异，“互联网+”智慧能源在工业领域的应用推广将延续15—20年，先从工艺流程简单的水泥、电解铝等行业开始，逐步拓展至钢铁、纺织、制造业，乃至化工等领域，预计到2025—2030年，工业用户的智慧化转型基本完成。

除“互联网+”智慧能源外，工业领域的生产信息化和自动化革命也在积极酝酿推进，在“中国制造2025”德国“工业4.0”中，也包含了精细化管控、智能制造、机器人等概念。未来，“互联网+”智慧能源可能和上述概念一起，成为工业信息化和现代化的发展方向。换句话说，工业能源智慧化也很可能依托“中国制造2025”协同推进。

（三）交通行业

交通行业用能量大，电动化趋势已成必然，既具有应用"互联网+"智慧能源的良好环境，也存在对"互联网+"智慧能源技术的需求。但由于交通行业的电动化仍在起步阶段，关注者众但实际影响有限，既有的以石油体系为核心的交通技术和运行体系则已经非常成熟，交通设备和用能模式都基本固定，单纯的"互联网+"智慧能源技术用武之地有限。因此，"互联网+"智慧能源在交通行业的应用与推广，将与交通系统的电力替代程度密切相关。

交通行业应用推广"互联网+"智慧能源，将在以下三个场景中同步推进：一是电动车出行场景，电动车、充电桩和换电站的信息化是第一步，随着电动车的快速普及和充电设备的广泛敷设，电动车和充电桩将共同构建起一张流动的电力网络，与城市电网形成无时不在、无处不在的互动，为其供给最大的能源系统灵活性；二是交通建筑场景，大型交通枢纽，例如机场、火车站和港口等，汇聚人流、交通流和信息流，能使"互联网+"智慧能源的效益得到充分体现，目前单体项目已具备投资价值；三是机动车尾气排放监测场景，鉴于机动车是大城市雾霾的主要原因之一，尾气监测的需求越发凸显，但这方面取决于监测技术成本和成熟度，与汽车制造企业的战略决策也有很大关系。

（四）商用建筑

商用建筑的能源需求类型较为简单，集中在暖通、照明、动力等方面，易于标准化和规范化。因而更有利于设计出普适性强，适合于规模化应用与推广的智慧能源解决方案，这将为"互联网+"智慧能源在建筑领域快速拓展应用创造有利条件。但与工业相比，商用建筑的能源消费密度低，单位投资产生的经济效益不显著，回报期较长，特别在很多商业建筑中，产权、物业和租户三方分立，"互联网+"智慧能源的建设需要业主决策和投资，运行维护需要物业承担，享受节能收益的却是租户，商业模式难以理顺，短期获得商业化推广还存在一定难度。

此外，与工业领域类似，商业建筑领域也存在信息化发展的多元化目标，例如舒适、宜居、安全、人性化等理念。未来智慧能源理念可能和上述理念一起，在“智慧建筑”等信息化解决方案中捆绑实施。但无论如何，节能、低碳、环境可持续的概念都必不可少。

商业建筑应用能源信息化的迫切性虽然不及工业，但得益于用能模式简单，“互联网+”智慧能源解决方案更易于规模化推广。预计可能在2022—2025年开始大规模应用。首先从产权、物业和使用主体统一的领域开始，如学校、医院、酒店开始，逐步推广到商铺、写字楼。与此同时，预计“智慧建筑”相关技术和应用也将日趋成熟，“建筑能源智慧化”将是“智慧建筑”的重要功能，有望在2030年后规模化推广。

（五）居民用户

与商业建筑类似，居民用户的用能需求模式也较为统一、清晰，但居民用能较为分散，能源消费密度低，经济和环境效益不显著。因此，在居民用户推广“互联网+”智慧能源，应更加强调能源的智慧化、便捷化应用，以及给居民生活舒适度带来的提升。随着未来我国居民生活水平不断提升，人们将对舒适的居家环境、便捷智能的生活用能方式有着更为强烈的需求。“互联网+”智慧能源有望成为智能家居的重要组成部分，推动居民用能更安全、更便捷、更低碳发展。

居民部门推广“互联网+”智慧能源，可以划分成两类，一类是居民社区的能源管理，包括分布式能源接入，供热供冷管控等，这其实属于能源供应领域的智慧应用。另一类是家庭部用能设施的智慧化，这类应用的系统复杂度高，运营管理难度大，很难想象存在一个物业公司，分别为每个家庭的能源智慧化供应提供服务，因此规模化推广可能晚于2025年。虽然目前已经出现了家庭能源管理的APP等应用，但随着经济增长，能源成本占居民收入比重日趋降低，如果不能提供“傻瓜式”的家庭智慧能源管理服务，人们能否接受手动的家庭能源管理仍存在较大不确定性。因此与“智能家居”领域的其他概念，如舒适、便捷、安全等概念协同起来，是“互联网+”智慧能源在家庭领域应用的可能途径。

表2 "互联网+"智慧能源在各领域的应用基础分析

	能源行业	工业用户	商用建筑	交通行业	居民用户
能源信息化基础	★★★★☆ 在生产和传输侧开展了广泛的信息化系统建设，已具备较好的信息化基础	★★☆☆ 钢铁、有色等部分高耗能行业构建了能源管理系统，但在其他能源成本占比较低的行业则未建立相关系统	★☆☆☆	★☆☆☆ 城市，尤其是农村的交通系统信息化程度较低	★☆☆☆
产业集中度	★★★★ 能源的传输、消费可以在电网、城市层面集中解决	★★★☆ 钢铁、电解铝等领域产业集中度高，但纺织、食物加工等领域较为分散	★ 能源消费分散，不利于体现智慧能源的规模效益	★☆☆☆ 能源消费分散，不利于体现智慧能源的规模效益	★☆☆☆ 能源消费分散，不利于体现智慧能源的规模效益
智慧能源实施复杂度	★★★☆	★★★★ 能源系统差异性极大，不利于智慧能源产品的规模化应用	★☆☆☆ 产权、物业和租户三方存在着激励不相容的问题，商业模式不易理顺，短期商业化推广还存在一定难度	★★☆☆ 交通系统目前已经形成了较为固化的出行模式，转型难度较大	★★★☆

三、构建标准化的"互联网+"智慧能源产品服务体系

"互联网+"智慧能源产业虽然已经经过了几年的发展，但是过去几年项

目式的发展方式导致其始终缺乏成体系的产品形态和业务模式。目前，“互联网+”智慧能源更多地体现为传统节能技改产业的延续和拓展，其中糅杂了能源咨询和审计、信息化系统建设、合同能源管理等多个业态。

“互联网+”智慧能源尚处于产业发展的初期。未来“互联网+”智慧能源的产业化，有必要明确产品和服务体系。企业在产业找到自身的细分市场和定位，形成完整的产业链，集中力量开展科技研究和技术积累，将智慧能源产品中的某一个环节模块化、系列化。这种模式下，单个企业无法完成整个智慧能源产品的生产，不同企业间可以通过分工完成标准化、程序化的协作。同时，有必要建立“互联网+”智慧能源产品与服务性能的横向比较体系，有助于市场区分产品的差异性。对于智慧能源产品的用户，可以通过横向的比较，来选择最适合自身需求的产品。对于智慧能源产品的提供方，则可以对自身产品的优劣有一个更加明晰的认识。从而促进市场的良性发展，形成了由产品差异性而决定市场份额的市场化运营方式。最终，形成智慧企业与用户之间良性互动的态势，推动“互联网+”智慧能源产业的发展。

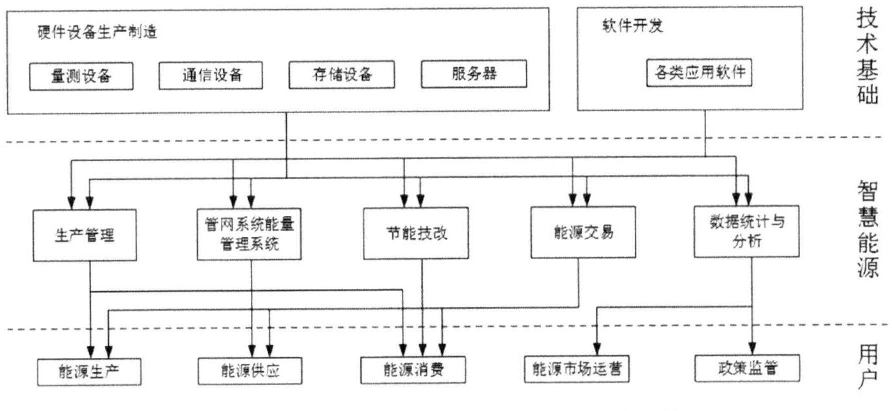

图 4　“互联网+”智慧能源的系列化、层次化体系

（一）“互联网+”智慧能源产品与服务的主要构成

“互联网+”智慧能源的产品和服务包括硬件、软件、日常运营、节能服务、大数据等环节。

1. 硬件设施

信息化设备是支撑“互联网+”智慧能源产业发展的硬件基础。在“互联网+”智慧能源中，任何一个主体都必须拥有足够的信息化设备支撑，所以“互联网+”智慧能源产业的发展对信息化设备的需求量巨大，将会为设备生产制造商带来巨大的商业机遇。信息化技术已经在很多领域得到应用，信息化设备的生产制造属于比较成熟的领域。设备的生产制造完全是以市场为主导的领域，目前已经形成了一定的产业规模，一些出色的公司通过优质的产品和服务涌现出来。具体而言，信息化设备制造包括以下几个方面：

（1）量测设备生产制造

量测设备将被测量的信息转化为易于存储和传输的电信号。量测设备位于智慧能源系统的底层，它所提供的量测信息是“互联网+”智慧能源系统中最主要的信息来源。根据工业和信息化部 2011 年底发布的数据显示，据不完全统计，全国有 1600 多家企事业单位从事传感器的研制、生产和应用，年产量达 24 亿只，市场规模超过 900 亿元。

（2）通信设备生产制造

通信设备是用于传输各类能源信息的设备，在“互联网+”智慧能源场景下，每一个主体通过通信设备相互连接，构成一个能源信息网，实现能源信息的有效共享。通信设备生产参与厂商众多，是一个竞争十分激烈的领域。目前主流的通信设备生产厂商有华为、中兴、H3C、华赛等。

（3）存储设备生产制造

存储设备用于存储大量的能源数据。存储器不仅广泛分布在能源领域中的每个企业，用于存储企业用户的能源数据，还另外纵向分布于“互联网+”智慧能源的不同层级，用于存储企业用户上传的能源数据。根据中国制造网的数据显示，2010 年中国存储器市场共实现销售额 82.9 亿元，目前市面上主要的存储器生产厂商有惠普、浪潮、爱数等。另外，云存储技术正处于普及推广阶段，相比于传统的存储技术，云存储的优势在于易于扩容、便于管理、成本低廉、数据更安全以及服务连续等优势。

（4）服务器生产制造

服务器是网络环境中的高性能计算机，为各级“互联网+”智慧能源应用提供运算平台。根据市场调查公司 IDC 公布的中国 X86 服务器市场数据显示：2014 年中国 X86 服务器总销量超过 178 万台，其中国厂商占有 60.4%的市场份额。目前，市场上主流的服务器生产厂商有 Intel、戴尔、IBM、浪潮、华硕等。

2. 软件开发

应用软件开发面向的是能源领域的各类用户，根据不同需求开发相应的应用软件，未来“互联网+”智慧能源的发展也将为软件开发公司提供良好的发展机遇。根据市场统计数据显示，2012 年中国的软件市场规模已达到 76.4 亿美元，目前有众多的公司在做定制的应用软件开发。

3. 日常运营

能源生产和消费侧的企业其部生产管理软件面向的是企业部的运营管理需求，通过信息化的融合，提升企业部管理水平和生产效率，实现企业部的节能减排目标。具体包含以下几个方面：（1）企业部的生产管理应用；（2）企业能源交易应用；（3）企业空调及光照管理应用；（4）企业部故障诊断。企业的部生产管理软件差异性很大，必须根据企业自身部的情况来确定具体的解决方案。

管网系统运行管理软件主要面向能源领域的管网系统，提高管网系统的运营水平。以电力系统为例，电力系统运营管理软件主要包括以下几个方面：（1）电力系统 SCADA 与 WAMS 系统，将分布的量测信息传递到电网控制中心；（2）经济调度软件；（3）辅助服务应用，包括电力系统 AGC 系统和 AVC 系统；（4）电力系统安全分析软件，包括功角稳定分析、电压稳定分析等。目前，在电力领域此类软件普及程度已经较高，成为支撑电网经济高效、安全稳定运行的重要基础。这类软件的专业性较强，通常采用产、学、研合作的方式来开发实现，一般软件开发公司进入该领域的技术门槛较高。

4. 节能技改

节能技改是利用节能技术对企业部进行技术改造，降低企业的用能成本。目前节能技改主要以合同能源管理的模式开展，中国的合同能源管理企业已经发展到 5000 多家，从业人员 50 多万人。但是节能减排软件缺乏统一的标准和评价体系，软件的发展依靠项目推进，市场化程度较低，需要“互联网+”智慧能源确立统一软件标准和评价体系，通过类似软件的横向比较来促进技术创新。

5. **数据统计与分析**

能源数据统计和分析服务包含数据统计和数据分析两个方面。对于能源系统来说，每时每刻都在产生大量的运行数据，想要通过数据分析和挖掘，获得有价值的信息和新的知识，必须依靠大数据技术的帮助。大数据技术能够将隐藏于海量数据中的信息和知识挖掘出来，为市场运营和政府决策提供支持。

在市场运营方面，能源数据统计和分析机构可以向能源销售商提供用户的用能需求和用能习惯等重要信息，能源销售商以此来定制多元化的售电套餐服务，通过提升用户的用能体验的方式来提高其市场竞争力；在政府决策方面，实时地向政府提供能源行业及市场运行的各方面信息，实现对能源行业各方面状态的有效监管，并且通过大数据分析帮助政府及时发现发展趋势，并为政府的政策制定提供信息支撑。

（二）"互联网+"智慧能源产品与服务的标准化体系

"互联网+"智慧能源标准体系是"互联网+"智慧能源产业规范化、体系化发展的在需求，也是"互联网+"智慧能源产业长远发展的必备条件。目前，由于智慧能源企业间缺乏共同的技术与服务标准，造成了"互联网+"智慧能源概念不清、底层设备重复建设、产业部分工混乱等怪相，这严重制约了产业的未来发展。

"互联网+"智慧能源的标准化体系是打破产业各自为战局面、实现产业规模效益的关键。标准化体系不仅能够明确"互联网+"智慧能源概念，提高产业的认可度。而且在统一的技术与服务体系下，不同应用可以共享同一套基础技术设备，避免了重复建设和资源浪费。这好比是计算机用户只要买一台计算机就能运行各种不同的软件。不同类型的智慧能源服务产品也就有望能打包出售，一次对接用户的多种需求，实现规模化的产业发展。此外，标准化体系能促进信息的层级共享和分层利用，这意味着各个应用之间可以形成相互带动的局面，不再是单纯的竞争关系。不同企业可以将企业资源集中在具备比较优势的领域上，充分发挥自身的技术特点，使"互联网+"智慧能源产业部的分工协作成为现实。

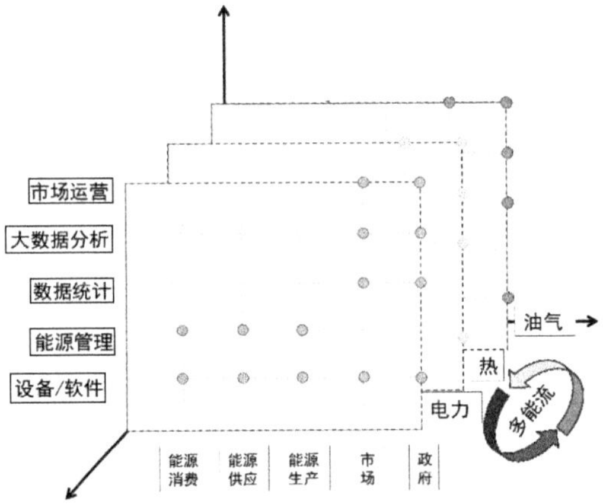

图5 “互联网+”智慧能源的产品和服务结构图

“互联网+”智慧能源标准化体系包含基础类标准、共性技术类标准、监测类标准、评价类标准、控制类标准、服务类标准和大数据类标准七个方面的容：

1.“互联网+”智慧能源基础类标准主要包括智慧能源定义、智慧能源产业分类、产业编码对象和编码方案、智慧能源通用符号和术语等；

2.“互联网+”智慧能源共性技术标准包括感知层标准、网络层标准、数据层标准和平台层标准等；

3.“互联网+”智慧能源监测类标准包括计量标准、网管标准、通信标准、监测方法标准等；

4.“互联网+”智慧能源评价类标准包括能量平衡标准、能源信息化程度标准、能效对标标准、节能评价标准、环境效益评价标准等；

5.“互联网+”智慧能源控制类标准包括控制策略标准、模型架构标准、预警标准、调配标准等；

6.“互联网+”智慧能源服务类标准包括公共信息服务标准、数据挖掘服务标准、测试与认证服务标准、云计算服务标准等；

7.“互联网+”智慧能源大数据标准包括数据编码标准、数据存储标准、数据交换标准、数据整合标准、数据整合标准等。

目前，“互联网+”智慧能源标准化体系的建立已经处于起步阶段。标准化的技术体系包括两个方面，一是技术框架，二是通信协议。“互联网+”智慧能源的技术框架设计在本报告的第四章进行了详细介绍。通信协议方面，中国企业已经在国家发改委、工信部和中关村管委会的指导下制定了 IEEE1888 国际标准，该标准统一了绿色节能平台与各种耗能设备之间的信息交互流程和数据格式，并基于广域 IP 网络进行信息传输。但是智慧能源产品还涵盖市场层面和政策层面，这些层面的信息流通仍然需要统一通信协议的支撑。

四、小结

近几年，在政府政策的推动下，结合"互联网+"技术，智慧能源产业化进程加快，形成了一批具有代表意义的智慧能源示范项目，涌现了一批积极探索产业道路的能源企业，但与实现产业化的目标相比，还存在较大距离。明确主要应用场景、打造闭环商业模式、形成标准产品与服务是任一产业实现从点到面、从示范应用到规模推广、从被动推动到主动增长的必经之路，智慧能源也不例外。目前，智慧能源在能源行业部已实现了较好的发展，与工业、交通的结合也进入了快车道，与商业、居民的结合有待技术和资本的进一步推动，行业应夯实既有成果，完善商业模式，探索新的切入点和结合点，在与其他产业的融合中实现智慧能源产业的快速发展。智慧能源产品与服务的标准化工作也在持续推进，国家及行业标准奠定了标准化的基础，更深入的、有意义的标准化工作则需要在产业实践中不断总结和完善。

B 2

智慧能源产业政策研究与实践

刘建平*

摘　要：

随着智慧能源产业相关政策密集落地，智慧能源产业已逐渐成为相关行业关注的焦点。本文介绍了智慧能源产业的发展现状，阐述了现阶段能源互联网和智慧能源的建设思路，以及现阶段需要突破的关键技术，并对智慧能源产业的发展进行了展望。预期到2025年，智慧能源产业将实现规模化推广及应用阶段，并在一定的积累和提升后，结合我国国情走向国际。

关键词：

智慧能源产业　能源互联网　研究与实践

* 刘建平，中国科学院环境科学与工程博士后，中国人民大学产业经济博士。现任中国智慧能源产业技术创新战略联盟副理事长、广东工业大学智慧能源研究中心主任。

引 言

当前，新一轮能源革命正在全球范围内加速推进，智慧能源应运而生、迅猛发展，深刻改变着人类社会生产生活方式。智慧能源，即拥有自组织、自检查、自平衡、自优化等人类大脑功能，满足系统、安全、清洁、经济要求的能源形式，既是能源革命的终极目标，也是能源革命的必经过程，被视为掀起第三次工业革命浪潮的基础原动力。智慧能源的载体是能源，保障是制度，动力是科技，精髓是智慧。

一、智慧能源产业政策密集落地

党的十八大报告提出“推动能源生产和消费革命”。2014 年 6 月，习近平总书记在中央财经领导小组第六次会议上，正式提出全面推进四个能源革命，为我国能源体制改革和行业创新发展指明了方向。发展智慧能源，事关能源革命战略大局。2015 年 7 月，国务院发布《关于积极推进“互联网+”行动的指导意见》，将“互联网+”智慧能源列为重点行动之一，标志着推进智慧能源发展上升为国家战略。2016 年以来，在“适应和引领经济社会发展新常态，着眼能源产业全局和长远发展需求，以改革创新为核心，以‘互联网+’为手段，以智能化为基础，紧紧围绕构建绿色低碳、安全高效的现代能源体系，促进能源和信息深度融合，推动能源互联网新技术、新模式和新业态发展，推动能源领域供给侧结构性改革，支撑和推进能源革命”的指导思想下，我国陆续发布《能源生产和消费革命战略（2016—2030）》《能源技术革命创新行动计划（2016—2030 年）》《国民经济和社会发展“十三五”规划纲要》《能源发展“十三五”规划》等战略规划，以及《关于推进“互联网+智慧能源”发展的指导意见》《推动多能互补集成优化示范工程建设的实施意见》《关于组织实施“互联网+”智慧能源（能源互联网）示范项目的通知》等系列文件，把推进智慧能源发展作为能源生产和利用方式变革，构建绿色低碳、安全高效现代能源体系的国家战略和重要举措。2017 年，国家能源局积极部署和着力推进“多能互补集成优化示范工程”“互联网+智慧能源示范项目”等系列行动，选出了首批在“建设清洁低碳、安全高效现代能源体系”等方面有重要推广意义的多能互补示范工程（23 个）和能源互联网示范项目（56 个），并将积累经验后在全国范围内推广，标志着我国智慧能源步入全面探索推进时期，分布式能源、能源互联网、能源大数据、能源区块链等能源发展新技术、新模式、新业态不断涌现，智慧能源产业迅猛发展。

二、智慧能源产业发展现状

智慧能源产业是能源产业与信息技术产业的融合，涉及传统能源、新能源和可再生能源等能源技术，贯穿能源生产、存储、运输、分配、消费等各个环节，并为各个环节提供整体解决方案和配套技术服务，以达到资源和能源最佳配置、优化整个能源系统的目的。智慧能源产业包括新能源生产储输技术、能源转换及替代技术、分布式能源管理、直供电与微电网、电动车与充电桩技术、能效提升技术、智慧照明、智能家居、工业/建筑/交通领域自动控制和智能管理等；涉及互联网、大数据、物联网、云计算、5G 等新一代信息技术，包括传感器、网关、存储器、服务器、通信产品等软硬件及应用平台；还涉及节能低碳服务，包括节能技术服务、合同能源管理、节能量交易、碳交易等等。智慧能源产业需要信息与能源的双向流动，需要信息产业和能源产业的深度融合。

按照应用领域划分，智慧能源技术及解决方案包括了工业、建筑、交通等行业层面，企业、区域等组织层面的技术及解决方案等内容。其中工业、建筑、交通等行业层面智慧能源技术及解决方案包括智慧供热、智慧供冷、智慧流体、智慧蒸汽、智能变电站、智能输配电、智慧照明、智慧家居、智慧交通等；企业、区域等组织层面智慧能源技术及解决方案包括企业、区域能耗监测与优化、生产过程优化、能源系统优化等。智慧能源配套技术服务框架包括标准计量服务、检测认证服务、节能低碳服务及测试验证服务等。其中标准计量服务、检测认证服务和节能低碳服务是为智慧能源产业提供的基础通用服务，测试验证服务是为智慧能源产业提供的专项特有服务，是根据智慧能源技术特点衍生出来的一项新的服务。

现阶段我国的智慧能源产业，发展迅猛，但不论是在规模上还是在增速上还相对较小。从整体上看，智慧能源涉及的分布式能源技术、智能输配电技术、智能用电及智能调度技术、高效节能变频调速控制技术、无功补偿技术、低损耗配变技术、相位跟踪控制技术，以及传感器、网关、流量计、阀门、逻辑模块、编码器、光通讯等产品，在工业、建筑、交通等行业层面以及企业、园区、区域等组织层面的能源管理领域都有着不同程度的发展创新及实践应用，并在此基础上形成了智慧供热、智慧供冷、智慧流体、智慧蒸汽、智能变电站、智能输配电、智慧照明、智慧家居、智慧交通、智慧园区等一系列能源监测管理解决方案。

在“智慧能源”层面，目前产业链各端的企业或机构都只是在零零散散地开展自己的研究和市场化运作，产业资源并未聚集，技术发展比较分散，还没有形成创新发展合力，在智慧能源领域也还没有形成龙头企业，很多厂商基于自有标准提供垂直封闭的智慧能源解决方案，不同方案之间无法互联互通，不同企业生产的产品不能交叉使用，产业链各端配合度较低，导致现阶段难以形成大的产业规模。

三、智慧能源产业发展阶段及展望

（一）2015—2017 年——起步阶段

2015 年 7 月，在国务院印发的《关于积极推进“互联网+”行动的指导意见》中，明确提出了“智慧能源”概念，在接下来 2016 年和刚刚过去的 2017 当中，产业发展指引相继出台，社会及产业关注与日俱增。

根据《关于推进多能互补集成优化示范工程建设的实施意见》和《关于组织实施“互联网+”智慧能源（能源互联网）示范项目的通知》，2016 年，分别启动了第一批多能互补及能源互联网示范工程建设，2017 年，各项示范工程稳步推进。

（二）2018 年——试点示范阶段

2018 年，将建成一批不同类型、不同规模的试点示范项目；攻克一批重大关键技术与核心装备，能源互联网技术达到国际先进水平；初步建立能源互联网市场机制和市场体系；初步建成能源互联网技术标准体系，形成一批重点技术规范和标准；催生一批能源金融、第三方综合能源服务等新兴业态；培育一批有竞争力的新兴市场主体；探索一批可持续、可推广的发展模式；积累一批重要的改革试点经验。

（三）2019—2025 年——规模化推广应用阶段

2019—2025 年，将着力推进能源互联网多元化、规模化发展；初步建成能源互联网产业体系，成为经济增长重要驱动力；建成较为完善的能源互联网市场机制和市场体系；形成较为完备的技术及标准体系并推动实现国际化，引领世界能源互联网发展；形成开放共享的能源互联网生态环境，能源综合效率明显改善，可再生能源比重显著提高，化石能源清洁高效利用取得积极进展，大众参与程度大幅提升，有力支撑能源生产和消费革命。

到 2020 年，各省（区、市）新建产业园区采用终端一体化集成供能系统的比例目标达到 50%左右，既有产业园区实施能源综合梯级利用改造的比例目标达到 30%左右。

完成推动建设智能化能源生产消费基础设施、加强多能协同综合能源网络建设、推动能源与信息通信基础设施深度融合、营造开放共享的能源互联网生态体系、发展储能和电动汽车应用新模式、发展智慧用能新模式、培育绿色能源灵活交易市场模式、发展能源大数据服务应用、推动能源互联网的关键技术攻关、建设国际领先的能源互联网标准体系等十大重点任务，支撑智慧能源产业培育和发展。

（四）立足国内开拓国际阶段

在完成前阶段的积累和提升后，随着产业发展，我国智慧能源将从国内走向国际，从周边走向远洋。

能源互联网可同时实现促进资源优化和协调资源配置双重目标。在国家大力推动“一带一路”倡议，全方位加强能源国际合作的大背景下，构建全球能源互联网对改善我国能源供给、保障我国能源安全意义重大。

另外，我国具备技术实力、市场基础、资源网络和成功经验的行业领先企业将紧抓“一带一路”重大机遇，推进能源基础设施与海外互联互通，推动有竞争优势的能源装备、技术、标准和模式“走出去”，并积极参与全球能源治理。

根据中国智慧能源产业技术创新战略联盟测算，未来智慧能源产业规模将达到10万亿元量级。其中，在智慧能源基础设施与关键器件方面，到2020年有大概1.5万亿到7万亿元的空间；在软件开发方面，大概有3000到5000亿元。2020年，光伏产业规模将达到1万亿元，分布式利用占到光伏系统的70%左右，储能产业规模将达到1000亿，转移负荷在2%到10%之间。

四、能源革命背景下
智慧能源产业的机遇与未来发展

要让能源的全产业全环节都充满智慧，打造能源互联网是当前能源革命要迈出的第一步，也是进入智慧能源新纪元的重要里程碑。可以预见，随着能源互联网的不断发展和能源革命的不断推进，能源技术不断突破，能源制度不断完善，各类技术、制度将与能源完美融合于一体，能源互联网不仅可以满足清洁、安全、经济、高效和持续要求，而且也必将遵循人类文明演进的新趋势和新要求，逐渐“进化”出自组织、自检查、自优化、自适应等类似于人类大脑的强大智慧功能，开启智慧能源的全新时代。

（一）现阶段能源互联网和智慧能源的建设思路

1. 开发能源新技术。首先要大力开发高密度大容量储能、远距离无线输能、分布式可再生能源并网等能源新技术；其次要积极发展能源大数据、能源云计算、能源物联网等能源信息技术，人工光合、陶瓷电池等能源材料技术，以及微生物驱油、微生物产气等能源生物技术。

2. 创立能源新形式。发展煤炭高温热解等传统能源形式的新型利用等；风能、光伏、光热的高效稳定利用，可燃冰、页岩油（气）、氢，以及与石墨烯、多晶硅、钍、钪等新材料结合的能源新形式的推广利用等；还需要根据未来能源发展趋势，积极探索前瞻性能源新形式，争取获得革命性突破。

3. 培育能源新业态。一是新型组织模式，如虚拟电厂等；二是新型商业模式，如开展基于光热电化耦合系统的智慧能源城镇建设，基于互联网技术的能源交易平台、能源网络金融等；三是新型服务模式，如能源网上自由按需购退，订单式生产传输，基于大数据的用能咨询、能效产品销售、节能解决方案等。

4. 构建能源新制度。一是具有开创性与先见性的催生型新制度，能够使能源互联网按照预定规划健康快速发展；二是改革和完善现有制度和政策支撑体系，如打破现在各自为政、条块分割的能源数据壁垒，实现全国能源数据共享，建立服务性能源管理新机制和竞争性能源市场新机制等。

（二）现阶段需要突破的关键技术

接口技术：必须逐步完善能源互联网各类型设备以及信息、数据、能量、能源接口标准以及信息传输协议，从而保证其中信息流、能量流与能源流的互联互通；

转换技术：保证能够根据消费需求，将能源即时转换为电、冷、热等方便、直接的能量形式；

传输技术：大力发展能量大规模传输、双向传输、无线传输等技术，解除地域或环境限制；

存储技术：大力发展压缩空气储能、电化学储能、超导磁储能等新兴储能技术以及钠硫电池、液流电池、锂离子电池、超级电容器、飞轮等储能设备和产品；

平衡技术：必须大力建设能源路由器等能源平衡技术，通过高效的传输装置、转换装置、路由装置等，实现能源高效低耗的最优传输和调配；

安全技术：必须积极研究网络安全接入以及网络安全防护等各种关键技术，增强能源互联网抗风险、抗攻击、抗故障的自防自纠自愈能力。

（三）从能源互联网到智慧能源的实施步骤

1. 夯实基础。联接各种能源终端设备，不断扩充能源互联网节点，汇总各级各类节点信息，建设能源大数据，运用能源云计算，初步实现信息流。提高电网智能化水平，将各种能源大部分转化为能够直接利用的能量如电力、热能等，初步实现能量流。夯实能源物联网，提高直接使用的煤、油、气等物流使用效率，初步实现能源流。推动示范先行，营造开放包容的创新环境，鼓励多元化的技术、机制及模式创新，因地制宜推进能源互联网新技术与新模式先行先试。

2. 持续推进。进一步与“人”联接，以人为中心，使用户、能源、设备之间实时交互交流，信息数据即时传输分析，保证科学供给、动态调配、合理消费，在此基础上逐步形成多层次、多功能的能源互联网。同时，在新制度保障下，建立市场化机制，深化能源体制机制改革，还原能源商品属性，构建有效竞争的市场结构和市场体系，推动能源消费、供给和技术革命，不断强化互联网与能源之间的高效联动，实现产业化，进一步促进能源新技术、新形式、新业态形成。

3. 充实完善。高度实现能源开发利用的清洁化和低碳化、分布式与自主性。在能源互联网体系下，能源完全以人为本，全过程智能可控，运行效率大幅提高。鼓励社会资本参与，依靠金融创新探索企业和项目融资、收益分配和风险补偿机制，支持符合条件的能源互联网项目实施主体通过发行债券、股权交易、众筹、PPP 等方式进行融资，积极发挥基金、融资租赁、担保等金融机构优势，引导更多的社会资本投向能源互联网产业，搭建能源及能源衍生品的价值流转体系，支持能源资源、设备、服务、应用的资本化。在能源开发、传输、转化和消费过程中逐步引入拟人脑智慧功能，逐渐过渡到智慧能源的高级阶段。

B 3

标准是智慧能源产业创新发展的支柱

王克娇　陈伟　段志洁*

摘　要：

智慧能源并不仅仅关注能源本身，它还意味着在结合“互联网+”之后整个能源系统的运行方式。智慧能源产业创新和能源互联网建设是推动能源革命的技术措施和可以落地的具体行动，标准和标准化则是智慧能源产业创新发展的重要技术支撑。智慧能源在基本概念、术语定义、概念模型、体系架构、评价指标等方面尚未形成共识，需要从全社会的层面上对智慧能源标准化进行统一规范，以支撑未来产业发展的需要。本文综述了我国智慧能源产业快速发展历程，梳理了产业发展过程中对标准的需求，总结了我国近两年智慧能源国家标准和行业标准的现状，并对进一步完善智慧能源标准体系提出相关建议。

关键词：

智慧能源　能源互联网　标准　团体标准

---

* 王克娇，教授级高工，中国智慧能源产业技术创新战略联盟副理事长，曾任中国质量认证中心主任。主要从事认证、测试、标准等技术研究，先后获得国家科技进步奖和部级科技进步奖。陈伟，教授级高工，工程博士导师，曾任中国质量认证中心副主任。主要从事认证、测试、标准等技术研究，先后获得国家科技进步奖和部级科技进步奖，科技部项目评审专家组成员，并获得政府特殊津贴。段志洁，博士，中检（天津）能源技术服务有限公司副总经理，参与过国家科技部、国家发改委、质检总局等政府部门低碳、节能、服务领域相关课题研究项目、行业标准、地方标准、国家标准的制定。

一、智慧能源的快速产业发展

能源领域是每个国家的经济命脉，智慧能源的载体是能源，无论是开发利用技术，还是生产消费制度，研究的对象与载体始终都是能源，不懈探索的目的也是寻觅更加安全、充足、清洁的能源，使人类生活更加幸福快乐、商品服务更加物美价廉、活动范围更加宽广深远、生态环境更加宜居美好。当前，在能源领域，科技创新从“科学”到“技术”再到“市场”的演进周期正在缩短，成果转化更加迅捷。面对新形势，世界各国能源领域的传统企业纷纷加快创新布局，将传统能源行业与物联网、互联网结合，不断加快产品迭代步伐，甚至上升到国家战略层面予以实施和推进。

能源互联网借助先进的通信技术、信息技术和市场化手段，打破能源价值链各环节的割裂状态，实现能源的全互动和全融合，驱动要素在跨环节的配置，是跨界的融合创新，也是促进能源供给侧结构性改革，实现我国新能源发展的有效途径。

国家能源局2016年2月24号颁布的《关于推进“互联网+”智慧能源发展的指导意见》提出：2016—2018年，着力推进能源互联网试点示范工作：建成一批不同类型、不同规模的试点示范项目，攻克一批重大关键技术与核心装备，能源互联网技术达到国际先进水平①。

2016年国家能源局组织开展了“互联网+”智慧能源（能源互联网）示范项目申报、审核认定工作，根据国家能源互联网产业和技术发展的战略布局及专家评审意见，确定了首批55个“互联网+”智慧能源（能源互联网）示范项目名单，投资额近800亿元，其中城市能源互联网综合示范项目12个，园区能源互联网综合示范项目12个，其他及跨地区多能协同示范项目5个，基于电动汽车的能源互联网示范项目6个，基于灵活性资源的能源互联网示范项目2个，基于绿色能源灵活交易的能源互联网示范项目3个，基于行业融合

① 国家能源局，http：//www.nea.gov.cn/。

的能源互联网示范项目 4 个，能源大数据与第三方服务示范项目 8 个，智能化能源基础设施示范项目 3 个。国家能源局要求首批示范项目原则上应于 2017 年 8 月底前开工，并于 2018 年底前建成。项目建成后，项目单位应及时向省级能源主管部门提出验收申请，省级能源主管部门委托第三方专业机构验收通过后，组织编制项目验收报告上报国家能源局。国家能源局将派出机构负责对示范项目建设和建成后的运行情况进行监管，并由能源互联网专业机构组织社会各界专业力量，对各渠道申报的试点示范进行综合评议，并对试点示范项目建立持续辅导机制。

2017 年初国家能源局又公布了首批 23 个多能互补集成优化示范工程，一种是面向终端用户电、热、冷、气等多种用能需求，因地制宜、统筹开发、互补利用传统能源和新能源，优化布局建设一体化集成供能基础设施，通过天然气热电冷三联供、分布式可再生能源和能源智能微网等方式，实现多能协同供应和能源综合梯级利用，本次示范中此类终端一体化集成供能系统 17 个。另外一种是利用大型综合能源基地风能、太阳能、水能、煤炭、天然气等资源组合优势，推进风光水火储多能互补系统建设运行，示范中此类风光水火储多能互补系统 6 个。首批示范工程原则上应于 2017 年 6 月底前开工，在 2018 年底前建成投产。对于多能互补集成优化示范工程中涉及的风电、光伏发电项目，“三北”地区应严格消化存量，其他地区应在优先消化存量的基础上，再发展增量。国家能源局对于本次示范工程实施“能进能出”机制，已列入首批示范工程的项目，如发生重大变化不符合示范要求，或 2017 年 6 月底前仍未能开工，将予以取消。另外各省（区、市）能源主管部门可将本地区具有全国示范意义的项目，作为备选项目上报国家能源局，国家能源局将适时开展后续示范工程的审核认定工作。项目竣工验收由省级能源主管部门会同国家能源局派出机构共同组织，验收通过后上报国家能源局。符合多能互补集成优化示范工程要求的，国家能源局将组织专家对项目进行评估并作为实施范例进行推广。

2017 年 5 月，国家发改委、国家能源局下发《关于新能源微电网示范项目名单的通知》，又有 28 个新能源微电网示范项目获批。本批示范项目的主要审核条件为：新能源微电网的可再生能源电力渗透率（可再生能源发电装机容量/微电网内峰值负荷）应不低于50%；清洁能源电量自给率（清洁能源发电量/园区总用电量）应不低于50%。

在《关于新能源微电网示范项目名单的通知》中提出，新能源微电网可以作为独立的购售电主体，与配电网内部的电力用户或微电网外新能源发电项目直接进行电力交易。项目建成后的评估由省级能源主管部门、价格主管部门会同能源局派出能源监管机构负责，评价的内容包括：示范项目供电范围内的供电安全和电能质量、新能源微电网的可再生能源功率渗透率和清洁能源电量自给率、示范区域内可再生能源和清洁能源供热（冷）比例、价格等方面。

据不完全统计我国目前有超过300个城市启动了智慧城市的规划和建设，为能源互联广域网的发展提供了综合的平台和政策支持，“一带一路”建设又为能源互联骨干网的发展提供了广阔的发展空间和国际市场。因此从智慧能源领域的发展拓展与前景来看，是较为广阔的。对于智慧能源这一新兴领域，有目标导向、有任务要求的研究，一般都是由行业发展的需求驱动的，它所取得的成果能很快转化为现实生产力，发展过程中也就增强了对技术标准创新能力、标准有效供给的需求，同时对提升技术标准创新服务水平、行业从业人员的水平提出了更高要求。国家能源局总经济师李冶曾在2017年表示，目前“互联网+”智慧能源标准体系的总体框架和行动路线已经初步形成。

二、产业发展对标准的需求

由于目前新能源领域独立产品的标准随着近年来技术的发展，标准工作正在逐步完善，但是对于“源—网—荷—储”协调发展、集成互补的能源互联网，目前针对系统的认证和评价标准处于缺失状态，将来55个“互联网+”智慧能源（能源互联网）示范项目的验收工作也对系统集成和新型产品的标准提出了需求。

“互联网+”智慧能源（能源互联网）示范项目的评审工作是由国家能源互联网产业及技术创新联盟秘书处单位清华大学能源互联网创新研究院在国家能源局的监督和指导下进行的，评审专家根据能源局专家库在随机抽取的基础上产生，与参评项目有利益关系的评审专家对项目的评审实行回避制度，包括预备、初评和终评三个阶段。最终能源局对终评意见进行核准，根据国家能源互联网产业和技术发展的战略布局，确定通过评审的示范项目，并给出批复的意见和建议。

项目建成后的验收工作是由省级能源主管部门委托第三方专业机构开展验收，组织编制项目验收报告上报国家能源局，国家能源局承担项目建设工作的监管和辅导工作。这就对各个省能源主管部门委托的第三方机构能力要求和不同类型项目（前面共分为九大类）验收所采用验收标准提出了高要求，尤其是验收标准的出台才能够保证不同验收第三方机构、不同省份、不同项目的验收工作有据可依。

近年来国家在标准建设方面陆续发布了《深化标准化工作改革方案》《国家标准化体系建设发展规划（2016—2020年）》等战略部署和政策规划，2017年科技部、质检总局、国家标准委联合发布了《“十三五”技术标准科技创新规划》，全面实施技术标准战略，引导科技、产业等各类资源积极参与技术标准研制与应用，以实施技术标准战略为主线，围绕健全技术标准创新协同推进机制、激发市场主体技术标准创新活力、培育中国标准国际竞争新优势等方面提出了一系列重要举措，建立健全新型技术标准体系，健全科技与标准化互动支撑机制，以标准加速科技成果转化应用促进发展动力转换，提升发展的质量效益。对照智慧能源领域，在技术革新的同时以科技引领技术标准水平提升、着力补齐技术标准研制与应用短板、加强新兴和交叉领域技术标准研制是市场也是国家对于该行业标准发展的要求。国家需要激发市场主体技术标准创新活力，不仅要提升企业的技术标准创制能力，同时也需要增强社会团体的技术标准创新活力，加强智慧能源标准领域从业人员队伍的能力建设，提升科研人员技术标准创新意识和能力，支持科技创新人员广泛参与技术标准研制。这也对技术标准创新投入机制提出了多元化要求，引导鼓励各方面资金共同投入技术标准研制，才能形成良性的互动局面。

大家对团体标准在智慧能源这类新兴领域中的意义和作用有着清晰的认识。首先，标准化的重要战略性是无可置疑和具有普遍共识的，再者因其本身的科学技术属性，在科技创新和成果转化的全产业链条中有着难以替代的作用。团体标准因其本身所具有的市场基因，与市场主体的利益一致性，这种交流是最容易接受的沟通方法与工具。团体标准对于全产业链的构建、碎片化需求和资源的整合，以及在新技术和市场的共创共享共赢、保护技术创新成果、激发创新积极性方面均有着不可替代的作用，会以不断迸发的微观活力支撑宏观经济大局稳定①。团体标准是释放标准化能量去激发创新活力的举措。就标准化全面深化改革而言，团体标准是标准化战略性和战术性在这个时代焦点的体现，同时对其他的改革措施有着促进作用，互为关联，相辅相成。团体标准在促进产业发展和企业发展中，甚至可以被视为社会或商业契约。而团体标准因其天然的市场化与需求驱动属性，是最易与国际贸易规则融合的一类标准，有着天然的市场亲近性。

目前，国内在推动团体标准工作时已经考虑到按照国际通用的规则程序去制定标准，并且对标准制定程序的公正透明原则做出了要求。要与国际接轨，按市场经济的原则办事，才能为全球应用打下一个互认的基础。

团体标准要保护好民族产业和国家利益，这是重要选项之一。同样可以在充分运用规则的前提下来保护自己，从而获得更加持久而稳定的合法合理的利益。

在现实操作中，标准化社团组织不仅是企业的联合，也是企业、高校、政府部门，甚至消费者等诸多主体的联合。在标准制定过程中，可以集思广益。这与一些行政色彩浓重，闭门造车式的标准制定模式不同，它是通过开放和半开放的模式，保证了标准制定的效率。同时，国家的法规政策应关注引导在团体标准的制定过程中，实现规则的公正公开，以保证团体标准在贸易中、提升为更高级别或转化为更大范围内应用的标准时，具有利于贸易互认的基础。团体标准在促进产业发展和企业发展中，甚至可以被视为社会或商业契约。

2017 年底质检总局、国家标准委、民政部联合制定的《团体标准管理规定（试行）》正式出台，为规范、引导和监督我国团体标准化工作提供有力支撑。在国家重大战略部署中，团体标准是政府提升治理能力和水平的重要工具，是企业获得竞争能力和引领发展的重要条件，在标准化深化改革中居于突前位置。团体标准与自愿性产品认证（符合性评定）的有机结合，可以让团

① 全国团体标准信息平台，http：//www. ttbz. org. cn/。

体标准更有力量。团体标准具有与自愿性认证有机结合的良好市场基础，能够使团体标准在适宜的范围内发挥最佳的效用，这应当成为标准化深化改革中的一个突破，以团体标准为先手，作系统长远的工程，协调好团体标准与自愿性认证共同迅速发展。做一些具体推动当然很重要，但营造发展氛围，释放激发出创新活力，更是根本之举。团体标准的工作原则坚持市场驱动和创新驱动原则，理清现实中存在的重大问题及其背后深刻的制度原因，我们才能进一步出台可操作性的建议，更高效地推动团体标准工作的全面开展，团体标准因为其来自市场和需求，具有天然的市场属性。而其自下而上的特性，成为众多标准化改革措施中易启动、易参与、显成效、最根本、最具活力的抓手，能支撑创新驱动。在全产业链、行业交融和社会管理所需的标准制定、实施、知识产权等要素中激发其活力与自主协调利益，起到科学方法和协调机制的作用。

就标准化工作而言，人才与标准化工作互相推动、互为因果，团体标准的推动必将推动行业产业中涌现大量精通标准化的人才，而这些人才又必将引领带领产业企业熟练地运用标准化的理念和方法，在市场中去创造更好地收益。专业的标准化机构与人才必不可少，而有企业、产业和科技研发背景的标准化专家人才队伍则更显重要与关键。团体标准的工作必将与人才一起成长，才能共同持续地促进经济发展科技创新。

三、近两年智慧能源国家标准和行业标准的状况

标准是自主创新的制高点，谁掌握了标准制定的话语权，谁就掌握了市场竞争的主动权。作为能源行业的主管部门，国家能源局负责能源领域各项行业标准的管理、发布和实施，近年来国家能源局在标准领域的工作也在逐年加强，每年的年初，国家能源局便会公布本年度实施的新标准。根据国家能源局〔2016 年〕第 1 号公告，2016 年制修订了 345 项行业标准，其中能源标准（NB）54 项、电力标准（DL）125 项和石油天然气标准（SY）166 项；根据国家能源局公告〔2017 年〕第 6 号，2017 年制修订了 159 项行业标准，其中能源标准（NB）34 项、电力标准（DL）39 项、石油标准（SY）86 项；国家能源局公告〔2018 年〕第 4 号发布了 80 项新制修订的行业标准，其中能源标

准（NB）9 项、电力标准（DL）37 项、石化标准（NB/SH）34 项。

纵观 2018 年度将要新实施的涉及能源 9 项标准和电力行业 37 项标准，涉及智慧能源的包括锅炉技术和设备、发电技术和设备、电力行业包括柔性直流输电设备监造技术导则、高压直流互感器现场校验规范、柔性直流输电换流站运行规程、配电系统电气装置安装工程施工及验收规范、3kV—110kV 电网继电保护装置运行整定规程、变电站及配电线路用电压无功调节控制系统使用技术条件等标准。标准中传统电能领域标准依然占据主流地位，且关注于源、网两个环节，对于储、荷方面的标准相关机构组织正在加强相关研究。未来智慧能源的不断发展也会对现有行业标准提出更全面、更深入的要求。

近年来，智能电网开始在全球得到快速发展，经过几年努力，已经在理论基础、技术研发、标准研制、工程建设方面取得了显著成效，但新形势下也出现了一些新的特点，风、光等新能源更大规模的发展给电网的安全稳定运行带来了新的巨大挑战；随着云计算、大数据、互联网等 ICT 技术的广泛应用，智能电网技术也面临着进一步完善和发展要求，一方面，智能电网既要适应可再生能源在电能生产中占比越来越高、分布式能源的高渗透以及电动汽车大规模应用的场景，又要满足电力用户参与度更高，电力能源交易更加灵活、频繁的需要；另一方面，智能电网功能还要承担一次能源与终端能源之间在大范围协调优化的核心纽带作用，把电能与供热、供水、供气以及交通系统进行互联互通，从而在保证电网安全、供电可靠的基础上，实现全社会的能源清洁高效利用。因此，智能电网的概念在原有实践基础上需要进一步扩展和延伸，但国内外对这个扩展后的新概念尚未形成统一的名称和定义。国际电工委员会（IEC）在原来智能电网战略工作组（SG3）和智能电网系统评估组（SEG2）基础上成立了“智慧能源”（Smart Energy）系统委员会（SyC1），提出了智慧能源这一概念，SyC1 将智慧能源描述为以智能电网为核心，通过与供热、供气等系统的交互，进一步提高电网灵活性的系统。

综上所述，智能电网①将在三个层面上进行扩展，在用户层面，智能电网

① 刘文：《智能电网技术标准体系研究综述》，《电力系统保护与控制》2012 年总第 40 期，第 10 期，第 120—126 页。

中的用电领域将向区域能源互联网发展，以提高用户侧参与能源管理能力，提高用户侧能效；在城市层面，智能电网中的配电领域将与城市的供热、供气、供水和交通系统实现交互，将智能电网融入城市的功能系统中，形成城市能源互联网，有效支持智慧城市发展；在国家、洲际和全球范围内，智能电网中的输电领域将与国际电网互联，逐步实现超大地域范围的能源互联网。

电网方面的标准化建设已经取得积极成果，国家已经将智能电网标准化纳入《战略性新兴产业标准化发展规划》。中国智能电网标准体系框架已经编制完成，形成了有 9 个专业分支、25 个技术领域、110 个标准系列的技术标准体系。针对新能源并网、智能变电站、智能调度、电动汽车充电设施建设等领域开展的智能电网综合标准化试点工作，在智能电网重点领域重点标准建设已经取得突破，风电、光伏等新能源接入电力系统标准已经修订完成，特高压交直流标准体系已经建立，GB/T30155—2013《智能变电站技术导则》、IEC61850 系列标准关键标准相继编制完成，智能电能表、配电网自动化、微电网及需求侧管理等重要标准正在稳步推进。在国际标准化方面，我国成功申请成立了国际电工委员会智能电网用户接口项目委员会、可再生能源接入电网分技术委员会、微电网系统评估组，由我国担任国际标准召集人，确定了我国在智能电网国际标准化工作中的地位。

智慧能源与智能电网相比，更具系统性，复杂性也更高，亟须统一规划和顶层设计。目前，智慧能源在基本概念、术语定义、概念模型、体系架构、评价指标等方面尚未形成共识，需要从全社会的层面上对智慧能源标准化进行统一规范，以支撑未来产业发展的需要。

作为世界上成立最早的国际性电工标准化机构，国际电工委员会（IEC）负责有关电气工程和电子工程领域中的国际标准化工作①。目前，IEC 主要针对智能电网出台了一系列的技术标准，尚没有其他国际标准化组织明确提出智慧能源的标准架构，智慧能源建设可以采用国际电工委员会智能电网核心标准及配电、用电、储能、电力电子、信息和通信技术等相关标准，包括电动汽车充放电设施、智能家居及设备间的通信协议等相关技术标准；但仍有一部分标

① 国际电工委员会，https：//www. iecee. org/。

准缺失或标准间协调性不够，如分布式能源接入、大容量化学储能装置接入等，不能满足智慧能源建设需求，需要加大工作力度。

中国智慧能源产业相关的国内TC共有21个，如图1所示。另外全国微电网与分布式电源并网标准化技术委员会已通过国家标准委批准，对口国际电工委员会电能供应系统方面技术委员会（IEC/TC8），目前正在筹建中。国家电网公司也正在申请成立专门的全国智慧能源标准化技术委员会，以推动我国能源互联网发展。

表1　国内标准的对口技术组织

SAC/TC 20	全国能源基础与管理标准化技术委员会
SAC/TC 25	全国电气安全标准化技术委员会
SAC/TC 28	全国信息技术标准化技术委员会
SAC/TC 44	全国变压器标准化技术委员会
SAC/TC 60	全国电力电子系统和设备标准化技术委员会
SAC/TC 65	全国高压开关设备标准化技术委员会
SAC/TC 82	全国电力系统管理及其信息交换标准化技术委员会
SAC/TC 90	全国太阳光伏能源标准化技术委员会
SAC/TC 104	全国电工仪器仪表标准化技术委员会
SAC/TC 296	全国电力监管标准化技术委员会
SAC/TC 321	全国电力设备状态维修与在线监测标准化技术委员会
SAC/TC 324	全国高压直流办理电工程标准化技术委员会
SAC/TC 402	全国太阳能标准化技术委员会
SAC/TC 411	全国电器设备网络通信接口标准化技术委员会
SAC/TC 413	全国输配电用电力电子器件标准化技术委员会
SAC/TC 426	全国智能建筑及居住区数字化标准化技术委员会
SAC/TC 446	全国电网运行与控制标准化技术委员会
SAC/TC 459	全国能量系统标准化技术委员会
SAC/TC 485	全国通信标准化技术委员会
SAC/TC 549	全国智能电网用户接口标准化技术委员会
SAC/TC 550	全国电力储能标准化技术委员会

资料来源：中投顾问产业研究中心整理。

标准化工作具有分工负责、协作配合的工作特点，当前智慧能源关注的相关专业领域，已经建立了相关专业技术委员会。在大数据、云计算领域，有电力行业信息标准化技术委员会负责；在新能源接入电网领域，有能源行业风电标准化技术委员会、全国电网运行与控制标准化技术委员会负责；在智能配用电领域，有电力行业电测量标准化技术委员会、电力行业供用电标准化技术委员会、全国电力系统管理及其信息交换标准化以及相关设备标准化技术委员会负责；在电动汽车与电网互动领域，有能源行业电动汽车充电设施标准化技术委员会负责；在电网与用电用户接口互动方面，有全国智能电网用户接口标准化技术委员会负责；在储能应用方面，有全国电力储能标准化技术委员会负责；在分布式能源和微电网领域，有正在筹建的全国微电网和分布式能源并网标准化技术委员会负责。

其中特别值得一提的是系列标准 IEEE1888《泛在绿色社区控制网络协议》。电气和电子工程师协会（Institute of Electrical and Electronics Engineers，IEEE）是一个国际性的电子技术与信息科学工程师的协会，是目前全球最大的非营利性专业技术学会，其会员人数超过 40 万人，遍布 160 多个国家。IEEE 致力于电气、电子、计算机工程及其他与科学有关的领域的开发和研究，在太空、计算机、电信、生物医学、电力及消费性电子产品等领域已制定了 900 多个行业标准，现已发展成为具有较大影响力的国际学术组织。

在构建能源互联网的过程中，数以百亿计的设备需要与网络互联互通，同时这些设备产生的海量数据需要进行格式统一，并最终保证数据安全。在此过程中，其标准的制定及统一一直是行业的关键问题。为解决设备与设备、设备与网络、信息与数据间存在的“孤岛”问题，最终实现能源互联网产业的全球部署，由我国中国电信、清华大学、北京天地互连信息技术有限公司、北京交通大学、青岛高校信息产业股份有限公司、广州视声电子科技有限公司、广州智能家居技术标准促进中心主导的全球能源互联网首个国际标准 IEEE1888 应运而生。目前，它已作为能源互联网产业入口的重要标准受到全球关注。标准 IEEE1888《泛在绿色社区控制网络协议》于 2015 年 3 月 2 日正式获得国际标准化组织 ISO/IEC 通过，IEEE1888 能源互联网标准向 ISO/IEC 的转化终于获得了成功。该标准采用全 IP 的思路，深度融合 IPv6、物联网、云计算等信息通信技术，构建了一个开放的能源互联网体系，可广泛应用于智慧能源网络，包括下一代电力管理系统、楼宇能力管理系统、设施设备管理系统等领域的通信。IEEE1888 是能源互联网领域的 TCP/IP 标准。通过 IEEE1888 标准将电、水、气等能源数据化，应用大数据、云计算等互联网新技术，达到提高能效、节能减排等作用。围绕 IEEE1888 标准，将形成包括终端产品、汇聚产品、多协议网关产品、存储系统、智能分析平台、可视化界面、认证与安全系统、网管和计费系统、系统集成、认证与测试、合同能源管理服务的产业链。IEEE1888 发展至今，已在中国、日本、越南、泰国、印度等全球各地完成了多个成功的示范项目及商业化的解决方案，某些项目在帮助企业提高生产效率的同时，甚至产生了45%以上的节能量，并产生了很多新的商业机会及商业模式。可以说，IEEE1888 不但顺应了技术发展的趋势，而且符合运营商的发展需求，符合我国产业发展的需求以及全球节能低碳大背景下的发展需求。

四、总结

综上，当前无论国际上还是国内对于智慧能源在基本概念、术语定义、概念模型、体系架构、评价指标等方面尚未形成共识，随着当前的技术革新只有零星的标准出台，未来无论从国家相关示范项目的验收角度还是系统性技术梳理的角度，均需要从全社会的层面上对智慧能源标准化进行统一规范，以支撑未来产业发展的需要。

第二篇

市场创新篇

4

日本分布式能源互联网的市场创新：从“DR”到“VPP”

周　杰*

摘　要：

东日本大地震之后，随着能源体制改革的深化，日本现有的大规模集中式能源供给系统开始向以光伏、蓄电池、电动汽车、燃料电池

* 周杰，国际清洁能源论坛（澳门）副理事长兼秘书长、中国经济社会理事会理事、武汉新能源研究院研究员。

等为代表的分布式能源体系转型，而能源互联网的技术进步又加快了分布式能源技术创新和电力市场创新的步伐。以需求响应（Demand Response，简称 DR）和虚拟电厂（Virtual Power Plant，简称 VPP）为代表的新技术、新业态和新模式，不仅可以利用能源互联网聚合大量散落的分布式电源，降低发电成本，解决高比例可再生能源消纳问题，并通过需求侧参与调频调峰发挥移峰填谷的作用，还具有创造防灾减灾的新价值。因此，DR 和 VPP 成为日本分布式能源互联网市场创新的一大亮点。

关键词：

分布式能源　需求响应　虚拟电厂　能源互联网　电力需求侧管理

福岛核事故暴露出大规模集中式电力供给的脆弱性。因此，日本痛下决心，要建设新一代电力系统和能源综合管理，将实现电力需求侧管理的智慧化向以可再生能源、蓄能为代表的小规模分布式能源体系的转型，但分布式电源如何动态优化组合、如何保证供需的实时平衡成为这一转型的难题。在能源互联网的大背景下，需求响应（Demand Response，简称 DR）和虚拟电厂（Virtual Power Plant，简称 VPP）成为日本电力市场的新宠，他们不仅能够降低系统基本负荷和峰值负荷，弥补日本大量关闭核电带来的电力供给不足；而且还在负荷侧增加了电源多能集成的互补性，降低了火电调峰需求，提高了可再生能源的利用；并促使电网必须根据不同类型电源输出特性实现优化配置，推动电网智能化的提升。DR 和 VPP 已成为当前日本分布式能源互联网市场创新的一大亮点。

1. 背景：电力市场新变化

随着大规模可再生能源接入电网以及智慧能源技术日新月异的发展，近几年来，推广实施 DR 和 VPP 技术的新商业模式在日本百花齐放，DR 和 VPP 的兴起源于日本电力市场环境出现的新变化，这些变化的主要特征大体可以概括为“5个D”。

第一个是自由化（Deregulation），2016年4月日本电力零售市场实现了全面自由化，多元化市场主体纷纷加入电力市场竞争大军。截至2018年3月，新成立的售电公司超过500多家，售电占比已达12.7%，电力公司签约换手率突破16.2%（图1）。电力用户不仅可以自主选择售电公司，而且还能直接参与到DR和VPP的市场交易中，电力供需平衡不再仅依靠发电侧的“用多少发多少”，转而通过供应和需求两侧的市场进行调节。

第二个是脱碳化（De-carbonization），日本承诺到2030年要比2013年减少温室气体排放26%。为完成巴黎协定国家自主减排目标，日本一方面从电力供给侧入手，大力发展以光伏发电为主的可再生能源以弥补核电缺口和替代化石能源，可再生能源装机容量到2016年度已达到56GW，非水可再生能源发电量为726亿kWh，占总发电量的7%左右，到2030年计划达到92GW，但由

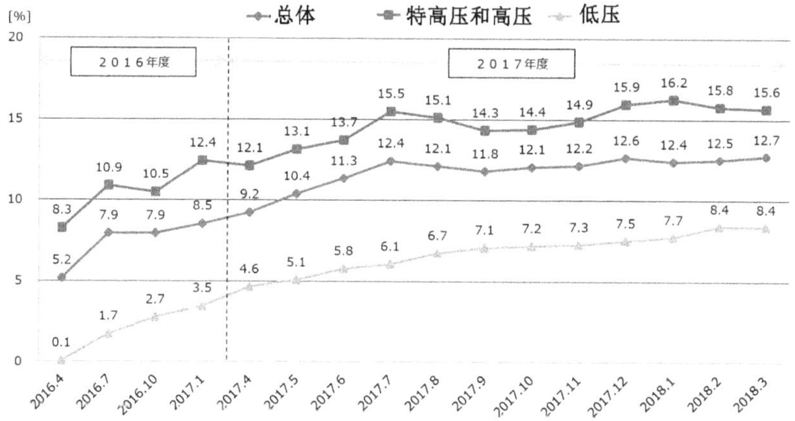

图1　新售电公司销售占比

资料来源：資源エネルギー庁電力小売全面自由化の進捗状況について、2018年7月6日。

于可再生能源发电本身所具有的间歇性和波动性，仍难以保障电力的稳定供应；另一方面，从电力需求侧管理入手，除了依靠传统的节能措施外，随着可再生能源和蓄电池技术的进步及其成本下降，深度挖掘用户侧的分布式能源潜力，如图2所示，从需求侧调节电网的柔性电力技术成为日本实现脱碳化目标的一条新路径。

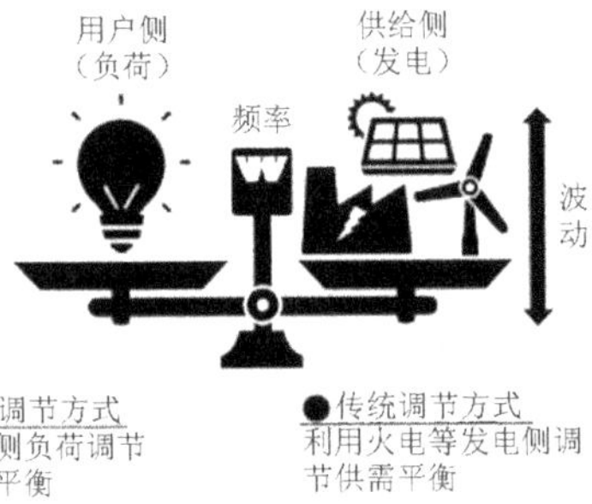

图 2　电力调节方式新变化

第三个是分散化（Decentralization），相较依靠大规模火电、核电等为中心的传统集中式电力系统而言，日本正在构建以光伏、风电等小规模分布式电源以及结合储能技术的新型分散化电力系统，如图 3 所示，终端用户不仅仅是电力的消费者，同时又是电力的“生产者”。这一现象称之为终端用户的产消一体化（Prosumer）[①]。过去从电力公司购电的用户，现在利用光伏发电设备不仅满足自行的电力消费，而且还有富余电力销售，名副其实成为电力的生产者。因此，由于传统的电网调节机制灵活性不足，电力系统需要重构适合分布式可再生能源高比例接入的新一代电网。

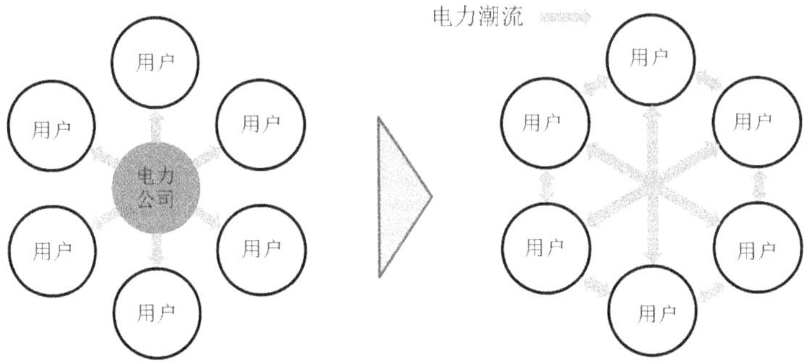

图 3　终端用户的产消一体化

第四个是数字化（Digitalization），分布式电源的资源调控以及需求预测都离不开数字化，互联网、大数据和 AI 技术加速了信息通讯与能源产业的深度

① 著名未来学家阿尔文·托夫勒在《第三次浪潮》中首次提出 Prosumer 一词，所谓产消合一者（Prosumer）是指生产者即消费者，或消费者即生产者的现象。

融合，促进了电力数字化的发展。数字化发展又促进了能源的智能化利用，并带动了城市基础设施之间的互联互通，加快了基础设施产业之间的互相融合。VPP 和 DR 不仅可以远程调控用户侧发电、蓄能和用电设备，而且能将大量散落的小规模电源聚合起来，形成强大的用户侧发电资源，配电系统由传统的单向潮流向满足供需平衡的双向潮流转变（图 4）。

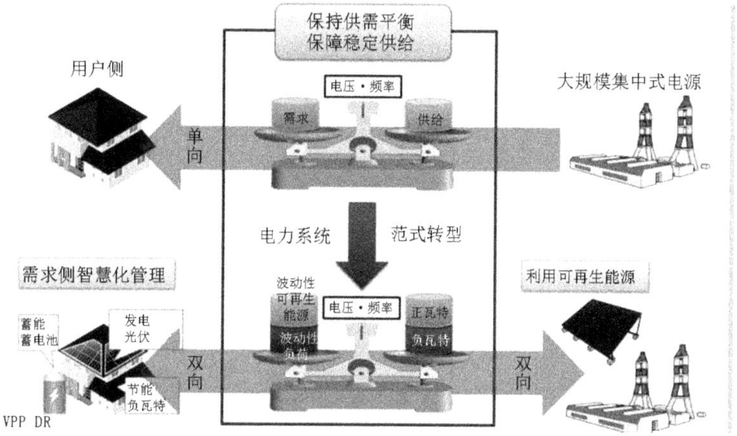

图 4 配电系统双向调节机制

第五个是人口过少过疏化（De-population），据预测到 2050 年日本总人口将比 2017 年下降近 20%，就业人口（15—64 岁）将下降 30%①。电力需求在未来的 10 年预计将会减少 10%左右，如图 5 所示，2050 年日本电力消费总量为 7628 亿 kWh，将比 2016 年减少 23.5%②。日本将迎来电力消费由峰值转变为下行曲线的拐点，电力产业的规模经济性遭到前所未有的挑战。因此，投资规模小、风险低、需求侧响应快、能效比高的分布式能源系统成为日本能源转型的重要方向。

总之，“自由化”是日本电力市场变革的起点，“脱碳化”必然要求“分散化”与“电气化”，从而促进清洁替代与电能替代的能源转型，而“数字化”则是能源转型的核心。分布式能源具有多源、多点及与需求侧密切互动

① 総務省「人口推計」、2018 年 4 月 13 日、「労働力調査年報」、2017 年。
② 藤山光雄「2050 年の電力消費は 2016 年対比 2 割減少」『日本総研 Research Focus』、2018 年 5 月 14 日。

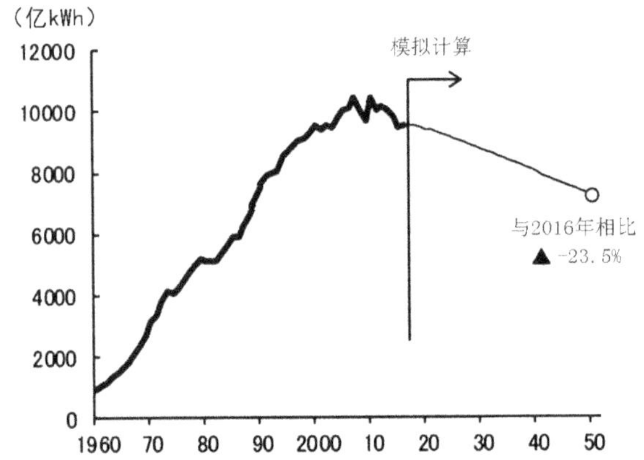

图 5　日本未来电力消费预测

资料来源：『日本総研 Research Focus』、2018 年 5 月 14 日。

的特点，是一个开放式的能源系统。由于分布式能源本身就具有数字化的基本特性，特别适合构建具有能源互联网经济特征的商业生态，因此，分布式能源互联网市场必将产生出更多的新商业模式。

2. 创新：需求管理新模式

2.1 DR 新模式

面对电力市场出现的新变化，DR 和 VPP 作为电力需求侧管理的重要模式异军突起。所谓“需求响应”是指电力用户针对 DR 实施机构发布的价格信号或激励机制做出响应，主动改变自身用电行为，目前主要分为价格诱导型和激励协议型两种类型。传统 DR 源于美国，是从电力需求侧管理中进化而来，以价格诱导和行政指令为主，主要包括我们所熟悉的分时电价、尖峰电价和可中断负荷电价等方式。传统 DR 一般通过下达指令，实现负荷的削减，但往往很难做到快速响应。而在电网智能化的背景下，新型 DR 完全实现了自动调控，在电力供应紧张时，自动向用户发出削减负荷的 DR 信号，家庭或企业等电力用户自动接收 DR 信号，通过自己的能量管理系统控制调整用电，并对 DR 结果自动进行报告。新型 DR 能够实现迅速、高效和精准的电力实时动态调控，能有效解决电力供给侧可再生能源发电带来的巨大不确定性。

新型DR基本为激励协议型，根据调控方式可分为两类，一类是以减少用电负荷方式参与DR响应，称之为-DR型（可在负瓦特市场交易），即通过“移峰”参与响应。另一类以增加用电负荷方式参与DR响应，称之为+DR型（可在非化石价值市场交易），即通过“填谷”参与响应。+DR型主要是指可再生能源发电的富余电力。如图6所示，-DR型则又可分为两大类型：1型为售电侧为实现同步同量发电计划所调配的-DR电力资源，其中根据电力来源不同可细分为两小类：售电侧公司用户提供的电力资源（1①型）和从其他公司用户调配来的电力资源（1②型）。2型为输配电侧为实现供需平衡所调配的-DR电力资源。

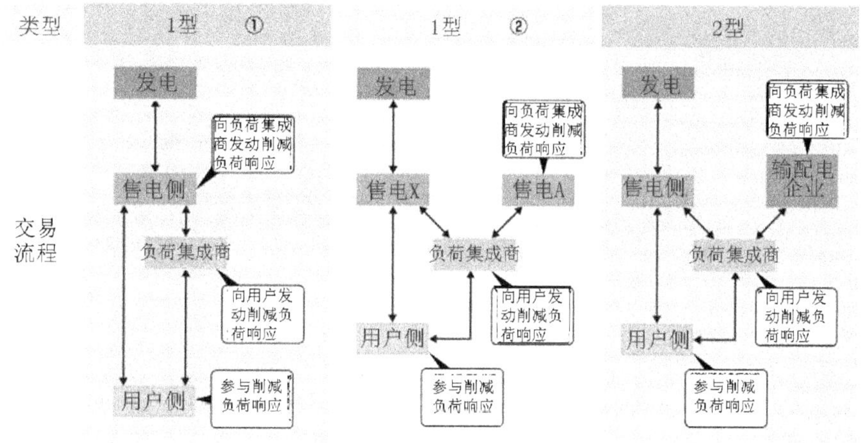

图6 DR分类交易流程

资料来源：資源エネルギー庁「ネガワット取引に関するガイドライン」、2016年9月1日改定。

2.2 VPP新模式

虚拟电厂的概念源自德国，已有10多年的历史。从某种意义上来说，VPP既是分布式能源也是能源互联网的创新应用，欧美国家能源互联网的概念（Internet of Energy）就是源自VPP（图7）。从电力供应角度来看，VPP利用互联网和能源管理技术将企业和家庭所拥有的分散式小规模电源集成优化，进行远程控制和利用，如同电厂一样提供电力供给；从电力消费角度来说，VPP 通过对用户储能装置的聚合控制，能够实现消纳可再生能源富余电力，保障电力供需平衡。

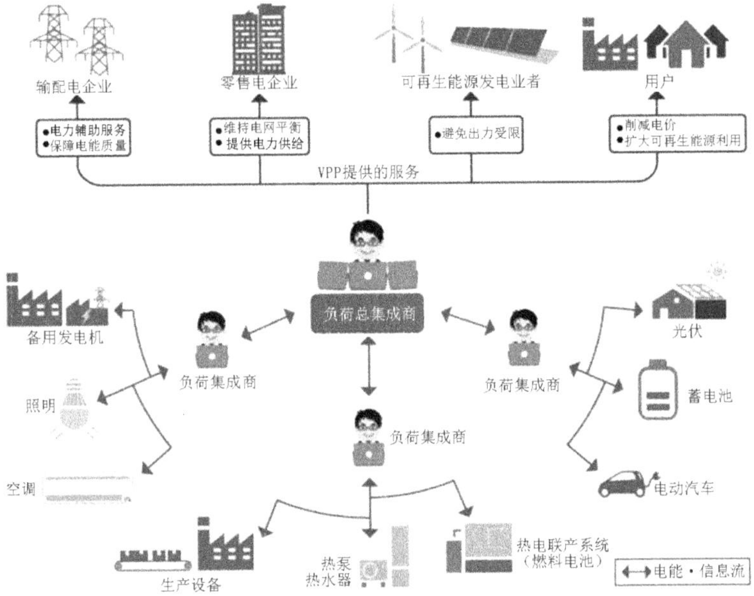

图 7　VPP 概念图

资料来源：資源エネルギー庁「エネルギー・リソース・アグリゲーション・ビジネス　ハンドブック」。

日本用户侧分布式电源规模和潜力巨大，如表 1 所示。据推算，到 2030 年日本分布式发电设备装机容量能够达到 2591 万 kW，相当于 25 座百万千瓦级煤电机组；若有 10%的储能设备参与电网调节，其规模将达到 1320 万 kW，相当于 26 座百万千瓦级煤电机组的调节能力。

VPP 实质上更是电力需求侧管理的创新模式。VPP 与 DR 既有重叠，又有区别。VPP 重点在于增加供给，会产生逆向潮流；DR 则重点强调削减负荷，不会发生逆向潮流。因此，是否会造成电力系统产生逆向潮流是 VPP 和 DR 两者最主要的区别。日本将狭义上的 VPP 定义为直接并网的可再生能源发电设备和储能装置，而广义上的 VPP 还包括用户侧的新型 DR，但传统 DR 则不包含在其中（图 8）。

表 1 日本分布式电源的规模和潜力 单位：万 kW

分类	机器设备	当前	2020 年	2030 年
发电设备	户用光伏	760	300	900
	家用微型燃料电池	10.5（15 万台）	98（140 万台）	371（530 万台）
	商业热电联产	1020	1120	1320
蓄能设备	HEMS（民建）	9	2100	4700
	BEMS（公建）	400	1600	3100
	FEMS（工厂）	180	530	1000
	EV/PHV	28（11.4 万台）	450（100 万台）	4400（970 万台）

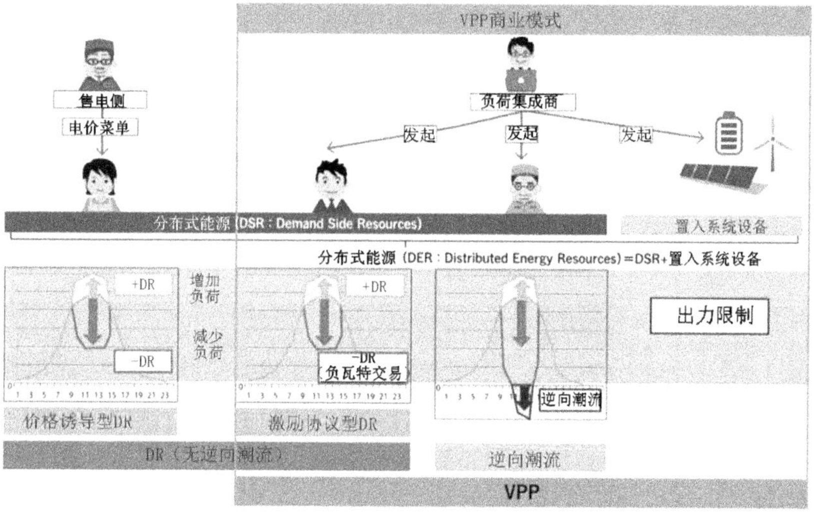

图 8 DR 与 VPP 的边界

资料来源：資源エネルギー庁「エネルギー・リソース・アグリゲーション・ビジネスに関するガイドライン」、2017 年 11 月 29 日改定 。

VPP 与微网的区别在于：微网以分布式电源与用户就地应用为主要控制目标，且受到地理区域的限制，而且既可并网运行，也可独立运行；VPP 则主要是指对多区域、大规模、直接并网的分布式电源利用。VPP 与智慧能源的区别在于：VPP 尽管是广义智慧能源的组成部分，但 VPP 主要以电力为研究对象，不受地理区域远近限制；智慧能源的研究对象则包括电、热和气，且以相邻的特定区域内的机器设备为限。

2.3 VPP（DR）的日本模式

日本推广 VPP（DR）的重点集中在住宅、办公大楼、工厂、商业设施、公用事业部门（学校、医院、上下水处理等）和电动汽车等六大领域，以“光伏+储能”为主要形式。VPP（DR）涉及的分布式“电源”主要包括如下几类：（1）发电设备：家庭包括屋顶光伏、燃料电池、微型热电联产系统等，企业则包括自备发电机、热电联产系统、可再生能源发电设备等；（2）储能设备：家庭包含家用蓄电池、车载蓄电池、电子热水器等；企业包括固定式蓄电池、车载蓄电池、冷藏冷冻仓库、热泵、蓄热空调、电子热水机等；（3）节电设备：家庭包括空调和照明设备等，企业包括空调、通风设备、风扇、压缩机、冷却器、水泵等。表 2 列举了日本 VPP（DR）商业模式的主要业务特色。

表 2　日本 VPP（DR）商业模型的业务特色

<table>
<tr><th>受益方</th><th colspan="2">主要功能</th><th>基本概要</th></tr>
<tr><td rowspan="4">输配电侧</td><td rowspan="3">稳定系统</td><td>调频</td><td rowspan="3">集成用户侧的分布式发电、储能装置、负荷控制和需求节约，通过实时市场为输配电企业提供各类服务</td></tr>
<tr><td>调压</td></tr>
<tr><td>供需平衡</td></tr>
<tr><td colspan="2">优化投资</td><td>利用蓄电池，减少系统或变电所的改造和增容</td></tr>
<tr><td>零售电侧</td><td colspan="2">电力调配
弥补电量不足产生的费用差额</td><td>负荷集成商及零售电商将已调配的电力通过负瓦特市场、期货市场、小时前市场进行间接交易</td></tr>
<tr><td rowspan="4">用户侧</td><td colspan="2">减少电费支出</td><td>削峰协议、优化购用电时段</td></tr>
<tr><td colspan="2">设备利用最大收益化</td><td>将分散式电源和储能装置的富余空间通过负瓦特市场进行交易</td></tr>
<tr><td colspan="2">BCP</td><td>遇灾害时利用分散式电源和储能装置保障电力供给</td></tr>
<tr><td colspan="2">激励协议型 DR</td><td>用户参与 DR 获取激励报酬</td></tr>
<tr><td>发电侧</td><td colspan="2">减少可再生能源弃电</td><td>利用储能装置的调配，最大限度利用可再生能源</td></tr>
</table>

早在20世纪70年代，日本就大力推行电力需求侧管理（Demand Side Management，简称DSM），从1973年到2016年，日本GDP增加了2.5倍，但最终能源消费仅增加了1.2倍，节能水平达到世界之最①。日本20世纪90年代开始着手DR技术的研究，但真正开始实施DR是在2011年东日本大地震之后。2011年至2014年日本在横滨、丰田、京阪奈学研、北九州建立了四个智慧能源城市示范工程，测试了传统DR的技术性和经济性，其中最大成果便是制定了OpenADR 2.0b、ECHONET Lite等通信技术规范和相关接口标准。目前，通信协议常用的有广为普及的互联网HTTPS协议，也有应用于物联网的MQTT协议以及应用于工业领域的Modbus协议，但今后将重点开发新的节能型LPWA无线通信协议。

新型DR技术则在近几年才开始兴起，2014年6月，日本“第4次能源基本计划”首次提出：为推动用户侧有效开展节电，随着电力改革稳步推进，要积极创造条件引进新型“需求响应”模式，通过用户侧需求管理，维持发电容量的合理规模，实现电力稳定供给②。日本政府制定的“日本再兴战略2016”提出到2030年要实现DR占总电力需求6%的目标。2016年日本电力公司的DR容量约为10.7GW，其中78%负荷得到释放。2017年度日本首次公开招标募集132.7万kW的DR容量作为调节电源Ⅰ′，参与应标容量合计为111.2万kW，最终中标容量为95.8kW，交易总额为35.93亿日元③。与此同时，DR响应电量（电源Ⅰ-b）在电力批发市场（JEPX）上市交易，开创了日本电力市场的先河，故2017年被称为日本的“DR元年”。2017年12月，2018年度调节电源Ⅰ′第二次通过竞价实现对电力用户侧负荷资源进行统一调控，其中DR容量达到96.1万kW，协议价格约36亿日元④。

2015年6月，日本政府出台的“日本再兴战略2015”明确提出推广VPP

---

① 資源エネルギー庁「エネルギー白書2018」、2018年6月8日。

② 「第4次エネルギー基本計画」、2014年4月。

③ 電力・ガス取引監視等委員会「一般送配電事業者による調整力の公募調達について」、2017年2月3日。

④ 電力・ガス取引監視等委員会「一般送配電事業者による調整力の公募調達について」、2018年1月30日。

的政策[①]。2016 年 4 月，“能源革新战略”进一步提出了推动 VPP 技术发展的示范工程建设计划，制定了从 2016 年到 2020 年的政府补贴规划，大力支持企业开展 VPP 技术研发，重点任务之一是验证 50MW 以上虚拟电厂技术的可靠性，计划到 2020 年实现 VPP 经济自主[②]。2018 年 7 月出台的“第 5 次能源基本计划”，进一步明确了加快低成本储能电池、V2G（Vehicle to Grid）车辆到电网技术、电转气技术（P2G）等开发推广，加强低功耗广域网络技术（LPWA）和 M2M、P2P 的技术研发，以进一步推动电源的低碳化，其中 V2G 是利用车载电池充放电满足系统电力需求的一项技术，是 VPP 最具市场前景的技术之一。2016 年度日本有 7 个示范项目获得总计 26.5 亿日元的补助，2017 年度有 6 个示范项目得到总计 60 多亿日元补助，2018 年度的预算为 41 亿日元。

3. 趋势：运行机制市场化

3.1 建立市场机制

建立和完善市场机制是 DR 和 VPP 规模化发展的关键。2015 年 11 月，安倍晋三首相指示要在 2017 年创建“负瓦特市场”，以提高民众节电的积极性[③]。传统发电厂发出的电能被称为“正瓦特”，而节电产生的电能则被称为“负瓦特”，电网的负荷平衡可通过电源供给“正瓦特”或削减负荷的“负瓦特”实现。“负瓦特市场”参与各方可以通过市场共同分享利益。

如图 9 所示，负荷集成商通过聚合调控分散式电源获取市场利益，企业通过自身拥有的储能装置、备用电源和电动汽车等向负荷集成商提供电能而获益，通信和 IT 公司通过提供电力控制技术以及相关数据分析等获得商机，个人电力用户则可通过提供屋顶光伏、储能装置和电动汽车向负荷集成商提

① 「日本再興戦略」改訂 2015、2015 年 6 月 30 日。
② 経済産業省「エネルギー革新戦略」、2016 年 4 月。
③ 安倍晋三「未来投資に向けた官民対話」、2015 年 11 月 26 日。

供电能。由此可见，市场主体之间有效合作机制的建立，才能保证所有参与者的合理收益，使参与者保持长期参与的积极性，确保市场的稳定性和价值实现。

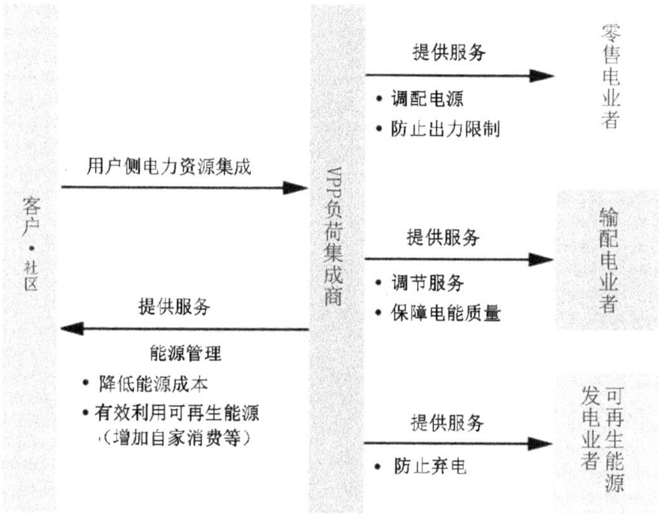

图9　VPP负荷集成商市场新业态

“日本再兴战略（2016）”提出到2030年负瓦特交易量要实现与美国相同水平，达到最大电力需求的6%①。日本最大电力需求峰值约为160GW，按6%计算则为10GW，相当于10座百万千瓦级煤电机组，由此可见潜力巨大。2017年4月，负瓦特市场正式启动，目前按交易主体和目的可以分为两大类，第一类是电力零售企业，主要目的是调控用户侧节电量与计划发电量的匹配；第二类是输配电企业，目的是通过增减负荷保障供需平衡。对输配电企业来说，按调节电源的功能和作用可以分为三种：电源Ⅰ：调节备用电源；电源Ⅱ：可并网的调节电源；电源Ⅲ：不可并网的调节电源。根据响应速度和最低容量的不同，电源Ⅰ的调节备用电源分为三类：电源Ⅰ-a为可调频的电力供需平衡电源；电源Ⅰ-b为不可调频的电力供需平衡电源；电源Ⅰ′则为冬夏两季高峰用调节电源。2018年度调节电源市场公募又增加了电源Ⅱ-b和电源Ⅱ′两大类（见表3）。

① 「日本再興戦略2016」、2016年6月2日。

表 3　调节电源分类基本要件

	电源Ⅰ-a	电源Ⅰ-b	电源Ⅰ′
在线指令	必要	必要	简易指令
调频功能	必要	不要	不要
响应时间	5 分钟内	15—30 分钟内	3 小时内
持续时间	7—11 小时	7—16 小时	2—4 小时
最低容量	0.5 万—1.5 万 kW	0.5 万—2.9 万 kW	0.1 万 kW 以上
提供期限	全年（2017 年 4 月 1 日—2018 年 3 月 31 日）	全年	全年/夏季（7—9 月）
	电源Ⅱ-a	电源Ⅱ-b	电源Ⅱ′
在线指令	必要	必要	简易指令
调频功能	必要	不要	不要
响应时间	5 分钟内	15 分钟内	1 小时内
最低容量	1 万 kW（可根据公司实际情况调节）		

日本电力市场实行自由化之前，电价完全按照成本核算。按照成本核算的电价不仅包括电能本身的价值（kWh）、还包括保障电力供给所必需的电力容量价值（kW）以及调节电力供需平衡和维持电能质量的调峰容量价值（±kWh）。负瓦特市场使得减少负荷电力需求与电源发送电力具有相同价值，于是，电力市场设计开始重新评估市场各方的利益和价值。日本经过几轮电改之后，逐步建立起了基于期货市场、日前市场、小时前市场、现货市场等 DR 和 VPP 参与的市场运营机制，今后几年还将陆续建立和形成基荷市场、容量市场、非化石价值市场、辅助服务市场等新的电力市场机制。从 2018 年 5 月起 FIT 绿色证书将在非化石价值市场交易，2019 年该市场还将向所有非化石能源开放；为了促进新电力公司参与基荷电源交易的竞争，日本计划 2019 年创建基荷电能市场；竞争性电力市场还要求建立电力容量和调节容量的市场机制，如表 4 所示，2020 年日本将启动容量市场，2021 年将创设需求调节市场，市场机制的完善使 DR 和 VPP 在不同市场环境下形成调度和竞价，从而更具有广泛的适用性。

表 4 容量市场与需求调节市场概况

	供需调节市场	容量市场
开始交易时间	2021 年度	2020 年度
交易主体	一般输配电企业	市场管理者
交易价值	短时间内的供需调节能力（kW） 实际发电量（kWh）	电力供给（kW）
主要作用	调频/维持 30 钟内供需平衡	保障整个电网的供给

3.2 市场持续发展

众所周知，电力生产和消费过程，发、输、配、售、用各个环节几乎是瞬间同时进行的，它们之间在时间上要求同步，在数量上要求同量，同步同量是电网维持供需平衡的基本方程式。市场价格和响应速度是影响 DR 和 VPP 市场可持续发展的关键。

从过去近十年的电力批发市场来看，日本全国平均价格为 20 日元/kWh，一小时前市场为 12 日元/kWh，即使福岛核事故发生后的计划停电时期，交易价格也没有超过 40 日元/kWh。2015 年日本经济产业省“发电成本核算工作组”的计算，燃油发电的成本在不同燃料发电成本的核算中为最高，也仅达到了 40 日元/kWh①。因此，VPP 聚合的电力价格必须控制在 40 日元/kWh 以下，否则就没有任何竞争力。

2018 年度调节电源公募结果显示，如表 5 所示，新售电公司没有一家参与电源Ⅰ-a 应标，全国平均中标价格从上年度的 11254 日元/kW 降至 10971 日元/kW。电源 I-b 全国平均中标价格从上年度的 12111 日元/kW 降至 11346 日元/kW，中标的新售电公司占 1.2%。如表 6 所示，电源Ⅰ′全国平均中标价格从上年度的 4415 日元/kW 降至 4085 日元/kW，中标的新售电公司占 27.8%。其中 DR 资源中标容量如同上年度一样占 70%左右。

① 発電コスト検証ワーキンググループ「長期エネルギー需給見通し小委員会に対する発電コスト等の検証に関する報告」、2015 年 5 月。

表 5　2018 年度 I -a 和 I-b 调节电源公募 DR 平均协议价格

应标容量・中标容量(万kW)

		上年度	本年度	增减
电源 I-a	招标容量	1022.8	1004.5	▲18.3
	应标容量	1048.3	1081.9	33.6
	新售电公司	—	—	—
	中标容量	1025.8	1008.9	▲16.9
	新售电公司	—	—	—
电源 I-b	招标容量	113.2	123.7	10.5
	应标容量	114.0	158.8	44.8
	新售电公司	1.0	1.4	0.4
	中标容量	110.5	120.8	10.3
	新售电公司	—	1.4	1.4
合计	招标容量	1136.0	1128.2	▲7.8
	应标容量	1162.3	1240.7	78.4
	新售电公司	1.0	1.4	0.4
	中标容量	1136.3	1129.8	▲6.5
	新售电公司	—	1.4	1.4

平均价格（日元/kW）

	上年度	本年度	增减
电源 I-a	11254	10971	▲ 283
电源 I-b	12111	11346	▲ 765
合计	11337	11012	▲ 326

资料来源：電力・ガス取引監視等委員会「一般送配電事業者による調整力の公募調達について」、2018 年 1 月 30 日。

表 6　2018 年度 I′调节电源公募 DR 平均协议价格

应标容量・中标容量

	上年度		本年度		增减	
	件数	容量（万kW）	件数	容量（万kW）	件数	容量（万kW）
招标容量	—	132.7	—	132.2	—	▲ 0.5
应标容量	63	165.4	55	175.4	▲ 8	10.0
电源	6	54.2	7	59.3	1	5.1
DR	57	111.2	48	116.1	▲ 9	4.9
中标容量	41	132.0	46	132.2	5	0.2
电源	5	36.2	7	36.1	2	▲ 0.1
DR	36	95.8	39	96.1	3	0.3
●新售电公司						
应标容量	43	40.3	46	50.4	3	10.1
中标容量	22	27.1	37	36.8	15	9.7

平均价格（日元/kW）

	上年度	本年度	增减
合计	4415	4085	▲ 330
电源	6165	5210	▲ 954
DR	3753	3661	▲ 92

资料来源：電力・ガス取引監視等委員会「一般送配電事業者による調整力の公募調達について」、2018 年 1 月 30 日。

由此可见，从 2018 年度实际调配价格来看，调峰 I -a 和供需平衡 I-b 的中标平均价格为 11012 日元/kW，电源 I 冬夏两季削峰电力平均价格 4085 日元/kW，若根据响应次数和实际持续时间转换为每 kWh 单价并没有太多优势。尽管本年度中标价比上一年度价格有所降低，但仍高于电力批发市场价格。因此，VPP 交易价格是决定市场活跃程度的关键，VPP 市场如果没有大规模高频次交易则难以为继。

支撑 VPP 市场的另一个关键因素是响应速度。高峰速度须在 5 分钟内响应，供需平衡速度须在 15 分钟内响应，冬夏两季削峰速度须在 1—3 个小时内响应，实时动态平衡的 DR 响应速度则须控制在 30 分钟之内完成。目前日本已经完成了 DR 的小时级和分钟级需求侧响应的可靠性试验，下一步将进行秒级需求侧响应的测试。调节电源市场化改革之后，原来各家电力公司内部自行调节的方式转变为公开招标方式，电源调节引入了市场竞争机制，这一机制从 2017 年度开始将持续到 2020 年，目前正在设计了一次、二次和三次调频电源的交易产品（见表 7），2021 年需求调节市场一旦开放，调节电源将完全实现市场化。

表 7　需求调节市场的调频电源交易品种设计

	一次调频（GF）	二次调频①（LFC）	二次调频②（EDC-H）	三次调频①（EDC-L）	三次调频②
发起时间	10 秒内	5 分钟内		15 分钟内	45 分钟内
指令方法	在线	在线/专线		在线/专线	简易指令系统
最低容量	5MW	5MW		5MW	1MW
持续时间	5 分钟以上	30 分钟以上		4 小时	4 小时
主要对象	发电机/蓄电池/DR 等			发电机/DR/剩余电力等	

资料来源：第 3 回需給調整市場検討小委員会、2018 年 4 月 27 日。

如表 5 所示，响应速度和持续时间长短尽管各有其用。但在需求调节市场刚启动之时，如何用好对于响应速度要求不高，交易量比较大的 VPP 资源对于培育初期市场具有重大的意义。随着 FIT 补贴的逐步退坡，预计今后可再生能源装机容量的增长势头将会有所减缓。VPP 的经济性不能只与火电调峰价格去攀比高低，重要的还是更多地吸引用户参与到电力交易中来才能发展壮大这一市场。而且，从技术上来说，今后还面临如何精准远程调控分散的电力资源，逆向潮流的计量方法，VPP 系统的安全可靠性，电动汽车群如何通过充放电与电网实现融通以及 V2G 技术应用等问题。

3.3 未来市场展望

全球 VPP 市场规模到 2025 之前每年将以平均 21 亿美元左右（不含储能）

的速度在增长，2025年之后增长空间将进一步扩大。目前全球DR市场规模只占电力消费的1%左右，据IEA预测，到2040年将达到电力消费的18%①。日本2016年价格诱导型DR市场规模约2.5亿日元，据预测，受负瓦特市场交易影响，日本DR市场规模到2020年将超过100亿日元，到2030年将达到565亿日元，其中半数为价格诱导型DR交易②。

随着数字化发展和电力技术创新，根据VPP本身特性，未来将会产生多种多样的VPP商业模式。当前可以预期的主要有几个发展趋势：

第一，为FIT期满的光伏用户提供服务。随着可再生能源的大量普及，今后固定收购价格将随之下降。对于进入零补贴时代的光伏用户来说，售电收入也将骤减。电网将会减少逆向潮流现象，用户侧则会增加自家消费。但是，为保障自家电力消费量与可再生能源发电量的匹配，各家会购置家用固定型蓄电池和车载蓄电池。因此，若利用蓄电池实现收益最大化，就会出现通过VPP网关远程监控交易的新商业模式。

第二，激活备用电源资源。日本目前全国拥有的防灾备用发电机6193台，装机容量约1GW③。热电联产设备约有1.7万台，其中民用1.29万台，工业用4673台，装机容量约10.6GW④。公共设施和大楼还设有大量的防灾专用蓄电池，将这些平日闲置的资源投入市场交易，将扩大VPP市场规模。

第三，推广和普及蓄电池的使用。目前自备发电机、大型卡车、建设机械、农业机械、船舶等动力燃料基本使用柴油，若将这些设备和交通工具实现蓄电池替代，加上搭载蓄电池的电动汽车数量，VPP市场潜力非常巨大。

第四，用户侧之间实现P2P交易新模式。例如光伏发电无须经过电力公司可进行个人用户之间的直接交易，通过VPP网关可全面掌控逆向潮流，创建在VPP平台进行直接交易的新商业模式，为加强交易安全性，还可积极推广和利用区块链技术。

---

① 寄田保夫「バーチャルパワープラントやデマンドレスポンスの内外動向」IEEJ、2018年4月。

② 富士経済「デマンドレスポンス関連市場を調査」、2016年8月30日。

③ 日本内燃力発電設備協会「平成28年度の自家発設置実績」、2017年7月。

④ コージェネ財団「累積・年度別導入概況」、2018年3月。

第五，提供安保、医疗保健等能源领域之外的服务。如同智能手机一样，利用 VPP 平台可提供多种服务，为客户创造新价值。人与 VPP 系统的人机交互不仅仅限于 VPP 网关的界面，置入 AI 语音将实现人机对话，大大增加系统的亲和力。

综上所述，日本自 2016 年 4 月实行电力零售全面自由化以来，电力市场进入激烈竞争阶段，未来的能源市场重心将从供给侧转移到消费侧。DR 和 VPP 商业模式不仅仅是收集分散的电能、控制负荷量，还可以参与系统调度，提供调峰、调频等电力辅助服务等，从而促进可再生能源大规模发展的同时提升电力系统的调节能力和可靠性。随着分布式能源互联网的发展，未来发电（kWh）、容量（kW）、调峰（±kWh）三大价值将形成独立市场体系，日本电力市场将进入以 DR 和 VPP 为代表的电力供需耦合新时代。

B 5

分散式风电及能源互联网

庞云亭　郑德化　张国驹*

摘　要：

分散式风电或以单台或数台风机直接并入配电网，或与光伏、储能等相结合，配合能量管理，形成能源互联网等方案，是促进风能就地消纳的重要手段，具有等效利用小时高、低传输损耗等优势，是风电产业的重要发展趋势之一。

本文从分散式风电及能源互联网的产业发展态势、关键技术发展水平、典型项目评价等方面进行深入研究。首先，在总结现有分散式风电及能源互联网的政策的基础上，对产业的发展态势进行分析；然后，对分散式风电关键技术、分散式风电并网接入技术、分散式风电运行控制技术、含分散式风电的多能互补能量管理技术等产业链各环节关键技术发展水平进行分析；然后，结合金风科技产业园智慧能源互联网项目，进行介绍，对其关键要素进行分析与评价，总结了实践经验。

---

* 庞云亭，工学博士，教授级高级工程师，主要从事风力发电技术、伺服控制研究工作，目前供职于北京天诚同创电气有限公司，任副总经理。郑德化，上海电机学院特聘教授、博士生导师，中国智能配电系统与分散式发电专委会副主任，IEEE 高级会员。张国驹，工学博士，高级工程师，主要从事风力发电技术、微网技术方面的研究工作，任职于北京天诚同创电气有限公司，任创新孵化中心部长。

关键词：

分散式风电　能源互联网　多能互补　关键技术

1. 分散式风电及能源互联网产业发展态势

1.1 政策分析

1.1.1 分散式风电方面，国家政策储备充足，近十年来已有十余项政策支持

早在2009年，“分散式风电”的概念就第一次被提出。彼时，风资源良好的三北地区出现了弃风限电的端倪，投资建设浪费。因此，国务院研究室报告建议：大力发展小规模、低电压、近消纳、直接接入配电网系统的分散式风电，对大规模集中开发风电要积极研究，待时机成熟时再全面推开①。

此后，国家能源主管部门多次下发文件，鼓励中东部、南方地区发展分散式风电，如下表1所示：

表1　国家鼓励发展分散式风电的文件

序号	文件	下发时间	发文机构	核心内容
1	关于分散式接入风电开发的通知	2011年7月	国家能源局	首次明确分散式风电开发的主要思路与边界条件
2	关于分散式接入风电项目开发建设指导意见的通知	2011年11月	国家能源局	明确分散式接入风电项目的定义、接入电压等级、项目规模
3	可再生能源发展“十二五”规划	2012年8月	国家发改委	提出可再生能源集中开发与分散利用相结合

① 范必：《促进风电产业健康发展的思考》，《中国能源》2009年第31卷，第12期，第7—10页。

续表

序号	文件	下发时间	发文机构	核心内容
4	国务院关于印发能源发展“十二五”规划的通知	2013 年 1 月	国务院	坚持集中与分散开发利用并举
5	能源发展战略行动计划（2014—2020 年）	2014 年 6 月	国务院	以南方和中东部地区为重点，大力发展分散式风电
6	能源“十三五”规划	2016 年 12 月	国家发改委、能源局	加大中东部地区和南方地区资源勘探开发，优先发展分散式风电
7	电力“十三五”规划	2016 年 11 月	国家发改委、能源局	完善分散式风电项目管理办法
8	风电“十三五”规划	2016 年 11 月	国家能源局	因地制宜推动接入低压配电网的分散式风电开发建设
9	可再生能源发展“十三五”规划	2016 年 12 月	国家发改委	按照“因地制宜、就近接入”的原则，推动分散式风电建设
10	关于加快推进分散式接入风电项目建设有关要求的通知	2017 年 6 月	国家能源局	规范分散式风电建设标准
11	2018 年能源工作指导意见	2018 年 3 月	国家能源局	优先发展分散式风电和分布式光伏发电

特别是 2018 年 4 月，国家能源局印发《分散式风电项目开发建设暂行管理办法》[①] 的通知，明确分散式风电项目定义与建设技术要求，并在规划指导、项目建设和管理、电网接入、运行管理以及金融和投资开发模式创新等方

① 国家能源局：《分散式风电项目开发建设暂行管理办法》，国能发新能〔2018〕30 号，2018 年 4 月 3 日。

面都完善了分散式风电的管理流程和工作机制。

事实上，由于我国早期风电市场规模化、集中化的建设，“三北”地区弃风限电严重，市场开发重点逐渐转向中东南部低风速和海上风电；而目前我国低风速区风电技术日趋成熟、政策倾向分散式开发、中东南部风能资源开发潜力巨大，分散式成为低风速区域主要开发模式之一。因此，业界人士对分散式风电的热情空前高涨，2018 年也被称为“分散式风电元年”①。

1.1.2 多能互补方面，国家将其作为能源转型的突破口之一，出台政策支持建设示范工程与优化工程

2016 年 7 月，国家发展改革委、国家能源局《关于推进多能互补集成优化示范工程建设的实施意见》中明确提出，将在“十三五”期间建成 20 项以上国家级终端一体化集成供能示范工程，及 3 项以上国家级风光水火储多能互补示范工程；随后，国家能源局公布首批多能互补集成优化示范工程项目名单，首批工程共安排 23 个项目，其中，终端一体化集成供能系统 17 个、风光水火储多能互补系统 6 个；并在《能源发展“十三五”规划》提出，推动能源生产供应集成优化，构建多能互补、供需协调的智慧能源系统，还将“实施多能互补集成优化工程”列为“十三五”能源发展的主要任务。

事实上，无论是之前提出的“多能互补”，还是当前提到的“综合能源服务”，都体现了国家推动能源革命的决心，希望以这种新业态来作为能源转型的突破口之一。

1.2 产业发展趋势

1.2.1 分散式风电将迎来新起点

目前，国内已经有河南、河北、山西、辽宁、内蒙古、湖南、贵州、江苏等地开始布局分散式风电项目。其中，河北计划 2018—2020 年开发分散式接入风电 4.3GW，河南“十三五”拟建 2.1GW 分散式风电，山西“十三五”分散式风电项目开发建设规模达 987.3MW，广西、贵州等省份也早已明确将跟

① 2018 年中国分散式风电研讨会：会议背景，《北极星风力发电网》网站，上海，http://fd.bjx.com.cn/live/2018fssfd/。

进编制分散式风电建设规划①。

根据彭博新能源对十多家风机制造商和电站业主的调研，调研对象认为，受到电网接入、项目成本和土地征用等方面的影响，2018 年中国的新增分散式风电装机规模将在 0.5GW—1.5GW 左右②。但上述调研对象对未来分散式风电市场规模的预计不一，在 10GW—30GW 的较大区间之内；这个市场的增长将主要取决于电网公司能否建立明确的接入标准，以及地方政府是否可以缩短土地审批的时间。

1.2.2 分散式风电与可再生能源形成多能互补应用模式将成为未来发展趋势

中国农机协会风力机械分会秘书长祁和生在《分布式利用是风能发展的重要方向》一文中指出，在分散式风能利用方面，未来将在基础理论研究、高技术研发与创新、示范应用及产业化推广三个阶段整体布局③。

（1）2016—2020 年，将在分散式风电机组及叶片、电气控制系统等关键部件，分散式风电场风能资源评估、微观选址以及分散式风能利用与其他可再生能源互补综合利用等方面开展基础理论、共性技术问题研究与攻关；在分散式风电机组整机设计、电机、变流器等关键部件，分散式风能利用与其他可再生能源互补综合利用系统集成及关键设备等方面开展研发及研制。在发展大型风电机组的同时兼顾考虑中小型风电在分散式利用中的作用。

（2）2020—2030 年，将进一步推动高效、低成本、高可靠性和安全性的分散式风能利用系统及关键设备示范应用及产业化，在分散式风电机组及其关键部件、分散式风电场开发方面进一步提升自主创新和研发能力；在分散式风能利用与其他可再生能源互补综合利用方面，加快可再生能源多能互补及微电网示范应用项目建设，将分散式风能利用与以物联网、云计算、大数据等为基础的信息化和互联网技术充分结合，总结先进经验和模式，推动分散式风能利用的规模化发展。

---

① 孙荣：《分散式风电发展趋势渐明》，《中国能源报》2018 年 4 月 11 日。

② 《中国分散式风电迎来发展新起点》，彭博新能源财经网站，2018 年 3 月 16 日。

③ 祁和生等：《分布式利用是风能发展的重要方向》，《中国科学院院刊》2016 年第 2 期，第 177—178 页。

2. 分散式风电及集成互补的关键技术发展水平

在国家能源主管部门的政策正确引导与大力支持下，分散式风电市场正呈现出以下趋势：一方面，集中式风电项目开发限制因素增加，分散式风电发展提速。另一方面，是多方资本进场，注入市场新活力。同时，分散式风电纳入分散式发电市场化交易，需要严格注重项目质量。

分散式风电项目的开发因具有开发主体多、同等规模下项目分散而数量多、开发流程环节与集中式一样多的“三多”特点，仍面临着一系列挑战，影响着其商业价值的凸显。在抓住机遇的同时破除上述挑战，使分散式风电项目实现最大化的价值，分散式风电的每一个参与者需要关注“风、机、场、网、环、管”的关键开发要素。

2.1 分散式风电关键技术

2.1.1 分散式风电测风技术

分散式风电开发业主由于专业技术与能力较弱，遇到的首要问题往往是对项目风资源的了解不足。这使得分散式风电项目的开发成为盲人摸象，会大大影响到项目评估、机组选型、施工建设乃至项目日后的稳定运营。

针对分散式风电测风难的问题，金风科技使用GOLDWRF虚拟测风塔和雷达测风技术，推出“仿真模拟+实测”的分散式资源微观评估模式，“点面结合”，两大技术“两点一站式”解决测风问题。金风科技利用先进、丰富、闭环的六大风资源数据与评估技术，将分散式风电项目的资源价值挖掘到极致，业主能够更清晰地预见项目的未来。

其一，金风科技通过大数据技术与虚拟测风塔技术，可准确评估场区风速，减小项目投资的不确定性。上述大数据技术，可自动利用金风科技超过26000台机组的运行数据，以及超过5000余座测风塔的数据，匹配临近项目的风速与电量，自动寻找附近20km内的测风塔，为分散式风电项目场区内的风速评估进行数据支持。如果厂区内没有测风塔，则可通过金风科技GOLDWRF虚拟测风塔技术，在场区内建立虚拟测风塔评估资源，降低不确定性。

其二，金风科技可通过激光雷达补测技术，进一步获取项目风资源参数，保证机组安全性。激光雷达补测技术可利用激光雷达移动便捷，观测域更广的特点，对分散式项目进行短期补测风，确定项目内的风切变、湍流等风参数，确保机组的安全性，降低投资不确定性。目前，金风科技自有激光雷达超过50台，已对超过52个分散式项目进行了激光雷达补测，并实现分散式项目测风次数达86次。

其三，金风科技通过地物识别技术与无人机三维建模技术，获取地理信息数据，为风电场设计提前规避风险。例如，根据对某地区夜间亮度识别，初步判断出其用电负荷较大区域，随后通过地物识别技术，在平原居民密集区机位点排布设计时，与居民区保持距离，避开噪音的影响。另外，通过无人机遥感技术获取场区可视化地形数据，随后对地形数据的处理，实现地理信息的“所见即所得”。

其四，采用高精度仿真技术，金风科技可帮助业主实现高精度流场仿真，获取精确的电量评估。该仿真技术可通过米级分辨率模型，确保园区型项目的经济性和安全性。

2.1.2 超低速机组技术

“机”即为风电机组。不同风速、湍流、切变大小的风况，需要采用不同单机容量、叶轮直径、塔架高度的机组，以实现项目最佳的发电能力与最低的投资成本。在机组方面，金风科技能够提供由小容量的2.0MW机组至大容量的3.4MW间的多种单机容量机型，通过搭配不同叶轮直径与不同高度的低塔架、高塔架，可实现从4.8m/s至8.5m/s风速下，项目最佳的发电能力。作为分散式风电市场的参与者和整体解决方案供应商，金风科技已完成覆盖西北、东北、华北、西南、东南沿海等区域的数十个分散式风电项目，总容量达数百MW。这些项目中的机组单机容量，则囊括了1.5MW、2.0MW、2.2MW、2.5MW、3.0MW等。

2.1.3 风电场

“场”即为风电场。金风科技可通过对各机位离散程度与送出线路进行评估，帮助业主对项目的经济性进行把控；根据风资源情况，对机组塔架高度与重量进行定制化，降低项目投资成本；采用将箱变放入塔筒内和对塔底分层布局，节省征地、箱变基础、箱变接地和电缆成本，降低设备故障率；实施属地化生产，打造500km交付圈，保障项目快速交付。同时，通过金风科技永磁直驱全功率变流技术路线的“免运维”风机，结合其在全国布局9大服务片区、4个一级备件库、14个二级备件库、114个三级备件库的备件保障体系，以及先进而高效的集控技术，可进一步实现分散式风电项目的“免运维”。

2.1.4 柔性并网

“网”即为电网友好性。由于配网网架结构薄弱，呈弱电网特性，要求分散式风电项目采用机型具备更好的并网特性。金风科技所采用的全功率变流技术路线，具有先天的并网优势。其不仅低电压穿越能力突出，且高电压穿越能力强，无须增加任何硬件，即可满足未来标准。同时，并网友好型风机可实现功率柔性控制，具有优良的有功功率、无功功率和电压控制能力，且能够输出优质的电能，更加适应未来智能电网对机组的相关要求。

2.1.5 环境友好

“环”即为环境友好性。不少分散式风电项目距离居民区比较近，机组噪声容易对周边居民产生影响。项目前期可以进行噪声仿真，分析风机噪声对周围环境的影响，如果在选址过程中无法消除这些影响，那么可以通过金风科技的气动与机械噪声抑制方案，辅助降低机组噪声。对于光影影响，金风科技可以通过增加光影测试装置，或通过转速控制和扇区管理来避开光影影响。同时，金风科技可对机组进行定制化涂装，使工业与人文及环境和谐共生。

2.1.6 精益管理

对于分散式风电，被动运维模式已经不能满足精益化运营的要求。高效合理的整合所有资源，实现人机合一。新的模式趋向于人、财、物的灵活调配，需要一套完整的智慧体系来支撑。利用智慧运营系统，将风电场群监控管理系统、智能健康管理系统、资产全周期管理系统与风电业务智能系统相结合，实现无人值班，同时共享大数据平台和应用集成服务，实现风电场精益化运营：

（1）风电场本地无人值班，少人值守，将风场的运营成本降低20—30元/kW；

（2）提供精准、集中发电量预估，结合成本分析，提升区域电力市场交易竞争力；

（3）基于大数据分析的智能健康管理，提升机组无故障运行时间20%—30%；

（4）基于PBA的绩效评价，洞察电量损失因素，提供改进方案，减少电量损失1%—2%。

2.2 分散式风电并网接入技术

分散式风电接入电压等级应为110kV及以下，并在110kV及以下电压等级内消纳，不向110kV的上一级电压等级电网反送电。35kV及以下电压等级接入的分散式风电项目，应充分利用电网现有变电站和配电系统设施，优先以T或者π接的方式接入电网。分散式风电项目申请核准时可选择“自发自用、余电上网”或“全额上网”中的一种模式。通过110kV（东北地区66kV）电压等级接入的分散式风电项目，应满足国家标准GB/T 19963《风电场接入电力系统技术规定》及其他国家/行业相关标准的技术要求；通过35kV及以下电压等级接入的分散式风电项目，应满足国家标准GB/T33593《分布式电源并网技术要求》及其他国家/行业相关标准的技术要求。

2.2.1 电压适应性

分散式风电位于负荷侧，所产生的电力就近接入当地配电网进行消纳。配网网架结构薄弱，呈弱电网特性，因此要求分散式风电机组具备更好的并网特性，具备良好的高压穿越、低压穿越特性，以适应更宽的电压范围。

2.2.2 频率适应性

配网网架的弱电网特性，需要分散式风电机组具备良好的耐受系统频率异常的能力，金风机组可长期正常运行的电网频率偏差范围为47.5Hz～51Hz，频率适应性能优于国家标准。

2.2.3 柔性功率控制

金风机组通过一体化设计，使各个部件协同运作，在运行过程中根据电网的调度需求、外界环境情况以及机组的健康状况，动态调整风力发电机组的输出功率，实现柔性功率调节。通过集群控制技术，使风力发电机组进行相互协调沟通，减少风力发电机组在各种风况下因相互影响而产生的发电量损失，实现全场出力最优。

2.3 分散式风电运行控制技术

2.3.1 虚拟同步发电机技术

当系统频率下降时，虚拟同步发电机（VSG）根据一次调频曲线快速增加风机有功功率输出，增加至风机目标值或者功率上限值；当系统频率下降时，虚拟同步发电机（VSG）根据一次调频曲线快速减少风机有功功率输出，减少至目标值或者有功功率输出下限值。

VSG系统根据应用场景选择不同的控制策略对并网点电压进行控制，通过合理优化的控制算法将每种控制模式的目标值转化为无功出力目标值，同时考虑所有安全约束条件经过内部无功分配策略形成不同无功源的不同控制命令。

2.3.2 分散式风电场优化控制

基于大数据平台技术和物联网（IOT）技术，融合云计算、机器学习、移动互联、预防性维护体系、精益运维等先进技术和先进运维管理经验，形成“集中监控+高级应用”的个性化分散式风电场系统解决方案，助力客户实现资产运营效率和组织管理效率的提升。集中监控系统通过集中化远程监控与调度，对新能源场站进行综合管理，实现无人值班、少人值守、区域检修的管理模式。大数据平台采用一系列先进的大数据工具、技术框架，在满足系统高可靠、高可用、可扩展、安全稳定的前提下，提供高负载和海量数据处理能力，支撑数据抽取、转换、清洗、整合、分析、管理等各方面的需求，实现集中监控、集中功率预测、设备健康管理、资产管理、业务智能等高级应用。

2.4 分散式风电与多能互补

多能互补集成优化工程是构建“互联网+”智慧能源系统的重要方式之一，有利于提高能源供需协调能力，推动能源清洁生产和就近消纳，减少弃风、弃光、弃水限电，促进可再生能源消纳，是提高能源系统综合效率的重要抓手，对于建设清洁低碳、安全高效现代能源体系具有重要的现实意义和深远的战略意义。开展多能互补系统一体化运行，提高电力输出功率的稳定性，提升电力系统消纳风电等间歇性可再生能源的能力和综合效益。

多能互补能量管控平台是一个综合、统一、互联的管理和服务平台，在保证系统安全性、稳定性和可靠性基础上，基于互联网思维，引入大数据、云计算、物联网、移动互联等先进技术，全面涵盖能源调度管控、客户管理、交易结算管理、合同管理、负荷预测、能效服务、需求侧管理、能源运维等方面业务，实现横向电、水、气、热、冷多能互补集成优化，纵向源、网、荷、储协调运行控制。多能互补能量管控平台功能具体分为能源规划子系统、能源调控子系统、能源管理子系统、能源优化子系统、能源运维子系统、能源交易子系统等6大子系统。每一类子系统对应若干功能模块。应用功能采用模块化设计，根据需要可以灵活组件相应的模块。

3. 金风产业园智慧能源互联网（含清洁能源高渗透比供能）项目

3.1 项目建设内容

金风二期园区智慧能源互联网项目已建成的部分主要由一台2.5MW风机、1053.60kWp光伏、600kW微燃机冷热电三联供系统、200kW×4小时全钒液流电池储能系统和100kW×1.5小时磷酸铁锂电池储能系统、水蓄冷系统构成。

2017年二期园区新能源发电为200.6272万kWh，上网电量为37.460万kWh。根据统计数据，2017年二期园区负荷年总耗电约400万kWh，消纳比例约为90%，清洁能源发电占比约为当时园区负荷总需求量的40%。

金风二期园区智慧能源互联网项目正在建设的部分包括新增一台2.3MW风机和一套290.4kW光伏系统，新能源预计累计年发电量（含已建成的风机、光伏等）约为636.24万kWh，上网电量约为158.26万kWh，消纳比例约为75.1%。预计清洁能源发电占比可以达到目前园区负荷总需求量的70%左右，与2017年之前（含）对比见表2。

表 2　智慧能源互联网项目建设前和建设后预计电新能源发电量对比

单位：万 kWh

项目	新能源发电量	新能源上网电量	新能源就地消纳电量	园区年用电量	新能源园区供电渗透比（%）
2017 年以前（含）	200.63	37.46	163.17	400.00	40.79%
2018 年以后（含）	636.24	158.26	477.98	700.00	68.28%

3.2 项目建设地点及占地面积

项目建设地点：北京亦庄经济技术开发区金风科技二期园区，建设地点见表 3。

表 3　建设地点一览表

清洁能源	拟建地点
2.3MW 风力发电机	拟布置在金风科技二期园区北门马路对面区域
2.5MW 风力发电机	布置在金风科技二期园区外西北侧
太阳能光伏	布置在天诚厂房、集团楼、污水处理站、8#楼 A 座、8#楼 B 座屋顶
微燃机	布置在园区动力站
水蓄冷	利用动力站消防水池进行水蓄冷建设
其他配套设备	二次设备室、逆变器室、监控室建于新建 8#楼一层，配电室建于新建 8#楼地下一层

占地面积：风力发电占地面积 $400m^2$，光伏发电利用已有建筑屋顶面积 $9600m^2$，微燃机及其他利用已有建筑内面积约 $500m^2$。

3.3 建设周期

金风园区智慧能源互联网项目分三期进行建设：

一期建设是从 2011 年 4 月至 2012 年 8 月，建设内容包含一台 2.5MW 风机、540kWp 光伏、一套 200kW×4 小时全钒液流电池储能系统、一套 200kW×3 小时的锂电池储能系统等。

二期建设是从 2015 年 4 月截至 2016 年 8 月，建设内容包含 540kWp 光伏、600kW 微燃机、水蓄冷储能系统等。

三期建设是从 2018 年 4 月开始，计划建设内容包含一台 2.3MW 风机和 290kWp 光伏和 33 台充电桩。

3.4 项目目标

项目在金风已建成的微电网系统基础上，接入可再生能源，借助信息互联系统，通过 EMS 对分布式能源设备设施协调控制，实现冷、热、电、气多种能源互补互联，提高用能效率及稳定性。突破多个微网及微网内的多种能源协调应用技术，提高用户侧电能质量及供电可靠性，实现新能源高渗透比运行的安全稳定控制系统，加强用户侧微网与电网之间的友好互动，最终实现金风产业园智慧能源互联网，为在亦庄园区建立能源互联网集群打下基础，最终形成北京市“智慧园区、智慧城市能源互联网”的示范基地。

3.5 风资源情况

金风二期智慧能源互联网项目位于北京市亦庄经济技术开发区金风科技附近，场区海拔约 26m，风电场地理位置及周围地形如图 1 所示：

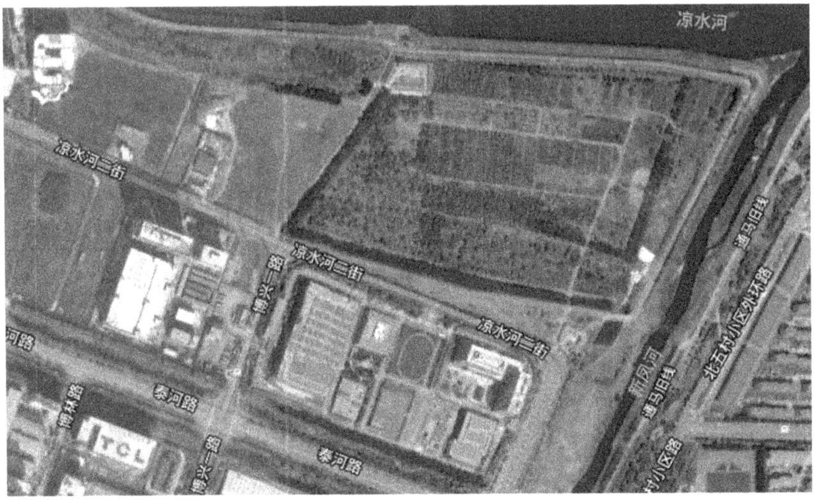

图 1　风电场位置示意图

金风二期位置处地势较为平坦，根据金风风资源中尺度数据库模拟计算，场区的年平均空气密度 1.22kg/m^3。

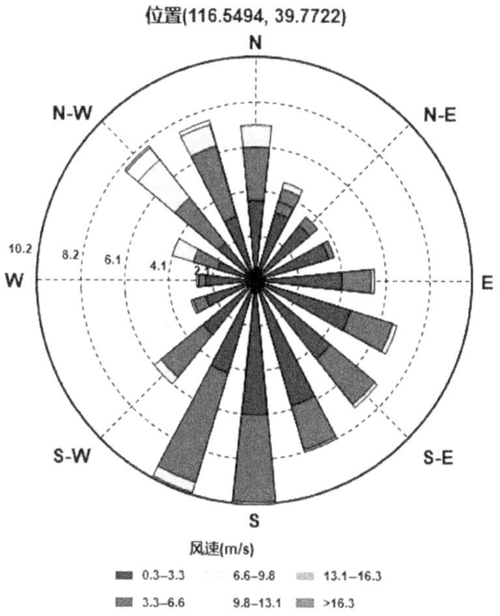

图 2　金风中尺度模拟 90m 高度风向玫瑰图

根据金风 FreeMeso 模拟计算，90m 处年平均风速大约为 4.88m/s；100m 处年平均风速大约为 5.01m/s，120m 处年平均风速大约为 5.05m/s，125m 处年平均风速大约为 5.075m/s。主风向为正南 S、南偏西 SSW。

北京气候属暖温带半湿润半干旱季风气候。年平均气温，平原地区为 11—13℃，海拔 800m 以下的山区为 9—11℃，高寒山区在 3—5℃。年极端最高气温一般在 35—40℃之间。

根据风资源数据库的提取信息，利用 90—125m 风切变指数约为 0.153。场区位于产业园区，周围建筑物较多，受下垫面的影响，风切变较大，建议选用高轮毂塔架。

根据目前已获取得凉山河旁机组运行秒级数据，采用该机位点处的秒级数据分析，评估场区内的湍流强度。由于场区内风速较小，无超过 15m/s 的风速样本量，无法计算场区内 15m/s 的湍流强度，因此本报告中提供各风速段下的湍流强度。

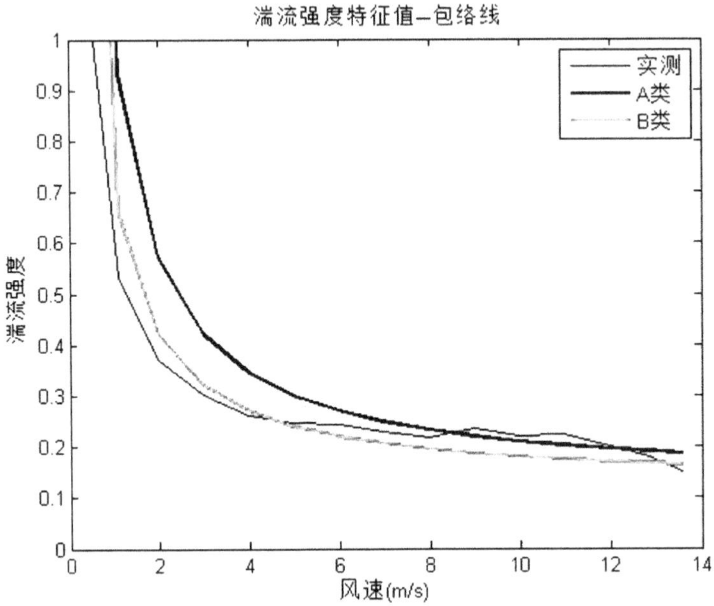

图 3　湍流强度特征值包络图

根据 IEC61400-1 标准，50 年一遇最大风速约为年平均风速的 5 倍，根据 125m 高度年平均风速值推算 50 年一遇风速最大值约为 25.37m/s。

根据金风 FreeMeso 模拟计算 100m 高度处威布尔参数 A=5.65，k=2.02，120m 高度处威布尔参数 A=5.70，k=2.02，125m 高度处威布尔参数 A=5.72，k=2.02。

表 4　各风速段处湍流强度

V_ ave	湍流强度	风频
0	1.28	2.276%
1	0.53	12.676%
2	0.37	22.671%
3	0.30	18.977%
4	0.26	15.669%
5	0.25	11.357%

续表

V_ ave	湍流强度	风频
6	0. 24	6. 803%
7	0. 23	4. 271%
8	0. 22	2. 323%
9	0. 24	1. 331%
10	0. 22	0. 421%
11	0. 22	2. 276%
12	0. 2	0. 103%
13	0. 18	0. 037
14	0. 15	0. 003

3. 6 风机设备选型

根据上述风资源分析结果，风电场区空气密度为 1. 22kg/m^3，90m 处年平均风速大约为 4. 88m/s，100m 处年平均风速大约为 5. 01m/s，120m 处年平均风速大约为 5. 05m/s；125m 处年平均风速大约为 5. 075m/s；根据 IEC-61400-1999 标准和机组设计参数，考虑场区风速与机组的发电量，建议选用新疆金风科技股份有限公司 GW131/2300（125m）机组进行比较分析。目前未对机组进行载荷计算，具体的机型与塔架高度需要载荷计算适应性分析后确定。

金风二期预选机位场地在金风北门马路对面区域，考虑到机组的光影与噪声的影响，机组位于办公区距离至少 300m。此外，在预选场地的西部正在建一所学校，且在预选场地的东部有高约 80m 的高压线贯穿。根据现场情况，为保持与学校、办公区、高压线的距离，机组机位点可选区域有限。

图 4　金风二期预选场区内的高压线

图 5　金风二期预选场区内示意图

图 6 机位点位置

结合现在行业内多种中尺度数据平台对该机位点的电量进行模拟计算，采用 GW131/2300，动态功率曲线计算，具体计算结果如下表 5 与表 6。

表 5 GW131/2300 发电量估算表

机型	高度	风速	轮毂高度	全场理论发电量（MWh/y）	综合折减系数	全场等效上网电量（MWh/y）	全场等效上网小时数
GW131/2300	125	5.075	125	6036	70%	4225.1	1837

表 6 发电量分析

	方案一	方案二	方案三	方案四
机型	GW115/2000	GW121/2000	GW131/2300	GW131/2300
单机容量（kW）	2000	2000	2300	2300
轮毂高度（m）	100	100	120	125
台数	1			
综合折减系数	70%			

续表

	方案一	方案二	方案三	方案四
全场理论发电量（MWh/y）	4691	5174	6013	6036
全场等效上网电量（MWh/y）	3284	3622	4209	4225
全场等效上网小时数	1642	1811	1830	1837
全部 投资内部收益率	4.15%	5.27%	6.34%	6.37%

根据上述风资源分析结果，风电场区空气密度为 1.22kg/m^3，90m 处年平均风速大约为 4.88m/s，100m 处年平均风速大约为 5.01m/s，120m 处年平均风速大约为 5.05m/s；125m 处年平均风速大约为 5.075m/s；根据 IEC-61400-1999 标准和机组设计参数，考虑场区风速与机组的发电量，建议选用新疆金风科技股份有限公司 GW131/2300（125m）机组进行比较分析。

3.7 微燃机系统

结合集团能源互联网及主动配电项目规划内容，建设 600kW 微燃机冷、热、电三联供系统。

目前该项目已经和微燃机集成商开展了技术对接。该部分建设基本原理见图 7：

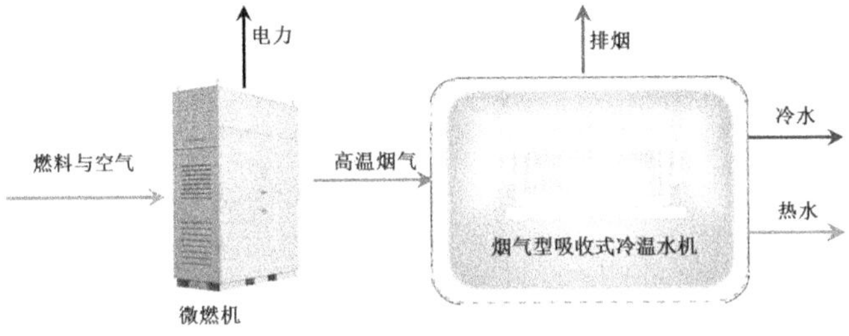

图 7　能源互联网微燃机三联供系统设计原理图

600kW 微燃机冷热电三联供系统设计具备后期扩容到 1MW 的通道建设条

件（通道具备包括燃气调压站容量、溴化锂机组容量以及配套管网流量等）。联供系统设计制冷功率1143kW，制热功率1007kW。在大数据中心负荷投入之前，冷热量注入园区冷热主管网，在园区范围内进行消纳。大数据中心负荷投入后，需要进行冷热管网改造，微燃机实现电冷联供，冷量直供大数据中心，这样可以增加微燃机系统运行时长，提高资产利用率。

关于国家电网主动配电网项目金风承担的任务情况：

（1）快切开关的建设及实验

快切开关用于一主一备供电电源下，其中一回线路故障时，另一回线路快速切换，实现负荷的高可靠性供电。切换间隔时间为30ms以内，实际可达20ms，通过快切开关可提高用电可靠性到99.999%。

落地建设和验证分为10kV和400V两个等级进行。

10kV：由于金风二期8#楼配电室为新建工程，直接在设计中将配电室10kV联络开关和2个进线开关更换为快速切换开关，安装3组快切开关柜。在系统发生电压暂降、短时供电中断或倒换运行方式时，在10kV侧进行快速电源切换，为用户提供不间断供电，提高电能质量和供电可靠性。目前已经协调集团基建部进行了图纸变更设计。

400V：在金风科技2#分配电室（即天诚3楼配电室）4#、3#变压器所带的380V Ⅲ段和Ⅳ段母线进线及联络开关处安装快速切换装置，以分布式电源作为短时电压支撑，示范有源快速切换控制技术。

（2）以金风为中心的河西工业博兴供电区多源协同控制

根据电网调度命令，河西工业博兴供电区控制站对金风内多种分布式电源的发电功率控制。

根据电网调度命令，河西工业博兴供电区控制站对金风地源热泵的用电功率功率控制。金风地源热泵目前具备通信调度条件。

根据电网调度命令，河西工业博兴供电区控制站对河西工业区的分布式电源的发电功率控制。

目前已经确认二期园区已经具备和调度的专用光纤通道的物理条件。

（3）对分布式电源安装IDU

类似PMU，具有GPS对时，IDU高密度毫秒级对电压电流量带有时标方式进行数据采集，进行功角分析。该项建设内容的具体内容后续需要和北京电力经济技术研究院进行技术对接。

3.8 水蓄冷系统

3.8.1 水蓄冷空调系统原理

蓄冷系统利用晚间低廉电价的用电低谷时段开启空调机组制冷，将冷量部分或全部制备好，以低温冷水的形式储存起来，在白天电力负荷和电价较高时，把储存的冷量释放出来，以满足建筑物或生产的用冷需求，节省空调系统大量的运行费用，见图8。

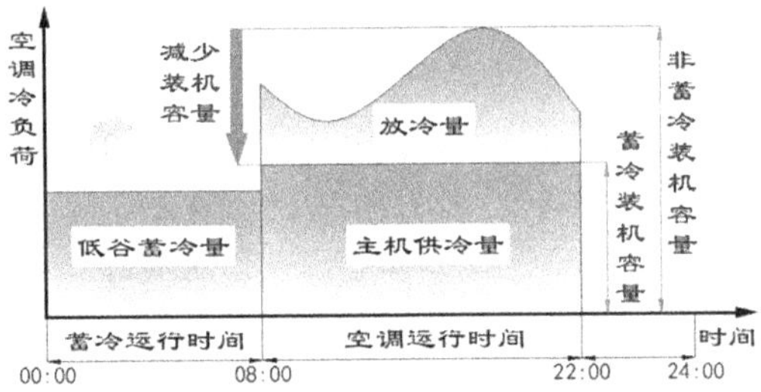

图8　水蓄冷原理示意图

3.8.2 水蓄冷空调系统特点及技术优势

水蓄冷空调系统特点如下。

（1）节约空调运行电费、降低工厂的生产成本，见图9。

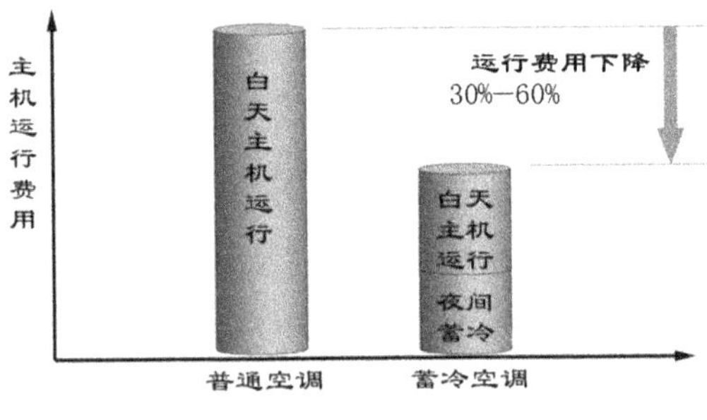

图9　主机运行费用对比示意图

（2）对于新建项目，可减少冷水机组装机容量，减少变压器配电容量与配电设施费。

（3）对于扩容改造项目，可不增加制冷机组容量而达到增加供冷量的目的，只需在原系统中添加水蓄冷设备和所需的管路即可，对原有系统没有任何影响。

（4）夜间蓄冷时气温降低，冷却效果提高，机组处于高效运转，效率可提高6%—8%，空调系统总的节省率达10%~20%。

（5）提高了空调的品质，即需即供，供冷速度快，可按需调节供冷量，对供冷量的调节快捷而方便，系统运行稳定、安全。

（6）使用灵活，节假日部分办公楼使用的空调可由蓄冷水槽直接提供，节能效果明显。

（7）具有应急功能，提高空调系统的可靠性。由于夜间已蓄冷，白天在突然停电时，只需较少的动力驱动水泵和末端空调马达，即可维持空调系统供冷。

（8）上班前启动时间短，只需10—15分钟即可达到所需温度，常规系统约需1小时。

水蓄冷系统的技术优势如下。

（1）蓄冷效率：根据流体力学原理研制的“平行流”布水技术，实现完全分层，效率大幅度提高。

（2）自动控制技术：采用最优化设计及评价软件，大幅度提高蓄冷系统的效率，有效避免了多蓄和少蓄的情况，降低系统运行的费用。

（3）水质管理技术：采用水质精细处理和管理方案，防止藻类生长、防止污泥沉降，充分保证热交换器的清洁度，提高热交换效率和寿命，大幅度提高热交换效率、提高系统寿命。

（4）管路防腐技术：对管道采取特殊的防腐蚀处理，大幅度降低管道腐蚀速度、保证水质、延长系统寿命、提高热交换效率。

3.8.3 蓄冷模式的选择

（1）全负荷蓄冷模式：主机在电力低谷期全负荷运行，蓄得系统全天电力高峰时段所需要的全部供冷量。在白天电力高峰期，所有主机停运，所需空调冷负荷全部由蓄冷水槽来提供。其优点有：最大限度地转移了电力高峰期的用电量，白天系统的用电量小；白天电力高峰期通过蓄冷水槽供冷，系统运行成本低。其缺点有：系统的蓄冷容量、制冷主机及相应设备容量较大，系统的初期投资较高；系统蓄冷槽占地面积较大。

2. 部分负荷蓄冷模式：主机在电力低谷期全负荷运行，制得系统全天所需要的部分冷量；主机在设计日以满负荷运行，不足部分由蓄冷水槽补充。其优点是：系统的蓄冷容量、制冷主机及相应设备容量较小，初期投资小；系统蓄冷槽占地面积较小；其缺点是：仅转移了电力高峰期的部分用电量，白天系统还需开启空调主机供冷；运行费用较全负荷蓄冷系统高。

3.8.4 水蓄冷系统设计说明

原来机房有 2 台地源热泵主机，在晚间 23：00—07：00 电价谷段基本不运行，现设计将其中一台 530RT（制冷量 1865kW）的地源热泵主机用作蓄冷主机，夜间电力低谷时段蓄冷，同时增加蓄冷泵和放冷泵，以及蓄冷的控制系统和管路，改造成蓄冷系统。

晚间 1 台 530RT（制冷量 1865kW）的地源热泵主机在（23：00—07：00）电价低廉的谷段时蓄冷 3.5 个小时，冷量以 4℃冷水形式储存于蓄冷槽，蓄水温差设计为 7℃，设计的蓄冷量按照将现有的 700m^{3}消防水池蓄满为理论依据设计，蓄冷量为 1533Rth，蓄冷水池有效体积为 700m^3，通过 1 台 500RT 放冷板换将晚间所蓄的冷量供给末端使用。为最大限度降低系统的运行费用，蓄冷优先在电价峰段放冷使用，富余的冷量在电价平段使用。系统的蓄冷、放冷、主机直接供冷、联合供冷等的控制策略由 PLC 程序智能化控制，使系统处于最高效的运行状态。

表 7　设计日（100%负荷）逐时冷负荷表

时刻	冷负荷系数	逐时冷负荷（RT）
00：00—01：00	0.00	0.0
01：00—02：00	0.00	0.0
02：00—03：00	0.00	0.0
03：00—04：00	0.00	0.0
04：00—05：00	0.00	0.0

续表

时刻	冷负荷系数	逐时冷负荷（RT）
05：00—06：00	0.00	0.0
06：00—07：00	0.00	0.0
07：00—08：00	0.00	0.0
08：00—09：00	0.43	455.8
09：00—10：00	0.70	742.0
10：00—11：00	0.89	943.4
11：00—12：00	0.91	964.6
12：00—13：00	0.86	911.6
13：00—14：00	0.86	911.6
14：00—15：00	0.89	943.4
15：00—16：00	1.00	1060.0
16：00—17：00	1.00	1060.0
17：00—18：00	0.50	530.0
18：00—19：00	0.50	530.0
19：00—20：00	0.40	424.0
20：00—21：00	0.00	0.0
21：00—22：00	0.00	0.0
22：00—23：00	0.00	0.0
23：00—24：00	0.00	0.0

方案一：2500kW 风机（保留）+1 台 2000kW 风机+530kWp 光伏+600kW 微燃机联供系统，设计图见图 10。

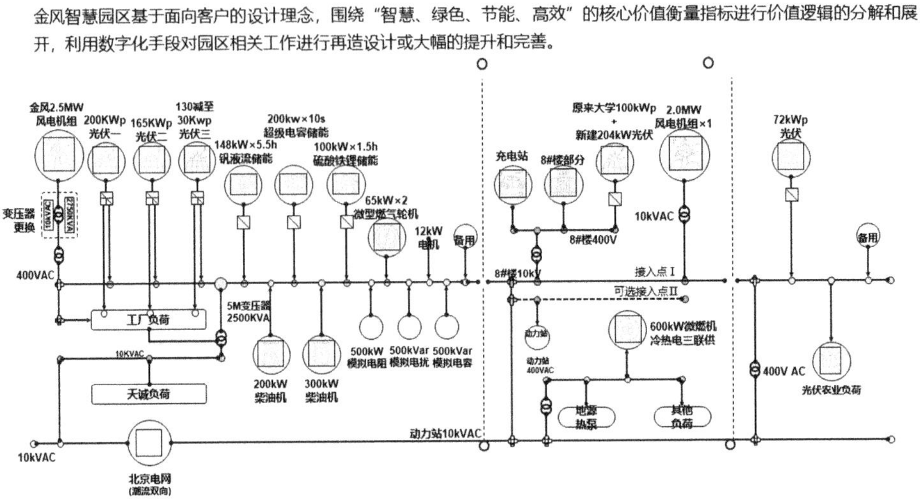

图10　系统设计示意图

3.9 园区清洁能源占比分析

根据金风产业园的负荷特点及耗电情况，考虑近期和未来新增负荷的负荷特点和预测耗电情况，对各种方案清洁能源在园区的供电比例进行估算，具体结果请见表8。

表8　各种方案的可再生能源/清洁能源在园区的供电比例

（2.0MW 风机年满发1200小时）

负荷发展阶段	类型	供电量（万kWh）	发电/负荷 *100%
第一阶段（2016年底—2019年底）用电量1020万kWh	风电	464	/
	微燃机	259.2	/
	光伏	102	/
	清洁能源发电量	826.2	81%
第二阶段 2020年以后 用电量1800万kWh	风电	465	/
	微燃机	388.3	/
	光伏	102	/
	清洁能源发电量	955.8	53.1%

表 9　各种方案的可再生能源/清洁能源在园区的供电比例

（2.0MW 风机年满发 1642 小时）

负荷发展阶段	类型	供电量（万 kWh）	发电/负荷 * 100%
第一阶段（2016 年底—2019 年底）用电量 1020 万 kWh	风电	553.4	/
	微燃机	259.2	/
	光伏	102	/
	清洁能源发电量	914.6	89.7%
第二阶段 2020 年以后 用电量 1800 万 kWh	风电	553.4	/
	微燃机	388.8	/
	光伏	102	/
	清洁能源发电量	1044.2	58%

由上表 9 可以看出，当风机年满发 1200 小时时，第一阶段清洁能源在园区的供电比例为 81%，第二阶段清洁能源在园区的供电比例为 53.1%；当风机年满发 1642 小时时，第一阶段清洁能源在园区的供电比例为 89.7%，第二阶段清洁能源在园区的供电比例为 58%。

3.10 关键技术研发及示范应用研究

3.10.1 多能源协同优化运行与风险平抑技术——微网在多种能源协同下高效率运行

北京兆瓦级智能微网示范工程含有风力发电、光伏发电、储能、微型燃气轮机发电等诸多分布式电源。然而如何利用先进的技术使得这些分布式发电单元能够以最优的方式运行是我们研究的重点。经过多番努力，选择发电过程的最大经济化和排放量最小的多目标优化。目前该项技术已经成功运用在北京兆瓦级智能微电网示范工程，同时在宁夏嘉泽红寺堡智能微网项目中得到应用。

3.10.2 微网集群智慧互联技术——实现园区内多个微网的能量流与信息流的双向互联

智慧能源互联网是全球的发展战略，智慧能源互联运用在微电网中要求能量流的实时性较高、信息流的数据交互快。微电网不同于传统的大电网，微电网中的发电单元基本都是由电力电子设备组成的，能量变化速度快、没有惯性环节。如果对能量流的实时性操作不能达到要求，则微电网很容易出现能量不匹配现象，威胁到系统的稳定性。微网的控制不仅包含单个分布式电源的控制，还包含系统级的中央集中控制，当微电网拓扑发生变化要求系统做出相应的时候，则就地控制设备需要配合中央控制系统执行运行策略，因此信息流的速度必须准确、快速才能在适当的时间范围内满足微网的控制需求。微电网的保护也与传统的大电网保护有所不同，尤其对于孤岛运行的微电网，故障过程的能量流要求的实时性更高，否则系统很容易出现崩溃。对于故障处理后的系统恢复问题、则要求信息流能够快速互联互通。实现真正的微网集群智慧互联技术。

3.10.3 基于用户需求侧的发、冷热储、配电的联合控制技术——实现需求侧智能负荷的监测，及负荷的经济性协调

将来的能源互联包涵电力能源互联、热能源互联，冷负荷能源互联等，微型燃气轮机不仅具有排放小、功率密度大、噪音小等优点，而且微型燃气轮机还能提供热负荷、冷负荷和电负荷。微型燃气轮机的实际运行可以根据用户的需求进行及时响应、能够响应负荷监控系统，当用户对热负荷需求较多时候可以考虑以热定电负荷，也可以将多余的电负荷存储起来以备后用；当用户对电负荷需求为主的时候，可以在提供稳定电能的同时提供热负荷或者冷负荷、也可以将多余的热负荷或者冷负荷存储起来以备后用。实现负荷侧需求响应，达到负荷的经济协调运行。

3.10.4 主动配电网的负荷柔性控制技术——保证在负荷的同时，减少设备的投资，实现微电网与配电网的友好协调

按照IEC国际标准的定义，微网可以分为并网型微网、离网型微网和完全孤岛型微网。并网型微网和离网型微网需要随时响应大电网的需求，实现主动配电网的要求。当电网需要微电网协助实现调峰任务的时候，微网可以取消设备发电量的限制、可以满负荷运行微型燃气轮机或者储能系统，以满足电网的要求。当电网电量过剩，或者电网进入低负载阶段的时候，微电网可以响应电网的需求将多余的电量通过储能系统存储起来。当微电网运行在并网模式下，电网要求微电网能够切换到孤岛状态下运行的时候，储能、微燃机和动态稳控系统能够及时响应，保证系统能够实现无缝切换并且在孤岛运行状态下保证重要负荷的持续供电。不仅能够保证负荷的持续可靠供电，还实现了微电网与配电网的友好协调。

3.10.5 暂态稳控保护技术，国际上唯一掌握此技术——解决了孤岛运行中电压波动的问题，使电压波动率低于 IEC 国际标准提升了新能源渗透率，以保证系统长期稳定运行。

在孤岛运行下的微电网环境中，暂态稳控保护系统能够提升新能源的渗透率，保障孤岛下的微电网不会因为孤岛弱电网结构下新能源过多而出现系统振荡失稳，保证非故障情况下用户用电可靠、优质，同时也体现了微网节能减排的概念。该系统能够根据大电网的需求做出合理的响应，在配电网需要并网微电网孤岛运行条件下、该系统能够实现微电网并网转孤岛的平滑切换，平滑切换的暂态过程可以控制在 20ms 以内。在配电网需要孤岛运行的微电网并网时，该系统也能实现孤岛转并网切换运行，随时响应大电网需求。体现了微电网和大电网友好互动性以及微电网在主动配电网中的重要作用。在并网运行下的微电网环境中，提出微网稳定运行的三道防线的概念，通过就地装置与系统装置结合的保护控制，实现微电网系统的稳定运行。基于微电网的特点，装置系统的功能强调分布式高速通信及系统控制，可实现分布式实时数据采集计算及系统策略决策。装置平台化自主研发，软硬件模块化设计，便于系统的升级及功能扩展。

公司主持制定 IEC 两项微电网国际标准《微电网控制与运行技术条件》（IEC/TC8/TS 62898-2）、《微电网规划与设计技术导则》（IEC/TC8/TS 62898-1），成为 IEC 微网标准试验基地和中国法国国家级合作项目测试验证基地。微电网暂态稳定控制系统、孤岛微燃机和储能联合控制系统被评为 2015 年中关村首台（套）重大技术装备。

3.11 关键设备研发

（1）提高系统稳定性：①微电网暂态稳控系统：被评为 2015 年中关村国家自主创新示范区首台（套）重大技术装备试验示范项目。②孤岛微燃机储能联合控制系统。③微电网动态稳控系统。④M 型储能变流器。

（2）提高系统经济性：①微电网智能负荷监控系统。②孤岛风光柴/燃储控制系统。③微电网风光预测系统。

（3）优化调度：①冷热电水气五联供 V2G。②G2V 发电负荷最优控制。③经济技术全局最优综合。④能效控制管理平台。

（4）提高能效：①综合能量控制管理系统。②负荷能效检测分类系统。

3.12 综合能效管理控制平台

在金风产业园建成 A 网、B 网、C 网的基础上进一步验证微电网在复杂工况下各种控制策略的运行可靠性，实现以金风智能微电网为核心与纽带，构建金风产业园多种类型能源的互联网络，利用互联网思维与技术改造能源，实现横向多能互补，纵向源网荷储协调，能源与信息高度融合的新型（生态化）能源体系。

综合能效管理控制平台由以下三个系统组成：

（1）数据服务及应用系统——SCADA；风功率预测；光功率预测；负荷预测；能效管理。

（2）数据采集系统——水、电、气多种能源负荷数据；发电设备运行数据。

（3）三级运行控制系统——微网暂态与动态稳控保护系统；园区能效管理运行调度；电网运行调度。

智慧园区能源互联网关键技术研发包括：多能源协同优化运行与风险平抑技术；微网集群智慧互联技术；基于用户需求侧的发、冷热储、配电的联合控制技术；主动配电网的负荷柔性控制技术；暂态稳控保护技术。

3.13 智慧园区能源互联网示范工程建设及商业模式研究

（1）示范工程建设：①完成风、光、储、燃接入，电、冷、热、气能源互联的智慧园区范示项目建设；②完成多个微网间子系统互联互通项目建设；③在示范区实现主动配电网高电能品质、高运行可靠性、高清洁能源渗透率和为主网提供电能与备用服务的运行目标，同时与营配调数据深化应用等试点项目相结合。

（2）商业化模式研究：在亦庄经济技术开发区进行扩大化、规模化、智慧能源互联化，根据多用电大户的负荷需求，提供定制化电、冷、热、气能源服务；结合我国电力市场背景及发展规划，针对国内风、光、燃、气资源分布现状、能源定价、各类用户需求以及支持政策综合分析能源互联网产业化条件开展市场推广。

3.14 工程量清单

表 10　新增设备清单

序号	名称及规格	单位	数量
一	风电机设备及安装工程		
1	风电机组（2.0MW）	套	1
2	风电机组变压器		
(1)	变压器	台	2
(2)	低压开关柜	台	10
(3)	高压开关柜	台	8
(4)	箱变壳体	台	1
(5)	其他设备及辅材	台	1
(6)	SVG	台	1
二	光伏电站设备及安装工程	套	1
三	微燃机及配套设备		
1	微燃机本体及溴化锂系统	套	1
2	压缩机	台	3
3	控制系统	套	1
四	二次设备		

续表

序号	名称及规格	单位	数量
五	冰蓄冷系统	套	1
六	其他设备及安装工程		
1	监控系统	套	1
2	智能控制系统	套	1
3	智慧能效管理系统	套	1
4	办公桌椅	套	1
总计		台/套	35

3.15 项目总投资

项目总投资3950.31万元，其中建设投资约3950.31万元，无须增加流动资金。

3.16 主要技术经济数据

表11　主要技术经济数据表

序号	名称	单位	数量	备注
1	建设规模			
(1)	风力发电机	kW	2000	年发电240万kWh（年满发1200h） 年发电328.4万kWh（年满发1642h）
(2)	太阳能光伏	kWp	530	年发电52万kWh
(3)	微燃机	kW	600	2016年底—2019年底：年发电259.2万kWh 2020年以后：年发电388.8万kWh

续表

<table>
<tr><th>序号</th><th>名称</th><th>单位</th><th>数量</th><th colspan="2">备注</th></tr>
<tr><td>2</td><td>项目建设目标</td><td></td><td></td><td colspan="2"></td></tr>
<tr><td rowspan="4">(1)</td><td rowspan="2">第一阶段：2016 年底—2019 年底
清洁能源年发电量</td><td rowspan="2">万 kWh</td><td>826.2</td><td>2.0MW 风机年满发 1200h</td><td rowspan="4">园区用电量 1020 万 kWh（数据中心未建成）</td></tr>
<tr><td>914.6</td><td>2.0MW 风机年满发 1642h</td></tr>
<tr><td rowspan="2">清洁能源占园区电力负荷的比例</td><td rowspan="2">%</td><td>81</td><td>2.0MW 风机年满发 1200h</td></tr>
<tr><td>89.7</td><td>2.0MW 风机年满发 1642h</td></tr>
<tr><td rowspan="4">(2)</td><td rowspan="2">第二阶段：2020 年以后
清洁能源年发电量</td><td rowspan="2">万 kWh</td><td>955.8</td><td>2.0MW 风机年满发 1200h</td><td rowspan="4">园区用电量 1800 万 kWh（数据中心建成运行）</td></tr>
<tr><td>1044.2</td><td>2.0MW 风机年满发 1642h</td></tr>
<tr><td rowspan="2">清洁能源占园区电力负荷的比例</td><td rowspan="2">%</td><td>53.1</td><td>风机年满发 1200h</td></tr>
<tr><td>58</td><td>风机年满发 1642h</td></tr>
<tr><td>3</td><td>面积</td><td>m^2</td><td>10300</td><td colspan="2"></td></tr>
<tr><td>(1)</td><td>2.0MW 风机新增占地面积</td><td>m^2</td><td>200</td><td colspan="2"></td></tr>
<tr><td>(2)</td><td>光伏系统利用已有建筑屋顶面积</td><td>m^2</td><td>9600</td><td colspan="2"></td></tr>
<tr><td>(3)</td><td>其他配套改造利用已有建筑面积</td><td>m^2</td><td>500</td><td colspan="2"></td></tr>
<tr><td>4</td><td>项目人员</td><td>人</td><td>18</td><td colspan="2">新增</td></tr>
<tr><td>5</td><td>新增设备数</td><td>台/套</td><td>35</td><td colspan="2"></td></tr>
<tr><td>6</td><td>项目总投资</td><td>万元</td><td>3950.31</td><td colspan="2"></td></tr>
<tr><td>7</td><td>销售收入总额（不含增值税）</td><td>万元</td><td>728</td><td colspan="2"></td></tr>
<tr><td>8</td><td>发电利润总额</td><td>万元</td><td>108</td><td colspan="2"></td></tr>
<tr><td>9</td><td>总成本费用</td><td>万元</td><td>620</td><td colspan="2"></td></tr>
</table>

续表

序号	名称	单位	数量	备注
10	总投资收益率	%	3.33	
11	项目本金净利润率（ROE）	%	2.50	
12	全部投资（税前）内部收益率	%	5.21	
13	全部投资（税后）内部收益率	%	4.14	
14	税前投资回收期	年	13.81	
15	税后投资回收期	年	14.58	

3.17 主要结论

本项目是基于能源互联网+主动配电网项目基础，通过新增光伏、微燃机、风机等清洁能源发电系统，使金风二期园区在未来几年清洁能源发电占比大幅提高。在园区现有微电网基础上，本项目新增建设投资3950.31万元，主要建设内容为：原有2500kW风机送电通道改造+1台2000kW风机+530kWp光伏+600kW微燃机冷热电三联供系统+水蓄冷系统+综合能量控制管理平台和关键技术及关键设备研发及示范应用研究。预计项目建成后，2020年，风机年满发1200h可实现年均发电量955.8万kWh，每年节约标准煤（当量值）约1174.5万吨；风机年满发1642h可实现年均发电量1044.2万kWh，每年节约标准煤（当量值）约1283.3万吨。园区清洁能源发电占比提升至70%以上，实现销售收入728万元，并减少SO_2、碳粉尘、NO_2、NOx等污染物的排放量，对改善大气环境具有积极作用。

4. 结论

分散式风电或以单台或数台风机直接并入配电网，或与光伏、储能等相结合，配合能量管理，形成能源互联网等方案，是促进风能就地消纳的重要手段，具有等效利用小时高、低传输损耗等优势，是风电产业的重要发展趋势之一。本文从分散式风电及能源互联网的产业发展态势、关键技术发展水平、典型项目评价等方面进行深入研究。首先，在总结现有分散式风电及能源互联网的政策的基础上，对产业的发展态势进行分析；然后，对分散式风电关键技术、分散式风电并网接入技术、分散式风电运行控制技术、含分散式风电的多能互补能量管理技术等产业链各环节关键技术发展水平进行分析；然后，结合金风科技产业园智慧能源互联网项目，进行介绍，对其关键要素进行分析与评价，总结了实践经验。

B 6

锂离子电池储能行业现状及前景分析

李卓斌　邬荣敏　洪凌　沈曲　丁莞尔*

摘　要：

近年来，能源资源和环境因素的制约对传统能源格局提出了新的挑战，能源结构调整将进一步向节能、高效、清洁、低碳方向发展。在这个大背景下，储能作为可再生能源接入、电动汽车、智能电网、分布式发电及微网系统等领域必不可少的支撑技术之一，正越来越受到人们的重视。在众多的储能技术中，锂离子电池技术由于受益于电动汽车的大力推行而得到了迅猛发展，其在储能领域的应用正逐渐受到人们的重视。本文将梳理储能行业的发展政策，并对锂离子电池储能近年来的行业现状和未来的发展前景进行分析和展望。

关键词：

锂离子电池　电力储能　政策

---

* 李卓斌，高级工程师，材料物理与化学博士。邬荣敏，高级工程师，电力系统及自动化学士。洪凌，工程师，控制科学与工程硕士。沈曲，工程师，电子与计算机工程硕士。丁莞尔，工程师，电子与计算机工程硕士。目前均任职于浙江省能源集团下属浙能技术研究院新能源研究所，现主要从事新能源、燃料电池与电池储能领域的研究、技术服务和技术咨询工作。

1. 概述

近年来，能源资源和环境因素的制约对传统能源格局提出了新的挑战，能源利用将进一步向节能、高效、清洁、低碳方向发展。能源结构的调整使得以煤电为主的传统能源占比逐步下降，而光伏、风电等非水可再生能源占比正以极高的增速每年逐步增加。这些可再生能源大多具有波动性、间歇性与随机性，其大量并入电网将对电网带来很多不利影响，因此限制了可再生能源自身的发展。若要实现可再生能源真正意义上的普及应用，大规模储能技术必不可少。

1.1 电力储能技术分类

随着智能电网的构建，储能技术发展迅猛，已从小容量、小规模的研究和应用发展为大容量与规模化储能系统的研究和应用。电力储能技术大致可以分为以下三大类：机械储能、电化学储能和电磁储能。机械储能包括抽水蓄能、压缩空气、飞轮等；电化学储能包括铅酸电池、镍氢电池、镍镉电池、锂离子电池、钠硫电池和液流电池等电池储能；电磁储能包括超导磁储能和超级电容器储能。各种储能技术在其能量密度和功率密度、储能效率、使用寿命、环境特性以、成本性能和应用场合等方面均有不同的特点。

与其他储能方式（以抽水蓄能为主）相比，电化学储能电站（系统）主要技术优势包括：（1）系统规模大：模块化设计，通过并联可实现20MW以上级别系统规模；（2）响应速度快：毫秒级时间尺度内实现额定功率范围内的有功无功输入和输出；（3）能精确控制：能够在可调范围内的任何功率点保持稳定输出；（4）具备双向调节能力：充电为用电负荷，放电为发电电源，额定功率双倍的调节能力；（5）其他优势：建设周期短、绿色环保、集约用地，减少资源消耗。

表 1　几种常见储能技术的特点

储能分类		优点	缺点
机械储能	抽水蓄能	技术成熟，寿命周期长，容量大，综合效率 75%—80%；适用于调峰、调频	厂址选择依赖地理条件，选址困难，环保及政策处理难度大，需要长距离输电
	压缩空气	有调峰功能，适合用于大规模风场，因为风能产生的机械功可以直接驱动压缩机旋转，减少了中间转换成电的环节，从而提高效率	需要大的洞穴以存储压缩空气，与地理条件密切相关，适合地点非常有限；需要燃气轮机配合，并要一定量的燃气作燃料；效率较低 50%—60%
	飞轮储能	寿命长（15—30 年）；效率高（90%）；少维护、稳定性好；响应速度快（毫秒级）	能量密度低；由于轴承的磨损和空气的阻力，具有一定的自放电
电化学储能	铅酸电池	技术成熟、结构简单、价格低廉、维护方便；性价比高	快速、大功率放电时，可用容量下降；能量密度较低，寿命较短。电池含铅，有环保压力，需回收处理
	锂离子电池	效率可达 95% 以上；放电时间可达数小时；循环次数可达 20000 次或更多，响应快速；可用于调频	价格偏高，一致性较差、安全性有待提高
	钠硫电池	循环周期可达 4500 次；放电时间可达 6—7 小时；周期往返效率约为 75%；能量密度高，响应时间快	金属钠是易燃物，又运行在高温下，存在一定的风险
	液流电池	寿命长、可深度放电、便于组合、环保性能好	储能密度低，一次性投资大
电磁储能	超导磁储能	响应快、比功率高，适于输配电稳定、抑制振荡	超低温条件，成本高
	超级电容器	长寿命，循环次数多；充放电时间快、响应速度快；效率高；少维护、无旋转部件；运行温度范围广，环境友好	能量密度低；投资成本高；自放电率大

随着各种新型电化学储能技术快速发展，电化学储能系统在使用寿命、功率和容量的规模化、运行可靠性、投资成本等方面都取得了突破，是我国储能未来的重点发展方向。

1.2 电力储能技术的作用

电力储能技术无论在电网侧、发电侧还是用户侧都有重要的应用价值。从电网侧的角度来看，电力储能技术可以提高电网的灵活性、安全性和稳定性。近年来，快速增加的风光等可再生能源装机量带来了高比例弃风弃光问题和电网对大比例可再生能源并网消纳的调节问题，储能技术是目前最有效解决这些问题的办法。此外，随着电网负荷峰谷差的逐年增大，储能装置可以适当地用于削峰填谷，从而提高设备的利用率，减少为满足短时最大负荷而所需的建设投资。

从发电侧的角度来看，电力储能技术可以在很大程度上提升机组响应电网调度的能力。单就调频这一功能而言，传统发电机组搭配储能技术对于火力发电厂的好处不言而喻。采用储能系统和火电机组联合运行的火电储能联合调频技术，既解决了传统火电机组调节速率慢、折返延迟和误差大的缺点，又弥补了储能系统由于能量有限增加电网调频难度的劣势。这样可以使发电机组在保持平稳运行的同时大幅提高调频性能，有效降低机组磨损，增加机组安全性，同时为机组带来经济效益，帮助电力企业可持续发展。

储能在用户侧的应用价值就更加“看得见摸得着”了。利用峰谷价差套利是最为直接的降低用户用电成本的手段。用户侧储能可以配合分布式光伏和风电，对于提高电力系统运行效率和消纳新能源的作用最为高效和直接。此外，用户侧储能还能节约大型用户在超容时所需的扩容费用。

1.3 我国的储能相关政策

我国在储能产业的战略布局可以追溯到2005年出台的《可再生能源产业发展指导目录》，其中明确列出了液流电池等内容。在2011年3月发布的“十二五”规划纲要中进一步提出，国家将培育发展与新能源相关的战略性新兴产业，包括风电、光电、智能电网、电动汽车、燃料电池汽车等。这是“储能”作为智能电网的技术支撑在国家的政策性纲领文件中首次出现。在《产业结构调整指导目录（2011年版）》中，“大容量电能储存技术”在电力类鼓励条目中出现，此外，还包括“动力电池、储能用电池、电池材料及自动化生产成套装备制造等”，将进一步带动储能技术的产业化发展。

2016年5月，中共中央国务院印发《国家创新驱动发展战略纲要》，明确推动攻克大规模供需互动、储能和并网关键技术、推动新能源汽车、智能电网等技术的研发应用。2016年2月，国家发改委、工信部和能源局联合发布《关于推进“互联网+”智慧能源发展的指导意见》，提出发展储能应用新模式，以及储能在分布式领域的应用。2016年4月，国家发改委和能源局下发《能源技术革命创新行动计划（2016—2030年）》，明确指出：研究面向可再生能源并网、分布式及微电网、电动汽车应用的储能技术。2016年5月，九部委联合出台《关于推进电能替代的指导意见》，提到拉大峰谷价差，为储能产业发展提供了空间。2016年6月，国家能源局下发《关于促进电储能参与“三北”地区电力辅助服务补偿（市场）机制试点工作的通知》，首次确立了电储能作为独立市场主体的地位，明确了电储能参与调频调峰辅助市场服务，推动储能产业商业化发展提速。2016年6月，国家工信部下发《中国制造2025——能源装备实施方案》。储能装备作为15个领域的能源装备之一被入选，具体包括抽水蓄能、压缩空气储能、飞轮储能、液流电池、锂电池、超级电容器等方面。

2017年10月11日，我国大规模储能技术及应用发展的首个指导性政策《关于促进储能产业与技术发展的指导意见》（以下简称“《意见》”）正式发布。指导意见指出，我国储能呈现多元发展的良好态势，技术总体上已经初步具备了产业化的基础。未来10年内分两个阶段推进相关工作，第一阶段（主要为“十三五”期间）实现储能由研发示范向商业化初期过渡；第二阶段（主要为“十四五”期间）实现商业化初期向规模化发展转变。自该《意见》发布后，据不完全统计，国家及各地方已出台相关电价、项目、发展规划等政策近50项。①

总体来看，我国储能政策开始不断加码，为储能产业发展发出了积极的信号。最重要的进步便是拉大峰谷价差预期和电储能参与调频调峰辅助市场服务这两个政策的出台，使得我国储能板块的商业模式开始逐渐明朗。但是我国目前还缺乏明确的储能规划、实施细则、补贴等鼓励政策。

2. 锂离子电池储能行业现状及前景

2.1 锂离子电池储能技术简介

锂离子电池采用一种锂离子嵌入和脱嵌的金属氧化物或硫化物作为正极，有机溶剂—无机盐体系作为电解质。传统负极为碳材料，目前又提出以钛酸锂作为负极材料，可以大大提高体系循环性能。目前的锂离子电池市场按照所使用的正极材料不同可以分为钴酸锂电池、三元电池、锰酸锂电池、磷酸铁锂电池等。理论上，我们需要的电池应该是能量密度高、体积密度高、安全性好、耐高温低温、循环寿命长、无毒无害、可大功率充放电，集所有优点为一体而且成本要低。但是目前并不存在这样的完美电池，那么在不同种类技术路线上就需要根据优缺点进行取舍。

磷酸铁锂电池是目前所有锂离子电池技术中最适合用于储能应用的技术，这主要是因为磷酸铁锂电池具有较好的安全性能和较低的价格。尤其当储能系统主要用于调频服务时，电池处于浅充浅放状态，电池循环寿命并不是决定选型的主要因素。磷酸铁锂电池初期投资最低，综合性能较优。

三元锂电池的优点是能量密度高，但其安全风险相对较大。三元锂材料会在更低的200摄氏度左右发生分解，而磷酸铁锂材料是在800摄氏度左右，而且三元锂材料在化学反应时会释放出氧气，增大了安全隐患。

① 《【政策汇总】近几年主要储能产业相关政策汇总》，上海有色网，2018年9月4日，https://news.smm.cn/news/100835421。

表2　几种锂离子电池技术优缺点对比

类型	优点	缺点	应用
钴酸锂电池	比容量高、性能稳定	安全性差、价格高	3C产品
锰酸锂电池	价格便宜、低温性能好	稳定性差；耐高温性差；循环寿命低	大中型号电芯、动力电池
三元电池	能量密度高、振实密度高	安全性较差、耐高温性差	便携式设备、动力电池
磷酸铁锂电池	价格便宜、稳定性很好、安全性好、循环性能好。	振实密度低，单位体积容量低；低温放电性能差	动力电池、储能电池
钛酸锂电池	循环性能很好、安全性好	价格高、能量密度很低	动力电池、储能电池

钛酸锂电池非常安全，而且循环寿命非常长，在全生命周期内拥有最低的度电成本，但目前价格仍太贵，初始投资最大，能量密度低，占地面积大，只能作为特定场合下的储能应用。

2.2 锂离子电池储能装机现状

就目前国际上的储能装机而言，抽水蓄能仍然是占据主要地位，其他储能技术正在逐步发展。根据中关村储能产业技术联盟（CNESA）发布的《储能产业研究白皮书2018》，截至2017年底，全球已投运的储能累计装机容量为175.4GW，同比增长4%。其中抽水蓄能占96%，较上一年下降1个百分点；电化学储能的累积装机规模为2926.6MW，同比增长45%，占比1.7%。[①]

在众多的储能技术中，电化学储能技术相对于其他储能形式在规模和场地上拥有较好的灵活性和适应性，并且在响应速度、控制精度以及电力系统调频等多方面均具有显著优势，有着广阔的应用前景，在近两年的储能市场中发展势头迅猛。其中，锂离子电池由于能量密度高、使用寿命长等优点成为电化学

① 数据来源：中关村储能产业技术联盟：《储能产业研究白皮书2018》。

储能技术发展的主流，截至 2017 年年终累积装机功率占电化学储能装机的一半以上（59%）。

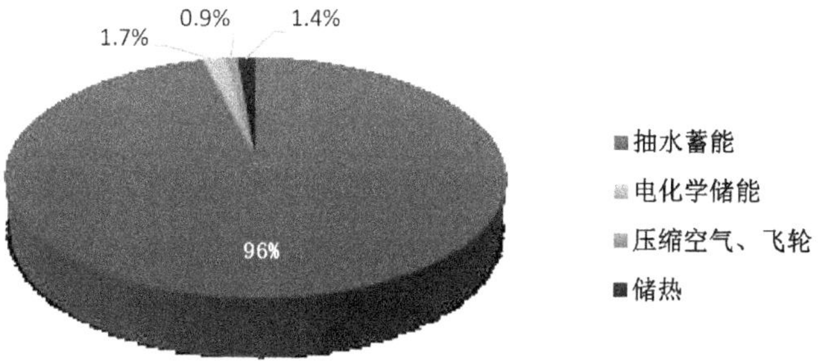

图 1　全球储能装机功率占比（截至 2017 年底）

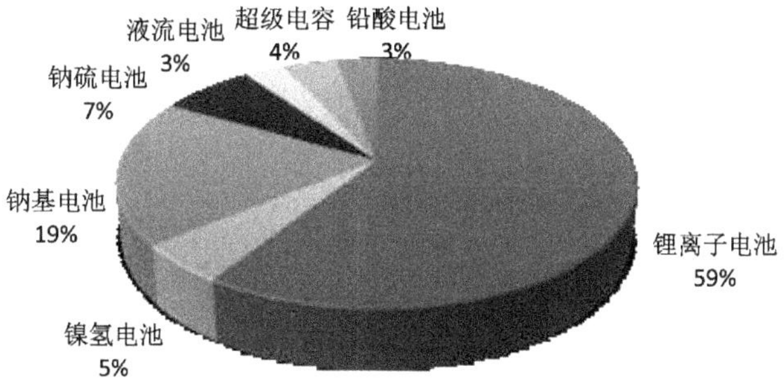

图 2　全球各类型储能电池装机功率占比（截至 2017 年底）①

我国目前的电化学储能占比很低。据不完全统计，截至 2017 年底，我国累计投运储能装机规模为 28.9GW，其中 99%为抽水蓄能；电化学储能累积装机为 389.8MW，其中锂离子电池占比达 58%。②

2.3 锂离子电池储能前景分析

可以预见在未来几年以内，锂离子电池储能将以持续增长的速度飞快发展。根据国际市场研究机构纳维奥技术（Technavio）发布的市场研究报告，

① 数据来源：国际可再生能源署（IRENA）：《电力储存与可再生能源——2030 年的成本与市场》。

② 数据来源：中关村储能产业技术联盟，《储能产业研究白皮书 2018》。

到2020年锂离子电池储能规模预计将达到3130MW。[①] 根据美国GTM研究公司（GTM Research）的最新研究报告结果，到2022年全球锂离子电池储能容量将以55%的复合年增长率迅速增长，从2017年的约2GWh迅速增长到2022年的18GWh。这其中将以美国市场为最大的增长主体，美国将继续巩固其全球最大储能市场的地位，其次则是中国、日本和澳洲。GTM研究公司的分析师表示由于中国对储能的鼓励政策力度加大以及中国电动汽车的飞速发展，中国很快将成为全球第二大储能市场。[②]

随着近些年来电动汽车市场的飞速发展，动力电池的成本不断下降，这也影响了锂离子电池储能应用的成本。预计到2040年电池组的价格将从去年219美元/kWh下降82%至每千瓦时39美元/kWh。这将在很大程度上推动锂离子电池储能更广泛的应用，同时由于风能和太阳能等可再生能源占比的扩张，储能的应用价值和需求都将显著增加，也将进一步推动锂离子电池储能市场的飞速发展。根据中关村储能产业联盟的预测，到2020年底我国电化学储能装机规模将达到1.78GW，是2017年底的4.5倍。

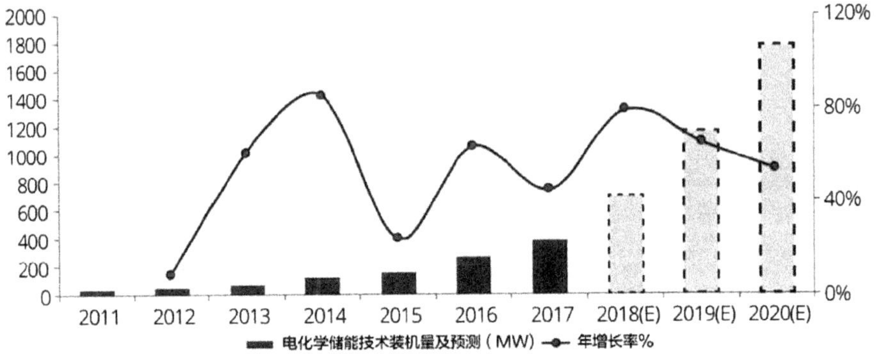

图3　中国电化学储能装机规模预测[③]

① 胥彦玲、李纯、扆铁梅、张红：《基于专利分析的锂离子电池储能技术》，《储能科学与技术》2017年第6卷，第2期，第37页。

② 《中国有望成为全球第二大储能市场》，《电源世界》2018年第4期，第25页。

③ 中关村储能产业技术联盟，《储能产业研究白皮书2018》。

2.4 我国锂离子电池储能行业面临的困难

尽管目前锂离子电池已经开始在储能领域崭露头角，但其面临的困难也不容忽视。锂离子电池的安全性一直是人们争论的焦点。储能最重要的就是安全性，不管是装在家庭里的小型户用储能系统还是电网侧的百兆瓦级以上的大型储能系统，都对安全性提出了较高的要求。2018 年 7 月在韩国灵岩发生的锂离子电池储能电站起火事故就引起了业内的广泛关注，该事故造成 706m^2 规模电池建筑和 3500 块以上锂电池全部烧毁。据报道，事故原因是由于电气室某电池爆炸着火，由此而引发积压在一起的 3500 多块电池接连着火，发生连锁爆炸和重大火灾。这并不是唯一的锂离子电池储能电站发生事故，2018 年 6 月在韩国庆山同样也发生了锂离子储能电站起火事故。据了解，这几起事故所在的储能电站均采用了三元锂离子电池。

虽然磷酸铁锂电池的安全性较三元锂电池更好，但是磷酸铁锂电池一样发生过安全事故。据报道 2018 年 8 月在我国江苏镇江扬中某用户侧磷酸铁锂储能电站就发生了严重电池火灾事故。因此不管是采用三元还是磷酸铁锂，都存在较大的安全风险。尤其是随着储能电站规模的不断扩大，安全性更应该得到重视，在规划和建设、运营过程中需要建立健全的安全风险预防措施。同时还要优化现有储能电池及系统整体结构设计，企业要加强产品安全标准体系的构建，才能使锂离子电池储能朝着健康的方向发展。

除了安全性的问题以外，锂离子电池储能电站的经济性也是不容忽视的一个问题。尽管锂离子电池的价格已经得到了大幅下降，但是从投资和成本回收的角度来看，在我国绝大部分地区锂离子电池储能项目离开政策支持都无法盈利。一方面，锂离子电池储能的成本仍然较高，需要进一步下降；另一方面，在我国的电力系统体制内，储能电站很难体现其价值。因为现有的调度计划安排仍然采用的是具有计划经济特征的管理方式，无论是发电侧还是用户侧，各类灵活性资源缺乏主动参与电网平衡调节的积极性。从削峰填谷的功能来看，我国很多地方的峰谷电价差刚刚接近甚至远低于锂离子电池的度电成本，很难通过峰谷价差来盈利。从储能电站参与电网辅助服务的功能来看，当前的补偿机制仍为行政定价，无法充分发挥储能电站系统灵活性价值，缺乏明晰的商业模式。以上这些困难使得锂离子电池储能的推广受限。

3. 结论

在经济新常态、能源革命的大背景下，随着电力储能技术的蓬勃发展，和能源服务新商业模式的不断涌现，能源产业格局将产生重大变革，也将带来前所未有的调整和机遇，储能将成为未来能源体系中不可或缺的重要一环。

锂离子电池技术作为电力储能的重要手段，在近几年越来越受到人们的重视，具有巨大的未来市场。然而目前国内储能市场尚不成熟，仍需要政府和企业一同努力，为锂离子电池储能创造一个良好的发展环境。笔者认为，推动我国锂离子电池储能的发展，一方面需要政府继续加大支持力度，出台详细的政策和有效的措施来鼓励企业发展储能技术；另一方面需要各市场主体协调关系，理清各市场主体之间的成本、价值关系以及市场规则和机制，尽快形成成熟的商业模式。当然，也需要各电池企业、科研机构、高等院校的研发力量一起攻关，优化发展锂离子电池储能系统技术，推动我国的锂离子电池储能在全球能源革命大浪潮中不断前进。

B 7

智慧能源之燃料电池的研究与应用

苌国强*

摘　要：

燃料电池因具有能量密度大、环境友好等特点，在解决能源与环境问题方面展现出巨大优势。本文介绍燃料电池研究背景、发电原理及分类，总结燃料电池领域最新研究进展，指出“智慧+电动汽车+燃料电池”将是未来汽车发展的主要方向，并对燃料电池发展前景进行展望。

关键词：

燃料电池　新能源　智慧能源　电动汽车

* 苌国强，1991年毕业于哈尔滨工业大学航天学院，获工学硕士学位，中国智慧能源产业技术创新战略联盟常务理事，中国科学院大连化学物理研究所高级工程师，大连宇科创新科技有限公司总工程师。现主要从事燃料电池系统集成和测试设备研发。

1. 绪论

1.1 研究背景

智慧能源拥有自组织、自检查、自平衡、自优化等人类大脑功能，是一种满足系统、安全、清洁和经济要求的能源形式[①]。智慧能源的载体是能源，其中包括传统能源和新能源。考虑可持续性，未来的智慧能源载体一定是新型清洁能源，如风能、太阳能、海洋能、地热能、生物质能、氢能、核聚变能等。因为传统化石能源作为不可再生资源，面临着资源稀缺性的制约[②]。人类能源结构已经到了必须再次大变革的前夜，清洁能源将逐步取代传统的化石能源成为能源的主体，而以石油动力为主的能源设备将被氢燃料电池等清洁能源设备所取代。

1.2 燃料电池原理及分类

燃料电池（Fuel Cell，FC）是一种将储存在燃料中的化学能直接转化为电能的装置，不经过燃烧反应，因而拥有极高的能量转换效率。按照所使用电解质的不同，可将燃料电池分为如下 5 类：质子交换膜燃料电池（Proton Exchange Membrane Fuel Cell，PEMFC）、磷酸燃料电池（Phosphoric Acid Fuel Cell，PAFC）、碱性燃料电池（Alkaline Fuel Cell，AFC）、固体氧化物燃料电池（Solid Oxide Fuel Cell，SOFC）、熔融碳酸盐燃料电池（Molten Carbonate Fuel Cell，MCFC）等。这 5 类燃料电池的特点及其应用领域如表 1 所示。

① 刘建平：《智慧能源——我们这一万年》，北京：中国电力出版社、科学技术文献出版社 2013 年版。

② 赵辰：《石油时代即将落幕，燃料电池 vs 锂电池谁将胜出》，周辰看周期公众号，2017 年。

表1 燃料电池特点及其应用领域

燃料电池类型	碱性燃料电池	磷酸盐型燃料电池（PAFC）	熔融碳酸盐型燃料电池（MCFC）	固体氧化物型燃料电池（SOFC）	质子交换膜燃料电池（PEMFC）
燃料	纯氢	重整天然气	净化煤气、天然气、重整天然气	净化煤气、天然气	氢气、甲醇
工作温度	<80℃	150—200℃	600—700℃	500—900℃	50—100℃
发电效率	60%—70%	40%—42%	43%—47%	60%	50%—70%
输出功率	10kW—100kW	50kW—1MW	<1MW	5kW—3MW	<250kW
寿命	3—10kh	30—40kh	10—40kh	8—40kh	10—100kh
优点	成本低、启动快、性能可靠	寿命长、技术成熟	燃料使用范围广、余热可利用	无材料腐蚀、无电解问题、余热可利用	启动快、功率密度高、寿命长、性能可靠
用途	太空、军事	分布式发电	电力公司、大型分布式发电	移动电源、电力公司、大型分布式发电	备用电源、移动电源、小型分布式发电、交通

本文以PEMFC为例，其工作原理如图1所示①，电池由膜电极（Membrane Electrode Assembly，MEA）以及带有流场结构的双极板（Bipolar Plate，BP）组装而成，而其中的膜电极由质子交换膜（Proton Exchange Membrane）、催化层（Catalyst Layer，CL）和气体扩散层（Gas Diffusion Layer，GDL）组成。

在PEMFC工作时，燃料和氧化剂分别由阴阳极的流道进入，经过扩散作用到达催化剂的表面。阳极侧，氢气在催化剂作用下解离成质子以及电子，质

① 侯明、衣宝廉：《燃料电池技术发展现状与展望》，《电化学》2012年第18卷，第1期，第1—13页。

子经过质子交换膜到达阴极侧；电子经由外电路传导最终也到达阴极催化层，传导过程即对外做功过程。在阴极催化层中，由流道扩散而至的氧气与质子交换膜传导过来的质子以及经由外电路传导的电子发生反应，生成水，同时产生少量的热。

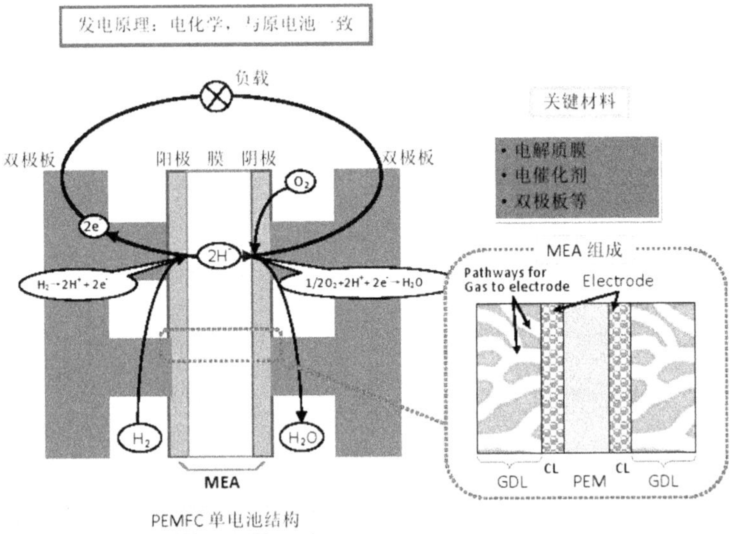

图 1 质子交换膜燃料电池工作原理

根据热力学计算，25℃条件下，单节燃料电池可提供的最高电压为 1.229V。然而电池实际运行时，可提供的电压均小于这一值，这主要是因为电池内部发生了极化现象。图 2 为 PEMFC 典型的极化曲线，主要由以下三种极化过程控制①：

（1）活化极化。这一部分极化主要是氧还原（ORR）动力学较慢导致的。交换电流密度 i_0 是衡量一个电化学反应快慢的重要参数，其值越大，表明电化学反应速率越快。在 PEMFC 操作温度范围内，ORR 反应的 i_0 远小于氢还原（HOR）反应，使得低电流密度下，阴极侧的电化学反应驱动力主要为过电位，产生可观电流必须以较大过电位为代价，因此产生活化极化。

（2）欧姆极化。这一部分极化主要是由于电池内部各部分的电子电阻、

① Jouin, M., et al., "Degradations analysis and aging modeling for health assessment and prognostics of PEMFC," *Reliability Engineering & System Safety*, No. 148, 2016, pp. 78-95.

离子电阻以及接触电阻导致的。在中电流密度区域，欧姆极化为限制电池性能的主要因素。

（3）传质极化。当电池处于高电流密度状态时，一方面需要消耗大量的氧气，而仅靠分子扩散，电池内部的传质能力有限，电池得不到足够的反应物使得性能受到限制；另一方面，高电流密度下，电池会产生大量的产物水，水的存在会堵塞气体传输通道，严重时发生水淹，这些现象会恶化电池内部的气体传导，进一步降低电池性能。

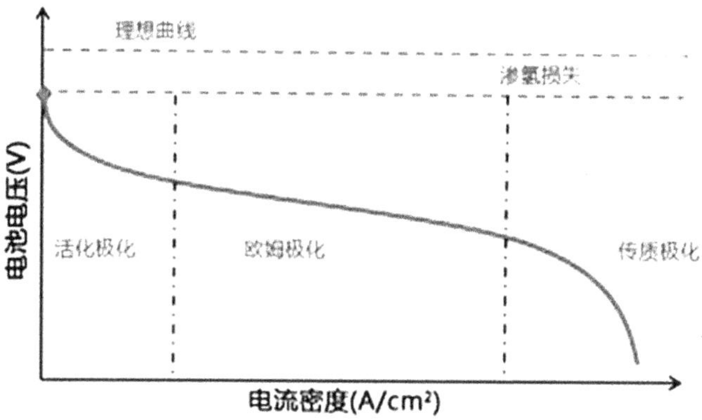

图 2　典型的燃料电池极化曲线

2. 燃料电池发展概况

碱性燃料电池（AFC）是最早开发的燃料电池技术，在 20 世纪 60 年代就成功应用于航天飞行领域。美国的阿波罗登月飞船和航天飞机等轨道飞行器都采用这类燃料电池作为搭载电源，实际飞行结果表明电池系统具有很高的可靠性。

近年来，随着阴离子交换膜以及催化剂、膜电极研究取得重大进展，碱性燃料电池性能已经突破 1W/cm^{2}①，这也进一步扩大了其应用范围。由欧盟燃料电池和氢联合企业（Fuel Cells and Hydrogen Joint Undertaking，FCHJU）支

① Wang，Y.，et al.，"Pt-Ru catalyzed hydrogen oxidation in alkaline media：Oxophilic effect or electronic effect?" *Energy & Environmental Science*，Vol. 8，No. 1，2015. pp. 177-181.

持的POWER-UP项目于2013年4月在德国下萨克森州正式启动[①]，并于2017年6月结束，历时51个月。该项目成功制造、安装和运行了首个240 kW碱性燃料电池发电装置。燃料电池系统利用过剩的氢气产生电能，然后将电力输送到当地电网。此外，欧盟还资助AFC能源公司ALKAMMONIA项目，该项目中的燃料电池系统本身具有抗氨性强的优势，所以对燃料的净化过程要求不是很高，这可能成为未来解决燃料来源的重要途径。

然而碱性燃料电池的大规模应用目前也存在一定的问题，例如性能仍不及质子交换膜燃料电池，并且电解质容易碳酸盐化等。

磷酸型燃料电池（PAFC）是最早的一代燃料电池技术。早在20世纪70年代，美国就开发了大量的兆瓦级别的PAFC发电站，2011年美国的联合技术公司（UTC）宣布其最新一代的PAFC系统Pure Cell 400已经实地运行十万小时[②]，最大功率可达400kW。日本也于1990年开发两台非加压PAFC系统用于孤岛供电。我国也于2004年在番禺建成国内第一座PAFC系统，利用沼气进行发电。

熔融碳酸盐燃料电池（MCFC）的开发始于20世纪四五十年代，由于其工作温度较高，热量利用率好，因此系统效率利用率高，一般用于固定式电站，到2015年其装机总容量超过75.6kW[③]。MCFC技术在美国、德国、日本、韩国等国家发展较快，其中，美国的Fuel Cell Energy公司开发了DFC 3000EU型MCFC系统，功率为2.8MW，发电效率达到47%，热电联供时效率更是达到83.7%。公司2015年还推出了DFC HEFT型的MCFC系统，与前一代相比，功率减小为880kW，但是效率提高至60%，热电联供时更是达到90%。德国的MTU CFC Solution公司开发的HotModule型MCFC系统容量最高也可达2MW，尾气出口温度大于400℃，可直接用于供给热量。此外，中国电力株式

---

① “POWER-UP,” https：//www.afcenergy.com/projects/eu-funded-projects/power-up/.

② 孔德盟：《磷酸燃料电池与吸收式制冷机复合系统性能优化分析》，东华大学硕士学位论文，2017年。

③ 王洪建等：《熔融碳酸盐燃料电池发电系统研究进展与展望》，《热力发电》2017年第46卷，第5期，第8—13页。

会社①、韩国斗山集团也有相应的 MCFC 产品。

固体氧化物燃料电池（SOFC）自 1937 年第一次被开发以来，其发展经历了高温（800—1000℃）、中温（600—800℃）再到低温（400—600℃）的过程，电堆也出现了管式与平板式等不同结构。但是其高能量转换效率、高功率密度以及低制造成本，使得其在大型固定发电领域有着广阔的应用前景。

在北美地区，美国的 Bloom Energy 公司于 2006 年成功运行了 5kW 的电堆，现今已发展了 ES-5000（100kW）、ES-5400（105kW）以及 ES-5700（210kW）等不同功率级别的电堆。其燃料来源于城市天然气或者生物质气，电效率高于 50%，工作寿命 5 年。此外，美国 Atrex 公司、Delphi 公司以及 LG Fuel Cell System 公司等在 SOFC 领域也具备一定的竞争力。

在欧洲地区，Convion Ltd 公司开发的 SOFC 系统功率最高可达 300kW，其采用天然气或生物质气为燃料，原料利用率超过 80%，并且运行 5000 小时过程中电堆平均衰减率为 0.8%/kh，尾气排放也低于欧盟的环保标准。此外，mPowerGmbh 公司、Solid Power 公司等也拥有相应的 SOFC 电堆产品。

在我国，由中国工程院彭苏萍院士、清华大学韩敏芳教授等人创建的苏州华清京昆新能源科技有限公司目前也具有相应的 SOFC 测试及生产能力。此外，2018 年 6 月我国政府已经正式同意山东潍柴动力对 Ceres 股权投资方案，获得 Ceres Power 公司的燃料电池系统技术，主要是固体氧化物燃料电池技术。

质子交换膜燃料电池（PEMFC）由于具有高效率、高功率密度、环境友好以及合适的工作温度等优点，在交通领域拥有广阔的应用前景。国际上，日本丰田于 2015 年发布其燃料电池汽车 Mirai，寿命超过 5000h，功率密度达到 3.1kW/L，续驶里程超过 500 公里。此后不久，本田也发布其燃料电池汽车 Clarity，相比于 Mirai，功率密度也达到了 3.1kW/L，但是续驶里程达到 760km，大于丰田的 550 公里。韩国现代汽车公司也发布了自己的燃料电池汽车 Tucson Fuel Cell/ix35 Fuel Cell。其发布时间略早于丰田 Mirai，但是在性能以及价格上却差于后者，导致其销量以及声望不如丰田 Mirai。除了燃料电池

① 中国电力株式会社（Chugoku Electric Power Company）是一家日本中国地区提供电力的供应商，总部位于广岛。按照电力销售额衡量，它排在日本十家地区电力公司第 6 位。公司还运营岛根核电站。

汽车，燃料电池客车也迎来了大发展。巴拉德动力燃料电池公共汽车在全球范围内已经旅行超过1100万公里累计服务时间。

在国内，上汽也推出了自己的首款燃料电池轿车荣威750，并进行了新能源车创新征程万里行活动，经历潮湿、极寒、干燥等条件以考察其耐久性与可靠性。荣威750电堆采用新源动力拥有自主知识产权的HyMOD-36模块，氢瓶压力35MPa，续驶里程超过300公里。其后，上汽又发布荣威950，相比于荣威750，各项指标均有提升，其中续驶里程更是超过400公里。2017年，上汽还发布燃料电池轻客大通V80，这是国内首款运用全新准入标准的燃料电池轻客车型。车上配备的储氢罐可存6.2公斤氢气，续驶里程可达到430公里。在客车方面，截至2018年8月，宇通已经有11款燃料电池客车获得国家公告，东风汽车、佛山飞驰、北汽福田等也有数款获得公告的燃料电池客车。

总体来说，国内的质子交换膜燃料电池目前处于商业化前期，有望在不远的将来实现商业化。然而也面临着一些问题，例如氢源、成本、寿命等。

3. 燃料电池应用——“智慧+电动汽车+燃料电池”

3.1 电动汽车发展趋势

2018年1月20—21日，在北京举行的“中国电动汽车百人会2018论坛”热点问题交流会上，中国电动汽车百人会理事长陈清泰针对当前我国电动汽车发展状况指出：“电动汽车要取得对传统燃油车的优势，衔接未来、造福社会，仅靠电动化远远不够，必须与网联化、智能化、共享化联结在一起，多个方面协同发展。”中国新能源汽车要实现弯道超车，改变传统能源汽车的落后局面，“智慧+电动+燃料电池”应该是最佳选择。

“智慧”是让汽车智能化，可以自动实现环境感知、规划决策、多等级辅助驾驶等，它集中运用计算机、现代传感、信息融合、通讯、人工智能及自动控制等技术，是众多高新技术的综合体①。

---

① 智能汽车，百度百科，https：//baike.baidu.com/item/%E6%99%BA%E8%83%BD%E6%B1%BD%E8%BD%A6/4771107? fr=aladdin。

对于我国电动汽车未来的发展预测，中科院院士、清华大学教授欧阳明高指出，“制造纯电动汽车的难度并不是非常大，就目前电动车的核心技术方面，中国和国外的汽车企业基本处在同一起跑线上。未来的汽车必然会呈现电动化+智能化的趋势，我国在电动化方面开展研究较早，在汽车的智能化方面也占据一定优势”。说明我国在“电动”和“智慧”上，技术上没有明显的相差，缺乏的是资源的有效整合。

提起电动汽车，人们首先想到的是特斯拉、比亚迪这些采用锂离子为动力的电动汽车，实际上相对纯电动汽车路线而言，效率更高、更节能环保的是氢燃料电池汽车。从能量密度上看，即使是最新一代的锂电池车，其能量密度极值也只有汽油的1/40，而以氢气为原料的氢燃料电池基础能量密度是汽油的3倍，电动机的做功效率是内燃机的2倍，实际密度是汽油的6倍①。作为燃料，氢气来源广泛，可再生，是典型的二次能源。燃料电池工作环境友好，生成物只有水，因此采用氢能源的燃料电池作为汽车动力无疑更能代表历史发展的方向。

汽车主要性能指标为续驶能力、燃料加注/充电时间、输出功率和安全性等。燃料电池能量密度远高于锂电池，燃料加注时间也与传统燃油车相当，远少于锂电池充电时间，同时续驶里程可达六百公里，即使是和锂电池的顶级豪车 Tesla 相比也是大幅领先。表2为各类型汽车的能量转化效率、排放及回收、续驶里程、燃料加注时间、最高时速及最大功率对比图。

燃料电池技术与纯电动是两个技术方向，两个技术方向在一定程度上可以互补。相对于纯电动汽车，普通百姓对于氢燃料电池汽车还知之甚少。国际能源署（IEA）发布的《氢能与燃料电池技术路线图》显示，氢燃料电池是将氢气和氧气的化学能经过电化学反应直接转换为电能的发电装置，而氢燃料电池汽车本质上仍是电动汽车，氢气储存在车上的高压罐内，通过燃料电池将氢能转化成电能给汽车提供动力②。也就是“电动汽车+燃料电池”。

① 宝迪金尚新能源：《氢燃料电池汽车驶向何方——对未来新能源汽车发展方向的调查与思考》，2017年。

② 中国储能网新闻中心：《4G光元通讯能源》，2016年。

表 2　各类型汽车的能量转化效率、排放及回收、续驶里程、燃料加注时间、最高时速及最大功率对比图

汽车类型	燃油汽车 凯美瑞 2.0	普通纯电动 汽车	特斯拉 Model S	燃料电池 汽车 Mirai
能量转化效率	23.8%	83.3%	83.3%	50%
排放及回收	碳氢化合物、 二氧化硫、 颗粒物等	电池需要特别 回收处理	电池需要特别 回收处理	H_2O 90%回收
续驶里程	600—700 公里	100—200 公里	480 公里	500—600 公里
燃料加注时间	几分钟	数小时	数小时 快充 60 分钟	几分钟
最高时速	200 公里/小时	150 公里/小时	200 公里/小时	180 公里/小时
最大功率	123 kW	85 kW	310 kW	114 kW

与燃油车相比，燃料电池汽车动力充足，没有明显的噪音，排放出来的唯一产物是水，这种水的水质甚至可以达到饮用标准。此外，氢气相较于电能更易储存、更易运输，且充填效率与传统汽油车相近，单次充填燃料后的续驶里程也明显大于纯电动车。

3.2 “智慧+电动汽车+燃料电池”将是未来汽车发展的主要方向

目前，氢燃料电池技术创新正成为全球能源技术革命的重要方向，在车用能源领域，氢能燃料电池被认为是实现车辆使用阶段“零排放”、全生命周期“低排放”的重要技术方案，是未来汽车产业技术竞争的制高点。越来越多的车企加入了氢燃料电池车的研发当中，包括丰田、本田、现代等，这些车企生产的氢燃料电池车已经量产，并投放到了世界多地市场。

未来新能源汽车的发展方向应该是“智慧+电动+燃料电池”，整车采用先进的燃料电池动力系统和先进的永磁电机驱动技术，采用全新车体结构，并整合先进控制思想和控制策略，融入人工智能、大数据、物联网等相关技术。车辆安装有先进的传感器（雷达、摄像）、控制器、执行器等装置，通过车载传

感系统和信息终端实现与人、车、路等的智能信息交换，使车辆具备智能的环境感知能力，能够自动分析车辆行驶的安全及危险状态，并使车辆按照人的意愿到达目的地，实现自动驾驶。

智能化已经被众多国家和汽车企业认定为未来汽车产业发展的方向，在近期的各大汽车展览会和汽车厂商的新产品发布会上，智能化已经成为汽车展示重点。国家发改委副主任林念修表示，全球汽车产业正在步入以电动化、智能化为主的转型升级时代，发改委将不断完善政策，加快推动智能汽车发展。众多专家和业内人士表示，2018 年汽车智能化将进入快速发展期，并将成为未来汽车产业提升的主要动力。发改委等部门将新能源汽车、智能汽车纳入战略性新兴产业来谋划，未来将在建立智能汽车发展的统筹机制、推进汽车制造与互联网等相互融合、提升动力电池等关键技术水平和新能源汽车消费政策等五大方面持续发力，推进智能化汽车发展。发改委日前发布了智能汽车创新发展战略征求意见稿，计划到 2020 年智能汽车新车比例达到 50%，到 2035 年在全球范围内率先建成智能汽车强国。

国家信息中心副主任徐长明表示，预计我国在 2030 年或实现燃料电池和氢能的大规模应用，届时氢燃料电池的年销量规模可达百万以上。

4. 前景展望

对燃料电池的开发研究以及商业化，是实现世界节能和环保的重要手段。燃料电池的先进性和实用性已经得到世界的公认，我国也在加大对燃料电池的开发、研究与利用力度。尽管燃料电池还存在一些问题，比如寿命、成本以及氢源等，但是瑕不掩瑜，加快燃料电池发展必然是世界发展的总趋势。在发展燃料电池过程中，应该根据各种不同燃料电池各自的优缺点和发展障碍，有针对性地展开适宜的研究，使各种燃料电池都能发挥应有的作用。随着燃料电池技术的进一步深化，必将能够加快我国经济建设与可持续化发展步伐①。

加拿大、日本、美国、韩国以及一些欧洲国家对于燃料电池的研究起步较

① 石新军：《燃料电池的应用和发展》，中国新能源网，2016 年。

早，特别是加拿大和日本是研究投入较多的国家，开发应用也处于世界前列。对燃料电池的研究，我国也投入了相当大的人力物力。在燃料电池的基本理论研究方面，我们与世界先进国家的差距不太大，但在结构优化、材料应用、关键部件的设计与生产方面有一定的差距。近年来，随着研究机构和经费投入的不断增加，我国对燃料电池的研究取得了可喜的成果，从事质子交换膜燃料电池原材料及半成品制造的公司开始出现，相信我国的燃料电池研究将出现一个崭新的局面。

随着智慧能源的建设和氢能时代（Hydrogen Era）的来临，传统能源供给构架将由集中向分布式转变，以清洁能源—氢能为载体的智慧能源—氢能时代，将呈现以下特点：氢能以极高的转换效率（50%—90%）转化为电能，氢气将替代石油成为国家战略燃料储备物资；各种类型的氢燃料电池就地部分替代大电网运输，向用户供电，实现分布式能源供给；各用户有完善的智慧能源管控系统，能源与互联网融合；各类交通工具弃用内燃机动力，由氢燃料电池动力取代。

B 8

从需求侧出发的能源互联网规划

薛志峰　张永宁　刘烨　李婷　胡军　陈关胜*

摘　要：

梳理了国家在能源领域的最新政策，指出在新型城镇化发展背景下，能源互联网的技术保障日益增强，从理念逐步转入落地。分析了能源互联网的两个主要技术特征，并详细介绍了基于需求侧的综合能源规划方法，包括其工作步骤、技术措施和评价指标。以中山翠亨新区作为案例，结合新能源微网建设的方案，分析了能源革命带来的产业转型发展机遇。

关键词：

综合能源　需求侧　规划　能源互联网

* 薛志峰，2005年毕业于清华大学、工学博士，现任中科华跃能源互联网研究院院长，曾荣获"国家科技部创新人才推进计划人才""北京市百名科技领军人才"等多项荣誉。张永宁，中科华跃能源互联网研究院。刘烨、李婷，清华大学建筑节能研究中心。胡军、陈关胜，中山翠亨能源有限公司。

1. 互联网时代的能源行业变革

国家发改委在《关于推进“互联网+”智慧能源发展的指导意见》（发改能源〔2016〕392号）的文件中给出了能源互联网的定义，即一种互联网与能源生产、传输、存储、消费以及能源市场深度融合的能源产业发展新形态，具有设备智能、多能协同、信息对称、供需分散、系统扁平、交易开放等主要特征。近两年来，相关政策陆续出台、各项技术日趋成熟、试点示范项目相应投产投运，能源行业面临着数十年来最大的变革。

1.1 政策快速推进

2014年6月13日国家主席习近平在主持召开中央财经领导小组第六次会议时发表重要讲话强调，“面对能源供需格局新变化、国际能源发展新趋势，保障国家能源安全，必须推动能源生产和消费革命”。2015年3月，中共中央、国务院《关于进一步深化电力体制改革的若干意见》通过中发〔2016〕9号文正式下发，拉开了电力体制改革的大幕，之后相关政策密集推出，其中与能源互联网直接有关的政策如表1所示。这些政策对能源互联网在园区和城镇当中的应用，起到了提纲挈领的指导。

表1　近期能源互联网相关政策汇总

	相关政策	主管部门	发布时间
1	关于推进“互联网+”智慧能源发展的指导意见（发改能源〔2016〕392号）	国家发展改革委/国家能源局/工业和信息化部	2016年2—24日
2	关于推进多能互补集成优化示范工程建设的实施意见（发改能源〔2016〕1430号）	国家发展改革委/国家能源局	2016年7月4日

续表

	相关政策	主管部门	发布时间
3	关于印发《能源生产和消费革命战略（2016—2030）》的通知（发改基础〔2016〕2795号）	国家发展改革委/国家能源局	2016年12月29日
4	关于印发《推进并网型微电网建设试行办法》的通知（发改能源〔2017〕1339号）	国家发展改革委/国家能源局	2017年7月17日
5	《关于促进储能技术与产业发展的指导意见》（发改能源〔2017〕1701号）	国家发展改革委/财政部/科技部/工信部/国家能源局	2017年9月22日
6	《关于在各省公司开展综合能源服务业务的意见》（国网公司〔2017〕885号）	国家电网公司	2017年10月22日
7	《关于开展分布式发电市场化交易试点的通知》（发改能源〔2016〕1901号）	国家发展改革委/国家能源局	2017年10月31日
8	关于印发《增量配电业务配电区域划分实施办法（试行）》的通知（发改能源规〔2018〕424号）	国家发展改革委/国家能源局	2018年3月13日
9	关于降低一般工商业电价有关事项的通知（发改价格〔2018〕500号）	国家发改委	2018年3月28日

1.2 园区和城镇的能源创新需求旺盛

自1984年国务院批准成立第一个经济技术开发区——大连经济技术开发区以来，截至2017年，我国已有经国务院批准设立的国家级经开区和享有相同政策的特定工业园区219个，已由首批14个沿海开放城市扩展到全国31个省。开发区的类型不断拓展，数量逐步增多，成为推动我国工业化、城镇化快速发展和对外开放的重要平台。

但与此同时，开发区数量过多、布局不合理、低水平重复建设、恶性竞争等问题逐渐突出，正成为制约开发区进一步发展的瓶颈。2017 年 2 月 6 日，国务院办公厅印发了《关于促进开发区改革和创新发展的若干意见》，指出开发区要坚持以产业发展为主、要科学规划功能布局、并且要继续把优化营商环境作为首要任务。通过技术创新，降低园区和城镇工商业用户的能源价格，越来越受到园区管委会和地方政府的重视。依据相关的报道和公开数据，如表 2 所示，我国目前确实存在交叉补贴导致的能源价格倒挂、工业企业的电价和气价高于美国等问题，能源互联网技术的应用，将是降低园区能源价格、增加区域竞争力、促进园区招商工作的有效手段。

表 2　中美电价和用电量比较

	电价（美分/度）			用电量占比（%）		
	居民	商业	工业	居民	商业	工业
美国部分城市	12.7	10.6	7	37.5	36.0	26.5
中国部分城市	8.4	12	10	13.1	21.0	60.5

表 3　中美气价比较（元/m^3）

	居民用气	工业	商业	发电
美国部分城市	2	1	1.5	0.5
中国部分城市	2.2—3.2（分档）	2.4—3.2	2.4—3.2	2.4—3.2

1.3 能源互联网开始从理念转入落地

我国所处的历史发展阶段和社会制度的特殊性，对发展和建设能源互联网有极好的基础条件。第一是我们国家是以地方政府为主体来发展具有中国特色市场经济，能够集中力量办大事，集成规划、建设、运营的模式较易实行。第二是我们国家处在新型城镇化发展转折期，即将建设的一批新工业区和新城镇，能源需求具有刚性增长特征，治理能源消费造成的生态环境污染问题摆在了城市发展的首要位置。同时由于资源有限，本着土地集约化开发的原则，工业、商业、居住功能会在区域内复合发展，能源供应的需求是多样的，而所需的冷热电恰恰可以集成互补、优化配置。第三是近年来我国的智能电网建设取得了显著的成绩，燃气发电、光伏、热泵等技术日趋成熟，能源互联网的技术保障日益增强，从理念逐步转入落地。

2. 从需求侧出发的能源互联网规划方法

2.1 能源互联网的两个主要技术特征

能源互联网是新能源技术、智能电网技术、信息技术的集成创新，最突出的技术特征有两个。一是电力、冷热和燃气的供应方式多能互补，如图 1 所示，电力和冷热转化的主要装置是电动热泵，燃气和电力转化的主要装置是燃气轮机，而燃气和冷热转化的主要装置是吸收式热泵，能源供应和转换过程的优化和装置的控制调节的基础是数据，能源管控平台是能源互联网的关键支撑。能源管控平台的工作基础，实际上是系统投入使用后的运行数据和规划设计依照的负荷数据之间的实时比对和修正。

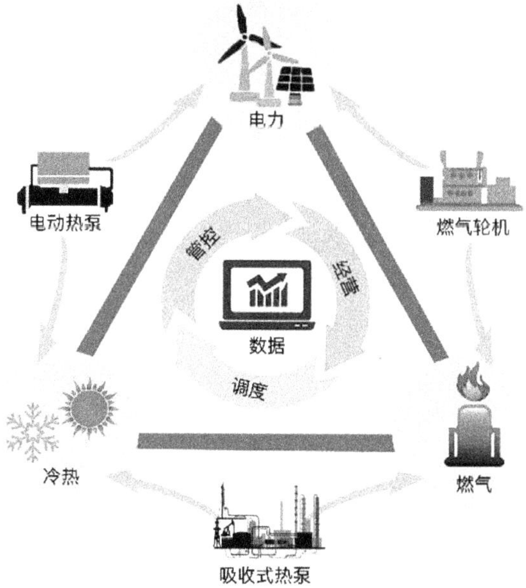

图 1　多能互补及主要转换装置

能源互联网的另一个突出技术特征是“源网荷储用”的全过程优化，如图 2 所示，与从生产环节出发，供应和使用相对独立的传统能源产业不同，能源互联网强调以用户为中心，由“源网荷储用”构成了一种环状结构，对应能源的供应、输配、需求、转移和交易，不再从供应发起到使用结束的单向线性结构。环状结构当中，用户的冷热电需求即负荷，是基础环节，其余四个环节都是针对负荷开展的，从这个角度讲，负荷的数据准确性是非常重要的。

图 2　能源互联网的 5 个环节

2. 2 从需求侧出发的能源互联网规划

能源规划是城市规划的构成环节之一，传统的能源规划是自上而下的方式，各专业分别承担供热、供电、供水、供气的专项规划，均需满足各自专业的最大负荷，彼此独立，较难考虑配套关系。这种规划方法带来了两方面的问题。一是市政设施单独建设导致投资成本高、浪费严重，系统相互独立、就地平衡难。二是为保障各独立系统的功能安全，配置冗余大，导致能源设备多数时间轻载运行，系统运行效率低。

从需求侧出发的能源互联网规划和上述方法不同，由于考虑了末端负荷的需求响应能力、冷热电负荷的交互抵消以及分布式供能就地满足对应负荷，多种能源资源互联互通、协调控制、优化调度，从而提高能源综合利用效率，实现园区和城镇低碳发展。

能源互联网规划可遵循如图 3 所示的 6 步工作法。

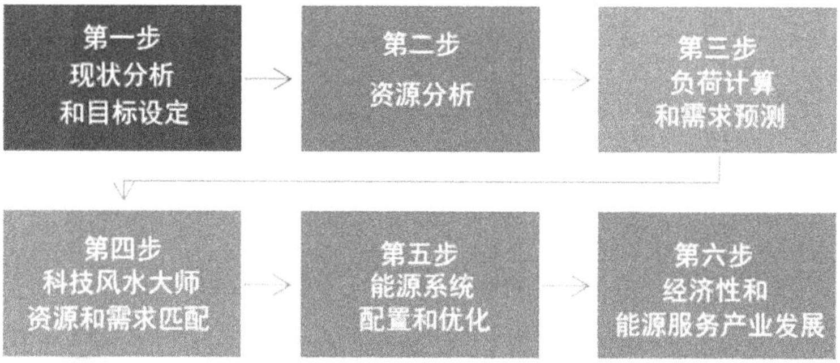

图 3　能源互联网规划的 6 个工作步骤

步骤 1 现状分析，主要是在总规和控规的成果基础上，分析园区空间和产业规划当中和能源相关的边界条件，综合国家和地方发展趋势和业主定位，设定能源互联网的建设发展目标。

步骤 2 资源分析，主要是对上位规划当中的市政供应条件（电力、热力、燃气），以及当地可利用的自然资源（阳光、空气、水、土壤）进行量化数据分析。

步骤 3 负荷计算和需求预测，主要是对园区和城镇的用电、用热、用冷的峰值负荷和全年使用量进行计算和分析整理。

步骤 4 资源和需求匹配，这步工作，很像“风水师”，是遵循科学用能的“高能高用、低能低用，温度对口、梯级利用”原则，用科技手段，在资源和需求之间建立最优的匹配关系。

步骤 5 能源系统配置和优化，是搭建对应上述最优匹配关系的设备系统，包括以分布式发电为核心的微电网、集中和分散结合的区域供冷供热站、实现远程监测和运营调度的智能管控系统。

步骤 6 经济性和能源产业规划，是给出规划方案的经济和社会效益分析，并指导园区和城镇构建涵盖由投融资、设计建造和运行维护构成的能源综合服务产业。

2.3 重视负荷的属性分析和需求预测

能源互联网是横向的“多能互补”和纵向的“源网荷储用”优化，这两个维度的技术特征的核心都是数据，能源互联网规划也是围绕数据开展的 6 个具体工作步骤，因此对整个数据系统当中的“负荷”进行详尽计算、准确预测和属性分析，是能源互联网规划当中的重要基础任务。

负荷有两大类，一类是“电”，另一类是“热”，两类负荷的属性差别很大，“电”的特点是关即是停、输送容易、储存较难，而热恰恰相反，其特点是关停延时、储存容易、输送较难。如图 4 所示，对用电、用冷用热的系统和装置，可定义其“热关联度”和“可关停度”，能源互联网规划的核心技术，实质上就是“移动”热关联度高、可关停度高的负荷，即通常讲到的“移峰填谷”，在此基础上，通过分布式的联合能源就近满足“热关联度低和可关停度低”的负荷，实现灵活的需求响应，由此将峰谷差异大、不确定性用户多的负荷需求曲线“烫平”为友好型的平滑负荷曲线，移动和联合这两个步骤，实际上就是能源互联网规划的主要技术工作。

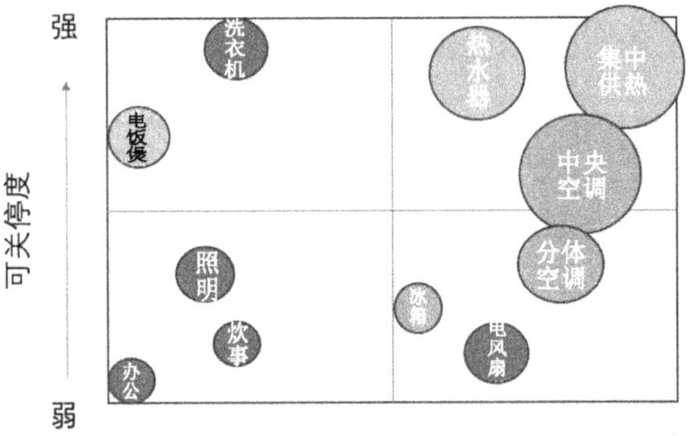

图 4　负荷的属性分析

负荷的计算，根据变量和参数的选定，可划分为三类方法，一是根据历史统计数据给出基于占地或者人口的负荷密度，另一类则是利用计算机模拟计算给出全年逐时计算数据，第三类是参考已投运项目分项分类分环节实测数据，上述三类方法，都是实际系统的简化和抽象，各有特点，具备条件的能源互联网规划项目，可同时采用，对三种方法给出的数据结合使用，进行组合预测。

3. 能源互联网规划的关键技术和评价指标

3.1 能源互联网规划的关键技术

能源互联网规划当中，涉及的关键技术有四项：

第一项是基于需求预测的用户的实时冷、热、电负荷计算，计算机技术的发展，已经让这类计算变得容易和便捷，并且可以利用一些成熟的模拟软件，影响预测结果的原始输入和边界条件要引起设计师的重视。

第二项是用户侧的能效提升技术，是通过节地、节能、节水、环保和室内环境控制五个方向，综合应用新技术新产品，降低需求侧的冷、热、电能耗。

第三项是评价规划方案安全可靠性、运行经济性、技术先进性、环境友好性、产业带动性五个维度的量化指标体系搭建。

第四项是规划阶段指导搭建的，指导能源互联网多个硬件独立、数据管理、统一管控的数字化运维软件系统。

3.2 能源互联网规划的经济性评价指标

能源互联网规划方案五个维度的评价指标当中，需要详细比对分析计算的是系统运行的经济性评价和能源利用效率对应的技术先进性评价。

图5是作者提出的“三段五点”经济评价方法。图中，横轴是能源互联网系统可实现的能效提升，原点是常规的传统市政供应技术方式，终点则代表“零能耗、零排放”的理想系统方式。纵轴是系统一次性固定投资的逐年分摊加上每年的动态运营成本。曲线当中的5个工况点，对应的技术经济性评价如下表4：

表4　图5曲线中5个工况点对应的技术经济性评价

工况	点1	点2	点3	点4	点5
技术	常规能源供应	高效能源供应技术的最优组合应用	多种能源技术的随意组合应用	部分采用前沿技术	全部采用可再生能源和前沿技术
经济性	作为比较基础	综合费用最低	和常规方案无差异	综合费用高于常规方案	综合费用远高于常规方案

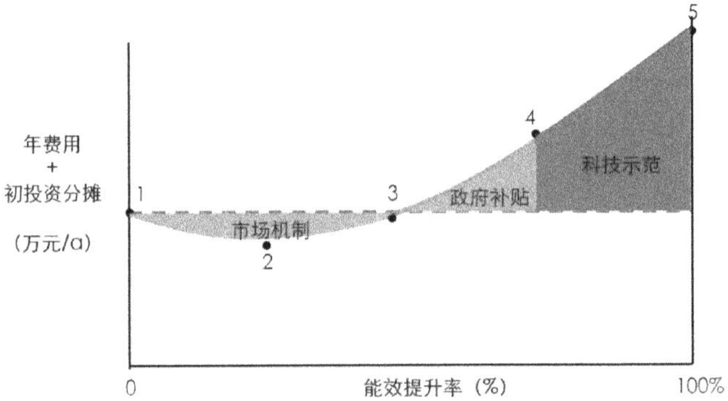

图5　能源互联网规划方案经济性评价

由上述的5个工况点，可定义出3个评价段：

✓ 工况1、2、3对应的区段，是可市场化的，能源互联网规划的作用，就是在这个区段，不断优化技术方案，配置出对应工况点2的能源系统。

✓ 工况3和工况4对应的区段，是要部分依靠政府补贴的，比如光伏技术、储能技术。

✓ 工况4到工况5对应的区段，则是国家推动的尖端技术，是科研院所的技术攻关，各级政府资助建设的科技示范工程，评价该类系统主要是用技术先进性和产业带动性两类指标。

4. 中山翠亨新区新能源微电网示范

广东中山翠亨新区位于珠江河口地区，是珠江三角洲海洋经济优化发展区和粤港澳海洋经济合作圈的海岸带地区上重要的节点，城市性质为国家实践文化交流方式的创新基地，两岸四地现代化产业合作示范区，广东省绿色新兴产业基地，珠江西岸新型城市化先行区，中山市引领转型升级的城市副中心。

起步区位于中山翠亨新区东北部，包含北部的马鞍岛和南部的填海区。该区东临珠江口，北与广州南沙新区隔水相望，西通过横门大桥与中山市火炬开发区联系。规划总用地面积5615.20公顷，建设用地面积近中期达到2511.52公顷，远期达到3157.22公顷。

4.1 翠亨新区的能源互联网构建

根据对各能源系统适用性的分析，对翠亨新区起步区进行能源系统配置，以需求侧的电负荷及冷热负荷为基础，充分整合光伏系统、锂电储电、污水制冷、海水制冷、冰蓄冷、水蓄冷、热电联产、蒸汽驱动制冷、液态空气物理储能等技术，以现场发电为核心，以分布式热电联产为主体资源，整合分布式产能、储能等零散绿色资源，形成虚拟电厂，同时，利用热电联产的副产品蒸汽，驱动吸收式机组制冷，并配以海水源制冷、污水源制冷、冰蓄冷及水蓄冷系统，保证对应区域的冷负荷需求，能源系统的构成原理如图6所示，各系统的具体建设内容详见表5。

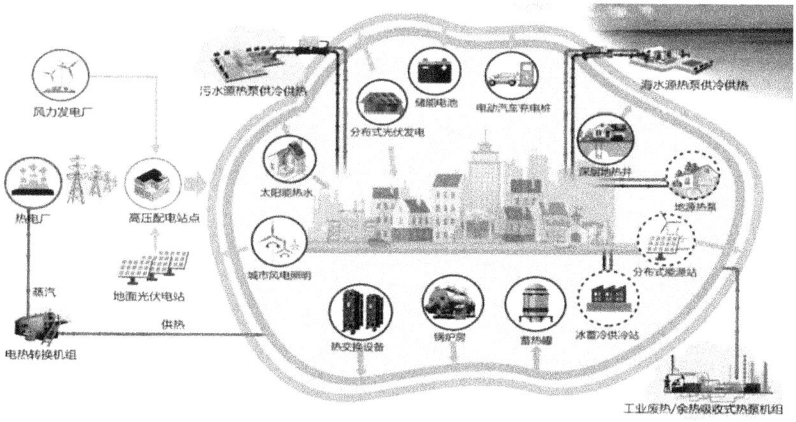

图6 翠亨新区能源互联网系统图

表 5　翠亨新区起步区各系统建设规模

序号	系统	单位	近期	中期	远期
1	太阳能光伏发电	发电功率，MW	75	144	216
2	锂电储能	电量，MWh	0	0	432
3	污水源区域供冷	制冷量，MWc	0	13	18
4	海水源区域供冷	制冷量，MWc	17.6	97.8	146.7
5	小型 CCHP	发电功率，MW	48.3	88.6	153.1
6		制冷量，MWc	41.9	76.8	132.6
7	燃气热电联供	发电功率，MW	59.8	59.8	119.7
8		制冷量，MWc	9.3	14.0	18.6
9	蒸汽驱动制冷	制冷量，MWc	0	0	69.8
10	液态空气储能	蓄电功率，MW	0	23	23

4.2 翠亨能源公司的产业规划

翠亨新区的能源互联网建设，将实现能源综合利用率高于75%，可再生能源消纳率100%，供电装机容量永久削峰180MW，具备300MW的调峰能力，并能够降低用户购电和购冷成本，能源设施的投资收益率可达到8%以上。

翠亨新区的能源互联网建设，还将推动翠亨能源公司从单纯从事传统能源业务升级为开展能源综合服务的双属性产业公司，可开展表6中的各项业务，同时布局于资金密集型的能源产业和技术密集型的服务产业。

表 6　翠亨能源公司的产业领域

	产业方向	产业属性
1	燃气分布式发电、太阳能光伏发电、风力、氢能、储能	电力供应
2	园区配电网	电力输配
3	区域能源站	冷热供应
4	供冷管网和供热管网	冷热输配
5	售电	代理服务
6	能效诊断、节能改造，用能监测 能源规划设计、工程建设、多能源运营	技术服务

翠亨新区构建的以用户为中心、以提高能效和服务水平为宗旨的能源服务业，投资需求大，产业链条长，涉及行业众多，从规划设计、开发建设到运营维护的各个环节，需要大量劳动力，通过构建合作共赢的能源互联网发展生态，能够带来显著的经济和社会效益。

5. 总结

本文整理了能源互联网行业从概念到落地的相关政策环境和市场推动现状，提出了从需求侧出发的园区综合能源规划方法，对应能源互联网的两个技术特征，重点阐述了负荷的属性分析和预测方法。在此基础上整理出了能源互联网规划中的四项关键技术以及评价指标体系，其中提出的五点三段式技术经济评价方法厘清了各类新技术的可用性，最后结合中山翠亨新区的新能源微网建设方案，分析了能源革命带来的产业转型发展机遇。

B 9

基于区块链技术的能源数字化的应用前景分析

云　图*

摘　要：

在数字经济大爆发的今天，作为比特币的底层技术，区块链这一概念越来越受人关注。截至2018年6月，过去一年里新进入市场的区块链项目数量总和多达1535个，市值规模已经达到了往年历史总和的181.6%。在金融领域之外，区块链技术也开始应用于能源产业、物联网、电商等各个领域。

近年来，随着全球经济发展放缓，能源需求也进入了低增长的阶段，一方面，能源企业的传统业务模式不再适应数字化、低碳化的经济发展需求，另一方面，能源转型推动能源行业的变革快速发展，能源消费结构清洁化趋势明显。在我国尽管能源需求增长速度每年下降1%左右，能源供给构成中，天然气、水电、核电、风能等能源供应却一直在稳步增加，但我国的能源结构仍然存在能源主体垄断严重、能源产业结构转变缓慢、能源产品清洁化不足、能源供给不足、价格非理性等痛点。与此同时，能源互联网迅速发展，能源系统不断完善，能源类别的多样化，能源系统的分布化，能源交易的市场化以及

* 云图，国际清洁能源论坛（澳门）常务理事，全国工商联执委，西南大学校董，渝商会会长。

电网的智能化已成为能源行业发展的未来趋势。本文将在详细分析区块链的技术特点和发展现状的基础之上，结合能源应用的场景，探索研究区块链与行业深度结合的方案与思路。以区块链技术为基础，为能源行业的信息共享、各类交易与管理建立完善的自动信任机制。

关键词：

区块链　能源　能源互联网　分布式能源

1. 区块链

1.1 比特币与区块链

2008 年，比特币的创立者中本聪发表了一篇名为《比特币：一种点对点式的电子系统》的论文，提出了比特币，论文中没有直接提到“区块链”，但构建比特币这一数字货币的底层技术与数据结构可以解释区块链加密交易系统和分布式账本的技术原理。现在，比特币网络中在无管理中心的方式下稳定运行了近十年的时间，成功处理了千万笔交易，从未出现过重大的系统故障。

区块链最早的应用是实现货币和支付手段，在 2009 年比特币上线之后，真正使得数字货币开始流通，因而受到了投资者、学者、研究人员等社会各界的极大关注，成百上千的数字货币出现在大众面前。这是区块链发展的 1.0 阶段，首次实现了安全可靠的非中心数字货币机制，虽然有着价格的剧烈波动、数量上限可能导致的通货紧缩、挖矿对能源的浪费、政策与合规性的问题等等，但仍然是区块链技术应用的成功一步。2014 年之前，区块链项目几乎都围绕着比特币的生态搭建，随着数字货币价格的大幅波动以及技术研究人员的加入，业界逐渐将关注点从数字货币转移到了比特币的底层支撑技术区块链，这个阶段产生了搭载在区块链上的脚本，即区块链 2.0 智能合约，具有模块化、可重用、自动执行的特点。以太坊是区块链和智能合约相结合的一个代表项目，作为基础开发平台，以太坊提供了图灵完备的智能合约系统，支持任何人开发去中心化应用，解决了比特币功能扩展性不足的问题。在这一阶段区块链技术发展迅速，越来越多的研究机构、企业、学者开始加入这一领域，主要在经济、市场、金融等领域应用，例如股票、债券、期货、贷款、按揭、智能资产。区块链 3.0 则是智能化物联网时代，能够在各种实体经济场景中落地，关于区块链 3.0 的解读目前尚未达成统一的标准，但毫无疑问这一趋势将促使区块链技术在各个行业内做出的有益探索，孵化出更多的商业应用，赋能实体产业经济。

1.2 区块链的基本概念

区块链是一种新型的分布式账本技术，包括了区块和链两部分基本结构，由一个个区块相连而成一条线状的链，块身用于存储交易数据，块头起连接作用，块头记录了前一块表信息的哈希值和时间戳，这些信息可以用来追溯区块的位置和上链时间。这个账本只能添加、不允许删除，以此实现一个去中心的数据记录账本的功能，可以在互不信任的环境下实现去中介的可信交易。它将分布式存储、点对点传输、共识机制和加密算法技术相结合，是一种数据库架构，但在数据库本身的技术上更上升了一层，考虑了数据的可靠性，以及数据服务的有效性，并且具有公开透明、不可篡改、可靠加密、可追溯、防 DDoS 攻击等优点。

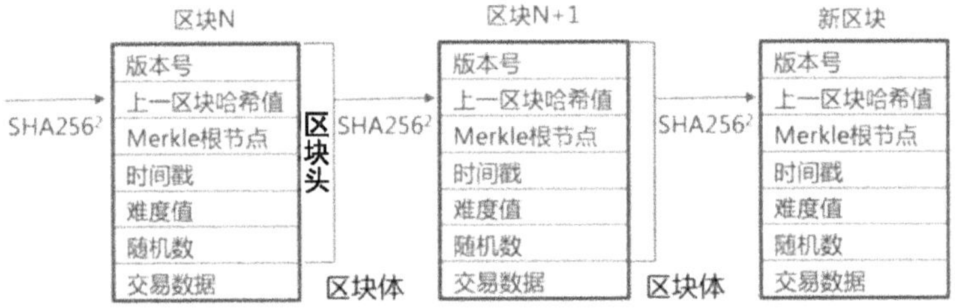

图 1　区块链的数据结构示意图

任何两个节点之间通过共识机制来共同维护去中心化的账本，分布式账本使区块链上产生的交易信息由系统中多个节点共同记录，保证了数据的安全、有效。区块链中数字签名和加密与授权的原理同时汲取了当前对称加密、非对称加密、哈希算法中的部分优点，保证身份的可信防伪。共识机制是区块链系统中作为数据写入的方式实现不可篡改的功能，也是各个节点达成协议一致的机制，常用的共识机制主要有 PoW、PoS、DPoS、Paxos、PBFT 等。智能合约是一段计算机程序代码，可以自动执行预先定义的规则，以信息化的方式保证协议和流程的执行，保障去中介的形式下的可信交易，实现价值的存储、传递、控制和管理，为基于区块链的应用提供了创新性的解决方案。

1.3 区块链的技术框架

区块链的技术框架可以分为：（1）数据层：由数据区块和链式结构组成，包括公私钥数据，数据库，通过对数据区块打上时间戳，以分布式账本的形式存在。（2）网络层：建立在IP通信协议，搭载P2P网络技术、传播机制和验证机制，包括分布式组网机制、数据传播机制和数据验证机制，用于节点间的数据传输，由于采取了点对点传输技术，每个节点既是下载者也是上传者。（3）共识层：运用各类共识机制算法搭建决策权高度分散的去中心化系统，解决拜占庭将军问题。（4）激励层：区块链需要大量参与者提供算力，参与者越多，下载速度越快，激励层主要集成经济因素。（5）合约层：封装各类脚本、算法和智能合约，是应用领域扩展、可编程特性的基础。（6）应用层：封装了区块链的各种应用场景和案例，提供可编程环境，通过智能合约将业务规则转化成平台自动执行的合约①。具体框架示意图如下：

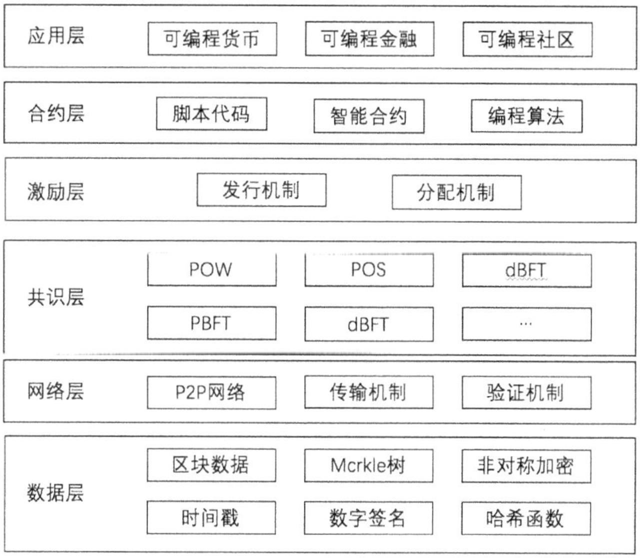

图2 数块链的技术框架

① 《从区块链到场外衍生品智能合约》，2016年11月9日，中国期货协会网，http：//www.cfachina.org/yjycb/cbw/zgqh/2016/2016_05/201611/t20161109_2086910.html。

1.4 区块链的特点

（1）去中心化：由于区块链上核算和存储均为分布式，没有中心化的硬件或管理机构，每一个节点的权利和义务都相同，整个系统中具有维护功能的节点来共同维护数据块。具有容错性，如果其中一个节点出现异常状态，比如网络故障、硬件损坏，黑客控制，基于去中心化的结构，系统以及其他参与节点也不会受到影响。

（2）开放透明：区块链的整个系统是开放的，除了交易各方的私有信息被加密外，区块链的数据对所有参与者开放，任何人都可以通过公开的接口查询区块链数据和开发相关应用，保障了系统运作的公开透明。

（3）兼容性：区块链是一种底层的开源技术，所有人都可以在其技术上扩展实现各类可编程应用。区块链中的节点通过点对点的通信协议进行交互，在保证通信协议一致的情况下，不同开发者使用不同的编程语言、不同版本的全节点来处理交易。

（4）自治性：区块链采用基于协商一致的规范和协议，比如一套公开透明的算法，这使得整个系统中的所有节点能够在去信任的环境自由安全地交换数据，使对人的信任改成了对机器的信任，任何人为的干预不起作用。

（5）信息不可篡改：共识提交后的数据会一直存在，信息可以永久存储。但由于基于密码学和共识机制的设计，除非能够同时控制住系统中超过51%的节点，否则单个节点上对数据库的修改是无效的，修改某一数据需要变更所有的后续数据记录，因此区块链的数据稳定性和可靠性极高。

（6）可追溯性：在区块链上数据的记录是不会被覆盖，如果在数据使用过程中，发现源头数据导致结果异常，那么可以沿着异常结果有关的交易线或者时间线，追溯查找，反向搜索，反向查找异常的来源，进行追责。

（7）匿名性：由于节点之间的交换遵循固定且预知的算法，无须通过公开身份的方式让对方自己产生信任，对信用的累积和隐私的保护有一定的作用，即便数据泄露，也无法解析①。

1.5 区块链技术的发展现状

一般认为目前区块链技术处于2.0时期，没有大量的应用落地，但仍然有ioeX这样将区块链与物联网技术相结合，落地先行，赋能实体产业的项目。区块链的发展模式也是平行而非演进式的，区块链1.0模式的数字加密货币体系仍然远未成熟，在比特币横空出世十周年之际，歌者信链这一底层公链发布，在比特币的基础之上，底层技术水平更高、数字货币体系的设计更完善、愿景更加宏大。

政策方面，2016年10月，工信部发布了《中国区块链技术和应用发展白皮书（2016）》首次提出我国区块链标准化路线图，2016年12月，区块链首次被作为战略性前沿技术、颠覆性技术写入国务院发布的《国务院关于印发"十三五"国家信息化规划的通知》，2018年以来，监管层对区块链发展的态度逐步引导到服务实体经济方向上来②。包括北京、上海、浙江、重庆、河北在内等二十多个省市纷纷推出有关区块链技术的鼓励政策，沿海地区纷纷成立区块链试验地、研究院，深圳、广州、贵阳、海南等地都设立区块链发展专区，给予特别扶持政策。政策的扶持将会成为区块链技术不断革新的又一重要推力③。

2. 区块链技术在能源领域的应用

2.1 能源行业现状

近年来，全球能源需求增长缓慢，新能源产业开始快速发展，能源消费结

① 王安平、范金刚、郭艳来：《区块链在能源互联网中的应用》，《电力信息与通信技术》2016年第14卷，第9期，第2—3页。

② 《【合星研究院】政策接续出台引导区块链规范发展》，搜狐财经网，2018年1月16日，http://www.sohu.com/a/217105013_747047。

③ 《【原创】全国各地区块链优惠扶持政策重点汇总》，链门户网，2018年5月7日，http://www.lianmenhu.com/blockchain-2084-16。

构清洁化趋势明显。我国能源的需求量随着经济的发展而逐渐增加，但是在“经济发展新常态”政策指引下，我国经济发展速度放缓，能源需求也进入了低增长的状态，我国的能源需求增长速度每年下降1%左右，2005年，我国能源需求增长率为16.84%，而到了2017年，这一增长率已经降至2.98%、我国能源消费构成中，煤炭和石油一直呈下降趋势，而能源供给构成中，天然气、水电、核电和风电等能源供给也一直在稳步增加。然而我国能源供给结构依然存在大量痛点，包括供给主体垄断，结构转变不足、化石能源依然占据主导地位、可再生能源发展缓慢、能源产品清洁化程度低、价格非理性和供给动力不足等问题。

2.2 区块链与能源互联网

美国学者里夫金在《第三次工业革命》一书中，首次提出了能源互联网这一概念，引发了国际社会的广泛关注。能源互联网应具有以下四大特征：（1）以可再生能源为主要一次能源；（2）支持超大规模分布式发电系统与分布式储能系统接入；（3）基于互联网技术实现广域能源共享；（4）支持交通系统的电气化（即由燃油汽车向电动汽车转变）。从上述特征可以看出，里夫金所倡导的能源互联网的内涵主要是利用互联网技术实现广域内的电源、储能设备与负荷的协调；最终目的是实现由集中式化石能源利用向分布式可再生能源利用的转变①。

基于区块链的分布式账本和数据库技术，可以在能源的上中下产业链分别进行自动执行和开放共享，会更加科学地进行能源供给需求的对接、传输与分配、价值的流通。区块链天然的分布式、可追溯等特点，可以帮助能源互联网搭建全新的能源系统，可以帮助能源系统搭建分布式能源交易和供应体系，提升供给侧和消费侧的透明度，简化多层系统。其中电力生产商、配电系统运营商、传输系统运营商和供应商，通过区块链网络直接将生产者和消费者联系在各个层次上进行交易。通过数据采集和智能合约加上人工智能和大数据分析的

① 董朝阳、赵俊华、文福拴、薛禹胜：《从智能电网到能源互联网：基本概念与研究框架》，《电力系统自动化》2014年第38卷，第15期，第1页。

技术，可使能源管理部门辅助科学运营，优化能源管理策略，更有效率地控制能源网络。在智能合约的预定义规则的基础上，智能合约向系统发出信号，制定如何启动交易的规则，这种流程将会完成对全部的能量和存储的自动控制。这有助于平衡供给和需求。智能合约还可以有助于能源会计的智能化，可以实时处理全部数据，降低成本并提高效益，加之每个交易都由多个节点验证辅助，错误率将大大降低。再者，以区块链技术为基础的智能合约可以同终端的智能电表结合，使在特定时间准确地预测系统的能源需求得以实现，从而达到节能的目的，同时电力在本地的分配和消费也通过与本地智能电网相结合，尽可能达到最大化。因此，系统内的效率可以得到保证，并且因远距离传输电力而造成的损失将最大限度地减少。

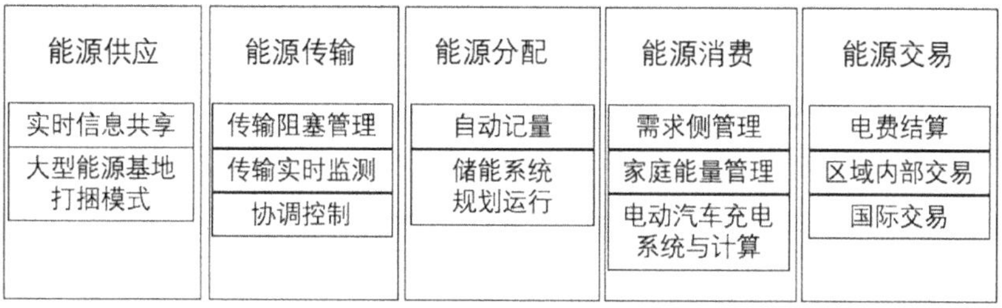

图 3　区块链在能源互联网领域的应用

2.3 应用场景：分布式能源

分布式能源系统具有多源多点、需求供给端密切互动、近用户、高能效等特点，是助推工业能源行业转型的热门领域之一。分布式能源系统是新能源技术和储能技术逐渐成熟后出现的新型能源生产—供应—消费体系，通常是布置工业园区、办公楼宇等场所，连接在区域电力系统的发电设施，并具有需求侧管理功能，且分布能源通过能源供给组合，具有转换效率高、输电损耗低、电网崩溃概率低、安全可靠等优点①。在分布式能源运营中利用分布式算法将全网数据同步记录，实时更新，运用数据库和账本建立了一个分布式能源的计量

① 《分布式能源系统运营与区块链》，北极星储能网，2018 年 2 月 9 日，http：//shupeidian.bjx.com.cn/news/20180209/879975.shtml。

系统，具有资产注册、灵活交易和智能计量表数据保密系统，可以灵活切换。通过功能维度、对象维度和属性维度来最大限度匹配分布式能源体系的特点。解决交易计价、风险测量、损耗评估、调度策略和结算等方面的技术瓶颈。

与传统发输配售及源网荷储的集中电力系统相比，分布式能源各种不同节点没有明确的供给者或者消费者的定位，能源生产者和消费者的身份和定位也可以不断地调整与互换。智能设备在链上注册，即可成为参与的节点。还可以打造去中心化的分布式能源供给与传输平台，将一个区域打造成智能微网，在区域内实现分布式能源供给与交易，创造出全新的分布式能源共享模式。也可以将其他可再生能源和分布式能源添加到电力系统中，在电力系统之外创建其余的能源系统，以解决现有能源系统过于单一的问题，提高运营的科学性和可控性，推动电网运营的发展。区块链能够辅助实现用配电的分散化决策，在分布式能源体系各个节点和调度模块的互相协调，可确保整个系统始终处于高效运转的水平。实现模式多模块协同自治，决策数据基于区块链记录，决策机制由人工智能机器给出并通过物理网联动执行设备完成。对于分布式能源供应、输电、应用的模块，可以利用数据处理对用能的价格和成本进行优化，通过激励机制的设计，对电能以及其他清洁能源调度、运输、分配和利用的优化，各个模块基于流向验证共识机制，通过链式优化实现最优策略。

2. 4 应用场景：去中心化的能源交易体系

区块链能将能源交易联结成一个能源交易网，由社区里的一个个微网组成。区块链节点之间横向联系表示为信息的同步，区块链节点和交易系统之间纵向联系表征了两者之间的融合性；区块链分布式结构使能源供应合同可以直接在生产者和消费者之间传输，参与者可以使多余的电量有效流通，实现点对点的能源交易，完成去中心化的能量传输。区域内的能源共享数据的不可篡改和可追溯，有助于加强个人消费者和生产者的信用值，构建一个生态内部的信用评价体系。区块链可以高效完成不同电力系统的实时信息采集与记录，在跨市场时，可综合数个市场之间的交易及其价格信息，实时计算各地区各类电力的边际价格，利用区块链技术也可以实现无中心结算机构的点对点直接交易。这可以解决目前分布式发电就近销售的支付及清结算的痛点，通过区块链可以完成独立电力生产和消费的结算工作，替代由售电公司所构建的供需之间的中介信任，直接进行效益分配，降低成本，增加消费的频次和效率。

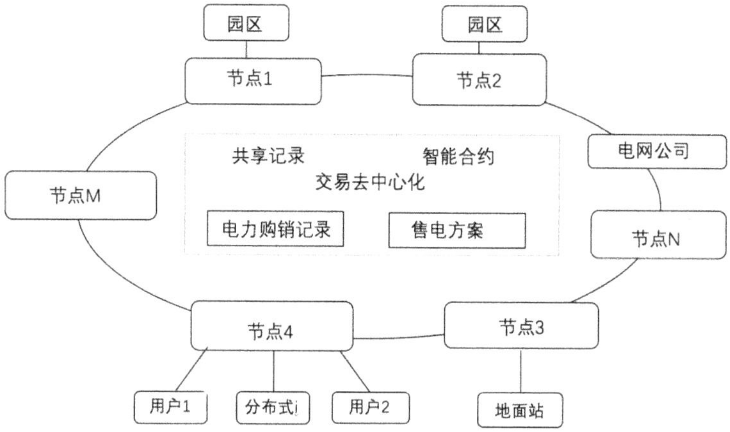

图 4　去中心化电力交易网络

目前，牛顿（Newton Project）已经推出了智能电表的应用，参与的节点可以通过智能仪表进行连接和数据共享，追踪记录每个仪表使用的电量以及管理一个区域的电力交易，购买能源未使用部分可以通过支付渠道和智能合约继续在开放的市场内销售。在供应者和消费者之间通过系统钱包进行交易，不依赖任何第三方交易平台，仪表还可以植入全自动支付系统，还有助于计费和结算基础设施优化，实现整个流程的智能化，实现无人化的智能电表管理。

2.5 应用场景：碳排放与碳认证

随着国际社会对环境的重视和可持续发展的要求，联合国政府间气候变化专门委员会通过《京都议定书》，确立了二氧化碳排放权（简称碳排放权）的认证及其交易机制。目前的碳排放测量和记录存在不透明、非标准化、监管制度不完善等问题。区块链技术提供有助于在碳捕捉、储存和合理利用活动等方面发挥作用，在全球的碳库存和注册管理机构，可用于加强验证，并消除对昂贵的集中管理的需求。区块链用于碳跟踪与注册的另一个好处是，有机会创建不可更改且透明的市场数据记录，基于区块链技术搭建碳排放权认证和交易平台，具有碳排放权的企业为参与节点，排放信息加盖时间戳，并记录在区块链中，实时记录发电机组的碳排放、碳交易行为。并可以通过智能合约自动执行对超标企业进行罚款惩治，为碳排放管理机构提供问责机制。碳资产所有者拥有排放预定数量温室气体权利的同时，也可以借助智能合约出售碳资产，通过碳交易来提高能源的利用效率①。

3. 区块链在能源领域应用前景

3.1 区块链应用的挑战

效率问题是阻碍区块链落地应用发展的重要因素，区块链技术目前刚刚起步，尚未成熟，亟待不断完善和成熟。一般情况下，区块链并不适用于高频交易的场景。以当前区块链在计算效率的能力，难以满足能源系统产销实时性庞大的数据量。未来区块链系统需要在吞吐量方面进行优化，包括在减少区块生成时间和区块确认时间等方面开展相关研究。也有学者提出，区块链与大数据、云计算技术进行融合，可能是未来解决这个问题的一个方向。

政策是能源行业不可回避的一个问题，将为“区块链+能源”的发展带来一定的不确定性。能源行业是国家强监管的基础性行业，与国家政策的依附性非常强，如果没有国家相关政策指引，区块链技术的落地应用会有一定的阻碍。现在国家倡导人工智能、大数据、物联网、区块链等赋能实体产业，推动能源行业的数字化转型，在具体领域的实施过程中，仍需要国家相关政策的跟进和落实。

区块链安全问题已经通过各种数字货币被盗案日益凸显，它的安全程度仍然受到基础设施、系统建设、操作运营、隐私保护技术等多方面的影响。安全防护需要技术和管理全局考虑，加强底层技术建设和安全系统设计，才能确保搭载于能源系统上的应用足够安全。

人才缺失也是区块链技术与能源行业结合的一大痛点。区块链技术是包含

---

① 张宁、王毅、康重庆、程将南、贺大伟：《能源互联网中的区块链技术：研究框架与典型应用初探》，《中国电机工程学报》第36卷，第15期，第4016—4017页。

了数据库技术、密码学技术、分布式科技、数字认证等多学科融合的技术体系，在能源互联网中应用时，还需要进一步结合能源互联网的相关业务模式。此外，还需要进一步结合金融交易相关知识。复合型人才的缺失是区块链技术在能源互联网中进一步推广的一个关键点，也是最现实的因素。要想找到合适的人才，不仅要懂区块链的复杂技术，还要是能源行业的专业人才，深入了解行业，而其中的任何一个领域，难度都相当大。

商业模式也是需要考虑的问题。大部分大型企业和传统行业里，都已经存在信息化的产品，将区块链技术引入能源行业，需要考虑与已有的商业模式和产品如何进行有机融合的问题。运用区块链这一新技术的根本目的还是未来盈利，但是以发行代币的模式不适用于我国政策与经济环境，如果企业希望通过区块链实现去中心化能源系统的运行、交易、分配等带来的盈利，还需思考合法具体的商业方案。

3.2 区块链在能源领域应用的前景

区块链技术正在高速发展之中，在能源领域以及其他相关的产业都将有更多应用实践创新。未来搭载区块链技术的能源设施将越来越多，能源产业链的上中下游均与区块链技术有更多结合，区块链领域的商业模型将实体化。

（1）推动能源数字化管控的趋势发展。以区块链、物联网、大数据、云计算等信息设施的集成和技术的融合，从数据技术、云技术、人工智能等科技中找到传统能源转型的途径，推动能源行业数字化。

（2）深化产业链，真正实现价值互通。区块链系统中每个节点都有相等的权利和义务，能源互联网、分布式能源等也有“消费者即生产者”的说辞，均有协作自治的设计理念。初期，区块链在能源领域的可能与某一项技术或者能源系统的某一个环节相结合，解决一个切实的问题，而长远来看，区块链可以和能源的发、输、配、用以及储能设备紧密耦合，通过一系列智能合约串联整个能源行业的上下游，实现能源供应商、服务商、金融机构、管控机构、消费者等行业参与者之间的价值互通，以区块链技术赋能整条产业链。

（3）区块链推动金融服务赋能能源产业。区块链与金融应用天然契合，而能源领域与金融也有机融合。能源工业对经济增长的贡献极大，但有融资方式单一，对银行信贷依赖性强，利益分配机制不够完善等痛点。区块链分布式记账存储可以实现彼此互信、点对点互动沟通，智能合约的应用可以推出对能源行业的资产收益证券化等金融产品。

4. 总结

本文在对区块链技术的定、概念和技术特征进行详细说明的基础之上，在“能源互联网”概念提出的背景下，分析区块链技术与能源行业的结合应用，并列举了典型应用场景，结合我国能源互联网建设的实际情况，对区块链技术在我国能源行业的未来应用进行了展望，区块链将会对我国能源领域的诸多方面乃至产业链价值重塑产生广泛而深远的影响。

B 10

能源互联网的全新组织形式
——智慧能源社区

刘钟文　张星　张晓晨*

摘　要：

智慧能源社区被认为是能源互联网的重要构成形式，借由多角度的技术方式，实现需求侧的能源管理。本文分类概述智慧能源社区的相关技术。其中，大数据和区块链这两个新兴技术为能源的交易、管理带来了新的商业模式。智慧能源社区将围绕能源大数据和能源区块链，结合节能技术、电动汽车和充电装置、储能系统、电力电子器件等，实现分布式的能源自组织。同时碳资产与碳交易模式为可持续的环境友好发展提供了新思路。本文将综述各地试点、示范工程项目，总结市场对智慧能源社区形式的探索工作。

关键词：

能源互联网　智慧能源社区　大数据　分布式技术　气候金融

* 刘钟文，高级工程师，供职于中国市政工程西南市政设计研究总院有限公司。张星，博士，FinTech4Good 研究员。张晓晨，博士，国际清洁能源论坛（澳门）理事，FinTech4Good 总裁。

1. 能源互联网概念及特点

能源作为整个世界发展和经济增长最基本的推动力，已经成为人类生存、生产的依仗。同时，未来新能源发电的规模将不断提高。预计到2035年，我国可再生新能源（包括风能、太阳能、地热能、生物质能，不含核电和水电）占一次能源的比重将由2015年的2.9%提高到8.0%以上。而随着现代社会对环境的要求越来越高，越来越突出的能源要求矛盾及对现有能源体系的挑战也凸显出来。

可再生能源对现有电网的高度渗透，特别是分布式可再生能源的加速上网，对现有电网系统的安全和稳定构成了巨大的挑战（见下图1，以美国加州为例，每日电力供需预测显示，由于太阳能和风能的加入，加州电网正在出现新变化，即午间用电净负荷下降，傍晚出现急剧攀升的负荷尖峰。这种现象因其形状被称为“鸭形曲线”）。同时，电动车数量的井喷式增长进一步对现有电力系统的应对能力提出了更高的要求。为应对这一系列对能源结构的挑战，能源互联网的概念应运而生并被寄予厚望，成为我国未来能源系统发展的驱动之一。

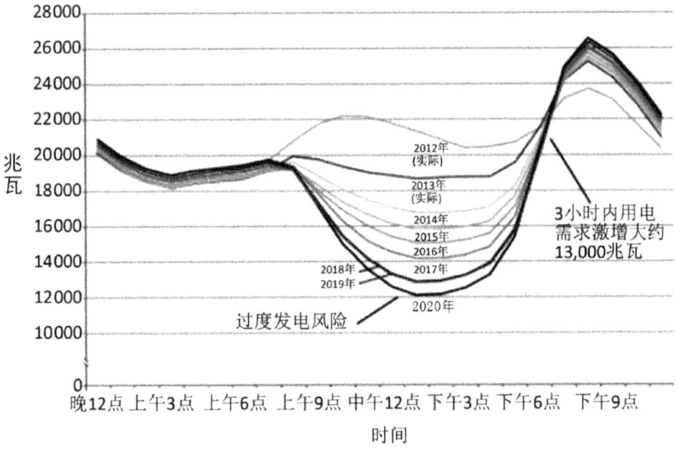

图1　鸭型曲线图（净负荷—3月31日）①

① 詹晶等：《太阳能热发电技术在新一代能源系统中定位的思考》，《电力与能源进展》2018年第6卷，第1—9页。

简单来讲，能源互联网是基于信息化与工业化的深度融合。在其发展过程中，物联是基础。利用先进的 IOT 传感器、控制和软件应用程序，将能源生产端、能源传输端和能源消费端的数以亿计的设备、机器和系统连接起来，形成了能源互联网的“物联基础”。在此基础之上再辅以云计算、大数据及人工智能等科技手段，从而促进能源流和信息流的高度融合。自此，能源互联网中传输的电能就对应于互联网中传输的数据和信息，各个发电站则相当于互联网中的网站，储能设备则类似于服务器，输电线路就好比通信线路。实现互联互通的能源互联网因此可以对电力系统的源—输—配—消等各个环节进行系统升级，提高系统的响应速度、安全稳定性及对资源的高效利用。

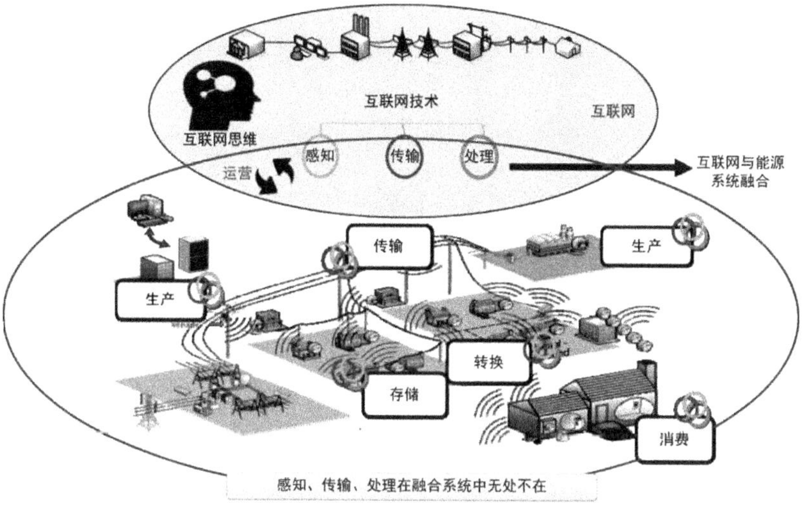

图 2 能源系统与互联网融合示意图①

能源互联网将对传统能源行业产生巨大而深刻的影响。其实现的一个基本的功能就是可以为网内的所有用户便捷到赋予身份或者 IP，从而不仅可以使其方便地消费电力能源，而且实现了产消一体的用户之间或与电网之间像其他消费品一样的自由交易。从而，互联网下 B2B、B2C、C2C/P2P 的业务模式也在能源网内得以实践。

① 张勇军等：《互联网与能源系统的融合形态》，《中国工程科学》2018 年第 20 卷，第 2 期，第 81 页。

我国近年来推出来了一系列的相关政策为能源互联网的发展拓展新的生态空间。2015 年 7 月，国家能源局发布《关于推进新能源微电网示范项目建设的指导意见》（国能新能〔2015〕265 号），为微电网形态的能源互联网的发展创造了良好的发展环境。2016 年 2 月，国家发改委、能源局、工信部联合发布《关于推进“互联网+”智慧能源发展的指导意见》，为能源互联网明确了产业发展方向。与此同时，国家还在不断推动电力体制改革、中国制造 2025、节能减排、多能互补集成优化和互联网升级去中心时代等，为能源互联网的发展提供基础和动力。

2. 智慧能源社区

2.1 微网及智慧能源社区

分布式能源特别是分布式可再生能源具有位置灵活、分散的特点，由于其可以就近布置在用户/负荷现场，或邻近地点，从而极好地适应了分散电力需求和资源分布，延缓了对输配电网升级所需的巨额投资。同时其与大电网互为备用，也可以改善供电的可靠性。另一方面，分布式电源也有着单机接入成本高，出力不稳定、控制困难等缺点，成为不可控源而对大电网的运行带来冲击，这就大大限制了分布式发电效能的充分发挥。因此，为协调大电网与分布式电源间的矛盾，实现分布式电源的灵活、高效应用，解决数量庞大、形式多样的分布式电源并网问题，微电网（Microgrid）的概念得以提出并得以快速发展。它是指由分布式电源、储能装置、能量转换装置、相关负荷和监控、保护装置汇集而成的小型发配电系统，是一个能够实现自我控制、保护和管理的自治系统，既可以与外部电网并网运行，也可以孤立运行①。微网内分布式电源优先用于服务微网内的负载，余量部分可以寻求输入大电网，它是实现主动式配电网的一种有效方式，是传统电网向智能电网过渡。

① 贝多华：《初探我国微电网发展的必要性》，能源网—中国能源报，2014 年 2 月 25 日，http：//www. cnenergy. org/dl/dw/201402/t20140225_29572. html。

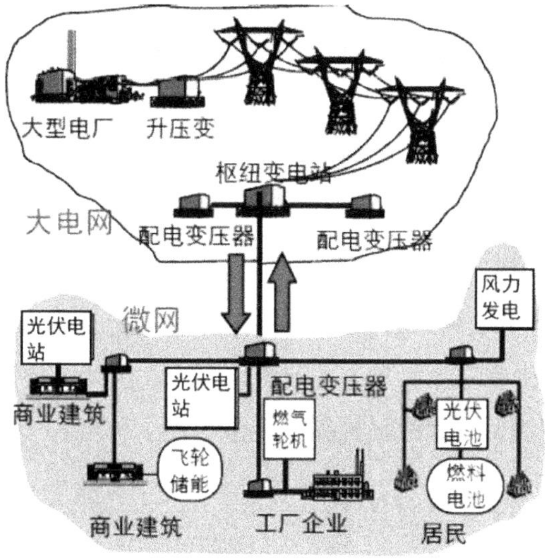

图 3　微电网与大电网示意图①

同时需要注意到的是，在新能源发电技术不断发展、成本不断降低的驱动下，太阳能发电和风力发电目前以分布式新能源发电的形式也被广泛运用于社区、家庭发电。因此，传统的电能消费者开始具备了供电的能力成为产消一体者（Prosumer）。另外，电动车的普及、智能家居、智能建筑、储能设备、充电桩等各要素都使得分布式电力能源系统成为必然趋势且亟待完善。可以预见的是，在能源互联网的赋能下，这些天然地以社区为单位的能源元素必然会向着分布化、市场化、智能化的自组织能源系统的方向发展，形成智慧能源社区。因此，智慧能源社区是微网的一种，是其在能源互联网赋能下的，在社区层面的具体体现。其目的是为了通过更高程度的自组织性，更高层次的用户主动参与，实现更高效、更灵敏的能源服务及响应。

2.2 智慧能源社区的组织特点

社区是城市的细胞，社区元素在运行、发展及相关利益上天然就存在较好的一致性。以社区为基本组织单元，可以较容易地实现信息的传播、新模式的

① 《我国光伏产业系列分析之六：智能微电网将一统天下》，2014 年 6 月 16 日，http://blog.sina.com.cn/s/blog_4afdca8c0101gk1y.html。

推广、积极的互动，以及快速的响应。同时，社区的范畴也可能包含有部分商业元素（比如商业楼宇等），此特点又为其增添了多元性。因此，智慧能源社区在实现更高的自组织性上有着天然的优势，从而使其发展更容易把握其内的分散自治元素与大系统在能源互联网下的关系。

智慧能源社区自组织性的提高另一方面也来自于一项去中心化的、通过技术本身建立信任机制的一项新技术，即区块链技术（其具体技术特点在下文有所介绍）。该技术实现的信任机制可以从根本上保证智慧能源社区内产生的相关交易、信息流的安全性、保密性及可追溯性，从而可以打消参与者的后顾之忧从而积极参与能源社区的相关服务及响应。

2.3 智慧能源社区的关键技术

如前所前述，智慧能源社区是能源互联网在社区层面的一个实践。因此，能源互联网实现所依托的技术同样也是智慧能源社区的技术基础。其中包括基于 IOT 设备的物联网技术，信息技术、分布式发电技术、储能技术、智能家居/建筑、大数据及人工智能等，不一一赘述。而在此只重点突出介绍一下近年来获得广泛关注的两项新技术：区块链技术及共享电动车。前者建立的信任机制为智慧能源社区提供了活力源泉，而后者则可能进一步扩展智慧能源的外延。

2.3.1 区块链技术

简单来讲，区块链技术也被称之为分布式账本技术，是借由密码学串联并保护内容的互联网数据库技术。其主要特征为：一是去中心化，通过数学方法构建彼此间的信任，各个节点之间具有相同的权利和义务对系统进行集体维护而无须中间机构，这是该技术最为核心的特征；二是透明性，采用密码学的方法对相关信息进行加密，之后区块信息同步于所参与的所有节点，整个系统规则和内容都是透明公开的；三是智能性，通过智能合约，当达到触发条件后区块链会自动立即执行合约内容，保证了交易的执行力。这些特征与能源互联网所呈现的扁平化和去中心化的特点不谋而合①。

表 1 区块链技术与能源互联网特点一致性

特点	能源互联网	区块链技术
去中心化	各主体平等，分散决策	所有节点权利、义务平等
自治性/自组织性	多能源高效协同	所有节点集体维护，智能合约保证执行
开放、透明	自由进出的多元化能源市场	自由参与成为节点，本地账本同步
不可篡改性	无须第三方监管核算	数字密码学加盖时间戳，无须第三方信任机制

具体来讲，智能微网中含有大量分布式能量采集装置，分布式能量储存装置，以及各种类型负载。若想实现这些元素的有效交互和响应，靠以往中心化的集中生产，集中调配，集中规划的惯性思维模式是无法实现的。同时，目前微网情形下的一些电能交易尝试也面临着交易的模式还不够灵活、价格的不透明、结算时的不及时、交易执行不确定、用户隐私保护不足等等问题。在这种情况下，区块链因其技术特点在能源互联网时代具有非常大的应用潜力。事实上，此领域的应用已经吸引了不少的研究和实践。比如，区块链技术在微网环境下用于 P2P 能量交易②，储能③、需求侧响应④、虚拟电厂⑤、气候金融⑥领域的相关探索都有所报道。特别的，张俊等⑦在对电力能源系统从底层到高层

① 刘星：《区块链技术：助力构建新型能源供用体系》，《电气技术》2018 年第 4 期，第 125—126 页。

② 赵春璋等：《新型售电模式：基于微网的 P2P 电能交易平台设计》，《华北电力大学学报》（社会科学版）2018 年第 4 期，第 30—36 页。

③ 杨晓东等：《基于区块链技术的能源局域网储能系统自动需求响应》，《中国电机工程学报》2017 年第 37 卷，第 13 期，第 3703—3716 页。

④ 武赓等：《区块链技术在综合需求侧响应资源交易中的应用模式研究》，《中国电机工程学报》2017 年第 13 期，第 3717—3728 页。

⑤ 佘维等：《基于能源区块链网络的虚拟电厂运行与调度模型》，《中国电机工程学报》2017 年第 13 期，第 3729—3736 页。

⑥ 王惠等：《区块链技术在区域能源微网中的应用》，《太阳能》2018 年第 4 期，第 59—63 页。

⑦ 张俊等：《运行于区块链上的智能分布式电力能源系统需求、概念、方法以及展望》，《自动化学报》2017 年第 43 卷，第 9 期，第 1544—1554 页。

进行梳理的基础上，提过了“区块链群”的设计思想：该区块链群由分布式数据存储与服务区块链、电力系统分析区块链、智能合约运营区块链和智能电力交易支付区块链组成。这些不同层次和功能的区块链自我组织、互相协助，最后形成一个分布式自主的电力能源运行系统。这些前期的探索都证明了区块链技术在智慧能源社区建设中巨大潜力和重要性。

2.3.2 共享电动车

电动汽车作为一种低碳交通工具在全世界特别是我国近年来实现了井喷式的发展，见下图4。

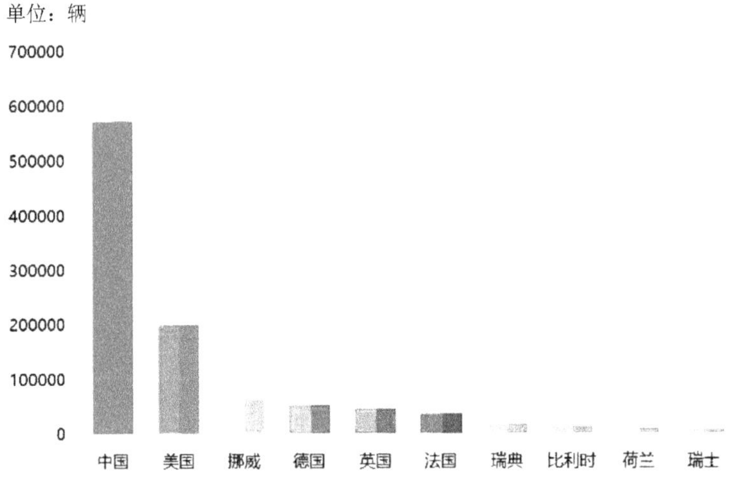

图4　2017年新能源乘用车市场 TOP10①

资料来源：电动车资源网。

大量电动汽车同时充电将使局部电网负荷提高，需要对配电网进行改造而需要大量的资金投入。另一方面，电动车集群在智能控制的情况下，可以有效利用电动汽车储能特性，平抑电网负荷峰谷波动，提高电网的稳定性。就上海市为例，研究表明电动车有序充电比传统需求响应资源有着明显成本优势（见下图5）。与此同时，随着低碳交通、共享经济等概念的兴起，出现了共享电动车的商业模式。比如国外EVShare就致力于共享由可再生能源驱动的电动

---

① 岳绍雪：《2017年全球新能源乘用车市场销量解析中国全球领先》，电动汽车资源网讯，2018年2月3日，http：//www.evpartner.com/news/71/detail-33956.html。

车①。在这样的技术及行业背景下，智慧能源社区在考虑其内在电动车集群的同时，也可同其外部的电动车进行互动，从而产生更大的效益。

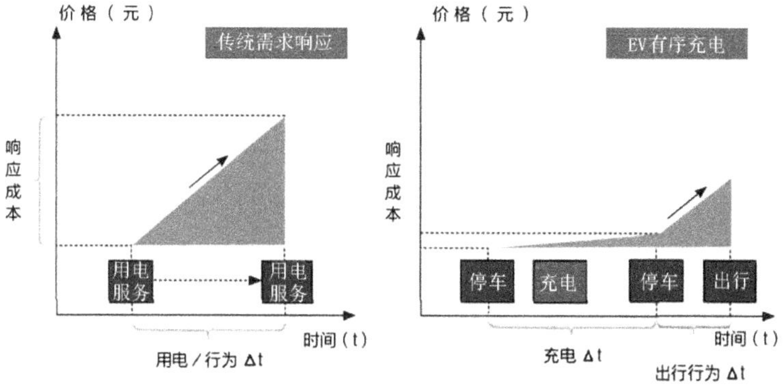

图 5　传统需求响应资源与电动汽车有序充电响应成本示意图②

2.4 智慧能源社区的发展形态

智慧能源社区按智慧水平可能有以下三个不同的发展形态：

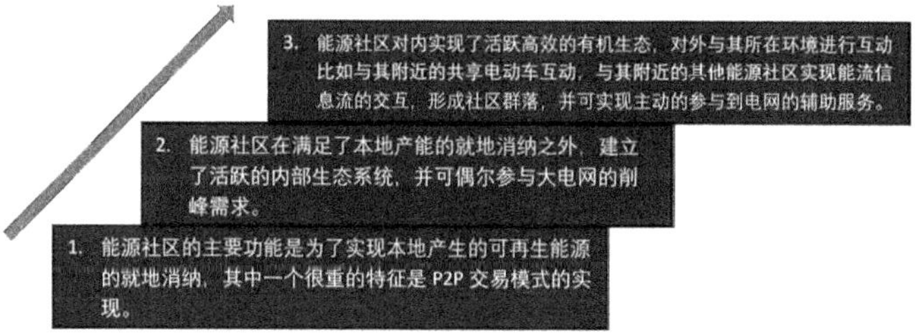

图 6　智慧能源社区的三个发展形态

3. 智慧能源社区国内外实践

国内外对智慧能源社区都开展了不同程度的探索实践。在下面的一些例子中可以发现，不同实践的侧重领域不同，其智能化的水平也不一，但其相关经

① EVShare 公司网页，https：//www.evshare.com/？cn-reloaded=1。
② 刘坚等：《电动汽车在上海市电力系统中的应用潜力研究》，2016 年 9 月，第 26 页，http：//nrdc.cn/Public/uploads/2016-12-03/5842ced68d55f.pdf。

验仍可为发展全方位的，集成多方面功能的智慧型能源社区提供借鉴。

3.1 美国纽约布鲁克林地区的 TransActive Grid

该项目是由美国能源公司 LO3 于 2016 年 4 月开发，基于布鲁克林地区微网的分布式能源交易平台。其以社区微网为依托，区块链为底层技术基础，利用智能电表实时获得发、用电量等相关数据，可实现本地发电的实时计量，其目的是在街道间构建居民之间去中心化的、自动的、安全的 P2P 能源交易和支付网络（不需要国家电力公司的参与）。该项目优先实现供需就地平衡，从而降低微电网区域内用户负担的调度、输电、配电成本比例，提高了电力系统的使用效率。这是全球第一个基于区块链技术的能源市场。目前，已有约 500 名用户在该系统内注册。

3.2 美国电动车需求响应项目

该项目 2009 年 10 月启动，主要任务是包括在美国 17 个地区构建成熟的电动汽车充电设施；部署基础设施建设；建设 12000 个 AC level 2 充电设备和 100 DC 快速充电机，到 2015 年已有超过 8000 用户注册该项目。在圣地亚哥电力和天然气公司（SDG&E）覆盖区域，如果没有分时定价，普通电动车用户从公司回家后，就会把电动车连接在充电器上，从而使电力需求集中在晚上 5—7 点。但是通过分时定价，当峰谷电价比为 2：1 时，峰谷电价差约为 0.13 美元，70%的电动汽车用户会将充电负荷移至夜间电价低谷时段；当峰谷电价拉大到 6：1 以上后，价差达到 0.3 美元，低谷充电时段用户的比例提升至 90%，成功实现了错峰。

3.3 上海宝马互联驾驶研究院电动汽车储能项目

该项目为宝马（BMW）上海皋兰路互联驾驶研究院动力电池储能项目。研究院使用了七辆华晨宝马芝诺电动汽车车用动力电池，储能容量为 313kWh，用于研究院楼宇供电。研究院用电负荷主要包括服务器机房用电、空调、电梯、电动汽车充电桩以及四层楼宇其他常规用电，其中服务器机房及空调用电负荷较高。楼宇与电网连接，电池储能在夜间（22 点—次日早上 7 点）低谷电价时段进行充电，在白天用电高峰向楼宇放电。电池放电到预定值后（3 点左右），楼宇再转由电网供电，电池放电时段楼宇完全依赖电池供电。电池 PCS 额定充电功率 130kW，额定放电功率 100kW，研究院还安装有五块光伏电池板（夏季最高出力 5kW，平均出力 1—2kW），向电池供电[①]。

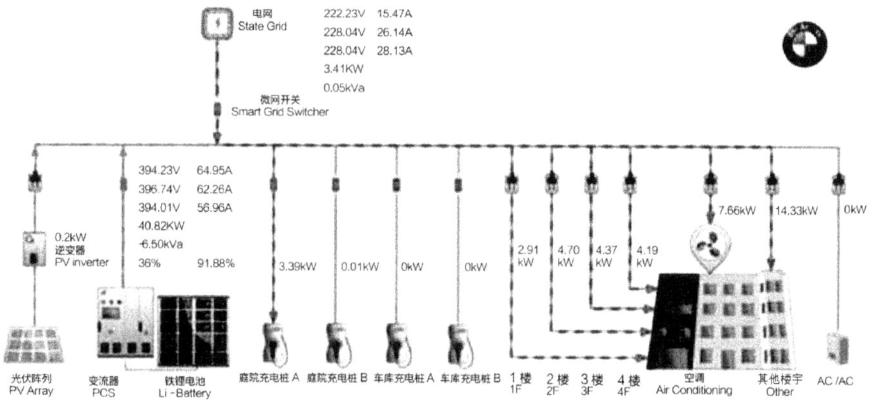

图 7　上海宝马互联驾驶研究院电动汽车及储能项目框架示意图

3.4 德国 E-Energy 项目

E-Energy 是德国联邦工业协会在智能电网的基础上推出的一个技术创新促进计划，是基于 ICT（信息与通信技术）发展的未来能源系统。E-Energy 充分利用信息和通信技术开发新的解决方案，以满足未来以分布式能源供应为主的电力系统需求。它将实现电网基础设施与用电器之间的相互通信和协调。德国的著名大学、研究所、企业都参与到了 E-Energy 项目中，该计划主要特点是利用 ICT 技术，建立能源市场允许各类型用户参与，通过供需双方实时数据共享，实现能源动态匹配和交易。该计划重点建设了六个模范示范区，各自在技术特点上有所侧重。

---

① 刘坚等：《电动汽车在上海市电力系统中的应用潜力研究》，2016 年 9 月，第 30 页，http://nrdc.cn/Public/uploads/2016-12-03/5842ced68d55f.pdf

表 2　德国 E-Energy 项目主要内容①

项目名称	项目内容
库克斯港的 eTelligence 项目	综合调节大规模风力发电与供热需求（如海产品冷藏仓库和温泉热电联产）+利用价格杠杆进行自动控制
哈茨可再生能源示范区的 RegModHarz 项目	分散风力、太阳能、生物质能可再生能源发电设备与抽水蓄能水电站进行协调，可再生能源联合循环利用达到最优
莱茵—鲁尔地区的 E-DeMa 项目	电力系统与居民用户之间的互动，使消费者可同时扮演发电者与电力消费者角色
亚琛的 Smart Watts 项目	完全自由零售市场示范，期望零售商能够完全自由地售电，多角度提高电网的效率

3.5 横滨智慧城市项目（YSCP）

该项目通过将 EMS（能源管理系统）按层次进行组合，在各 EMS 的能源管理功能基础上，从整体上进行需求方的能源管理：

表 3　横滨 YSCP 项目主要内容②

项目领域	实施内容
可再生能源	通过以集中 EMS（CEMS）为中心的 EMS 群的优化联动，从而克服太阳能发电（PV）易受天气影响、不稳定的缺点，形成适宜大规模利用可再生能源的基础设施。同时，也开展了大规模需求响应（DR）研究。通过向需求方发送带有激励措施的电力使用限制请求，促进抑制电力需求
电动车及电池	日产汽车正在进行利用 EV 的驱动用蓄电池向家庭供电的 V2H（Vehicle to Home）的尝试，吉坤日矿日石能源和 NEC 则正在进行由数个快速充电器和大容量蓄电池组成的 EV 充电系统尝试
需求侧	对无损居住舒适性的自动节电对策进行探索。当 CEMS（区域能源管理系统）发出节电请求时，由公寓内的 EMS（能源管理系统）自动对空调的设定温度和热泵热水器的运转时间进行调整

① 《漫谈能源互联：现有科技能否实现?》，能源网，2015 年 11 月 6 日，https：//www.china5e.com/news/news-922965-1.html。

② 《日本智慧城市系列横滨市分析》，来源：韩国上市网（http：//www.51report.com），2012 年 12 月 27 日，http：//www.51report.com/analyst/3003414.html。

3.6 中国 Energo Labs

在中国，2016年底创立于上海的国内初创企业 Energo Labs 也是在积极开展分布式能源社区的相关探索。在其分布式自治能源（Decentralized Autonomous Energy，DAE）社区中，能源被转化为基于区块链的数字资产，在产销者与消费者或任何储能系统之间被用户或设备进行实时自由交易。DAE 社区内实现了以去中心化的方式，将用电负荷和产消者之间的实时电力物理流、信息流和价值流进行整合．其核心是一套基于 Qtum 网络和本地微电网的清洁能源计量、登记、管理、交易与结算的去中心化系统。Energo Labs 也介入未来机器与机器间的能源需求，首先应用于新能源车与充电桩的场景，给予未来新能源车在区块链上的数字身份与钱包，统一支付方式与用电来源，让新能源车可以在无人值守的状态满足充电和支付动作，并盘活就近清洁能源的供给与消纳。Energo Labs 智能应用是一款集区块链技术，物联网和电子钱包功能于一体的尖端应用。该应用帮助用户轻松与智能电表同步数据，并于 Energo Labs 交易平台进行操作①。

3.7 以色列 Greeneum 项目

以色列的 Greeneum 项目包括了谈资产管理、绿色证书、绿色交易平台、绿色项目银行和绿色证明协议等产品，帮助企业在投资、开发和交易节能减排项目的过程中降低成本、减少中间环节、增加收益。他们的绿色证明协议通过自主开发的区块链协议帮助现有的可持续能源系统核证能源产量。在以色列的一个项目中，一个社区获得了向邻居、私企、农户和工厂售电的执照。这个由120个节点的低压电网和67个太阳能阵列组成。当这些太阳能发的电进入中压国家电网时，对于相邻电网的不稳定性。通过 Greeneum 的分布式能源管理系统（DERMS），能源生产企业可以预测每个每小时的能源产量，帮助能源企业增加收益的同时帮助系统，提高电网的稳定性。他们同时在塞浦路斯和其他

---

① Energo Labs 公司网页，https：//www. energolabs. com/。

一些国家开始推广基于区块链的可再生能源的全套解决方案。[①]

4. 智慧能源社区发展的几项建议

智慧能源社区虽然呈现出一系列的优越性，但其建设由于涉及大量的前期资金投入、而收益又有较大的不确定性等问题在商业模式上面临着诸多的挑战。以下就一些具体问题提出相关建议以供思考。

4.1 融资

4.1.1 融资模式

智慧能源社区的建设的一部分融资风险可以采用更加灵活的融资模式来降低，比如寻求 PPP 的模式吸引一部分公共部门的资金。另外，也许更值得尝试的模式为：

（1）锚定投资者+众筹的模式。众筹模式本身虽然具有吸引社会闲散资金而增加资源使用效率的优势，但又往往因为个人投资者对项目本身或者项目执行者缺乏信任而失去参与的积极性。而其中的信任问题则可以通过引入的具有较好资质或信誉的锚定投资者来缓解。同时，众筹的对象应优先考虑社区内或临近社区的用户，这样可以使社区内的用户互动、激励措施等设计方案更多样化，同时增加社区用户对项目的参与度及责任感。这种方式很重要的一个环节是募集资金使用的透明性，这个问题可以借助区块链把资金的去向、分配、结余、跟踪等在上链后与参与者共享。

（2）合同能源管理。引入外部投资者对部分功能签订合同能源管理服务，这样可减少前期大量自由资金的投入。一个国内的例子是，国电能源在一定期限内无偿使用红星美凯龙现有工商业屋顶或其他场地，投资建设分布式光伏电站，并负责该电站的运行、维护，电站所发电力优先满足红星美凯龙使用[②]。

---

① Greeneum 公司网页，https：//www. greeneum. net/greeneum-home/。

② 《2017 年中国微电网史上里程碑　微电网市场迎来爆发》，2017 年 8 月 7 日，http：//www. hnxnycy. com/newsshow. asp？id=2469。

4.1.2 产生能源的本地消纳

微网本身在融资时面临的一个重要问题是所产生电力输出的确定性用户。智慧能源社区虽然会尽量实现电力的本地消纳，但是根据具体的项目情况和发电设备规模，可能也会面临这个共性问题。在这种情况下，应根据具体情况确定社区内或者就近有商业用电需求。商业电价往往较高，因此可能实现双方的互利。而如果可以签订售电协议，也会大大提高融资的成功率。

4.1.3 储能电池的使用

储能技术是决定智慧能源小区“智慧”水平的一个重要环节。但是，储能电池成本的高企一直是制约其广泛应用的主要因素。在智慧能源小区的场景下，为了实现储能的经济性，除了进一步探索电动车动力电池的应用潜力，以下两个路径也值得尝试：

（1）社区共享电池。此方案受共享经济的精神启发，整个社区配置一个社区级的大容量储能设备而避免各个终端用户分散的、小容量的储能电池。该电池为整个社区共享，社区内用户可通过互联网按需协调储能容量。此方案将可能大大提高储能设备的使用率及其相关成本。

（2）二次电动车电池。此方案是二次使用电动车的动力电池用作储能目的。电动车锂电池的容量在损失20%左右就不得不需要替换，而放弃剩余75%左右的容量形成巨大的资源浪费。目前，使用二次电动车锂电池用于储能已经得到了不少的尝试，比如德国戴姆勒公司就使用二次电池建立了一个12.8MWh的储能站①。随着电动车电池安全性及标准化的不断提高，这个方案应该有很广阔的应用前景。

4.2 需求侧响应服务

目前的需求侧响应方面绝大部分的思考集中在需求响应资源参与大电网的削峰或者价格响应需量。虽然这项服务也是智慧能源社区作为一个整体单位提供的服务之一，但是，随着更多智慧社区的出现及之间的互通，这些社区集合

① “What's Possible For Used EV Batteries? Daimler Energy Storage Units Provide Second Life Power,” 2018年6月28日，https://cleantechnica.com/2018/06/28/whats-possible-for-used-ev-batteries-daimler-energy-storage-units-provide-second-life-power/.

体/群落也许可能作为一个更高层次的主体更主动的参与到电网的需求侧辅助服务，比如：调节备用（平衡区域的响应误差）、应急备用（应对紧急事件）、弹性备用（应对大规模风电、光伏不确定性）。这个更高层次的主体可以在一个虚拟电厂（VPP）的组织下，以区块链技术为支撑，通过定量实时分析负荷运行规律，可用性，从而准确评估其对电力辅助服务的贡献，进而支撑电网公司的调度决策①。由于电网的调节性辅助服务需求更加频繁，相比出现频率较低、持续时间较长的负荷削减项目，可能会更有吸引力。

4.3 互动参与奖励机制

智慧能源社区若想实现预期的效果，离不开积极、互动的生态环境。为了保证能源社区的高活性，一系列不同的参与刺激机制可以集成于系统中。刺激机制可以是参与需求侧响应的回报，也可以是专门为积极参与者设置的抽奖机制，还可以是对参与者分发相应的积分，从而在社区线下的一系列活动得到认可。一个可以借鉴的例子是尼斯（法国）的 CITYOPT 节能项目②把参与电网响应的家庭所节约的能源被转换为积分，能源供应商将积分换成钱，通过众筹平台投资本地项目（例如，学校课外活动、老年人照顾等）。另外的例子是，美国的 Opower 邻里耗能比较激发节能动力计划③，通过监测家庭每天的能耗情况，提供节能建议；而用户可以通过平台了解其他用户的用电情况，从而进行比较，增加节约用电的动力。而区块链技术的应用保证了相关激励设置的公平性，大大简化了其实施过程。

4.4 绿色金融

未来数年，绿色金融产业都将成为金融业发展的新亮点，享有政策红利、资本助推等多方位利好。区块链技术可以帮助社区项目更高效、低成本的借力

---

① 李彬等：《区块链：需求侧资源参与电网互动的支撑技术》，《电力建设》2017 年第 38 卷，第 3 期，第 1—8 页。

② Tuominen P., et al., "CITYOPT planning tool for energy efficient cities," *International Journal of Sustainable Development & Planning*, Vol. 12, No. 3, 2017, pp. 570-579.

③ 《风能》编辑部：《Opower 所诠释的能源互联网》，《风能》2015 年第 3 期，第 29 页。

于绿色金融。其可以用于对能源资产的资产证券化，还可以对项目进行碳资产或可再生电力证书方面的开发。特别的对于可再生能源证书的开发，由于区块链技术可以对其来源进行追溯，更容易获得潜在使用者的认可。此方向也已经有了一些尝试可供参考，如国内的能源区块链实验室开发的服务于绿色资产数字化的区块链平台，或者国外 Greeneum 面向普遍大众的使用碳证书抵消用户碳足迹的产品。

5. 结语

智慧能源社区以其更高层次的自组织性，更容易形成积极互动、充满活力的有机生态，从而对能源互联网进一步进行阐释。相应的，更深入的电力市场改革、更全面的标准化以及更有针对性的政策刺激及相应的商业模式将会进一步助力智慧社区的蓬勃发展。

B 11

零补贴模式下的分布式光伏投资价值分析

——分布式新能源与分布式能源交易系统

程长胜*

摘　要：

为了探索零补贴场景下，分布式光伏投资是否能获得可预期的经济回报。本文拟研究基于区块链技术的分布式能源交易平台，使得分布式电力能源产销者可以进行以市场电力价格为基准的自由交易，并分析此模式下的电站投资经济回报性，由此判断目前的分布式新能源是否具备脱补的可能性，以及要做到脱补还有哪些条件需要满足。

关键词：

能源区块链　微电网　点对点交易　分布式光伏

* 程长胜，Energo Labs 战略经理，负责战略项目落地、远期战略业务规划，曾就职远景能源。

一、中国光伏市场概况

（一）2013—2017 年中国光伏装机规模①

截至 2017 年底，中国光伏市场累计装机容量达到 130GW，从 2013 年底的 19.4GW 增长到 2017 年底的 130GW，年均新增装机 25GW，复合年均增长率（CAGR）达到 46%。

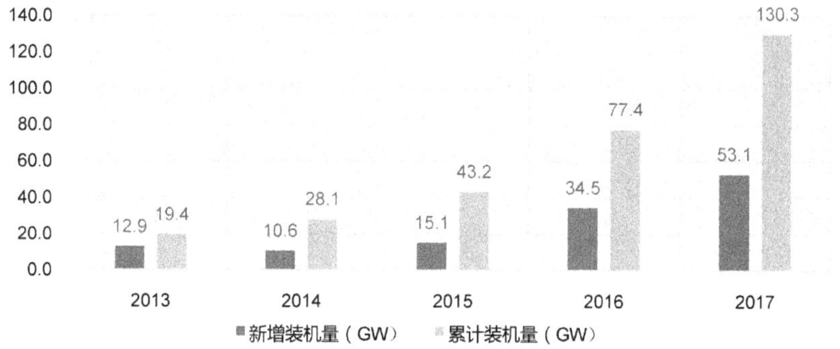

图 1 2013—2017 年中国光伏新增与累计装机量

在这 130GW 的光伏装机中，集中式地面电站是过去多年来光伏装机的主战场，总装机量达到 100.6GW，占比 77%，分布式光伏累计装机 33.6GW，占比 23%。

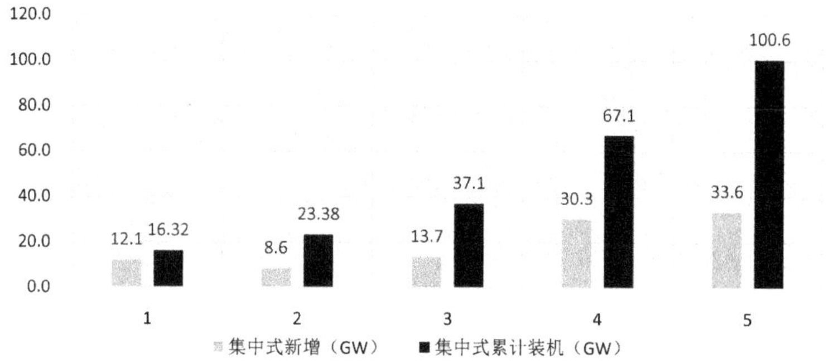

图 2 2013—2017 年集中式光伏新增与累计装机量

① 本章节光伏装机数据来源于北极星网，http://guangfu.bjx.com.cn/news/20180208/879829.shtml。

分布式光伏尽管占比较低，但是近几年来呈现快速增长的势头，从2013年的3.1GW装机到2017年的29.7GW，年均复合增长率达到惊人的89%，而同期集中式电站的新增装机复合年均增长率只有23%，分布式光伏市场将成为未来中国光伏装机增长的主要动力。

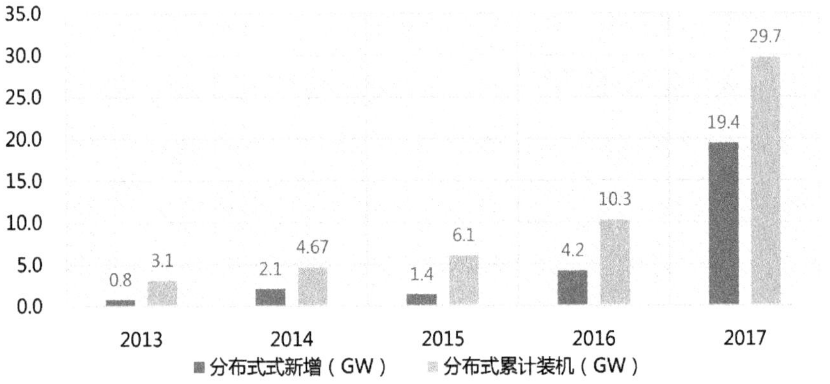

图3　2013—2017年分布式光伏新增与累计装机量

（二）2013—2017年光伏发电情况①

中国光伏发电装机容量与日俱增，截至2017年底，光伏发电装机占总发电装机的比例达到7.3%。但光伏发电量占总发电量的比例还很少。根据中电联公布的年度发电数据：2017年光伏发电量继续增长达到11.82万GWh，占总发电量的比例只有1.8%，占2017年全部可再生能源发电（统计口径为：风电+水电+光伏）的比例也只有7%。

表1　光伏装机量与发电量占比

年份	2013	2014	2015	2016	2017
光伏装机量（GW）	19.4	28.1	43.2	77.4	130.3
发电总装机（GW）	1257.7	1370.2	1525.3	1650.5	1777.0
光伏装机占比	1.5%	2.0%	2.8%	4.7%	7.3%
光伏发电占比	0.2%	0.4%	0.7%	1.2%	1.8%

① 本节发电量数据来源于中电联，http：//www.cec.org.cn/guihuayutongji/。

与德国20.8%的光伏装机占比相比，中国7.3%光伏装机占比还有很大的发展空间，可以预期未来在集中式光伏因土地资源限制、电网输配资源限制和政策更加倾向鼓励分布式光伏的大背景下，分布式光伏装机将继续高速增长。

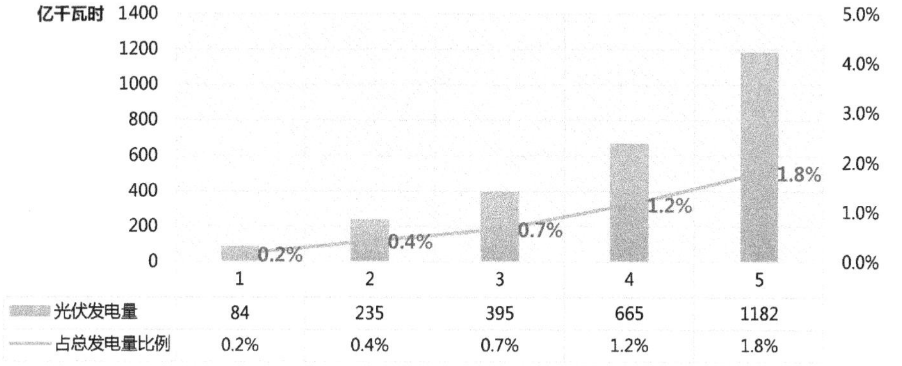

图4　2013—2017年光伏发电量与占比

（三）国家光伏补贴政策现状

根据2018年5月31日最新发布的《国家发展改革委、财政部、国家能源局：关于2018年光伏发电有关事项的通知》（发改能源〔2018〕823号），从5月31日开始：

- 新投运的光伏电站标杆上网电价每kWh统一降低0.05元，Ⅰ类、Ⅱ类、Ⅲ类资源区标杆上网电价分别调整为每kWh0.5元、0.6元、0.7元（含税）；
- 自新投运的、采用“自发自用、余电上网”模式的分布式光伏发电项目，全电量度电补贴标准降低0.05元，即补贴标准调整为每kWh0.32元（含税）。采用“全额上网”模式的分布式光伏发电项目按所在资源区光伏电站价格执行。分布式光伏发电项目自用电量免收随电价征收的各类政府性基金及附加、系统备用容量费和其他相关并网服务费；
- 符合国家政策的村级光伏扶贫电站（0.5MW及以下）标杆电价保持不变。

这是继《国家发展改革委关于2018年光伏发电项目价格政策的通知》（发改价格规〔2017〕2196号）发布仅仅半年之内的第二次光伏补贴价格削减调整。在最新的政策调整内容中，除了继续降低度电补贴水平之外，还对分布式光伏装机规模做了严格限定："今年安排1000万kW左右规模用于支持分布式光伏项目建设。考虑今年分布式光伏已建情况，明确各地5月31日（含）前并网的分布式光伏发电项目纳入国家认可的规模管理范围，未纳入国家认可规模管理范围的项目，由地方依法予以支持。"

从国家对光伏市场的政策调控可以看到一个明显的从规模控制向质量控制的转变，国家对光伏行业开始"断奶"，这也是一个行业从幼年走向成熟的开始。任何一个行业从开始兴起到最终成熟，都要经历从1.0的行业全补贴扶持阶段到行业去补贴的2.0过渡阶段，随着技术进步和市场规模化最终进化到零补贴的3.0全市场化阶段。目前中国的光伏行业正处在2.0补贴水平退坡的阶段，行业除了从技术上寻找降本增效的突破来提升投资效益水平外，还需要从商业模式上进行创新，比如：分布式能源共享模式，这也是本文接下来要探讨的重点，从经济性上分析在零补贴情形下通过分布式能源交易是否能够提升分布式光伏电站投资内部收益率（IRR）水平。

二、不同情形下分布式光伏投资经济性对比分析

本节经济性分析选取上海和山东两地为代表区域，分别模拟测算不同补贴水平、不同商业模式、不同造价水平等情形下的IRR经济性，以期得出要达到可投资IRR水平（根据市场经验，10%全投资IRR为项目投资基准收益红线），在不同补贴水平下，系统造价、自发自用比例等影响收益水平的关键变量达到的临界值。

（一）补贴削减前后IRR经济性对比

光伏国家补贴从0.37元/kWh下降到0.32元/kWh水平，分布式光伏项目全投资IRR水平下降约1个百分点，在6.0元/W造价水平假设下，要达到10%的IRR投资红线水平，上海地区分布式光伏项目自发自用比例至少要达到70%。对于用电需求较大的工商业屋顶分布式项目，这样的自发自用比例很容易达到，但是对于大多数普通居民用户，由于发电和用电负荷在时间上的不匹配，如果没有配备储能设备，很难达到70%的高自发自用率；山东地区由于较

好的辐照资源，即便是在0.32元/kWh的新补贴条件下，达到10%的项目IRR水平只需要40%的自发自用率。

新补贴水平下的分布式光伏电站投资一方面要控制系统造价，6.0元/W的造价水平目前可以做到；其次，是提高自发自用比例，储能是一个选择，但是目前储能系统的成本高企，在无储能补贴的情况下，普通光伏项目很难有经济动力去配置储能设备。如果未来补贴水平进一步下滑，即便是100%自发自用率也可能很难保证IRR收益水平。

表2 上海地区不同补贴水平情形下自发自用比例的IRR敏感性分析

自发自用比例	Project IRR_0.37元补贴 系统造价=6.0元/W	Project IRR_0.32元新补贴 系统造价=6.0元/W
30%	9.3%	8.4%
40%	9.7%	8.9%
50%	10.1%	9.3%
60%	10.5%	9.7%
70%	10.9%	10.1%
80%	11.3%	10.5%

表3 山东地区不同补贴水平情形下自发自用比例的IRR敏感性分析

自发自用比例	Project IRR_0.37元补贴 系统造价=6.0元/W	Project IRR_0.32元新补贴 系统造价=6.0元/W
30%	10.5%	9.5%
40%	10.9%	10.0%
50%	11.4%	10.4%
60%	11.8%	10.9%
70%	12.3%	11.3%
80%	12.7%	11.8%

（二）零补贴情形下的IRR分析

光伏补贴水平进一步的削减已经是市场共识，零补贴必然是光伏市场面临的终极挑战，零补贴情形下的光伏电站投资要达到10%的投资基准线，光伏系统成本造价需要大幅度的下降。

表4　上海地区零补贴水平情形下自发自用比例/造价水平的IRR敏感性分析

自发自用比例	Project IRR_零补贴 假设造价=6.0元/W	零补贴情况下达到10% IRR对应的 造价水平（元/W）
30%	1.9%	2.52
40%	2.4%	2.70
50%	2.8%	2.87
60%	3.3%	3.04
70%	3.7%	3.22
80%	4.2%	3.39

以上海地区为例，6.0元/W系统造价、零补贴情形下，即便是高达80%的自发自用率，项目IRR也只能达到4.2%，远低于10%的投资基准线，而要达到10%的项目IRR水平，需要把系统造价压缩到3.39元/W的临界值，与目前市场6.0元/W的系统造价水平相比，还有44%的降本空间；

表5　山东地区零补贴水平情形下自发自用比例/造价水平的IRR敏感性分析

自发自用比例	Project IRR_零补贴 假设造价=6.0元/W	零补贴情况下达到10% IRR对应的 造价水平（元/W）
30%	3.1%	2.98
40%	3.7%	3.19
50%	4.2%	3.4
60%	4.7%	3.61
70%	5.2%	3.82
80%	5.7%	4.03

在投资条件比较好的山东地区，6.0元/W系统造价、零补贴情形下，在80%自发自用率下IRR也只能达到5.7%，而要达到10%的IRR水平成本需要降到4.03元/W，降本幅度31%。

如果在自发自用比例只有50%的情况下，上海、山东地区项目系统造价下降的幅度需要更大才能达到10%的IRR，分别为2.87元/W、3.4元/W，与市场6.0元/W的造价相比，需要巨幅的成本压缩，在目前看来这样的系统成本根本没法做到。除了一味地压缩系统造价之外，下面我们分析基于能源共享/分布式能源交易模式，提升分布式光伏电站投资经济性的可能性。

（三）能源共享模式下的IRR经济分析

目前分布式光伏的收益模式主要是自发自用、余电上网，自发自用的部分电价按照市电价格进行收益折算，余电上网的部分则是按照当地脱硫脱硝标杆上网电价进行结算，脱硫脱硝的电价远低于自用部分。能源共享模式下，我们假设用户可以在自发自用之后有余电时，可以把多余的电能共享给附近对绿色电力有需求的能源用户。价格方面，用户可以一定的折扣来共享多余的光伏发电，以高于脱硫标杆电价的价格出售多余电能，买方可以以低于市电的价格获得电能。

以上海地区为例，我们按照一表一户、第二档电量电价进行加权计算得到居民用电价格约为0.647元/kWh；工商业用电按照10kV、单一制模式下的加权平均进行计算电价，约为1.054元/kWh。用户在有余电时，以低于市场价格10%的电价来共享多余的电能，即模式1中，共享给普通居民用户时，价格按照市电价格9折来结算，即0.58元/kWh；共享给工商业用户是，电价按照工商业市电9折来结算，即0.95元/kWh。

表6 上海地区分布式光伏能源共享模式下的投资IRR收益分析

模式1：卖给居民用户	造价（元/W）	项目_IRR
造价水平 Base	5.0	7.93%
-10%	4.5	9.12%
-20%	4.0	10.56%
-30%	3.5	12.35%
-40%	3.0	14.67%

续表

模式 2：卖给工商业用户	造价（元/W）	项目 IRR
造价水平 Base	5.0	9.51%
-10%	4.5	10.82%
-20%	4.0	12.41%
-30%	3.5	14.41%
-40%	3.0	17.00%

说明：模式 1 余电以低于居民市电综合电价 10%的水平卖给其他居民用户 = 0.58 元/kWh，自发自用比例 = 50%，即一半的电量用于交易；模式 2 余电以低于商业综合电价 10%的水平卖给其他商业用户 = 0.95 元/kWh，自发自用比例 = 50%。

从分析结果可以看到，在零补贴情形下，按照目前的市场 6.0 元/W 的造价水平，即便是通过共享能源给其他用户来获得更高的度电收入，也无法达到 10%的 IRR 投资基准线。

在模式 1 中，共享给居民用户，只有当造价下降到 4.0 元/W 时，投资收益才能达到基准线；而模式 2 中，共享给工商业用户，系统造价降到 4.5 元/W 时，就可以达到投资基准线。这意味着，系统造价只有从目前 6.0 元/W 的市场水平降低到 4—4.5 元/W 区间时，通过能源共享模式可以实现零补贴政策条件下的分布式光伏电站投资经济可行性，这样的成本下降空间在未来 2—3 年是完全可以预期的。

在资源禀赋更好的山东，6.0 元/W 的系统造价水平下，通过能源共享模式同样无法达到 10%的 IRR 投资基准线，只有当系统造价降到 4—4.9 元/W 区间时，才可以实现分布式光伏电站投资经济可行性。

表 7　山东地区分布式光伏能源共享模式下的投资 IRR 收益分析

模式 1：卖给居民用户	造价（元/W）	项目_IRR
Base	5.0	7.93%
-10%	4.5	9.12%
-20%	4.0	10.56%

续表

模式 1：卖给居民用户	造价（元/W）	项目_IRR
-30%	3.5	12.35%
-40%	3.0	14.67%
模式 2：卖给工商业用户	造价（元/W）	项目_IRR
Base	5.0	9.51%
-10%	4.5	10.82%
-20%	4.0	12.41%
-30%	3.5	14.41%
-40%	3.0	17.00%

备注：模式 1 余电以低于居民市电综合电价 10%的水平卖给其他居民用户=0.54 元/kWh，自发自用比例=50%，即一半的电量用于交易；模式 2 余电以低于商业综合电价 10%的水平卖给其他商业用户=0.67 元/kWh，自发自用比例=50%。

与传统的自发自用、余电上网模式相比，在目前市场系统造价水平下，余电共享模式虽然也无法使得项目 IRR 达到投资基准线，但是能源共享模式在 4—4.9 元/W 的系统造价区间就有可以实现投资经济性，而余电上网模式下系统造价则需要达到 2.87—3.4 元/W 的造价区间。相比而言能源共享模式更容易实现零补贴情形下分布式光伏电站投资经济可能性。

三、分布式光伏能源共享市场分析

从分布式能源共享经济性分析可以看到，完全有可能在未来 2—3 年达到预期系统造价水平后，实现零补贴分布式光伏投资经济可能性。此外，分布式光伏现有的装机规模、可用于共享的发电量、分布式能源交易体系所基于的区块链技术的成熟度，目前都是可以支持分布式能源共享市场发展的。下面针对基于区块链技术的分布式能源交易平台进行可行性分析。

（一）技术可行性分析

区块链技术用于 P2P 点对点交易已经被大量实证其安全性、高效率和透明化，借助区块链技术的去中心化、无须信任、可追溯等特点，能源点对点共享交易完全可以实现。而且在能源点对点交易应用方面，全球已经有众多落地的概念验证（POC）项目，比如：美国布鲁克林街区分布式光伏能源共享、PowerLeager 南澳地区的基于储能的能源交易、Energo 在菲律宾落地的校园微电网分布式能源交易项目等。

从区块链本身无须信任的特点来说，基于区块链技术的能源交易平台可以让能源的产销者和消费者直接对接，区块链系统台作为桥接信息流、能量流和价值流的关键平台，对能源交易过程中的各种交易信发、输、配、用、售信息进行整合，让能源交易的双方直接进行交易，所有的交易数据都会在链上进行存证，所有的交易结算也都可以实时进行。而传统交易体系中的中介机构，比如：银行结算系统、电网等，都可以作为节点存在于区块链系统中，与所有用户地位平等，而不再拥有作为中介攫取利润的能力，从而大大降低交易成本。此外，作为用户来说，借助于区块链的可追溯特性，我们可以清楚地知道我们所消费电力的来源和结构。

当然，区块链技术作为最前沿的技术科学，还处在快速发展的早期阶段，而能源行业的特殊性要求在批量商业化应用时，技术的可靠性、安全性得到充分验证，此外能源交易的高频、高并发量也是目前区块链技术性能尚达不能保证的，除此之外链上单次交易的高手续费，也决定了基于区块链的分布式能源交易平台的应用场景目前还是有限的。不过，一定规模的、基于联盟链的分布式能源交易平台目前阶段是完全可以商业化运营的。基于公共区块链的分布式能源交易平台，则由于使用成本高企，高频次的交易和高昂的单笔记账费用目前尚无法支持商业化批量运行的要求。

（二）应用场景与商业模式分析

基于区块链的能源共享交易系统用于构建在目前以电网系统为主要电力交易平台之下的次级分布式能源交易体系，通过改变传统电力体系中生产与消费的关系，变革以非清洁能源为主的、长距离、高电压的传统发、输、配、用电力体系，向以清洁能源为主的、就地生产就地消纳的分布式能源电力体系转变。因为区块链的去中心特征，基于区块链的分布式能源交易体系天然的适合未来以分布式清洁能源为主要构成形态的分布式电力生态系统。

应用场景之一：微电网内能源交易。在微电网内搭建基于区块链技术的能源交易体系，使得微电网内无论是工商业用户，还是普通居民用户都可以在有多余的电力能源时，可以通过交易平台来出售获利，成为真正意义上的能源产销者。在微电网系统内，最大限度地实现清洁能源的就地生产、就地消纳，从而进一步实现微电网内电力能源的自给自足和电力平衡。

除了能源产销者和能源用户之间的交易外，电动汽车与充电桩、电动汽车反哺微电网等能源交易行为都可以在平台上进行。

应用场景之二：跨微电网能源交易。单个微电网要实现100%的能源自给自足和电力平衡，需要投入的成本较大，而通过微电网之间的能源交易，可以以更低成本来实现能源自给自足。利用不同微电网发电、用电在时间上的错配，让彼此有用电需要时“相互支持”，从而实现电力平衡。

在这个场景中，微电网内的某个能源产销者甚至可以选择把电力卖给用电价格更高的城市工商业用户，进一步提升自己的发电收益。

应用场景之三：城市社区居民与周边能源产销者之间的交易。城市居民因为住宅性质的原因，无法安装自己的光伏发电系统，而周边的郊区或者工商业屋顶存在大量光伏发电系统。通过分布式能源交易系统，城市居民可以选择购买周边光伏发电系统生成的电力，以满足自身清洁能源的消费需求和偏好。

在以上列举的三个基本应用场景中，主要的商业模式基本相同，能源交易系统提供去中心化的交易平台，能源用户在平台上进行低成本的撮合交易，微电网运营商或者电网公司进行辅助计量，并收取一定量的过网费和计量服务费，能源交易系统收取少量的服务费，这些收费最终保证卖方可以以高于电网回购的价格出售多余清洁能源，否则卖方没有动力参与交易；而买方则可以以低于市电的价格买到清洁能源。分布式能源交易平台周期内的交易电量越大、生态用户越多，每度电的交易成本就越低、投资收益会越高。

（三）能源交易市场规模敏感性分析

中国有大量的分布式光伏装机规模，根据国家能源局2018年7月30日发布的上半年能源发展形势报告，2018 年上半年分布式光伏新增装机 12.24GW，累计装机达到 42GW。理论上，这些分布式发电系统所发电力中除去自发自用部分外，都可以参与到能源共享交易，下面我们仅仅以截至 2018 年上半年的分布式光伏装机为基数，来测算不同自发自用比例下的分布式光伏能源共享交易市场的规模。

测算中，分布式光伏发电按照 1000 小时的年等效满发小时数来计算发电量，交易价格按照保守和积极两种场景进行预设，保守情形假设大多数电力卖给普通居民用户，价格 0.58 元/kWh；积极情形假设大多数电力卖给用电价格更高的工商业用户，价格 0.95 元/kWh。

从测算结果来看，按照 50%的自发自用比例，保守和积极两种场景下的能源交易市场规模都达到了百亿级别。从市场规模来说，分布式光伏的能源共享交易体系完全具备市场化的基础。而且随着未来分布式光伏装机容量的进一步扩展，可交易的电量规模也会继续增长。

表 8　分布式光伏能源共享交易市场规模

自发自用比例	可用于交易的电量（亿 kWh）	交易规模_保守情形（亿元）	交易规模_积极情形（亿元）
70%	125.91	73.0	119.6
60%	167.88	97.4	159.5
50%	209.85	121.7	199.4
40%	251.82	146.1	239.2
30%	293.79	170.4	279.1

根据预测，2020 年分布式光伏装机规模将突破 80GW，按照 50%的自发自用比例推算，到 2020 年分布式光伏能源交易规模可以达到 235.4 亿—385.6 亿元。这里我们仅仅只是假设分布式光伏参与到能源共享交易中，近期分布式风电也正如火如荼地推进，未来再纳入分布式风电到交易中，分布式能源的共享交易市场规模将进一步扩大。

表 9 2018—2020 分布式光伏能源共享交易市场规模预测

年份	分布式光伏装机预测（GW）	光伏发电量（亿 kWh）	可交易电量（亿 kWh）	交易规模_保守情形（亿元）	交易规模_积极情形（亿元）
2018 E	54.2	541.7	270.9	157.1	257.3
2019 E	66.2	661.7	330.9	191.9	314.3
2020 E	81.2	811.7	405.9	235.4	385.6

四、分布式光伏能源共享实现途径分析

分布式光伏能源共享交易从技术手段、经济性方面都具备现实逻辑，但是基于目前的电网系统，要实现真正意义上的大规模、跨微电网的能源共享必然需要电网公司的加入，电网在能源共享交易中的角色应该是：电力网络基础设施运营商和辅助计量。因此，在现有电力基础设施上实现能源共享交易可以有两种具体的实现途径。

（一）点对点能源交易

点对点能源交易是最直接的能源共享形式，允许能源产销者和消费者直接建立能源交易。在微电网内，不涉及外部电网的计量和结算，只要是一个微电网内的能源用户甚至是多个微电网但是在同一个所有权变压器下的用户交易都是可以进行的。如果是多个微电网系统不在同一个变压器下或者说需要借助外部电网进行能源交易，这个时候就需要电网运营商参与进来，并提供辅助计量服务，并支付其一定的电网使用费和辅助计量费；

（二）虚拟计量

非微电网用户的能源共享交易同样可以实现，即：通过电网运营商提供的辅助计量服务。能源产销者在电力过剩时，将电力反哺给电网，电网将这部分反哺电量记录在产销者账户中，电力产销者可以自由支配这部分记账的电力，或进行交易或用于抵扣未来电力消费。这种方式，如果记账的电量用于自己未来的消费，相当于把现时的电力卖给未来的自己；如果交易给其他需要电力的人，就相当于实际能源交易。这个实现途径只要电网愿意参与进来，并提供虚拟计量服务，很容易能够实现。荷兰为了鼓励光伏发展，就制定了虚拟计量政策，允许光伏用户用反哺给电网的电力来对冲自己的常规能源消费，其实就是变相地卖电给自己。

五、总结

分布式能源是未来分布式能源体系的重要组成部分，而分布式光伏是分布式能源的重要形态，在全球清洁能源去补贴的大趋势背景下，我们除了需要通过技术降本手段来保持分布式光伏投资经济性之外，更需要基于新技术的商业模式创新来提升度电收益。基于区块链技术的分布式能源共享交易系统，就是未来分布式能源体系下新商业形态的核心区块，基于分布式能源交易系统赋予传统能源体系中单一能源消费者以生产与消费的双重角色，同时赋予普通能源消费者以选择电力能源品类的权利，让电力能源回归商品属性。

未来2—3年内，随着区块链技术的日益成熟，区块链在分布式能源交易体系的大量商业化应用将成为现实，并将落地大量的能源点对点交易、虚拟计量项目。同时，在电力市场改革进一步深化的大趋势下，目前制约电力能源共享交易的电网也将开放。电网作为基础能源设施的提供者，为能源共享交易提供基础的辅助计量服务并收益。

早在2009年就兴起的能源互联网浪潮至今未能实现其所宣称的对传统能源体系的革命，归根结底能源互联网并没有改变传统能源体系中生产与消费的关系，它只是对传统能源体系的一种数字化过程，本质上是进一步加强了传统能源体系中电网的中心化角色。我们相信，通过能源与区块链技术的结合，通过能源生产与消费关系的变革，能够达到以分布式能源体系为核心的电力能源体系新形态。

第三篇

技术创新篇

12

智能核电技术发展与实践

孙奇　王理*

摘　要：

在全球工业智能化发展浪潮下，世界核电强国都在大量开展新能源与信息化技术深度融合研究，不断引入数字化和智能化信息技术，智能核电已成为未来核电技术的发展趋势。针对核电行业具有技术难

* 孙奇，中广核工程有限公司首席信息官，研究员级高级工程师，博士，基于“互联网+”的理念创立并推进智能核电。王理，双学士，工程师，供职于中广核工程有限公司，长期从事智能核电研发工作。

度大、生命周期长、系统装备复杂、安全性要求高等特点，通过核电与信息技术的深度融合，高度集成核电设计建造及运维阶段流程、数据与资源，开发系列智能化工具，实现核电全生命周期的数字化、网络化与智能化，将会推动核电技术的快速发展。本文结合中广核智能核电建设实践，对智能核电发展现状、技术发展趋势进行了分析。

关键词：

数字化　智能化　中国制造　智能核电

1. 前言

全球主要工业国家均掀起了新一轮工业革命，其共同特征是“新一代IT技术与工业技术的深度融合”。云计算、大数据、移动应用、物联网、人工智能、仿真推演、虚拟现实、可视化等先进IT技术正与各行各业产生着化学式反应，成为各个领域创新发展的主要工具手段，正在颠覆传统生产方式，给人类带来了前所未有的便捷与体验，深刻改变着我们的工作与生活，并在显著提高效率、推动产业升级发挥了重要的作用。

核电作为技术精尖的战略产业，是国家安全与经济发展的重要基石。我国大型商用核能技术自身的传承与发展经历了“引进电站⇒改进电站⇒自主电站”的过程，现在已拥有自主知识产权的核电技术。在工业智能化发展潮流下，核电数字化、智能化是未来核电技术的发展趋势，智能核电将是核能与新一代IT技术的融合创新（即“核电+互联网”），针对核电行业具有技术难度大、生命周期长、系统装备复杂、安全性要求高等特点，通过核电与信息技术的深度融合，高度集成核电设计建造及运维阶段流程、数据与资源，开发系列智能化工具，实现核电全生命周期的数字化、网络化与智能化。

智能核电是我国核电行业的新契机。由于起步较晚，我国大型商用核电技术总体水平与西方核电强国相比处于相对落后态势。全面系统地开展核电智能化信息技术研究，构建自主智能核电技术，势必带动我国传感、信息行业、装备制造企业的快速发展，促进我国核电产业转型升级，实现引领世界先进水平的核电技术，推动我国由核电大国向核电强国转变。

2. 国内外智能核电技术发展现状

2.1 国外发展现状

国外核电同行在核电数字化、智能化研究方面起步较早，已有较多的应用成果和案例。

2.1.1 美国

2012年，GE公司提出工业互联网概念，得到了美国产业界和政府的广泛支持。工业互联网整合两大革命性转变之优势：其一是工业革命，伴随着工业革命，出现了无数台机器、设备、机组和工作站；其二则是更为强大的网络革命，互联网数据处理和发送、接受大量数据的能力，是基于网络建设和其使用价值、横向结构和分布式智能，通过允许进一步深层集成和灵活操作改变生产系统的处理方式。互联网的并行革新不仅仅在于用顺序线性方法进行研究发

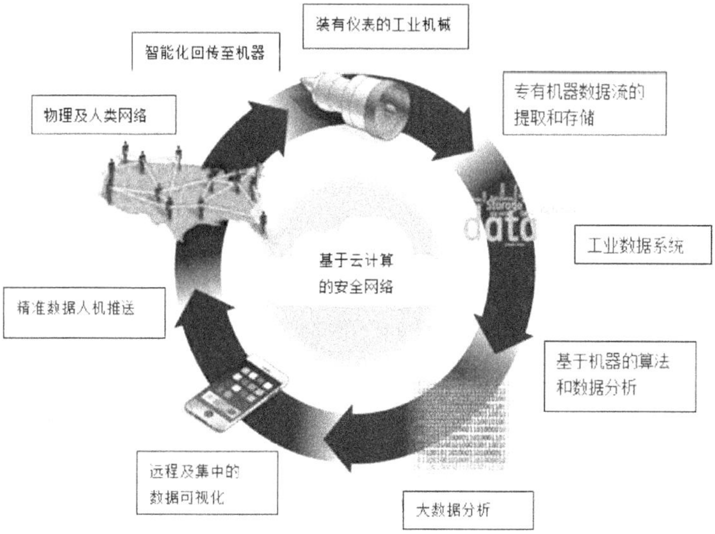

图1　工业互联网的数据环路

展，迅速交换信息和分散决策能力产生了更多的协同工作环境，而且这个工作环境不受地理限制。

在互联网革命影响之下，计算、信息与通信系统应运而生并不断发展。伴随着这样的发展，三种元素逐渐融合，充分体现出工业互联网之精髓。

在核电智能化方面，美国一直未曾停止探索与前进的步伐。1986 年切尔诺贝利核事故之后，卡耐基梅隆大学成立 RedZone 机器人公司，研究危险环境下远程机器人技术，先后研制出 ROSIE、Pioneer 机器人系统，分别用于核电事故后处理操作、机组内部状态记录①。同时，形成以“西屋公司大型电站在线监测系统 AID、bently 公司旋转机械故障诊断系统 ADR3、阿贡国家实验室（ANL）的 PRODIAG 诊断系统”等为代表的一系列故障诊断系统，但受限于容错性差、故障分辨率不高等，目前暂未应用于核电厂的全面监测与诊断②。2013 年 7 月，美国轻水堆先进仿真联盟（CASL）完成在运核电反应堆的首次全规模模拟，并就模拟数据、实际运行数据进行了比对，确认模拟结果的准确性，最终将支撑核电机组容量提升、运行寿期延长等领域。

美国南方电力 Vogtle 核电站 3、4 号机组实现配置管理，Virgil C. Summer 核电站正在进行数字化核电框架研究，开展配置管理和信息移交工作。

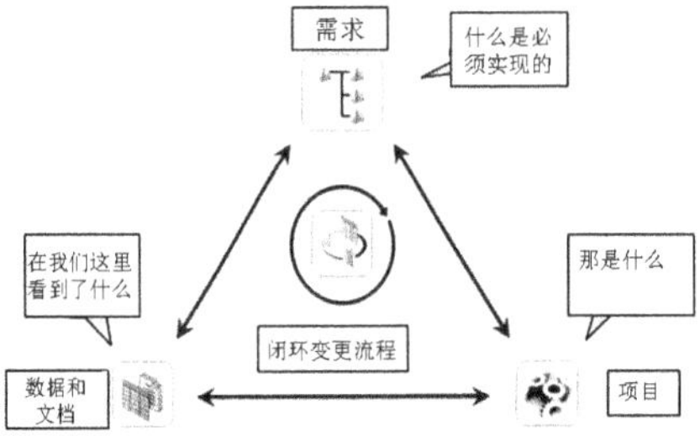

图 2　eB 的变更和配置管理

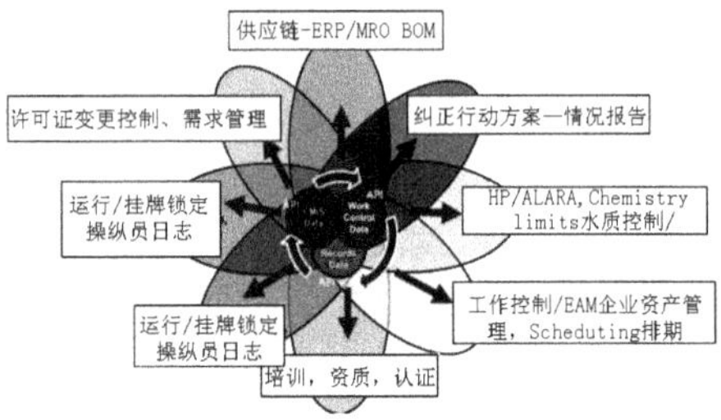

图 3　各种组织数据需求……单一数据源

2.1.2 德国

德国政府在 2011 年正式提出工业 4.0（Industry 4.0）的概念，在 2013 年正式发布了《确保德国未来的工业基础地位——关于实施“工业 4.0”的建

① 梁雪刚：《RCV 过滤器操作机器人移动载体的设计》，天津大学硕士论文，2016 年。
② 骆建波：《核电站报警触发式智能诊断专家系统的研究》，上海电力学院硕士论文，2015 年。

议》。“工业 4.0”被认为是机械化、电气应用和自动化之后的第四次工业革命。工业 4.0 主要是以 CPS（Cyber-Physical Systems，信息物理融合系统）为技术核心，实现端到端集成、横向集成和纵向集成的新工业价值生态。

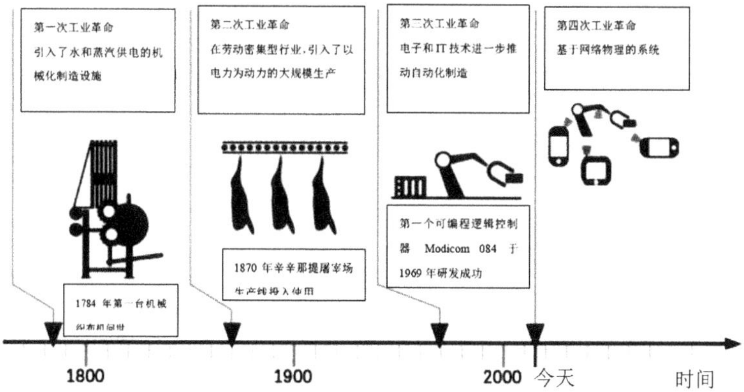

图 4　四次工业革命

相关研究显示，工业 4.0 具有高度自动化、高度信息化和高度网络化三大基本特征，其关键内容可以概括为两大主题（智能工厂、智能生产）、三大特性（横向集成、纵向集成、端到端集成）、八大领域（标准化和开放标准的一个参考体系；管理复杂的系统；全面宽频的基础设施；安全和保密；数字化工业时代工作的组织和设计；培训和持续的职业发展；规章制度；资源效率）。

2.1.3 俄罗斯

俄罗斯国家核电工程 NIAE 首创基于整合的数字化核电站工厂模型（DMU），研发 Multi-D（多维施工）的独特技术，完整的多工具、多学科集成的 3D 虚拟核电厂（世界首创），实现工艺、设计、施工集成到统一的数字化核电厂模型，搭建集成的协同环境，实现 Multi-D 虚拟施工验证和优化，统一平台管理各类信息，为未来数字化移交提供了基础，采用符合国际原子能组织（IAEA）标准的数据模型和配置管理方法。由全俄核电运行研究所（VNIIAES）与俄科学院（RAS）核安全研究所联合开发的虚拟数字电厂（VDNPP）可在“突破”项目中得到应用，可结合各种模型验证核电厂反应堆设计的能力。

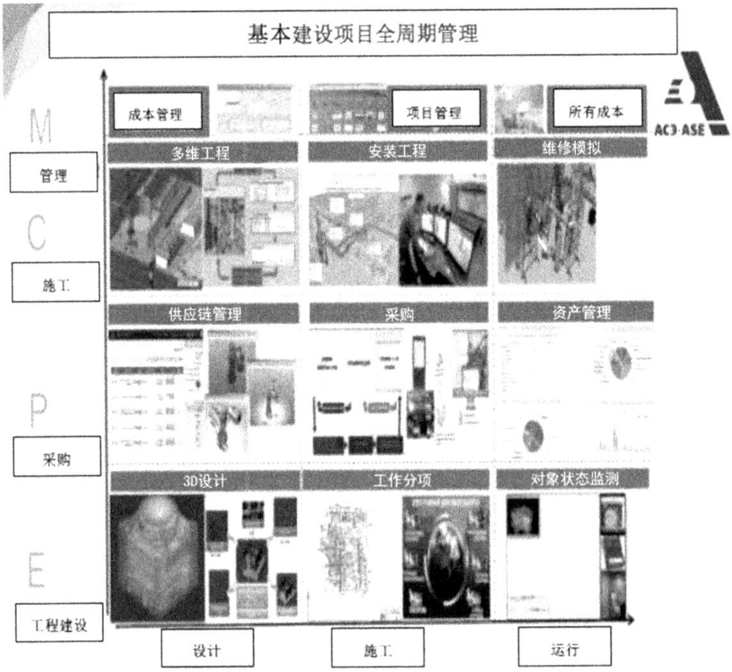

图5　基本建设项目全周期管理

2.1.4 日本

日本东京电力基于 PBS/GBS 结构、项目文档树结构以及分类库与属性组实现配置管理，成功研发堆内勘查机器人、潜水机器人等多款耐强辐射机器人。福岛核电站事故发生后，以千叶工业的 Quince 为代表的 30 多种移动机器人经过改装，进入核电站内部，前后完成 100 的放射性水平测量、现场检测等各类任务，Quince 现已升级到 Rosemary、Sakura 版本①②。

表1　福岛事故中应用的遥控装置机器人

功能	型号或类型	应用区域
清障	Talon、Bob cat、Brokk－90、Brokk－330、遥控工程车辆	反应堆厂房外部
	T-hawk、Drone	反应堆厂房外部
	Packbot、FRIGO-MA、JAEA3、Small Device	反应堆厂房1层
探查	Quince1、Quince2、Rosemary、Sakura	反应堆厂房2~5层
	Quadruped、water boat、Gengo ROV、Trydiver、Survey Runner、Tele-Runner、S/C ROV 等	反应堆厂房地下层
	Shape-Shifting、TOKYO(AP)、Scorpion、PMORPH、Mini Manbou	安全壳内部
去污	Warrior、MEISTeR、ASTACO-SoRa、Raccoon、干冰去污机器人、高压水去污机器人等	反应堆厂房内部

① 梁雪刚：《RCV 过滤器操作机器人移动载体的设计》，天津大学硕士论文，2016年。

② 陈法国、杨明明、韩毅、李国栋：《机器人在福岛事故中的应用和启示》，《辐射防护》2018年第38卷，第4期，第344—351页。

2.2 国内发展现状

步入21世纪第二个十年以来，2011年3月日本福岛核事故的发生，全球业界对核电站安全提出更高的标准要求。与此同时，形成“挑战类政策环境”“机遇类政策环境”“方向类政策环境”共存的背景形势：

挑战类政策环境：国内电力需求增长减缓、供给侧结构性改革、电力体制改革持续深化、其他能源供给形式（太阳能、风电尤为凸显）成本的大幅降低、核电竞价上网政策、核电电力消纳困境、市场竞争日趋激烈等，要求核电行业“在转型升级中谋发展”；

机遇类政策环境：“一带一路”等倡议的相继提出，沿线28个国家规划新建126台，总装机容量约1.5亿万千瓦，核电与高铁成为中国企业“走出去”的新品牌、新名片，我国核电行业迎来进军海外市场的机遇；

方向类政策环境：我国政府工作报告中多次提出，推动移动互联网、云计算、大数据等与现代制造业相结合。中国制造2025中要求，进一步提高大容量水电机组、核电机组、重型燃气轮机的制造水平。十九大报告中多次强调数字化对于推动供给侧改革和建设创新型国家的重要价值，“……推动互联网、大数据、人工智能和实体经济深度融合，为建设科技强国、质量强国、航天强国、网络强国、交通强国、数字中国、智慧社会提供有力支撑”，强调各行各业要善于运用互联网技术和信息化手段，开展产业升级与转型。

国内三大核电集团纷纷意识到，如何利用新一代信息技术手段，提高生产力、突破内部发展瓶颈，实现管理模式由粗放型向精益化的转变，已成为发展经营的核心问题与必由之路。相继开展核电厂数字化、智能化相关建设，目前主要集中在单元业务工具、数字化设计、数据协同等领域。

2.2.1 中国广核集团

中广核引领核电智能化技术发展，于2014年在业界率先吹响“智能核电”的号角，由集团统筹，设立集团“十三五”智能核电科技战略专项，充分发挥中广核全业务链优势，联合产业链伙伴、科研单位、高校院所组建核电智能装备与机器人技术创新联盟，推进全生命周期数字化、网络化、智能化，通过业务工具、系统集成两个层次推进智能核电建设；业务工具提升单元效率，系统集成提升总体效能，基本实现核电全周期业务数字化、机组运行及重大设备在线监控与诊断，发布统一业务流程、多维数字电厂等多项成果，物联网、可视化、在线仿真、智能穿戴等智能化技术大范围应用，开展图像识别、机器学习等人工智能技术应用初步研究取得多项阶段成果并向业界发布。

2.2.2 中核集团

将“数字核工业”作为“十三五”重点战略，提出建设“数字核电”并完成概念设计、概要设计，主要开展数字化核电厂、数字反应堆、异地综合协同设计平台、“华龙一号”数字档案馆、人工智能化学诊断、核电大型设备吊装及运输智能仿真系统等智能化研究建设，目前处于基础研究阶段，依托福清核电进行局部领域应用，制定数字化移交规范，田湾核电开展了主数据管理等工作①②③。

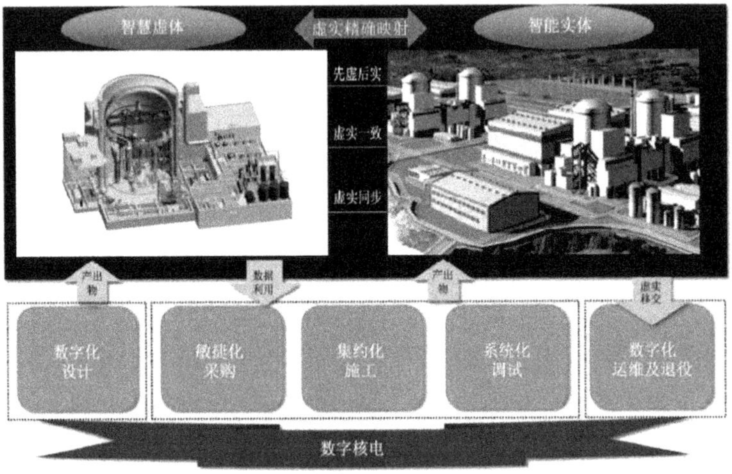

图6　中核数字核电概念模型

2.2.3 国电投集团

明确要开展数字化核电建设，开展三维协同设计仿真应用研究，开展配置

---

① 蔡正皓、安金涛：《“华龙一号”数字化核电厂建设与研究》，《中国核电》2017年第10卷，第4期，第523—527页。

② 张扬：《“华龙一号”全球首堆示范工程成功完成穹顶吊装》，《中国设备工程》2017年第6期（上），第3页。

③ 汤文军、施千里：《“华龙一号”数字档案馆建设探析》，《浙江档案》2018年第4期，第63—64页。

管理研究。与此同时，我国核电相关的高校院所，也就人工智能与核电行业的技术融合进行了不同领域、不同深度的研究，但研究内容上与前述内容有不同幅度的重叠，本文将不再赘述。

对比国际先进同行，我国核电智能化起步晚、发展快，仍相对落后。国内尚未形成“全面网络化、集成化”的发展态势，以“碎片化”的局部研发为主，“互联网+”进程远远落后于公共消费领域。究其原因主要是工业与IT技术的融合难度大，工业领域商业竞争开放性不足，工业企业间数据、技术共享欠缺。

3. 智能核电技术发展趋势

3.1 技术发展路径

智能核电技术发展基本遵循信息化、数字化 & 网络化、智能化三阶段发展路径，但在实际发展中，三阶段并非绝对的“串行”关系，多数企业在全面推进“数字化 & 网络化”建设的同时，需要补“信息化”的不足，并探索“智能化”的局部应用，核电亦是如此。

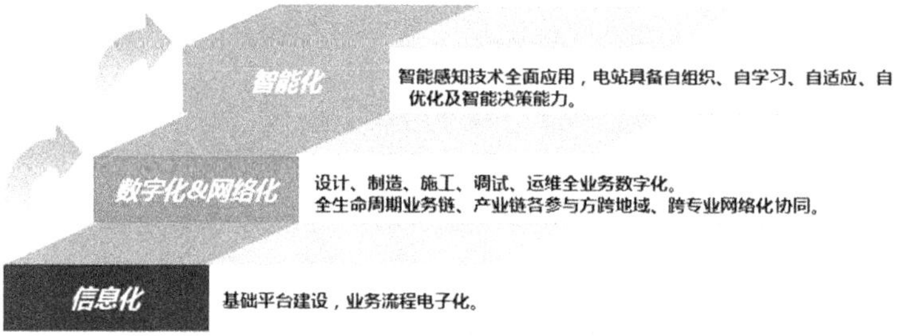

图7 智能核电技术发展路径

信息化是基础，主要应用数据库、流程工具等技术搭建基础信息平台，实现设计、建造、运维全业务流程电子化，以提高业务效率。

数字化 & 网络化是核心，采用互联网、自动化、移动通信信息技术实现设计、制造、施工、调试、运维全业务数字化，全生命周期业务链、产业链各参与方跨地域、跨专业网络化协同，业务系统、物、人、活动全面互联。

智能化是最终目标，物联网、大数据、云计算、人工智能等智能化技术全面应用，核电业务与管理模式变革，实现设备智能感知、智能监控、智能分析、智能管控、智能决策，核电站具备自组织、自学习、自适应、自优化及智能决策能力。

3.2 技术应用原则

核电站因其特殊性，智能化技术应以成熟/可靠/安全的智能装置、控制系统和信息系统为基础。遵守如下原则：

实效性：智能核电厂建设应用智能化技术前应充分评估，对核电厂安全、经济和环保发挥明显作用。

前瞻性：智能技术应用应具备可拓展、兼容性，防止限制各种智能技术的进一步开发应用。

安全性：智能化技术应用需确保机组、设备安全，满足国家及行业法规、标准要求。

控制要求：设备应具有自适应、故障自检能力，满足可观测、可控制及互操作要求。

运行水平：运行水平优于传统核电厂，生产过程无人干预和少人值守，可视化手段丰富。

全过程管理：智能化系统覆盖电厂建设、生产运行、检修、经营管理全过程。

管理创新：智能技术和管理创新紧密结合，提供智能分析与决策。

信息安全：新技术引入避免给智能核电厂带来的信息泄露隐患。

3.3 技术发展方向

智能核电厂是在信息化、数字化、网络化的基础上，在核电厂全业务领域融入人工智能和机器人技术，形成的人机物深度融合的核电厂。智能核电厂通过机组工况在线感知（看）、智能决策与控制（想）、装备自律执行（做）大闭环过程，不断提升装备性能、增强自适应能力，具备自感知、自适应、自诊断、自修复、自学习、自决策能力。在核电厂建造运维全周期进行智能活动，例如分析、推理、判断、构思及决策等。可与智能电网实现协同。智能核电厂是“核电+互联网”，亦即实体电厂与数字化电厂的有机协同体。

方向一：各业务领域技术发展方向

围绕核电设计、建造、运维、退役全周期业务领域，提升业务绩效、实现业务创新。各环节发展方向重点如下：

设计阶段：建立以数据和三维模型为核心，面向全生命周期的研发、验证、仿真一体化的协同设计生产体系。智能仪表与现场总线技术及智能感知设备大范围应用，为核电站实现远程控制、故障诊断、智能决策等提供基础。

建造阶段：以数字化设计为输入，在采购制造、施工、调试等建造阶段借助仿真技术、智能制造、物联网、移动通讯等智能手段，通过产业链数字化信息协同、高级工作包施工生产组织、先进建造虚拟仿真、物联网智能感知、智能穿戴设备、移动终端、重大调试试验方案模拟演练和预验证、智能调试机器人等应用，核电工程建设全业务数字化、智能化。实体电站与数字电站同时建成，实现数字化移交。

运维阶段：运营安全、运行、设备、维修、资源、业绩等核心业务高度智慧化，核电厂生产运维数据数字化及实时监控，机组运行在线仿真与自动控制、运行状态智能分析与纠偏，设备故障智能诊断与自我修复，三维可视化远程维修，环境、人员剂量自动预警，特殊环境机器人应用，实现无人干预、少人值守。

延寿退役阶段：全寿期核电站运维历史数据自分析、自评估与退役预警，基于大数据分析的核电厂延寿评估，辐照环境特种智能设备应用。

方向二：全周期协同与集成技术发展方向

重点突破核电厂设计、建造、运维、退役过程中面临的协同效率低、数字化成果截留、数字化运维基础薄弱等困境。

高度集成核电全生命周期各参与方业务、数据、资源、管理要素，构建核电设计建造运维开放、共享、协同的智能化体系，建立以流程为核心的跨领域业务协同，以电站对象模型为核心的全周期数据集成，推动数字核电厂建设。以数字化 & 网络化为基础的，与大数据、云计算、物联网、人工智能等先进技术高度融合，促进核电智能化转型；实现业务与管理模式全面变革。

4. 中广核智能核电建设实践

4.1 总体框架

基于“系统工程、并行工程和产品全生命周期管理”的方法理论，秉持“CAX+IoE（计算机辅助一切+万物互联）”的技术理念，以研发设计为核心，结合信息化技术手段，开展核电全生命周期过程并行、集成化处理的系统方法和综合技术研究；围绕核电研发、设计、建造、运维各个阶段核心工作，对业务、数据、资源实施高度集成，推进实现核电全生命周期的数字化、网络化、智能化，从“两个层次”“四大模块”推进建设，打造具有中广核特色的“核电工业4.0”。

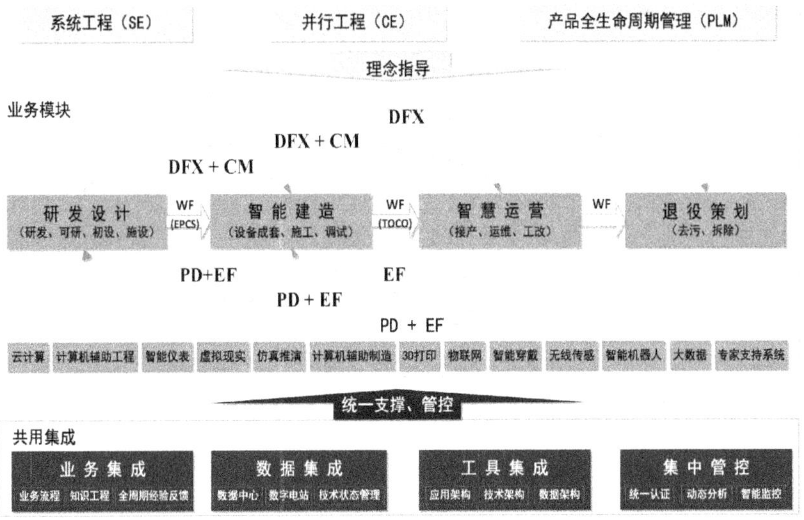

图8　中广核智能核电总体架构图

4.2 实施原则

4.2.1 用户导向原则

无论是平台服务还是移动办公，都站在用户角度考虑设计，围绕用户需求以及操作的便捷性、人性化，降低用户的使用操作门槛。各类平台响应速度应满足企业用户的需求。

4.2.2 安全可靠原则

不同权限、不同部门、不同专业、不同类型的业务数据，系统安全的保密性是平台间数据共享的基石与保障，应建立严格的权限模型、网络控制与身份认证，确保信息平台不出现非法访问。共享与保密本身就是一组矛盾，应坚持“满足保密条件下的共享最大化”。

4.2.3 数据唯一原则

所有的信息、数据、资源都要有“唯一源头”，避免重复录入、多头管理以及由此引起的管控要求矛盾等。

4.2.4 业务模式同步创新原则

智能核电来源于业务、应用于业务。因此，智能核电的研究与应用，会对现有业务模式、管理理念带来一定程度的冲击。因此，二者之间需要进行组合匹配、“软硬兼施”。

4.3 实施路径与成果

中广核智能核电围绕总体框架，以落地应用为导向全面推进项目建设，取得多项阶段性成果。

4.3.1 业务工具层

4.3.1.1 研发设计

实施建设覆盖核电工程设计全过程、全专业的三维协同设计生产平台，实现从提资、输入、验证到输出、变更的所有设计生产业务，满足多专业迭代式协同设计，各专业在统一平台体系中开展工作，在设计阶段实现核电厂虚拟建造，首次打通核岛三维建模、配筋、二维抽图和结构计算等功能，多专业提前碰撞检查，提高了设计质量和效率，从设计阶段降低了核电厂整体的建造成本。建立设计数据状态管理机制，实现基于数据的技术状态管理，设计人员在专业协同设计平台中开展设计活动，通过对重要数据有效性的状态识别，实现软件间数据传递与交互。

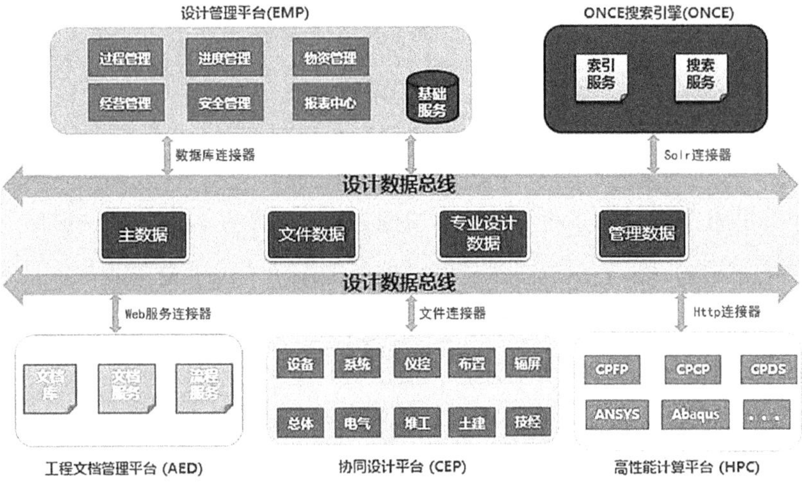

图9　三维协同设计生产平台

4.3.1.2 智能建造

智能建造是上下游衔接的纽带，具体包括精益化采购、智能化施工、智能化调试。智能建造以数字化设计为输入，在采购制造、施工、调试等阶段借助虚拟仿真、智能制造、物联网、移动终端等手段，通过产业链数字化信息协同、基于高级工作包的施工生产组织、智能穿戴设备、重大调试试验方案模拟演练和预验证、智能调试机器人等应用，支撑核电建造智能化。

精益化采购，包括设备供应智能化集成管理、产业链协同平台研发应用、智能制造研究及试点应用、设备智能化研发等。实现从采购、招投标、合同执行、设备监造、竣工文件、运输到现场服务的全过程平台化运作与精益化管控，建立产业链信息协同平台实现上下游产业链数据共享与协同，在局部领域实现核电关键设备零部件智能制造。

智能化施工，包括施工生产系统、施工虚拟仿真平台、智能穿戴、物联网、可视化施工等，支持以高级工作包为承载的计划、成本、安全、质量、变更、工器具、风险以及经验知识的一体化管理；构建施工虚拟仿真平台，实现大件吊装、设备安装等各类关键施工活动的全范围仿真推演，预先发现问题并优化施工逻辑；建成跨公司、跨行业全程数据感知的物联网集成平台，实现工程物资的全链条数字化管理、全程可追溯，利用条码、二维码、射频标签、手持终端等技术，实现不同作业活动的数据的智能化交互。

智能化调试，包括试验报告结构化、调试技术体系搭建、联调预演、智能调试工具、调试一体化工作平台，实现试验报告及其数据结构化，基于知识的传承应用，使软件平台具有故障智能诊断分析、试验结果智能分析评价等功能；各类专项试验智能机器人的应用，将提升专项试验、联调阶段工作效率，同时避免人为因素失误；调试一体化工作平台，则作为调试阶段的内部枢纽平台，实现所有业务、人员、数据、系统的全面集成。

4.3.1.3 智慧运营

围绕运营核心业务，依托管理和技术两条主线，以运营标准体系为支撑，以安防体系为基石，构建既满足专业化、标准化、集约化运营管理，又能满足电站安全运营的智慧管理体系，从安全、运行、设备、维修、资源、业绩六个维度开展研发建设。

通过信息化的集成，促进各个核电厂运维业务的标准化、规范化。建立了自动化的生产决策指标与实时报表。基于运行监控实时数据的运营决策、故障预测、诊断分析。推进设备可靠性评价、诊断报警、维护检修精准化技术支持体系试点，为设备可靠、高效运行提供保障。推进核电厂安全分析数字化、高风险作业三维模拟化，提升核电厂运行的安全监控能力。

安全领域，建成智能应急响应及支持、智能辐射防护监控系统等电站统一安全管控平台，提升核电厂的辐射安全，降低个人受照射剂量和集体剂量。

运行领域，通过运行操作模拟仿真、远程群厂机组监控等电站实时监测和控制能力提升，提高电站运行安全性和运行性能。

设备领域，设备可靠性大数据与状态监测早期预警、设备状态虚拟化推演、设备预防与纠正行动持续改进专家智能决策等智能化技术应用，大幅提高装备技术水平和设备可靠性水平。

维修领域，通过建设设备远程诊断和专家知识库，提高预测性维修水平和技术支持能力、降低维修工期和成本，大量采用特种维修机器人提高维修效率、降低人因失误。

资源领域，通过人、物、信息等资源集约化管理，提高资源综合利用效率。实现基于物联网的战略备件和紧急备件的物流可视化监控及预警、移动互联的专家资源自动适配和远程专家支持。

业绩领域，通过业绩指标对标和运营监控中心建设，实现多基地智能业绩管控，提高对关键成功因素的监测和预测能力。

智能机器人方面，在核电站特殊环境下利用机器人完成设备的日常检修维护、核辐射的检测以及预警、核事故救援等，借用其高强度的规则运算与分析能力，提升核电站日程运维、检修等业务的工作效率。研发完成反应堆换料机器人、反应堆整体螺栓拉伸机、反应堆压力容器无损检测机器人、核电站多功能水下爬行机器人、多功能作业机器人、巡检机器人、蒸汽发生器一次侧堵板操作机器人、核电站微小型作业潜艇等。

图 10　多功能作业机器人

图 11　巡检机器人

4.3.2 共用集成层

4.3.2.1 业务集成

基于“WBS 分解、网络化流程建成统一业务流程平台，并对接各类生产、管控、支持平台，遵循“协同与共享同在，融通与高效并举”原则，搭建形成核电设计建造全范围协同平台体系，打造核电工程业务主控室与总调度中心。核电工程界率先“建成覆盖全周期、全专业、全范围、一体化核电设计建造 WBS（工作分解结构）及编码体系；梳理形成 1 万余工作包、5 万余输出、25 万余逻辑关系，打通核电设计建造全周期业务流程并实现平台化运作；实施以 WBS 为核心的管控集成，实现 WBS 与进度、成本（含工时量）、技术、变更、知识、文档、人力以及风险等管控领域的全面集成联动”。

通过工作包类别+规则，实现数百万份工程文件“零耗时”自动分发、版本提醒，确保上下游工程文件同步、即时获取；去掉文件流转中间环节，显著提升文档流转效率。

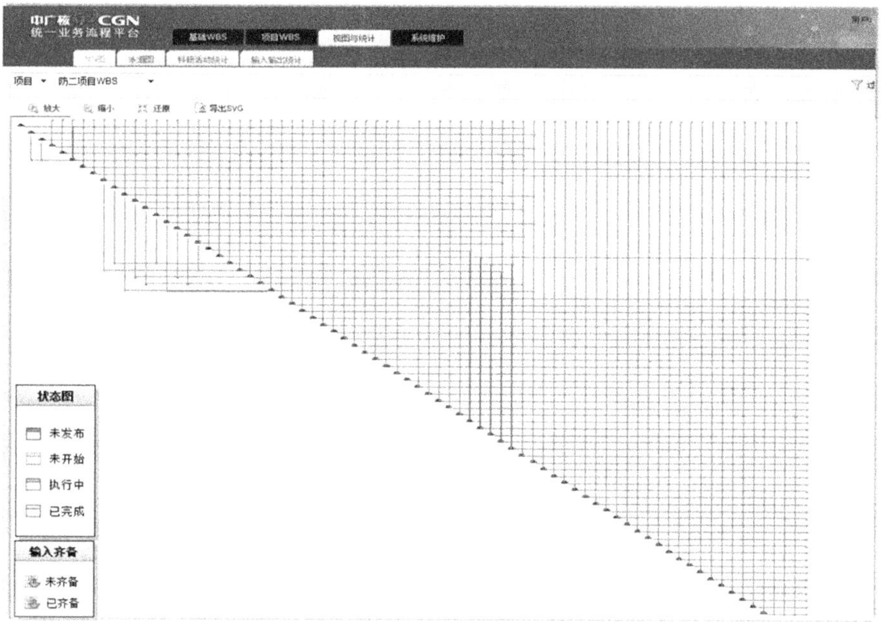

图 12　核电设计建造业务流程全景图

全面贯通工程、运营阶段的经验反馈，基于机器学习的智能分析提取关键词、实现数据结构化；建成压水堆核电厂工程本体并对接 WBS，实现数十万条经验反馈“5R 推送”（正确时间、正确方式、正确知识、正确工作包、正确的角色）至所有 WP 界面，专业人员可“一站式获取知识、沉淀新知识”，由“人找知识”转为“知识找人”，实现人、知识、工作活动、系统平台的精准集成。同时，所有知识经验可反向移交给设计及分包院、设备供应商、施工承包商，促进核电产业链的持续学习与累积式革新。

4.3.2.2 数据集成

针对核电研发、设计、建造、运营等各阶段业务数据的研究与应用，通过整合现有业务系统和业务数据，建立核电工程数据中心，提供多项目、精益化、规范化管理能力，实现工程信息的来源统一、准确及时、全面共享的数据共享和服务中心，解决目前多个业务系统带来的“信息孤岛”和信息协同问题，使工程建设数据标准化、工程信息一体化、项目移交数字化、分析决策智能化。，制定各类业务数据的统一格式，通过抽取、转化、加载，形成支撑EPCSM各业务板块的整合数据源并将此数据应用于现场工程建设，可通过多维数字电厂进行可视化集成展示，以及数字化移交管理平台进行标准订制和数据传输，实现实体电厂和数字化电厂的同步移交。

4.3.2.3 工具集成

从集团层面通过统一集成服务（ESB）、统一基础架构、无线通信等的实施，建立完成的IT服务治理体系和标准，为智能核电提供技术支撑。

实施集团级企业服务总线（ESB），建立统一的ESB服务编码体系、标准ESB接入流程和运维流程，实现系统接口规范化、定制化，完成核电板块所有信息类项目及存量项目的接口全部迁入，对外提供数据总线服务可视化及服务量化，提高内部信息平台间数据的交互效率、交互质量。建立统一流程服务，实现统一的流程处理用户界面，简化流程开发步骤，缩短产出周期，提高应用开发效率；建立统一开发平台，提升软件开发及运维效率、降低开发成本；建立统一移动应用架构，实现“轻前端、重后端”以业务系统提供服务，前端移动仅进行数据展现的移动应用模型；建立统一授权管理平台，实现权限集成管控及基于标准岗位的自动化权限管理；建成中广核云平台，实现计算、存储等资源的自动化管理和快速部署。

4.3.2.4 集中管控

在各类业务数据的基础上开展工程项目进度/成本管理、多基地智能业绩管控、全生命周期经验反馈等专项研究，为智能管控、智能分析决策提供依据。

以进度、成本为核心，结合统一业务流程、全生命周期数据协同平台、多维数字电厂等业务数据，建设项目管理平台，实现项目管理六大控制智能管控。进度方面实现工程建设各阶段进度自动精确测量；成本方面结合三维模型实现自动算量计价及费用控制。

研发核电重大设备及生产关键业绩参数的大数据处理系统及智能核电多基

地业绩管控平台系统，实现自动智能预警、多维度比较、人为因素分析等，辅助智能化制定生产业绩管理目标，确保生产安全和管理安全。

建成全生命周期经验反馈平台，通过成熟的分类技术和深度关联关系，实现设计、建造、调试、运维、退役全过程重要信息及经验的标准化录入、分类、分析和反馈，实现各类信息的持续积累和精准应用，进而实现核电厂全寿期、全领域、全流程和全范围经验的互通互联。

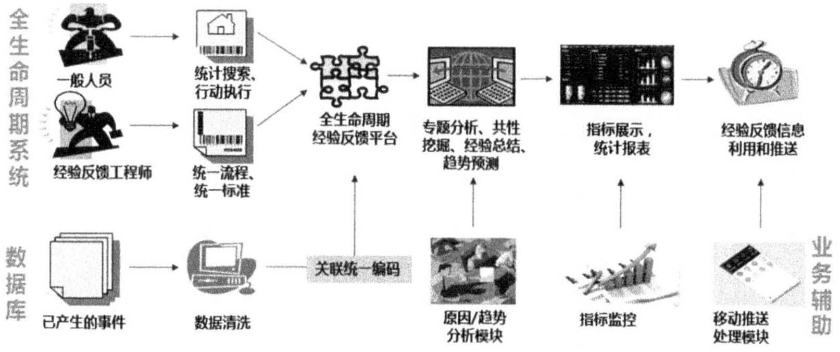

图 13　全生命周期经验反馈平台

5. 结语

智能核电是一项系统工程、持久工程。当下，智能核电作为一种新兴技术方案，对核电全产业链的生产力瓶颈突破、工艺流程改良、经营模式提升、商业模式革新提供着有效支撑、发挥着积极而深远的影响。

未来，随着机器学习、自然语言处理、大数据等新一代人工智能技术的涌现与发展，以及与核电行业的进一步“化学反应式深度融合”，智能核电技术将日趋成熟完善。犹如“一千个读者就有一千个哈姆雷特”，核电生态圈内各个环节对智能化的需求，将会随着时间推移而千变万化，因此智能核电的应用实践方案未来也将呈现为“框架体系大同、方案细节小异”多元化态势，但终将支持我国核电行业向智能化转型升级。

B 13

压缩空气储能在浅层盐穴中的应用研究

王磊　武安*

摘　要：

本文介绍了压缩空气储能技术及其分类，详细说明了基于盐穴储气方式的压缩空气储能技术及其优势、新建盐穴或使用已有盐穴所面临的困难。本文对湖北云应地区现有盐穴，从采层选择、压裂井到对接井选择，分步介绍了盐穴储气库选址的详细过程。本文针对湖北云应地区浅层盐穴许用压力偏低的情况，从技术和经济两个方面分析了其用于压缩空气储能系统的可行性。本文采用 Aspen Plus 软件，以典型浅层盐穴为例进行了建模分析，并通过初步调研，对系统建设和运行的经济性进行了评估。通过评估得到项目静态投资回收期为 8.89 年，总投资利润率为 7.30%，投资利税率为 13.95%，资本金利润率为 36.56%，财务内部收益率分别为 14.93%，盈利能力较好。

关键词：

压缩空气储能　浅层盐穴　系统效率

---

* 王磊，硕士研究生。任职于葛洲坝中科储能技术有限公司总体设计部，从事系统总体设计、性能核算与优化工作。武安，硕士研究生。任职于葛洲坝中科储能技术有限公司设备部，从事膨胀机设计工作。

1. 绪论

1.1 研究背景

能源和环境问题已成为世界难题，化石燃料面临枯竭，环境问题日益突出，如何解决这一世界难题已成为我们必须面对的问题。解决能源环境问题就是在能源需求满足的情况下提高能源利用效率、减少化石燃料等不可再生能源的消耗及污染物排放。电力系统为能源大户，解决电力系统问题对解决能源环境问题意义重大。电网存在用电高峰和用电低谷，会出现用电高峰时电能不足拉闸限电和用

电低谷时电能浪费的情况。低谷时，虽然电厂具有降低负荷的功能，但以低效率运行为代价；高峰时，调峰燃气轮机电厂可快速启动用于调峰，但调峰时效率较低和平时停机会造成设备的不完全利用。应用储能系统可使发电机组在额定工况下连续运行，用电低谷时，将多余的电能储存，用电高峰时，将电能释放补充电能不足，从而避免电能的浪费和不足、提高电站热循环效率、减少污染物排放。上述过程即削峰填谷，削峰填谷是电力储能出现的最重要的原因。除了削峰填谷，提高电厂经济性外，电力储能还有很多优点，如：频率和电压调节等电能质量管理保证电网运行的安全性和电能品质；促进可再生能源如风电和太阳能发电的利用；使分布式能源系统得到大规模应用；保证核电满负荷运行，增强其安全可靠性等。

目前储能不仅用于电力系统，还可以用于其他方面如汽车动力等方面，随着各种储能技术的发展，其用途越来越广。储能就是将多余的能量储存起来，在需要的时间或地点应用，克服了能量传递在时间或地点上连续性的限制。由于储能的特性和能源环境问题的严峻，储能越来越受到社会各部门的重视，其发展已经成为一种必然，其必要性表现在：

（1）解决峰谷电量差距较大的问题需要储能的发展，据国家电力调度通信中心统计，2000 年以来，多数电网的高峰负荷增长幅度在 10%左右甚至更

高，而低谷负荷的增长幅度则维持在5%甚至更低，峰谷差的增长幅度大于负荷的增长幅度，电网最大峰谷差的增加大于平均峰谷差的增加。如果应用好低谷电能，一是满足了用户的需求，不会出现拉闸限电的现象；二是减少了调峰燃气轮机电站的低效运行和普通火电厂低负荷低效运行，整体上可减少电厂的数量，使能源得到有效节约；三是存在峰谷电价时，对于某一储能电站，会带来一定的经济效益。

（2）环保的要求需要储能的发展，储能可以对多余能量适时适地地利用，从而避免化石燃料的过多消耗，对环境保护起到积极作用；新能源（如风电、太阳能、核电等）由于其间歇性，大规模有效利用时可借助储能的广泛应用，而新能源的广泛应用可有效减少化石燃料的消耗。

（3）分布式能源的大力发展需要储能的发展，由于分布式能源可解决电网输送的成本过高、地理位置限制、灵活性差、大电网安全性等问题，分布式能源越来越成为大规模能源系统中一个必不可少的组成部分。分布式能源的发展需与储能结合，原因是目前分布式能源系统能量供应和能量需求之间仍存在较大的矛盾。

（4）各种新技术的发展需要储能的发展，如在汽车上增加储能装置用于汽车动力的发展。

目前的储能形式有：抽水蓄能（PHS）、压缩空气储能（CAES）、常规电池、钠硫电池（NaS battery）、液流电池（Flow battery）、燃料电池（Fuel cells）、超导磁能储能（SEMS）、飞轮储能（Flywheel）、电容/超级电容（Capacitor/Super-capacitor）、热能储存（TES）等。衡量储能系统的主要指标有：能量规模、输出功率、能量密度、系统效率、运行寿命、运行次数、启动时间、充电时间/放电时间、初始投资及运行保养费用、对环境影响等。

CAES与PHS具有储存能量大、输出功率大等特点，可应用于电力系统大规模能量分配，而其他形式储能如部分电池、TES虽然也可以达到这一目的，但TES和电池初始投资很大，运行费用较高，其能量储存量也不如CAES和PHS的大，所以CAES和PHS在实际的电力系统能量分配方面有不可替代的作用。相对于CAES电站，PHS电站更受到地理位置（必须有水位的高低差）的限制，传统的CAES虽然也受地下储存洞穴地理位置的限制，但其相对于形成水位高低差的山地地形来说，较容易实现。CAES 的储存洞穴可在盐水矿、被开挖的一般硬岩矿和多孔性含水岩石层中，且近期发展的新型 CAES 可摆脱洞穴的限制；PHS 电站必须建设大坝，耗水量较大，对生态也会造成一定破坏，而 CAES 不耗水，对生态环境基本没有影响；在与可再生能源、分布式能源系统的联合中，由于风电、太阳能一般在平原地带，以及分布式能源系统环境变化多、规模小，PHS 电站由于地理原因也受到限制，而 CAES 则适应这些环境；CAES 具有低初始投资和运行成本、较高效率、无毒、寿命长等优点，也可与其他技术很好地结合。所以 CAES 在应用于可再生能源和分布式能源、其他新技术等方面也有非常大的前景。

1.2 压缩空气储能技术简介

CAES 电站如图 1 所示，由压缩机、储气室（地下洞穴）、燃烧室、膨胀机、发电机/电动机等组成。

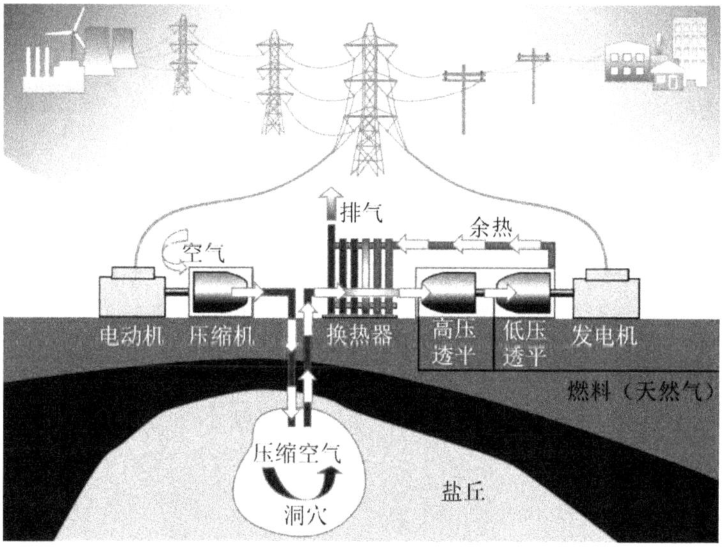

图 1　传统 CAES 概念图

CAES 系统的工作原理为：在用电低谷期，电动机与压缩机相连，多余的电能带动电动机和压缩机将空气压入地下储存室，而膨胀机不工作；在用电高峰，压缩机不工作，储存在储气室中的高压空气进入燃烧室与燃料燃烧产生高温高压燃气，高温高压燃气进入膨胀机膨胀做功带动发电机发电。

CAES 系统是从 20 世纪 50 年代发展起来的。自从 1949 年斯塔拉瓦尔（Stal Laval）提出可利用地下洞穴储存压缩空气以来，国内外学者开展了大量的研究和实践工作。目前世界上共有两座商业运行的 CAES 电站，即 1978 年开始运行的德国洪托夫（Huntorf）电站和 1991 年开始运行的美国麦金托什（McIntosh）电站，日本从 20 世纪 90 年代开始致力于建设一座 35MW 的 CAES 试验电站，在 1997 年也投入运行。其他国家如以色列、芬兰、英国、意大利等国家也在进行可行性研究和计划示范工程。

CAES 的最初主要目的是用来电网调峰和调频，如德国洪托夫（Huntorf）电站和美国 McIntosh 电站的建设是用来调峰调频，随着 CAES 技术及相关技术的发展和微型 CAES（10—50MW）的出现，CAES 应用越来越广泛，在可再生能源、分布式能源、汽车、UPS 电源、液压蓄能系统等方面得到了应用①。

1.3 压缩空气储能技术分类

1.3.1 先进绝热压缩空气储能系统（AA-CAES）②

绝热压缩空气储能系统即理想情况下，系统不与外界交换热量，无燃烧室，能量输入和输出仅为电能。绝热压缩空气储能系统在 1972 年首次被提出来，随着国内外学者的深入研究及系统的改进，目前先进绝热压缩空气储能（AA-CAES）系统的效率可达 50%—75%，图 2 为 AA-CAES 的系统概念图，它是传统 CAES 与蓄热储能的一种结合，系统取消了燃烧室，而是利用储能时压缩机压缩过程中的压缩热，用来加热释能时膨胀机的入口的高压空气。由于取消了燃烧室，可实现在地的无污染排放，也实现了系统在某些燃料不充足地方的应用。

① Jidai Wang, Lan Ma, Kunpeng Lu, Shihong Miao, Dan Wang and Jihong Wang, "Current Research And Development Trend of Compressed Air Energy Storage," *SYSTEMS SCIENCE & CONTROL ENGINEERING: AN OPEN ACCESS JOURNAL*, VOL. 5, NO. 1, 2017.

② 郭欢、许剑、陈海生、谭春青：《一种定压运行 AA-CAES 的系统效率分析》，《热能动力工程》第 28 卷，第 5 期，2013 年 9 月。

1.3.2 液态空气储能系统（LAES）①

LAES是利用用电低谷期多余的电能将空气液化并储存，在用电高峰期液态空气加压升温并释放能量，传统的CAES需要很大的储气室（洞穴），受到地理位置的限制，且能量密度小，而LAES中空气以密度很大的液态形式储存在储罐中，因此不受地理环境限制、能量密度大。

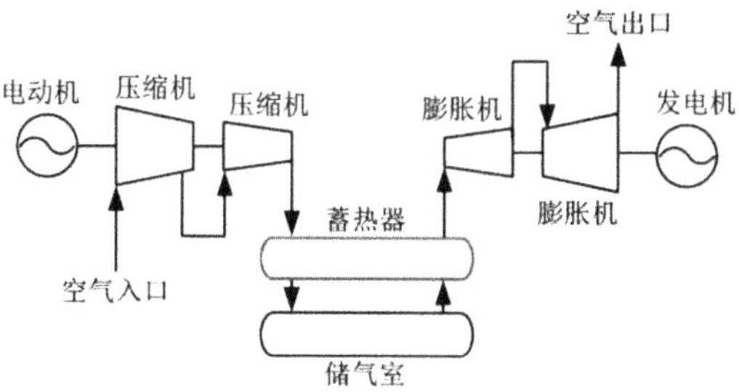

图2　AA-CAES概念图

常压下液态空气的密度约为常温下70bar压缩空气密度的10.6倍，若压缩空气采用定压储存，则储存相同质量的液态空气储罐体积是70bar压缩空气储气室体积的1/10.6；若压缩空气采用滑压储存，洞穴中的压缩空气在释放过程中压力减小导致密度会减小，且释能结束时储气室有残存的压缩空气，而液态空气密度恒定，则相对于压缩空气，液态空气所需的液态空气储罐更小。但实际中，由于液态空气储能系统设备增加导致系统整体体积增大，且相同质量的压缩空气和液态空气升压汽化后的高压空气做功能力并不完全相同，所以实际上两者的储能密度比较并不仅仅依赖于储气室和储罐中空气的密度。但整体上LAES具有更高的能量密度。

液化空气需要冷源，若冷源来自于外界制备过程，则储能效率会很低，则LAES无法应用于实际生产。有学者提出可用液态空气自身来冷却的方法，即在释能的过程中，将液态空气的冷量储存起来，用于储能时空气的液化，从而使液态空气储能系统效率得到很大提高。图3为一种液态空气储能系统示意图。

① 刘佳、夏红德、陈海生、谭春青、徐玉杰：《新型液化空气储能技术及其在风电领域的应用》，《工程热物理学报》第31卷，第12期，2010年12月。

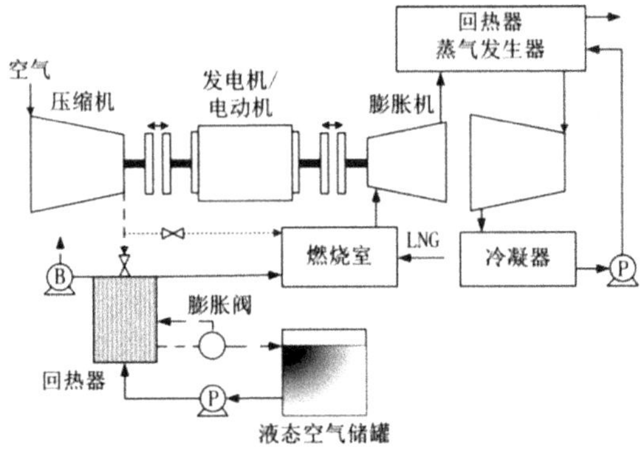

图3　一种液态空气储能系统

1.3.3 湿空气透平压缩空气储能系统（CASH）

CASH 是另一种对传统 CAES 改进的系统，即释能时对工作空气进行加湿，并用膨胀机出口高温排气加热湿空气。CASH 增强了 CAES 的回热，并可使压缩机中空气流量减小，减小储气室的体积，同时降低燃烧室温度，使氮氧化物排放减少。CASH 也可以利用压缩过程中的压缩热，提高系统效率。

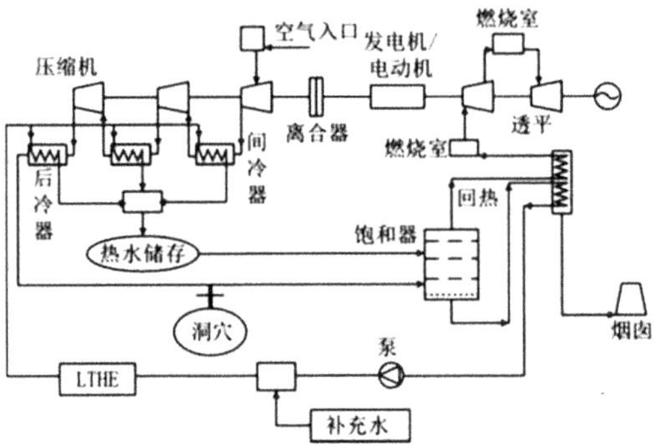

图4　一种湿空气透平压缩空气储能系统

图 4 为一种 CASH 系统，储能时压缩热储存在热水中，释能时，储存压缩热的热水与压缩空气在饱和器中混合，一部分蒸气与空气混合后进入回热器和燃烧室，另一部分水重新进入冷却水循环。由于系统回收了压缩工程的压缩热，且水蒸气能够提高混合物的比热容，在燃烧室和回热器中能更好地吸收热量，经计算该系统相对于传统 CAES 输出功率和热效率均得到提高。系统缺点是耗费大量水，不适宜在缺水地区应用。

1.3.4 超临界压缩空气储能系统

超临界压缩空气储能系统是一种新型的压缩空气储能系统，系统无须燃烧室、空气以液态形式储存，兼具 AA-CAES 和 LAES 的特点，具有环保性、摆脱燃料输运、高能量密度等优点。系统空气经压缩机部件后处于超临界状态（T>132K，P>37.9bar）。

图 5 为超临界压缩空气储能系统原理图，在初始条件下，低温储罐中注满液态空气。在用电高峰，液态空气经低温泵加压至超临界压力后，输送至蓄冷/换热器加热至常温，再吸收压缩热后经膨胀机膨胀做功。同时液态空气中的冷能被回收并存储于蓄冷/换热器中。在用电低谷，空气被压缩到超临界状态，并在蓄热/换热器中冷却至常温后，利用存储的冷能将其等压冷却液化，经节流后常压存储于低温储罐中，同时空气的压缩热被回收并存储于蓄热/换热器中。

超临界压缩空气储能系统会遇到和 AA-CAES 及 LAES 类似的问题，如类似于 AA-CAES，超临界压缩空气储能系统的膨胀机入口温度较低，当采用四级等压膨胀总膨胀比为 70 时，入口温度仅为 150°C 左右。类似于 LAES，超临界压缩空气储能的蓄冷/换热器中存在超临界空气流动和传热，其运行性能对系统整体效率影响很大。超临界压缩空气储能系统结构复杂，要提高总体效率，需要提高各部件的运行效率和整体的参数匹配程度。

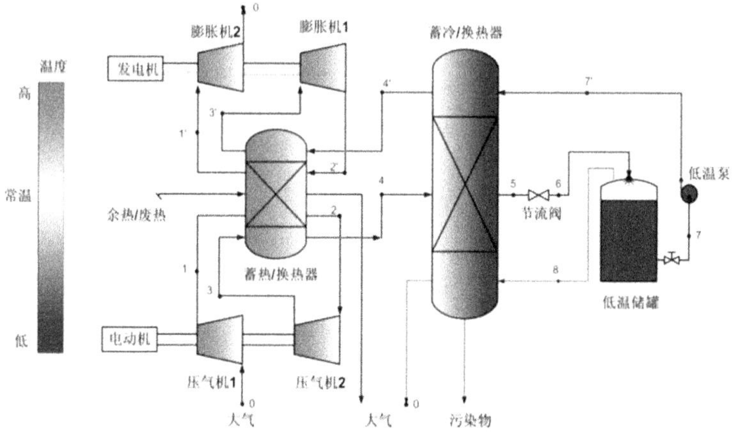

图 5　超临界压缩空气储能系统原理图

1.3.5 小型压缩空气储能系统（SSCAES）

为了摆脱地理位置对 CAES 的局限性，对于小型的压缩空气储能系统（SSCAES），可以采用储罐储气的形式对压缩空气储存，为了保持储罐温度的恒定和高压的安全性，可将储罐埋于地下，这种系统的效率可达 50%左右。

将高压管道埋于地表下，管道应做好保温措施和耐腐蚀处理。这种管道的储存压力一般高于地下洞穴的储存压力，由于管道体积有限，这种系统目前只适用于 SSCAES。

（6）与其他技术及储能技术结合的压缩空气储能系统

CAES 由于其良好的环境适应性和与其他系统的兼容性，CAES 可与其他技术如汽车、液压蓄能系统、风电、太阳能光伏结合，促使新技术的出现；与其他储能技术如飞轮、超级电容等结合，互补储能技术的优缺点，使新型混合的储能技术性能更优越，如调频更快、UPS 电源能量更大等。

1.4 盐穴储气方式

盐穴即盐矿开采后留下的矿洞，体积巨大且密封良好，可用于储存石油、天然气、空气等相关产品。图 6 为盐穴地下储气库的示意图。盐穴型储气库作为地下储气库的主要类型之一，同其他类型地下储气库相比具有的许多突出优点：

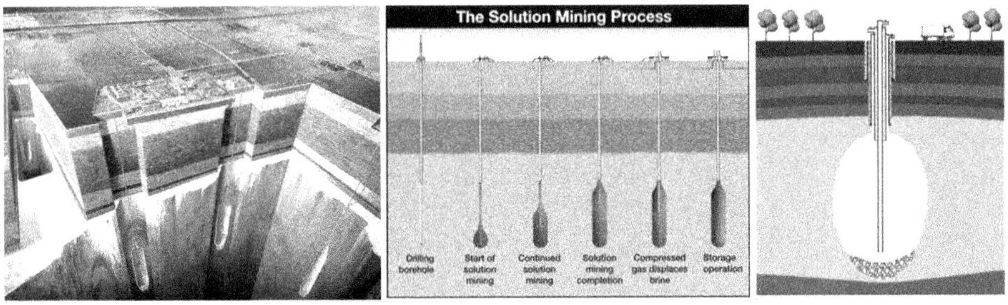

图 6　地下储气库主要类型

（1）盐岩具有非常低的渗透特性与良好的蠕变行为，能够适应储存压力的变化；

（2）盐岩力学性能较为稳定（具有损伤恢复特性），能够保证储存洞库的密闭性；

（3）盐岩溶解于水的特性使盐穴储气库的施工更加容易、经济；

（4）在储气库建造时，根据储气的实际需要，盐穴储气库可分期进行建设。

盐岩体是国际上公认的能源储存最理想的介质，据统计世界上90%的能源（石油、天然气）储存库建在盐岩介质或报废的盐矿井中。盐穴除了用于存贮石油、天然气外，利用盐穴存储压缩空气也有应用。1978年联邦德国在亨托夫成功地投运了世界第一座290MW的压缩空气蓄能电站，该电站利用的盐穴埋深650—800米，盐穴直径60米，井距220米，运行压力为4.3—7.0MPa。1991年美国阿拉巴马电力公司在麦金托什（McIntosh）建成世界上第二个商业运行的压气蓄能电站，该电站利用的盐穴埋深457—720米，盐穴直径75米，运行压力为5.1—7.9MPa。

盐穴地下储气库建库的关键技术就是盐穴建造。盐穴地下储气库的建造方式分为利用废弃的采盐盐穴改建、新建盐穴储气库两种。

（1）利用废弃的采盐盐穴改建地下储气库。地下一定深度埋藏着厚度较大、范围广、品位高的盐岩矿盐。为了采盐，在地面打井，钻开盐层，下套管固井，再下油管，从环形空间注入淡水，以水溶解盐岩，待水中含盐饱和后，用泵从油管采出盐水制盐，再注入淡水，采出盐，经若干次循环，地下盐体被溶蚀成大洞穴。当停止采盐，盐穴被废弃后，改建为地下储气库。

利用废弃盐穴改建储气库的优点是利用废穴建库时间短、速度快、费用少、成本低。缺点是最初打井、固井、造穴均以最大限度采盐为主要目的，并没有考虑到日后改为地下储气库。因此，在选定井位、油套管程序、管子规格、材质选用、固井质量、洞穴预留顶层和底层的盐层厚度、盐穴几何尺寸、形状、容积大小等方面都需要进行详细监测论证比较，看其是否符合作为地下储气库的改建条件，需要在哪些方面进行适当调整、改造及必要的更换和修补。

（2）新建盐穴储气库[①]。按调储气量要求，选定气库井位、井数、顶层、底层盐岩厚度及盐穴几何体形、容积大小，进行有计划的溶蚀造穴。可以造单井穴，也可以用压裂方法把两口井沟通，造较大的对井穴。按注气和采气压力、速度要求选择油套管程序、井身结构、完井方法以及固井质量等，从而最大限度地满足地下储气库的建库要求。

新建地下盐穴储气库通常采用溶解矿技术。通过钻凿井眼注入清水到盐层溶解盐，然后再将溶解后的卤水返回到地面。淋洗过程中既可以采用正向循环，也可以采用反向循环。这两种方法都可以使盐穴得到稳定的形态。

大部分情况下，盐层中含有一定的硬石膏和页岩夹层。在溶矿期间，不坚实的岩层会掉到盐穴的底部，堆成碎石堆，结果使储气空间减少。在有些情况下，碎石所占的体积为整个盐穴开采体积的30%—40%。

为了控制并保证气库顶上方的淋洗质量，不破坏气库的完整性及其承压能力，通常采用比水轻的碳氢物质（如丙烧、丁烧、柴油）作为表面材料喷涂在盐穴顶表面。这些材料通常是防腐的水不溶物，它们附着在盐的表面，可以防止盐穴淋洗时上部盐被溶解下来，实践证明其应用效果较好。

新建盐穴储气库的优点是气库质量好，各种要求有保证。缺点是建库时间长，费用高。

不同地质结构、不同埋藏深度的盐穴，许用压力范围也不相同。对于葛洲坝中科储能技术有限公司10MW级压缩空气储能系统来说，设计工作压力为7—10MPa。然而，在盐穴开采利用过程中，依据资源条件的不同，在某些地区形成了大量的浅层盐穴，如武汉云应盐穴。云应盐穴由于盐矿资源深度和地质条件的原因，盐腔深度一般较浅，其所承受的压力也不高。此类盐穴资源，不适合直接用于目前10MW级压缩空气储能系统。本文从技术和经济两方面对压缩空气储能技术在浅层盐穴中的应用进行研究，探寻其可行性。

① 何爱国：《盐穴储气库建库技术》，《天然气工业》第24卷，第9期，2004年9月。

2. 技术可行性

本文针对采用定压储气室的定压运行的 AA-CAES 进行分析研究，根据云应地区现有盐穴的统计情况，确定浅层盐穴许用压力为 4MPa，压缩机和膨胀机定工况运行。

2.1 工作流程

该系统包括压缩机、蓄热/换热设备、储气室和透平等单元。系统的工作原理为：储能时，多级间冷压缩机将空气压缩至高压，并将高压空气储存在恒压储气室——浅层盐穴中，同时利用蓄热介质回收且储存压缩机的间冷热；释能时，利用储存的间冷热，被间冷热加热的高压空气驱动多级透平膨胀做功发电①。

2.2 盐穴

云应盆地位于江汉凹陷东北部，为白垩系—第三系时期形成的一个内陆盐湖断陷盆地，地层区划隶属扬子区江汉分区东部小区。云应盐矿位于云应盆地中部。

2.2.1 区域地质特征

云应膏盐矿区是我国著名的膏盐产地，勘探和开发中积累的地质资料相当丰富，尤其膏盐地层的划分，各有关地质部门投入了大量的研究工作。对矿区地层的岩性岩相特征、物相特征、韵律变化特征进行了详细的划分和对比；对岩石、矿物、微体古生物进行了系统的分析和研究。经过多年的工作，各地质部门对矿区地层的划分和对比渐趋一致（见表 1）。

① 张新敬：《压缩空气储能系统若干问题的研究》，中国科学院工程热物理研究所博士论文，2011 年 9 月。

表 1　云应盐矿区地层一览表

界	系	统	地方性地层单位 组	地方性地层单位 代号	厚度（米）	岩性特征
新生界	第四系			Q	11—153	更新统为黄色、红色及灰白色黏土、砂、砂砾及含黏土砾石；全新统为近代浅黄色、暗褐色及灰色砂质黏土。与下伏地层不整合接触
	上第三系		掇刀石组	N2d	0—50	灰白—黄色泥岩、黏土岩，底部为黄褐色砾岩。仅见于个别钻孔
	下第三系		文峰塔组	Ew	3—480	下部灰绿色和赭色钙质泥岩、钙质粉砂岩，含纤膏，并含介形虫化石；上部为浅绿色、灰白色及赭色泥灰岩夹粉砂岩。与下伏地层整合接触
			膏盐组	Eg	394—1598	主要为一套灰色和赭色泥岩、粉砂岩及泥质石膏、硬石膏、钙芒硝等盐类岩石。按照含盐岩、钙芒硝、硬石膏和石膏等矿物组合分成下硬膏段 Eg1、下钙芒硝段 Eg2、盐岩段 Eg3、上钙芒硝段 Eg4、上硬膏段 Eg5 等五段。与下伏地层整合接触
			白砂口组	Eb	694—920	下部为红色砂岩、含砾砂岩，上部为红色粉砂岩、泥质粉砂岩夹薄层纤膏。与下伏地层整合接触
			云台山组	Ey	727	红色砂岩、泥质粉砂岩和砂质页岩及砾岩，韵律层发育，与下伏地层整合接触
中生界	白垩系	上统	公安寨组	K2g	>350	红色中厚层粉砂岩、泥质粉砂岩、砂质泥岩夹含砾砂岩，泥质粉砂岩中夹有白垩层

2.2.2 现有盐穴

已调研云应地区盐矿 4 家，分别是广盐华源公司、久大公司、中盐长江公司，以及双环公司。

广盐华源共提供 20 对对井资料，其中 8 对压裂井，12 对水平对接井。12 对水平对接井中，有 6 对串通，6 对独立。6 对独立的水平对接井中，有 1 对埋深位于500米以下，5对位于500米以上。

久大共提供对井资料6对，埋深都在500米以上。

中盐长江共提供5对对井资料，其中压裂井2对，水平对接井3对，优选3对水平对接井；3对水平对接井中，其中1对埋深388米，超过500米的有2对。

双环共提供21对对井资料。其中10对地层深度约为400米，10对地层深度约为600米。

分析这51对盐穴可知，顶板埋深约在300—750米，尤其埋深在500米以下的，算是浅层盐穴。根据盐穴储库的经验及案例，用于储气时的压力约在3MPa—10MPa之间，而对于埋深在500米以下的，储气压力约在3MPa—5MPa之间。因此，针对云应地区已有的浅层盐穴，本文选用储气压力4MPa进行后续模拟。

2.3 计算说明

本文采用Aspen Plus软件对储气压力为4MPa的系统进行模拟，流程图如图7所示。

模拟的基本假设包括：

（1）不考虑空气中的杂质及水、CO_2在换热过程的凝结问题；

（2）不考虑系统各设备的散热损失。

由于盐穴许用压力为4MPa，故系统压缩机选取为6级、膨胀机选取为3级。在系统的Aspen Plus建模中，压缩机和膨胀机均用压缩机/透平Compr模型，换热器用多物流换热器MheatX模型，循环水的混合用物流混合Mixer模型。空气的物性方法采用PENG-ROB方法，这种物性方法常用于空分系统，循环水的物性方法为STEAMNBS，压缩机耗功和水泵耗功之和为系统总耗功，系统总出功为膨胀机做功，各功流的混合用混合Mixer模型。

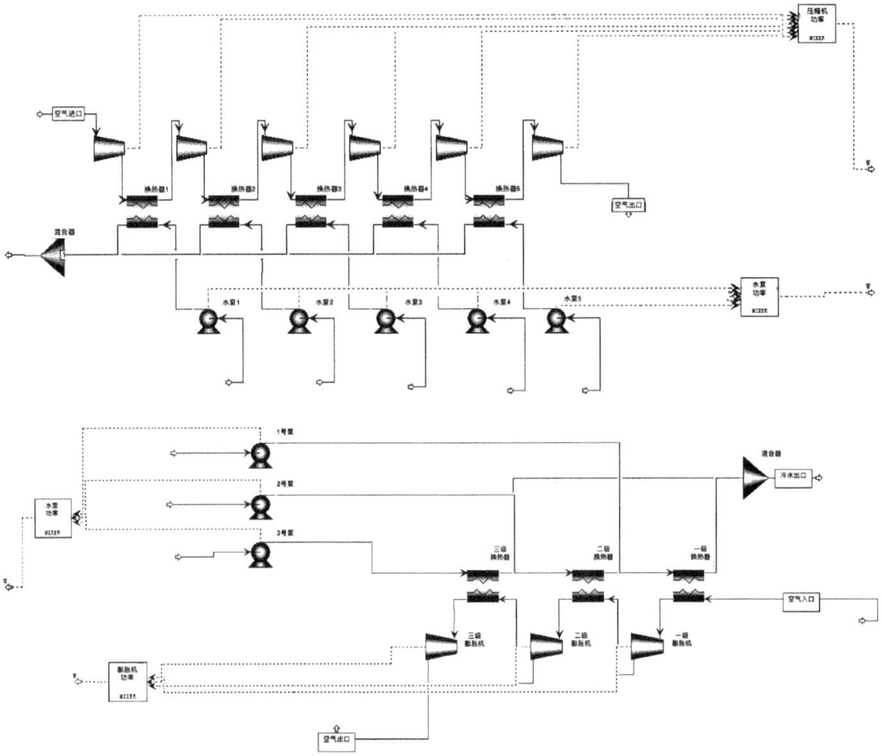

图 7　定压运行的储能和释能流程示意图

2.4 计算结果

经过计算，系统各节点的气体参数如表 2 所示。

表 2　Aspen Plus 计算表

储能				
	温度：℃	压强：bar	焓：J/kg	密度：kg/cum
AIRIN	13.50	0.815	(11764.99)	0.991
AIRH1IN	106.20	1.966	81158.16	1.805
AIRH1OUT	25.00	1.821	(518.58)	2.129
AIRH2IN	84.57	3.254	59097.03	3.170
AIRH2OUT	20.00	3.072	(5908.76)	3.657

续表

储能				
	温度：℃	压强：bar	焓：J/kg	密度：kg/cum
AIRH3IN	106.77	6.882	80888.64	6.311
AIRH3OUT	20.00	6.705	(6966.69)	8.001
AIRH4IN	92.15	13.214	64913.81	12.617
AIRH4OUT	20.00	13.021	(8783.93)	15.604
AIRH5IN	81.58	23.536	52168.66	23.191
AIRH5OUT	20.00	23.019	(11600.31)	27.752
AIROUT	79.13	40.019	46601.12	39.782
释能				
	温度:℃	压强 bar	焓：J/kg	密度：kg/cum
AIRH1IN	25.00	40.000	(10832.76)	47.728
AIRH1OUT	91.00	39.600	59140.89	37.997
AIRH2IN	(0.61)	12.375	(29754.01)	16.000
AIRH2OUT	91.00	11.975	63967.45	11.470
AIRH3IN	(0.41)	3.685	(26667.40)	4.721
AIRH3OUT	91.00	3.285	65581.60	3.142
AIROUT	(0.95)	0.995	(26314.63)	1.275

系统压缩机耗功 17577245W，膨胀机出功 10004761.6W，水泵总耗功 6659.8W。折算系统效率约为 56.90%。

3. 经济可行性

本文以湖北省武汉云应地区浅层盐穴为例，对压缩空气储能电站的经济性进行简要评估。计算中所涉及的参数均为查表参数，计算中所涉及的材料及设备价格均为相关材料及设备厂商的初步报价，所有计算结果仅作为最初可行性分析的参照。

3.1 投资估算

3.1.1 财务投资

根据工程投资概算，50MW/400MWh压缩空气储能电站工程静态总投资42500万元，建设期利息833万元。

3.1.2 流动资金

生产流动资金按每千瓦30元估算，共150.0万元，流动资金全部为资本金。

3.2 资金来源与融资方案

建设资金来源为资本金和银行贷款。资本金占总投资的20%，资本金不还本付息。贷款资金采用机组投产后按年返还贷款及利息的原则，年利率4.9%，贷款按复利计息，贷款偿还方式为等额还本付息，偿还年限为15年。

3.3 总成本费用估算

发电成本主要包括折旧费、修理费、职工工资及福利费、劳保统筹费、住房基金、材料费、保险费、利息支出、摊销费、电网租赁费及其他费用。

发电经营成本为不包括折旧费、摊销费和利息支出的全部费用。

储能电站主体设备折旧年限20年，残值率5%。运营期间平均修理费率按设备投资的1%计；职工人员工资6万元，劳保统筹、福利费、住房基金等按工资总额的60%；材料费定额15元/kW；电站无用水用气需求；厂自用电率1%；总定员8人。

3.4 收入与税费估算

3.4.1 发电收入

根据湖北省大工业用电峰谷分时电价政策，分时电价分为高峰（10时至12时，18时至22时）、低谷（零时至8时）和平段（其他时段）3个电价标准。平段电价即正常电价，而高峰电价是平段电价的1.8倍，低谷电价是平段电价的48%。根据湖北省物价局公布的电网销售电价，对于1—10千伏大工业用电，正常电价为0.6117元/kWh。

测算的发电收入主要为利用电网峰谷电价差，协助削峰填谷所得。系统每天谷段储能8小时，峰段释能6小时，平段释能2小时。按照本文计算的系统效率56.90%计算，年发电收入可达6687.5万元。

3.4.2 税金

本项目应交纳的税金包括增值税、销售税金附加和所得税。

（1）增值税

按照国家相关规定，增值税税率为17%。

（2）销售税金附加

销售税金附加包括城市维护建设税和教育费附加，以增值税税额为计征基数。本项目城市维护建设税税率取5%，教育费附加费率取5%（含地方教育费附加2%）。

（3）所得税

所得税按应纳税所得额计算，本项目的应纳税所得额为利润总额扣除弥补以前年度亏损后的余额。

3.4.3 利润及分配

营业收入与补贴收入的合计值扣除总成本费用和销售税金附加即为发电利润，发电利润扣除应交所得税即为税后利润。

税后利润提取10%的法定盈余公积金后，剩余部分为可分配利润；再扣除分配给投资者的应付利润，即为未分配利润。

3.5 盈利能力分析

本项目还贷方式为等额还本付息，还贷期为15年，项目静态投资回收期为8.89年，总投资利润率为7.30%，投资利税率为13.95%，资本金利润率为36.56%，财务内部收益率分别为14.93%，项目盈利能力较好。

表 3　财务指标汇总表

序号	名称	单位	数值
1	总投资（不含流动资金）	万元	43333
1.1	固定资产投资	万元	34000
1.2	建设期利息	万元	833
2	流动资金	万元	150
3	发电销售收入总额	万元	200624.8
4	总成本费用	万元	19295.0
5	增值税销项税额	万元	34106.2
6	营业税金及附加总额	万元	3410.6
7	发电利润总额	万元	94861.8
8	财务内部收益率	%	14.93
9	总投资利润率	%	7.30
10	投资利税率	%	13.95
11	资本金利润率	%	36.56
12	静态投资回收期（所得税后）	年	8.89
13	借款偿还期	年	15

4. 结论

本文针对浅层盐穴许用压力偏低的情况，从技术和经济两个方面分析了其用于压缩空气储能系统的可行性，得到以下结论：

（1）从技术层面，可以通过减少压缩机和膨胀机级数的方式，对系统部件重新设计，以匹配浅层盐穴许用压力，并充分利用盐穴资源。本文示例中，重新匹配的系统总效率高达 56.90%。

（2）从经济层面，通过初步估算，项目静态投资回收期为 8.89 年，总投资利润率为 7.30%，投资利税率为 13.95%，资本金利润率为 36.56%，财务内部收益率分别为 14.93%，项目盈利能力较好。

（3）盐穴资源从经济成本和储气容量上来看，非常适合用于压缩空气储能系统。浅层盐穴虽然许用压力较低，但是通过系统重新设计匹配，依然可以在压缩空气储能系统中较好地发挥其优势。

B 14

天然气输气抢修站场分布式多能互补集成设计研究

罗海华　董益华　张浙波*

摘　要：

针对某天然气输气抢修站场，分析了其冷、热、电负荷，提出了采用天然气膨胀发电装置回收天然气资源并计算发电量，设计出一套基于天然气分布式能源和天然气余压发电系统的多能互补系统，实现天然气余压资源100%回收发电，天然气分布式能源系统综合能源利用效率超过80%，节能率超过25%。

关键词：

余压　分布式　多能互补　集成设计

* 罗海华，浙江浙能技术研究院有限公司高级工程师。董益华，浙江浙能技术研究院有限公司高级工程师。张浙波，浙江浙能技术研究院有限公司工程师。

1. 引言

天然气输气抢修站场是天然气输气站和天然气管网抢修站合建站场，主要承担接收上游天然气、天然气减压、天然气分输以及兼顾周边区域的管网检修等任务。传统天然气输气抢修站场供能方式相对独立，从市政电网购电获取电力，再由电力转换冷、热，未按能级供能，导致能源利用效率低，同时未对天然气输气站场内的天然气余压资源回收。

天然气输气抢修站场分布式多能互补能源系统基于站场可回收的天然气余压资源，结合天然气冷热电三联供系统，实现按质供能、就地消纳、能级匹配、综合利用，从而提高能源综合利用效率。本文以浙江省某天然气输气抢修站场为对象，对该项目进行了多能互补集成设计研究。

2. 工程概况

某天然气输气抢修站场承担省级天然气管网输气至市级管网，平均分输4万 Nm^3/h 天然气，通过调节阀减压 1MPa。站场由维抢修生产大楼、抢修车间、维修库房、辅助用房等组成，总建筑面积为 23488.37m^2。其中维抢修生产大楼有供冷、热需求，其他建筑主要是照明、检修仪器、通风设备等用电负荷。

2.1 冷热负荷计算

维抢修生产大楼共13层，地下部分1层，地上部分共12层，钢筋混凝土框架结构，建筑高度 46.85m。总建筑面积为 19812.78m^2，地上建筑面积：16516.56m^2，地下建筑面积：3297.22m^2（地下）。

依据工程施工图可知，维抢修生产大楼1—5层为办公用房，空调负荷区域面积4589m^2，维抢修生产大楼6—12层为员工宿舍，空调负荷区域面积5274m^2。采用 HDY-SMAD 空调负荷计算及分析软件 V4.0，分析得到维抢修生产大楼夏季典型日逐时冷负荷、冬季典型日逐时热负荷，如图 1 和图 2 所示。

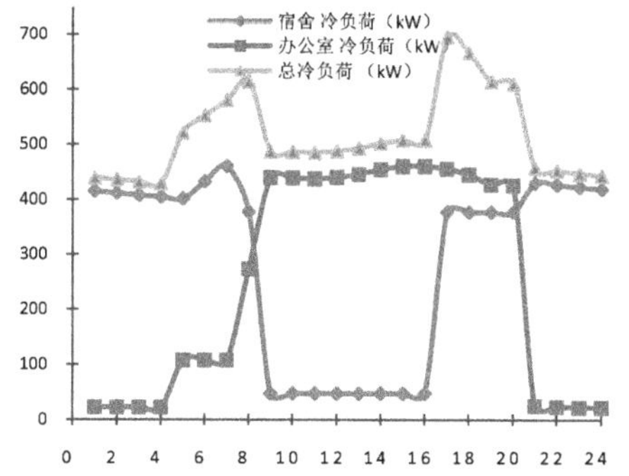

图 1　生产大楼夏季典型日逐时冷负荷曲线

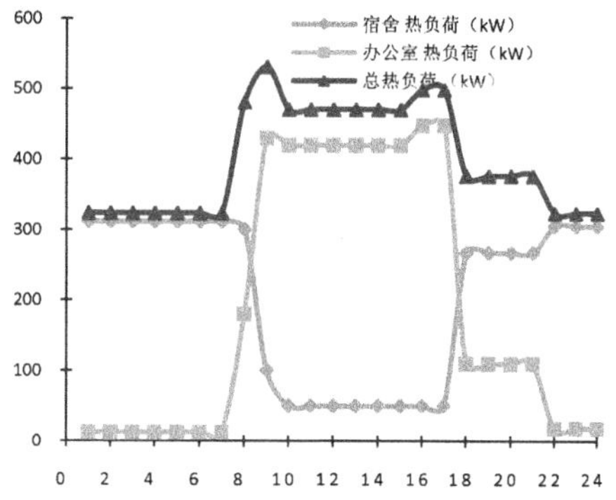

图 2　生产大楼冬季典型日逐时热负荷曲线

2.2 电负荷计算

本工程电负荷包括站场内的维抢修生产大楼、检修区及仓库，参考项目初设相关图纸说明，根据电气设备容量设置确定，应急和备用照明按每平方 5W 用电量计算，办公区域普通照明和小动力按每平方 40W 用电量计算，其他按设备用量计算。站场用电区域负荷曲线图如图 3 所示。

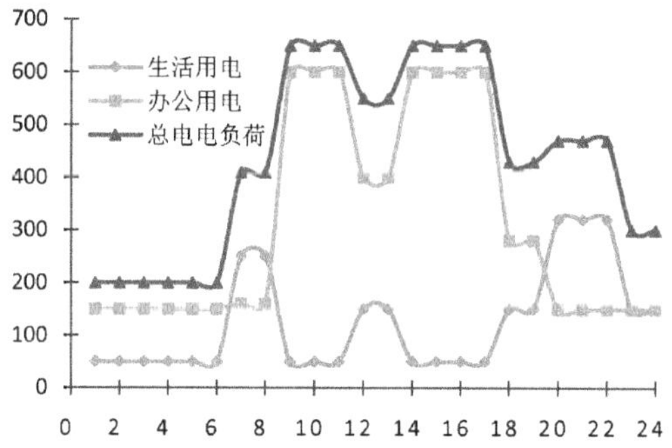

图 3　站场典型日逐时电负荷曲线

2.3 天然气余压资源计算

该站场分输站承担省级天然气管网输气至市级管网，平均分输 4 万 Nm^3/h 天然气，省级管网平均运行压力为 4.6MPa，天然气温度为 11℃，市级天然气管网平均运行压力为 3.6MPa。目前通过调压阀减压 1MPa，浪费大量的压力能，而采用天然气膨胀机通过天然气膨胀降压产生的机械能驱动发电机发电①。高压天然气在膨胀机做功的过程可近似视为比热容为定值的多变过程②③，则膨胀机的机械功公式可简化为公式（1）：

$$w=c_pT_1\left[1-\left(\frac{p_2}{p_1}\right)^{(n-1)/n}\right] \tag{1}$$

式中：w——膨胀机输出的机械功（kJ/kg）；c_p——天然气比热容，取2.223kJ/（kg·K）；

T_1——膨胀机进口温度（K）；n——膨胀机的非等熵膨胀指数；p_1——膨胀机的进口压力（MPa）；p_2——膨胀机的出口压力（MPa）；

其中膨胀机的非等熵膨胀指数 n 通过公式（2）可得：

$$n=\frac{k}{k-\varphi^2(k-1)} \tag{2}$$

其中 k——等熵膨胀指数，天然气取 1.29；φ——膨胀机速度系数，取 0.85。

$$n=\frac{1.29}{1.29-0.85^2(1.29-1)}=1.19$$

通过公式（1）可得高压天然气膨胀机机械功：

$$w=2.223\times284\times\left[1-\left(\frac{3.6}{4.6}\right)^{(1.19-1)/1.19}\right]=24.64\,\text{kJ}/\text{kg}$$

则该站场分输气全部通过膨胀机理论发电功率 W 为：

$$W=24\text{kJ/kg}\times40000\text{Nm}^3/\text{h}\div3600\times0.7174\text{kg/Nm}^3=196.42\text{kW}$$

---

① 恽鸿、张彩娟等：《天然气加温减压站余能计算及回收利用方案探讨》，《石油化工技术与经济》2014 年总第 30 期，第 1 期，第 13—17 页。

② 易惠芳等：《城市门站天然气调压过程压力能回收研究及应用》，西南石油大学硕士学士论文，2015 年，第 24—25 页。

③ 徐文东、郑惠平、郎雪梅等：《高压管网天然气压力能回收利用技术》，《化工进展》2010 年总第 29 期，第 12 期，第 2385—2389 页。

3. 多能互补集成系统设计研究

结合站场天然气资源以及天然气余压资源，采用天然气分布式能源技术以及天然气余压发电技术对该站场冷热电三联供。根据站场全年冷热电负荷，合理设计基于天然气分布式能源系统及天然气分布式余压发电系统的多能互补集成系统，实现按需供能、就地消纳、余压资源回收、梯级高效利用。

3.1 天然气分布式能源系统设计

通过上述电力负荷计算可知，全天电负荷较小时段在夜间 18：00—6：00，约 200—500kW，白天时段电负荷较平均，约 450—650kW。由上述天然气余压资源计算可知，站场的余压发电功率约 196kW，在天然气余压发电系统无故障下，原则上可全年 24 小时运行，承担基础电负荷，超过部分电负荷（250—450kW）由天然气分布式能源系统或者电网解决。

由上述空调负荷分析可得夏季空调冷负荷 400—700kW，冬季空调热负荷 300—550kW。天然气分布式能源系统承担冷（热）电负荷比约为 1.5∶1，宜采用燃气内燃机+溴化锂冷热两用机组的天然气分布式能源系统。

内燃机装机容量以最小电负荷确定，溴化锂机组装机容量按一定比例欠比例配置①，综合站场冷热电负荷，推荐采用一台 250kW 燃气内燃机+633kW 烟气热水补燃型溴化锂机组。考虑空调安全备用及夜间谷电经济性等问题，同时设置 5 台风冷热泵型电空调，天然气分布式能源系统主要设备参数见表 1、表 2、表 3。

① 林世平、李先瑞、陈斌等：《燃气冷热电分布式能源技术应用手册》，北京：中国电力出版社 2014 年版。

表 1　燃气内燃机主要性能参数

序号	项目	单位	数值
1	内燃机出力	kW	250
2	发电效率	%	40.7
3	耗气量	Nm^3/h	64.5
4	缸套水出水温度	℃	85
5	缸套水回水温度	℃	76
6	缸套水流量	m^3/h	12.5
7	缸套水循环散热总功率	kW	129
8	排烟温度	℃	489
9	烟气流量	kg/h	1390
10	烟气余热可利用功率	kW	192
11	氮氧化物排放	mg/Nm^3	-250
12	设备外形尺寸	m	3.2×1.35×2.25

表 2　烟气热水补燃型溴化锂机组主要性能参数

<table>
<tr><th>序号</th><th colspan="2">项目</th><th>单位</th><th>制冷</th><th>采暖</th></tr>
<tr><td>1</td><td colspan="2">总制冷/采暖能力</td><td>kW</td><td>633</td><td>530</td></tr>
<tr><td>2</td><td colspan="2">烟气热水制冷/采暖能力</td><td>kW</td><td>302</td><td>290</td></tr>
<tr><td>3</td><td colspan="2">补燃制冷/采暖能力</td><td>kW</td><td>331</td><td>240</td></tr>
<tr><td>4</td><td rowspan="2">缸套水</td><td>进出口温度</td><td>℃</td><td colspan="2">85→76</td></tr>
<tr><td>5</td><td>流量</td><td>m^3/h</td><td colspan="2">12.5</td></tr>
<tr><td>6</td><td rowspan="2">烟气</td><td>进出口温度</td><td>℃</td><td colspan="2">489→110</td></tr>
<tr><td>7</td><td>湿流量</td><td>kg/h</td><td colspan="2">1390</td></tr>
<tr><td>8</td><td rowspan="2">冷热水</td><td>进出口温度</td><td>℃</td><td>12→7</td><td>55→60</td></tr>
<tr><td>9</td><td>流量</td><td>m^3/h</td><td>108.9</td><td>91.2</td></tr>
<tr><td>10</td><td rowspan="2">冷却水</td><td>进出口温度</td><td>℃</td><td>32→37</td><td>/</td></tr>
<tr><td>11</td><td>流量</td><td>m^3/h</td><td>205</td><td>/</td></tr>
</table>

表 3　风冷热泵型电空调主要性能参数

序号	项目	单位	制冷	采暖
1	制冷/采暖能力	kW	130	140
2	输入电功率	kW	39	42
3	电压	V	380	
4	冷热水流量	m^3/h	22.4	

3.2 多能互补集成系统设计

站场电力由 250kW 级燃气内燃机、190kW 天然气余压发电装置及市政电网等多种能源方式提供，其中天然气余压发电装置作为基础电负荷，燃气内燃机和市政电网作为调节及备用手段。在 8：00—22：00 空调负荷优先由燃气内燃机的余热驱动溴化锂机组提供，不足部分由溴化锂机组补燃方式提供。夜间 22：00—8：00 时段利用谷电驱动风冷热泵空调满足站场的空调负荷需求。

以该套天然气分布式能源系统与天然气余压发电系统形成的多能互补集成系统，因地制宜充分利用站场天然气余压资源，实现天然气余压资源全年连续不限负荷运行。通过合理选择燃气内燃机的功率，与天然气余压发电系统、市政电网形成补充电源，燃气内燃机发电就地消纳，燃气内燃机余热全部转化空调冷热负荷，实现天然气能量梯级高效利用。采用高效风冷热泵空调充分利用夜间市政电网谷电为站场供冷、供热，有助于消纳市政电网夜间多余的电量，提高整个社会的能源利用率。

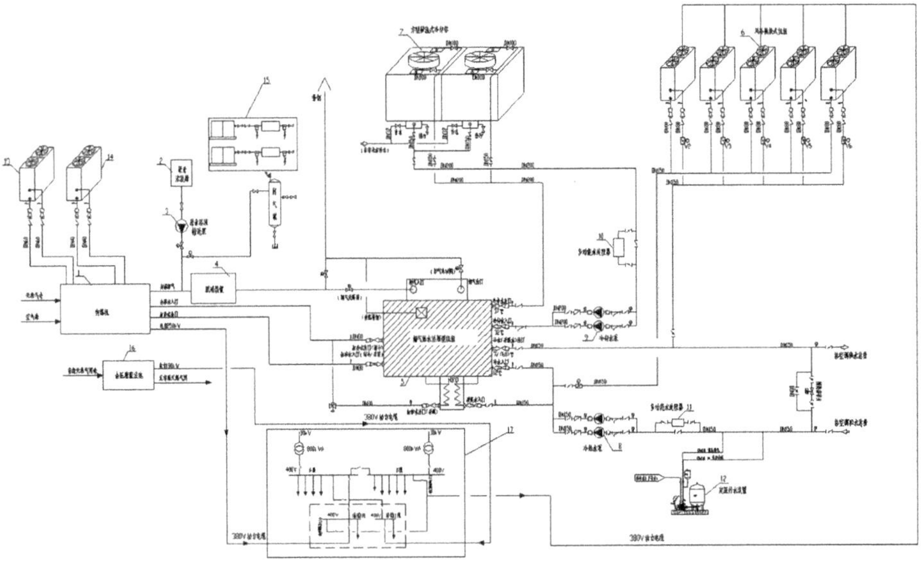

图 4　某天然气输气抢修站场多能互补原则性系统图

说明：序号表示：1. 燃气内燃机，2. 尿素溶液罐，3. 尿素溶液输送泵，4. 脱硝装置，5. 烟气热水补燃型热泵机组，6. 风冷热泵空调，7. 冷却塔，8. 冷热水循环泵，9. 冷却水循环泵，10. 多功能冷却水处理器，11. 多功能冷热水处理器，12. 定压补水装置，13. 燃气内燃机缸套水应急散热器，14. 燃气内燃机中冷水散热器，15. 空压机，16. 天然气余压膨胀发电装置，17. 站场配电网。

4. 运行模式及策略

站场主要的用能需求为电力、季节性供冷（热），运行模式有典型非供冷（热）季、典型供冷季及典型供热季。

4.1 非供冷（热）典型工况运行方式及策略

该模式无供冷（热）需求，主要用能为办公及生产、生活用电，天然气分布式能源系统停止运行，通过分布式天然气余压回收利用系统以及市电对其供电。白天时段电力需求 440—650kW，夜间时段电力需求 200—300kW，余压发电装置不间断提供 190kW 电力，市电作为补充、调峰手段。

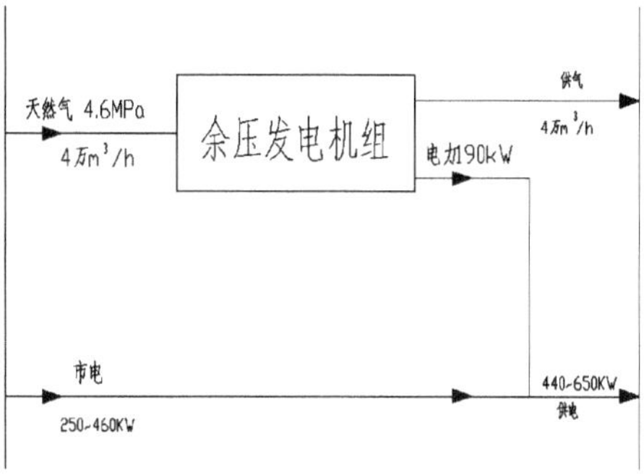

图 5　非供冷季（热）白天能流图

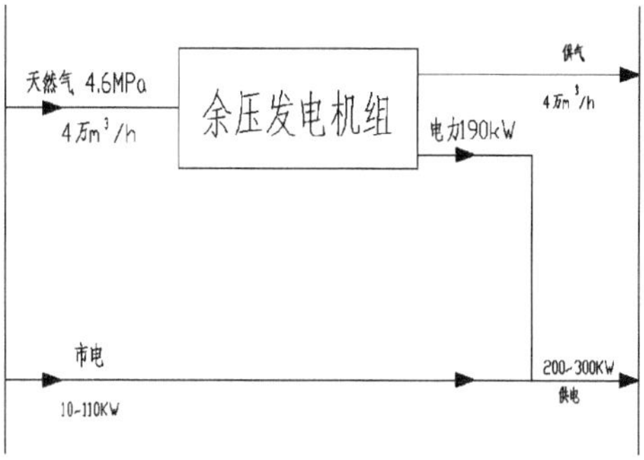

图 6　非供冷季（热）夜间能流图

4.2 供冷典型工况运行方式及策略

8：00—22：00 时段通过天然气分布式能源系统以及天然气余压发电系统形成多能互补系统对站场进行综合供能，能流图见图 7 所示。燃气内燃机及余压发电装置额定负荷运行，市电作为补充、调峰手段。燃气内燃机烟气、缸套水余热全部通过溴化锂机组产生 302kW 冷量，综合能源利用效率 84.2%①，节能率 27.8%。若空调冷量不足时，再通过溴化锂补燃方式增加空调制冷量。

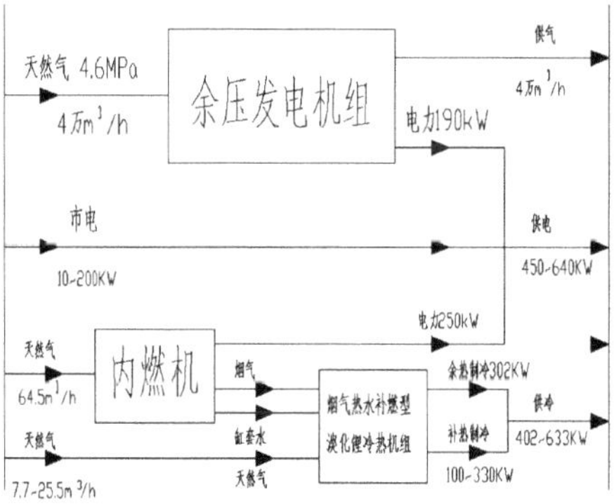

图 7　供冷季白天能流图

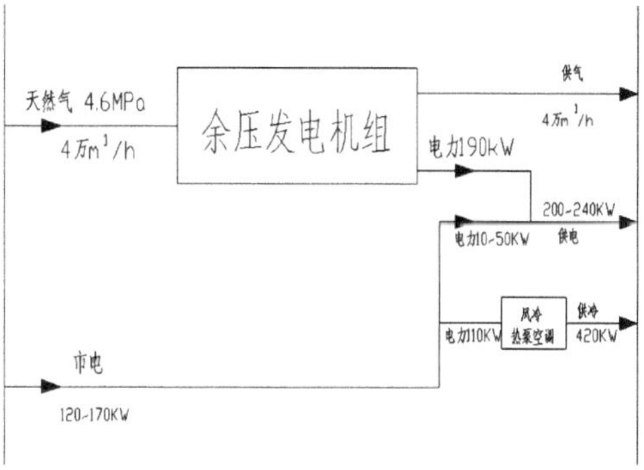

图 8　供冷季夜间能流图

22：00—8：00 时段通过风冷热泵空调系统以及分布式天然气余压回收利用系统对站场进行综合供能，该时段空调制冷需求 420kW，4 运 1 备，能流图见图 8 所示。

---

① 李佩、王健、何石泉等：《天然气分布式能源系统的能源综合利用效率计算》，《暖通空调》2014 年总第 44 期，第 10 期，第 13—17 页。

4.3 供热典型工况运行方式及策略

8：00—22：00 时段通过天然气分布式能源系统以及天然气余压发电系统对站场进行综合供能，能流图见图 9 所示。燃气内燃机和余压发电装置均满负荷提供基础电力负荷，市电作为电力调峰手段。燃气内燃机烟气、缸套水余热全部通过溴化锂机组产生热量，通过补燃方式增加空调制热，满足该时段空调负荷需求，综合能源利用效率 81.6%，节能率 25.7%。

22：00—8：00 时段通过风冷热泵空调系统以及分布式天然气余压回收利用系统对站场进行综合供能，能流图见图 10 所示。空调制热需求 350kW，3 运 2 备用，余压发电装置不间断提供 190kW 电力，市电作为补充、调峰手段。

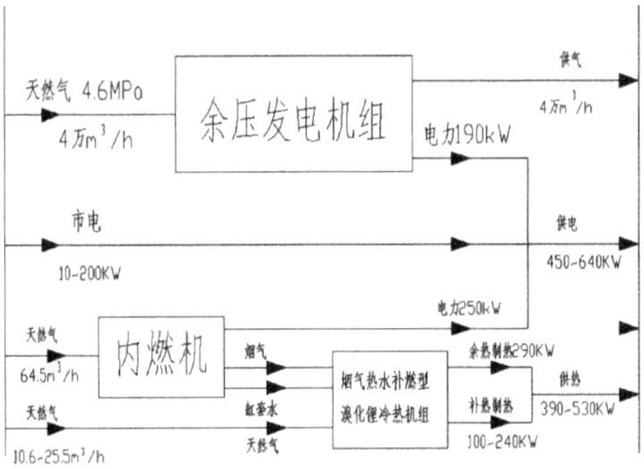

图 9　供热季白天能流图

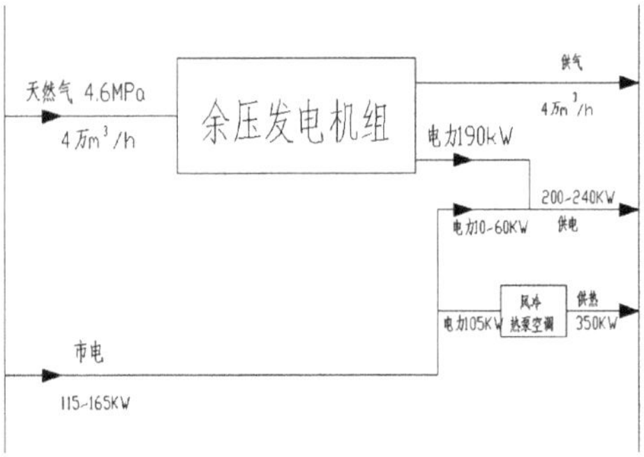

图 10　供热季夜间能流图

5. 结论

根据天然气输气抢修站场条件和用能情况，设计了余压能、天然气及市政电力的多能互补系统，余压发电系统将天然气余压资源 100%转化清洁电力。通过合理选型，保证天然气分布式能源系统长时间额定负荷工况运行，实现了天然气梯级高效利用，具有能源利用率高、经济性好、能源保障水平高等优点，满足站场全年生产、生活的冷、热、电等能源需求，对于天然气输气抢修站场具有示范意义。

B 15

工业园区综合能源系统的主从互动模拟方法

周长城　马溪原　郭晓斌　袁智勇　雷金勇*

摘　要：

互动模拟仿真是研究互动机制对参与主体行为影响、完善互动机制流程的重要手段。首先，提出工业园区综合能源系统多参与主体互动机制，其中运营商和用户在各个互动环节通过信息交互等行为完成园区的削峰指标。其次，针对互动机制建立了用户负荷模型、用户效益模型、运营商收益和成本模型。在此基础上，提出了基于主从博弈的互动模拟仿真方法，实现了对互动机制的仿真模拟；当负荷越限时，用户通过调整可平移负荷、可削减负荷以及变化的热负荷来响应运营商下达的削峰指令，运营商对于用户响应做出反馈，调整削峰补偿价格，二者均以自身利益最大化作为目标，直至达到博弈均衡。最后，通过对典型算例的分析，论证了所述方法的有效性。

关键词：

互动机制　仿真模拟　多参与主体　综合能源系统　主从博弈

* 周长城，硕士，助理研究员，供职于南方电网科学研究院有限责任公司。马溪原，高级工程师，博士，供职于南方电网科学研究院有限责任公司。郭晓斌，高级工程师（教授级），硕士，供职于南方电网科学研究院有限责任公司。袁智勇，高级工程师，博士，供职于南方电网科学研究院有限责任公司。雷金勇，高级工程师，博士，供职于南方电网科学研究院有限责任公司。

1. 引言

工业园区涵盖多种产能和用能主体，负荷需求量大、用能结构复杂，普遍存在能源利用效率低、电能供应不足等问题①。在工业园区内建设以 CCHP 为核心单元的综合能源系统，旨在实现园区内部用能的可靠、高效和清洁，同时实现园区与大电网的友好互动。在工业园区综合能源系统中引入有效的互动机制，一方面可以挖掘园区内各参与主体的需求响应潜力，增强用户与电网之间的良性互动；另一方面可以为用户提供更好的综合能源供应服务②。

在互动机制真正应用于实际工程之前，通过合适的仿真手段模拟工业园区综合能源系统中各参与主体的互动流程，一方面有助于深入分析互动机制对各参与主体博弈行为以及运营模式的影响，并根据多元用户互动的激励效果对互动机制进行完善；另一方面可以论证多种潜在互动机制的激励相容能力③。因此，从技术角度来说，建立针对工业园区互动机制的仿真模型是非常必要的。此外，国家相关政策对于互动机制的研究持鼓励与扶持态度，为互动模拟方法的研究营造了良好的环境。

本文首先提出了工业园区综合能源系统的互动机制，分析了工业园区综合能源系统中运营商在互动的各个阶段的任务；在此基础上，建立了用户模型和运营商模型，用于模拟参与主体在互动机制流程中的行为和效益；其次，建立了基于主从博弈的互动模拟仿真模型，提出了用户和运营商的主从博弈策略及目标，模拟了工业园区综合能源系统互动机制的具体流程；最后通过对典型算例的分析，验证本文所述方法的准确性和有效性。

---

① 贾宏杰：《对我国综合能源系统发展的思考》，《电力建设》2015 年第 36 卷，第 1 期，第 16—25 页。

② 姜子卿：《基于冷热电多能互补的工业园区互动机制研究》，《电力自动化设备》2017 年第 37 卷，第 6 期，第 260—267 页。

③ 蒲天骄：《主动配电网多源协同优化调度架构分析及应用设计》，《电力系统自动化》2016 年第 40 卷，第 1 期，第 17—23 页。

2. 工业园区综合能源系统互动机制

工业园区综合能源系统互动机制为运营商和用户提供了一种信息交互的手段，用于实现园区内负荷削减、负荷平移、热电负荷转换，进而满足电力调度机构对园区下达的削峰指标。运营商和用户通过感知周围的环境，彼此之间进行交互，实现互动过程。运营商需要协调用户之间的信息交互，确保所有参与主体信息的互联互通，同时负责园区负荷互动计划的具体制定，协调用户之间能量流和信息流的互动；用户接收运营商的指令，根据自身设备情况等对其做出响应，并等待运营商下一步指令。

本文研究的工业园区所采用的互动流程如图 1 所示，互动机制具体包括五个阶段：

（1）前期准备阶段。在园区互动机制正式实施之前，电网公司、园区运营商与底层用户等做的一系列准备工作，主要包括确定互动资源及补偿形式、运营商与用户签订供能合同、年度预测等。

（2）日前决策阶段。园区运营商提前一天，通过负荷预测，对次日是否启动互动机制、次日具体互动计划等进行最优决策。该阶段任务主要包括互动机制启动条件判定等环节。

（3）日内交互阶段。在当日的互动过程中，运营商对日前互动计划中存在的偏差或紧急情况进行修正和再调度，底部执行层的各主体按照计划进行主体间的互动，完成削峰指标。

（4）有效性判定阶段。运营商根据最终确定的调度计划（包括用户竞价、中断权交易、热电互动），对用户的响应有效性进行判定。

（5）月度结算阶段。每月初，运营商或售电公司对上个月用户响应削峰需求情况进行统计和结算，对用户或 CCHP 支付补贴或收取罚款。

为了实现对互动机制的仿真，需要建立工业园区综合能源系统中各参与主体的模型和合理的互动模拟方法。建立的参与主体模型一方面反映互动机制中前期准备阶段用户负荷情况以及运营商的削峰定价方法，另一方面为后续互动过程中达到的博弈均衡提供目标函数；互动模拟方法则体现了互动机制在日前决策、日内交互、有效性判定和月度结算过程中用户、运营商之间的博弈行为和互动流程。

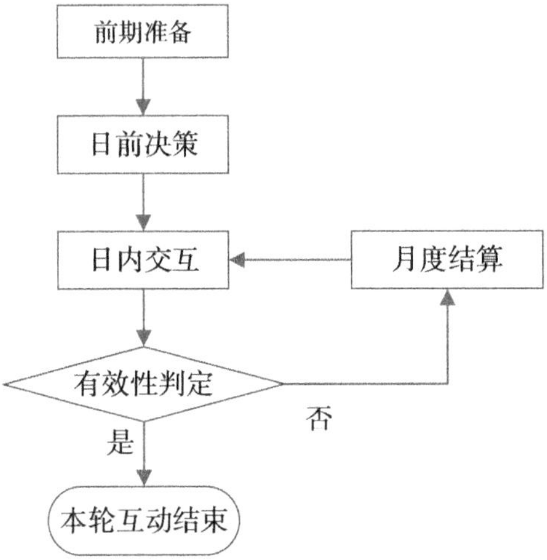

图 1　运营商与用户互动过程

3. 工业园区多参与主体建模

在工业园区综合能源系统中，用户及运营商通过感知周围的环境、各主体间的交互共享自身信息，具备自主响应互动机制的决策能力。基于此，针对工业园区综合能源的实际削峰需求、用户的用能行为特征，以及各参与主体的效益诉求，建立用户模型和运营商模型。

3.1 用户模型

3.1.1 电负荷模型

将用户群作为一个整体，那么在 h 时刻系统净负荷为所有用户的净负荷之和，即表达式如下：

$$N_L^h = \sum_{i=1}^{n} N_{Li}^h = \sum_{i=1}^{n} (L_i^h - P_i^h) \tag{1}$$

$$N_{Li} \triangleq [N_{Li}^1, \cdots, N_{Li}^T], \quad i \in (1, 2, \cdots, n) \tag{2}$$

式中：L_i^k 是用户在时段 h 的负荷；P_i^k 是第 i 户的光伏预测值；n 为用户总数；N_{Li}^k为用户在时段 h 的净负荷；N_{Li}为用户 i 在全时段各时刻的净负荷集合。

根据是否处于削峰时段，用户 i 在时刻 h 的电负荷模型定义如下：

$$L_i^h = \begin{cases} L_i^{init\_h} - \Delta r_i^h + \Delta l_{hi}^h, & h \in \{hex\} \\ l_{fi}^h + l_{si}^h, & h \notin \{hex\} \end{cases} \tag{3}$$

$$L_i^{init\_h} - \Delta r_i^h \leqslant l_{fi}^h, \quad h \in (1, 2, \cdots, T) \tag{4}$$

式中：hex 指越限的时段的集合；$L_i^{init\_h}$ 是用户在时段 h 的初始负荷；Δr_i^h 特指用户 i 在越限时段根据自身情况申报的负荷削减量，含可平移负荷和可削减负荷；Δl_{hi}^h 是用户在时段 h 增加热负荷而耦合调节的电负荷；l_{fi}^h 是用户在时段 h 的固定负荷；l_{si}^h 为用户在时段 h 的可平移负荷增加量，式（3）是对用户负荷根据削峰要求做的两种分段函数的处理。

3.1.1.1 固定负荷

对可靠性要求很高，要求实时保证供电量，第 i 个用户固定负荷表达式如下：

$$l_{fi} \triangleq [l_{fi}^1, \cdots, l_{fi}^T], \quad i \in (1, 2, \cdots, n) \tag{5}$$

3.1.1.2 可平移负荷

无须实时保证供电，可以根据需要调整用电时间，只需保证一定时间内的连续供电即可。第 i 个用户可平移负荷表达式如下：

$$l_{si} \triangleq [l_{si}^1, \cdots, l_{si}^T], \quad i \in (1, 2, \cdots, n) \tag{6}$$

$$\begin{cases} l_{si}^{\min} \leqslant l_{si}^h \leqslant l_{si}^{\max}, & h \in [\alpha_i, \beta_i] \\ l_{si}^h = 0, & h \notin [\alpha_i, \beta_i] \end{cases} \tag{7}$$

$$\sum_{h=1,\ h \notin \{hex\}}^{T} l_{si}^h = Q_i \tag{8}$$

式中：$[l_{si}^{\min}, l_{si}^{\max}]$为 l_{si}^h 的取值范围；$[\alpha_i, \beta_i]$ 为负荷平移的允许时间；Q_i 为该用户允许的可平移负荷总量，需保证平移前后可平移负荷保持不变。

3.1.1.3 可削减负荷

可根据具体情况由调度指令进行全部削减或部分削减。第 i 个用户可削减负荷表达式如下：

$$l_{ci} \triangleq [l_{ci}^1, \cdots, l_{ci}^T], \quad i \in (1,2,\cdots,n) \tag{9}$$

$$\begin{cases} l_{ci}^{\min} \leqslant l_{ci}^h \leqslant l_{ci}^{\max} & , h \in [\delta_i, \theta_i] \\ l_{ci}^h = 0 & , h \notin [\delta_i, \theta_i] \end{cases} \tag{10}$$

$$\sum_{h=1}^{T} l_{ci}^h \leq C_i \tag{11}$$

式中：$[l_{ci}^{\min}, l_{ci}^{\max}]$ 为 l_{ci}^h 的取值范围；$[\delta_i, \theta_i]$ 为可削减负荷允许削减的时间区间；C_i 为用户允许为可削减负荷的总量，需保证削负荷至多不能超过预定的可削减负荷总量。

3.1.1.4 热电耦合电负荷

变换量是指用户因增加热负荷导致电负荷变换的物理量，该值可能增加，可能减少，也可能保持不变。定义如下：

$$\Delta l_{hi}^h = a \cdot \zeta \cdot \Delta h_i^h \; i \in (1,2,\cdots,n), \quad a \in [-\infty, +\infty] \tag{12}$$

式中：Δh_i^h 为用户 i 在 h 时刻的热负荷增加量；$\zeta = 0.7$ 为热电单位的换算系数，是一个常数，即 $1\ t/h = 0.7\ MWh$；a 为热电耦合系数，表征着热电负荷的耦合强度，正值为热电正耦合，表示电、热负荷同向变化，即热负荷增加，电负荷也增加；负值为热电负耦合，表示电、热负荷反向变化，即热负荷增加，电负荷减少，零为热电无耦合。其绝对值 $|a|$ 越大，表明耦合强度越大，反之，则越小。

3.1.1.5 光伏出力

具有间歇性和波动性，采取“自发自用，余电上网”的模式，保证新能源的就地消纳。根据光伏的出力特性，光伏逆变器会采取最大功率点跟踪（Maximum Power Point Tracking，MPPT）的控制策略，第 i 个用户光伏出力预测值表达式如下：

$$P_i \triangleq [P_i^1, \cdots, P_i^T], \quad i \in (1,2,\cdots,n) \tag{13}$$

3.1.2 热负荷模型

用户 i 在 h 时刻的总体热负荷表达式如下：

$$H_i \triangleq [H_i^1,\cdots,H_i^T],\quad i\in(1,2,\cdots,n) \tag{14}$$

$$H_i^h = h_{fi}^h + \Delta h_i^h,\quad h\in(1,2,\cdots,T) \tag{15}$$

式中：h_{fi}^h 表示 h 时段的固定热负荷；Δh_i^h 表示 h 时段的可增加热负荷。

3.1.2.1 固定热负荷

固定热负荷指不可变热负荷，不能接受调度指令的调节。表达式如下：

$$h_{fi} \triangleq [h_{fi}^1,\cdots,h_{fi}^T],\quad i\in(1,2,\cdots,n) \tag{16}$$

3.1.2.2 可增加热负荷

可增加热负荷指用户因生产需要即时增加的热负荷量，具体可增加热负荷表达式如下：

$$\Delta h_i \triangleq [\Delta h_i^1,\cdots,\Delta h_i^T],\quad i\in(1,2,\cdots,n) \tag{17}$$

$$\begin{cases}\Delta h_i^{\min} \leqslant \Delta h_i^h \leqslant \Delta h_i^{\max}, & h\in[\omega_i,\upsilon_i] \\ \Delta h_i^h = 0, & h\notin[\omega_i,\upsilon_i]\end{cases} \tag{18}$$

$$\sum_{h=1}^{T}\Delta h_i^h \leqslant \Delta H_i \tag{19}$$

式中：ΔH_i 为用户 i 热量增加的最大值。

3.1.3 用户的效用模型

用户的效用模型是指用户的净收益模型，即用户收益与成本之间的差值，在本报告中，综合考虑用户的用电效用、用能成本及削峰经济补偿，建模如下：

$$pro_i^h = E_i^h - F_{i,cost}^h + F_{i,comp}^h,\quad h\in(1,2,\cdots,T) \tag{20}$$

$$E_i^h = k_i\cdot ln(1+L_i^h+\zeta\cdot H_i^h),\quad i\in(1,2,\cdots,n) \tag{21}$$

式中：E_i^h 为用电效用函数；ζ 为热电单位换算系数，前已说明其定义；

k_i 为偏好系数，根据文献①，总结出收益随负荷自变量和偏好系数的变化关系。对于某一固定负荷自变量，偏好系数取值越大则收益也越大；由于 $L_i^h+\zeta\cdot H_i^h=0$ 时，$ln(L_i^h+\zeta\cdot H_i^h)$ 趋于无穷，因此用 $ln(1+L_i^h+\zeta\cdot H_i^h)$ 替代 $ln(L_i^h+\zeta\cdot H_i^h)$。$F_{i,cost}^h$ 为用户 i 在 h 时刻的用能成本，表达式如式（22）所示。

$$F_{i,cost}^h = p_{ms}^h\cdot L_i^h+\gamma\cdot H_i^h \tag{22}$$

式中：$p_{ms}^h\cdot L_i^h$ 为用户 i 在 h 时刻向园区运营商缴纳的电力费用；p_{ms}^h 为运营商的售电电价；$\gamma\cdot H_i^h$ 为用户 i 在 h 时刻向园区运营商缴纳的热力费用；γ 为单位热力价格，H_i^h 为用户 i 在 h 时刻的热负荷。

$F_{i,comp}^h$ 为用户 i 在 h 时刻的参与削峰时获得的经济补偿，表达式如下：

$$F_{i,comp}^h=(l_{si}^h+l_{ci}^h)\cdot\lambda_e^h+discount\cdot\gamma\cdot\Delta h_i^h,\quad h\in\{hex\} \tag{23}$$

式中：λ_e^h 表示用户参与互动的削峰补偿电价（元/kWh）；$discount$ 表示热负荷折扣。

在系统日负荷中，一旦检测有超过年负荷峰值的80%的时段，就立刻触发互动机制，用户响应运营商的互动请求，采取可平移负荷及直接削减负荷的策略，运营商对于用户削减负荷造成的生产损失给予适当的经济补偿；非越限时段，运营商不对用户行为提供补偿。

3.2 运营商模型

综合考虑售电情况和削峰补偿价格对运营商的收益影响，一方面，用户会根据运营商的补偿电价来调整自身的用能，以追求自身效益的最大化；另一方面，运营商的收益也同时受到用户用能的影响。二者都是独立的利益主体，存在着各自利益的博弈。具体的运营商效用函数模型见下式：

$$Pro_M=E_M-C_M \tag{24}$$

---

① W. Tushar, "Three-party energy management with distributed energy resources in smart grid," *IEEE Trans. Ind. Electron*, Vol. 62, No. 4, 2015, pp. 2487-2498.

式中：E_M 为运营商收益；C_M 为运营商成本。

3.2.1 运营商收益

运营商通过向用户出售电能和热能以及向电网售电来获取收益，其收益可以表示为下式：

$$E_M^h = -p_{gs}^h \cdot \sum_{i=1}^{n} \max\left(L_i^h - ep_{chp}^h - P_i^h, 0\right) - p_{gb}^h \cdot \sum_{i=1}^{n} \min\left(L_i^h - ep_{chp}^h - P_i^h, 0\right) + \sum_{i=1}^{n} p_{ms}^h \cdot L_i^h + \gamma \cdot \sum_{i=1}^{n} H_i^h + \beta \sum_{i=1}^{n} P_i^h \tag{25}$$

式中：电网的售电价为 p_{gs}；电网的购电价为 p_{gb}；β 为光伏补贴价格；h 时刻的总电负荷为 ep_{chp}^h；第 i 个用户在 h 时刻的光伏出力为 P_i^h。

3.2.2 运营商成本

运营商成本来自 CCHP 燃气成本及向用户提供削峰补偿，则运营商成本可以表达如下：

$$C_M = \left(p_{gas} / L\right)\left(hp_{chp}^h / \theta\eta_{chp}\right) + (l_{si}^{hex} + l_{ci}^{hex}) \cdot \lambda_e^{hex} + discount \cdot \gamma \cdot \Delta h_i^{hex} \tag{26}$$

其中，运营商侧的 CCHP 机组运行在以热定电模式，在时刻 h 总热负荷可以表示为下式：

$$hp_{chp}^h = \sum_{i=1}^{n} \zeta \cdot H_i^h \quad i \in (1, 2, \cdots, n) \tag{27}$$

则时刻 h 的总电负荷可以表示下式：

$$ep_{chp}^h = \frac{hp_{chp}^h}{\left(1 - \eta_{chp} - \eta_{loss}\right)\delta_{heat}} \eta_{chp} \tag{28}$$

$$\theta = \frac{(1 - \eta_{chp} - \eta_{loss})\delta_{heat}}{\eta_{chp}} \tag{29}$$

式中：η_{chp} 为发电效率；η_{loss} 为热损失系数；δ_{heat} 为热系数；θ 为热电比；L 为天然气低热值。

4. 基于主从博弈模型的互动模拟

4.1 理论基础

在博弈模型中，由于各博弈主体的地位不尽相同，其中部分策略需要提前给出，作为其余决策问题的已知条件，这种决策顺序称为顺次决策，相应的博弈问题称为主从博弈。两层主从博弈模型最初由斯塔克尔伯格（Stackelberg）以微分博弈的形式提出并研究，因此又称为斯塔克尔伯格博弈，本节中主要涉及此类型博弈问题①。

选择非合作斯塔克尔伯格主从博弈模型来描述运营商和用户间的交互关系。该博弈属于一种先动模型，先动博弈者既可能享有先动的优势，也可能承受先动的劣势，先动的博弈者在博弈中称为主导者（leader），即上层参与者，根据领导者先行决策决定自身决策的博弈者称为跟从者（follower），即下层参与者②。在某些包括众多参与者的博弈模型中，可以有多个主导者和多个跟从者，即主从博弈的上下层可包含多个参与者。高一级决策者自上而下地对下一级若干决策者行使某种控制、引导权，而下一级决策者在这一前提下，也可以在其管理范围内行使一定的决策权，但这种决策权比较起来处于从属地位③。在这种多层次决策系统中，每一级都有自己的目标函数，而越高层决策者的目标越重要，越权威，越具有全局性。因此，最终的决策结果是使各层决策者之间达到某种协调的方案，在这一方案下，既可使最高层决策者的目标达到“最优”，也可使作为较低层决策者的目标在从属位置上相应达到“最优”，即达到均衡解④。

① 梅生伟：《智能电网环境下主从博弈模型及应用实例》，《系统科学与数学》2014 年第 34 卷，第 11 期，第 1331—1344 页。

② 谢识予：《经济博弈论》，上海：复旦大学出版社 2002 年版，第 19—38 页。

③ 马丽：《基于主从博弈策略的社区能源互联网分布式能量管理》，《电网技术》2016 年第 40 卷，第 12 期，第 3655—3661 页。

④ Mengmeng Yu, “A Real-Time Demand-Response Algorithm for Smart Grids: A Stackelberg Game Approac,” *IEEE Transactions On Smart Grid*, Vol. 7, No. 2, 2016.

4.2 互动模拟仿真模型

互动模拟仿真模型如图2所示，其中运营商作为主导者，制定削负荷补偿价格，用户作为跟从者。运营商的策略为其对于用户削减电负荷行为的电补偿价格，用户的策略为其可平移电负荷量、变化的热负荷量以及可削减电负荷量，二者策略的制定原则均为实现自身效益最大化①。

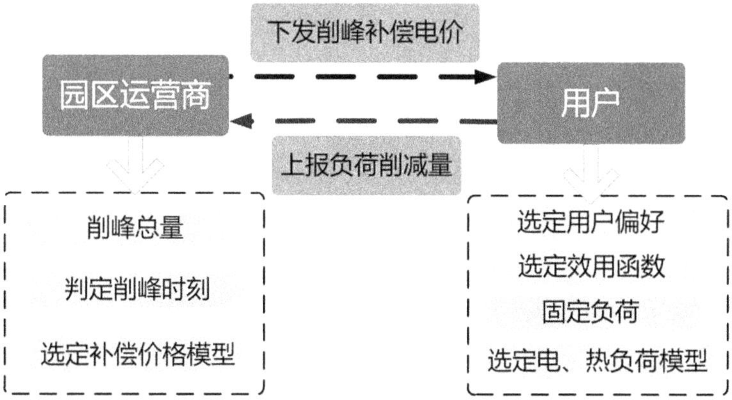

图2 主从博弈互动模拟仿真模型

在互动模型中，E_{useri} 表示相应的用户收益函数，E_{Mi} 表示相应的运营商收益函数②。

针对日前建立的模型，采用分布式优化方法对各用户及运营商的收益函数进行优化求解，求解表达式如式（30）（31），约束条件为式（32）。

$$obj:\max E_{useri}=\sum_{h=1}^{H}pro_i^h\ ,\ \ i\in(1,\cdots,n) \tag{30}$$

运营商对于所有的用户都有唯一的最优策略。

$$obj:\max E_M=\sum_{h=1}^{H}pro_M^h \tag{31}$$

① 陈昊宇：《基于博弈的多微网需求响应》，《南方电网技术》2017年第11卷，第2期，第34—40页。

② Li Ma, "Energy Management for Joint Operation of CHP and PV Prosumers Inside a Grid-Connected Microgrid: A Game Theoretic Approach," *IEEE Transactions on Industrial Informatics*, Vol. 12, No. 5, 2016, pp. 1930-1942.

$$
\text{s.t.}\begin{cases}
H_i^h \leqslant H_{max} \\
L_i^h \leqslant L_{max} \\
l_{si}^{\min} \leqslant l_{si}^h \leqslant l_{si}^{\max} & , h \in [\alpha_i, \beta_i] \\
l_{si}^h = 0 & , h \notin [\alpha_i, \beta_i] \\
\sum\limits_{\substack{h=1 \\ h \notin \{hex\}}}^{T} l_{si}^h = Q_i \\
l_{ci}^{\min} \leqslant l_{ci}^h \leqslant l_{ci}^{\max} & , h \in [\delta_i, \theta_i] \\
l_{ci}^h = 0 & , h \in [\delta_i, \theta_i] \\
\sum\limits_{h=1}^{T} l_{ci}^h \leqslant C_i \\
\Delta h_i^{\min} \leqslant \Delta h_i^h \leqslant \Delta h_i^{\max} & , h \in [\omega_i, \upsilon_i] \\
\Delta h_i^h = 0 & , h \notin [\omega_i, \upsilon_i] \\
\sum\limits_{h=1}^{T} \Delta h_i^h \leqslant \Delta H_i
\end{cases} \tag{32}
$$

直至博弈的参加者都不能通过单独改变自身策略来增加自身收益，则达到“斯塔克伯格均衡点”，互动过程结束。接下来证明主从博弈均衡点的唯一性：主从博弈可以描述为下式：

$$
G_{CH} = \left\{ (N \cup M); S_1, \cdots, S_n; Pro_{Ui}, \cdots, Pro_{Un}; \lambda_e; Pro_M \right\} \tag{33}
$$

通常一个博弈包括博弈方、博弈方策略及博弈方收益几个主要因素，主从博弈 G_{CH} 的主要因素如下所述：

（1）博弈方包括用户集合 N（跟从者），运营商 M（主导者）；

（2）$\{S_1, \cdots S_n\}$ 表示用户 N 中的每一个用户的策略集合，包括可平移负荷量、变化热负荷量、可削减负荷量；

（3）$\{Pro_{Ui}, \cdots, Pro_{Un}\}$ 表示用户的效益；

（4）λ_e 表示运营商对于用户削负荷给予的电补偿价格，为运营商的策略；

（5）Pro_M 表示运营商的效益。

式中：H_{max} 为热负荷上限值；L_{max} 为电负荷上限值。

本博弈的最优策略集为达到斯塔克伯格博弈均衡时的均衡解。在该均衡解处，博弈的参加者都不能通过单独改变自己的策略来增加自身收益。

斯塔克伯格均衡解可以定义为一个策略集合$\left(s_1^*,\cdots s_n^*,\lambda_e^*\right)$，对于用户$i$，如果它的策略$s_i^*$相对于该博弈中的其他博弈者的策略集$(s^*,l_e^*)$而言是最优策略，即：

$$Pro_{Ui}\left(s^*,\lambda_e^*\right)\geq Pro_{Ui}\left(s_{-i}^*,s_i,\lambda_e^*\right),\quad Pro_M\left(s^*,\lambda_e^*\right)\geq Pro_M\left(s^*,\lambda_e\right) \tag{34}$$

式中：$s^*=\left(s_1^*,\cdots s_n^*\right)$，$s_{-i}^*=\left(s_1^*,\cdots,s_{i-1}^*,s_{i+1}^*,\cdots,s_n^*\right)$。

在博弈G_{CH}中，若斯塔克伯格博弈均衡解存在且唯一，需满足以下条件：

（1）每个博弈者的策略集都是非空集合、凸集、紧子集；

（2）每个用户对于运营商的策略都有唯一的最优响应策略；

主从博弈的博弈方为园区运营商和用户，其中运营商作为博弈的主导者，用户作为博弈的跟从者。系统发生潮流越限时，运营商接收配电网调度中心发出的削峰指令，根据自身效益选定补偿价格模型，并将补偿电价下发给用户，与用户进行互动；各用户结合自身的生产计划，选定电、热负荷模型及效用函数，用户为保证效益最大化制定可平移负荷、可削减负荷、可改变热负荷的量，并上报给运营商，与其进行互动；运营商汇总各户的申报情况之后，根据自身效益重新制定补偿电价，并下发给用户，用户继续对自己的效益函数寻优，再次与运营商互动，这个互动过程可以是一次甚至有限的若干次，直至达到博弈均衡，运营商和用户都不能通过单独改变自身策略来增加收益，本轮互动结束。

5. 算例分析

选取工业园区典型日负荷数据作为分析对象，搭建了6个用户的主从博弈模型，在矩阵实验室（matlab）环境下进行仿真实验。互动模拟参数如表1所示。

表 1　互动模拟参数

对象	参数	取值
用户	a	0. 27
	z	0. 7
	有功潮流约束上限 P_{lim}	30.94 MW
	偏好系数 k_i, iÎ N	100
运营商	发电效率 η_{chp}	0. 4
	热损失系数 η_{loss}	0. 05
	热系数 δ_{heat}	1. 17
	天然气价格 p_{gas}	1.5*yuan* / m^3
	光伏补贴 β	0.15*yuan* / kW
	固定热价 g	0.42*yuan* / kWh
	削峰补偿热价折扣	0. 8

在一个调度周期内互动前后系统电力负荷曲线如图 3 所示，图中水平绿线代表年负荷的 80%，由图 3 得到原电负荷的越限时段为 2、7、19、21、23、24 时，这些时刻应进行削峰。互动后原越限时段均实现削峰，且非越限时段也不会发生越限，同时又保证了这些时段用户的用电计划不会有较大改变，保证用户的正常生产生活不受较大影响。

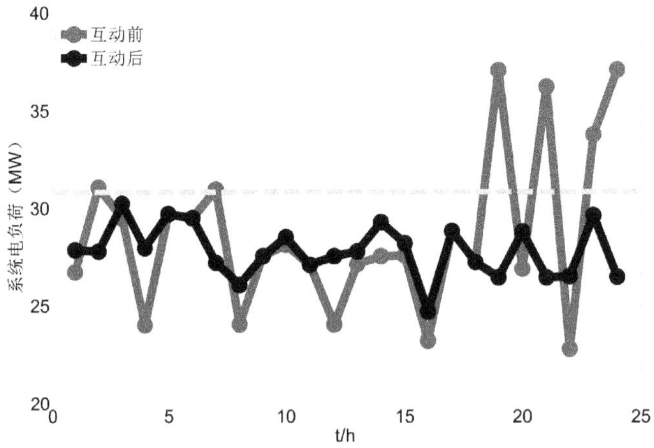

图 3　互动前后系统电力负荷曲线

互动后各户的可平移负荷量如图4所示，由该图可看出各用户均需进行负荷平移，以实现削峰作用，同时该负荷平移量又能保证用户在非越限时刻用电量不受较大影响，保证用户的正常生产生活。

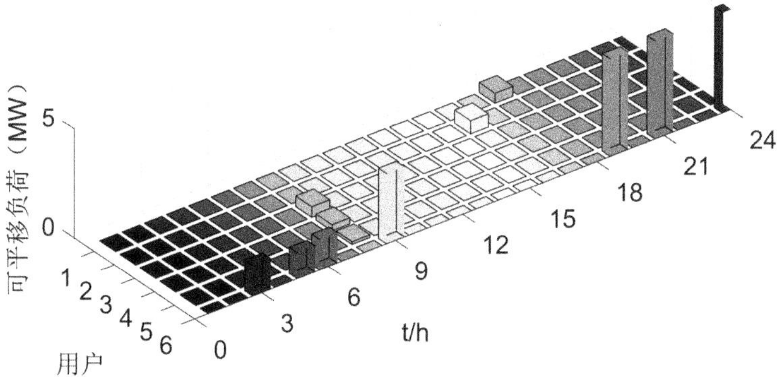

图4　互动后各户的可平移负荷量

互动后各户的可削减负荷量如图5所示，由该图可见仅有用户6需进行直接负荷削减，保证当可平移负荷达到极限不能再平移时，电负荷量不越限。由负荷数据知用户6负荷水平最高，通过参与削负荷，该用户可获得削负荷补偿，来减少用电成本。

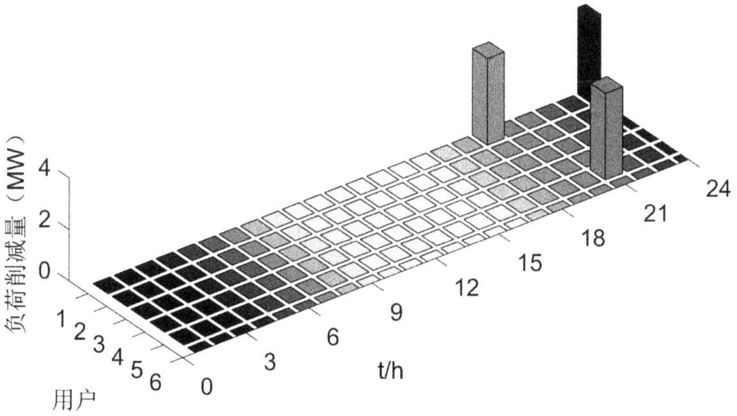

图5　互动后各户的可削减负荷量

互动后各户变化的热负荷量如图 6 所示，由该图得到用户 1 和用户 4 热负荷量有所增加，这些用户通过增加热负荷获得购热时的热价折扣，减少自身用能成本，进而降低配电网的峰值负荷水平。

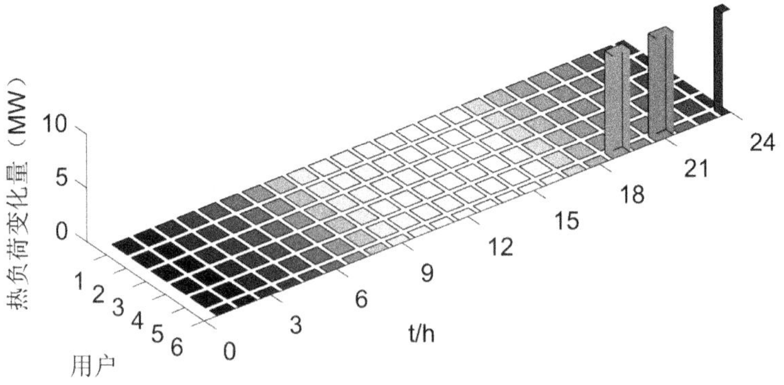

图 6　互动后各户变化的热负荷量

6. 结论

本文提出一种工业园区综合能源系统的互动模拟方法，基于工业园区综合能源系统的互动机制，首先构建参与主体模型，主要包括用户的电、热负荷模型、用户效用模型、运营商的削峰定价模型以及综合效益模型，然后基于主从博弈模型对于园区互动机制进行分析设计。

通过对典型算例进行分析，验证了上述互动模拟方法的效果。由计算得出，互动后系统电力负荷峰谷差较互动前有所减小，表明该互动机制具有很好的削峰效果；通过该方法，可计算得到用户的博弈策略即可平移负荷、可削减负荷以及变化的热负荷，表明该方法的有效性。

16

智慧能源之多能互补研究

史俊花*

摘　要：

能源是社会和经济发展的基础和动力，世界发展过度依赖化石能源，导致资源紧张、环境污染等问题日益突出，许多国家认识到依赖一两种能源非常危险，业内外开始主张多种能源并重、相互补充。近年来，我国大力发展智慧能源，智慧能源的载体是能源，包含了电、热、冷、水等多种能源，通过采用智能微电网、多能互补冷热系统和水处理系统等多种技术，因地制宜、统筹开发、互补利用传统能源和新能源，优化布局建设一体化集成供能基础设施，对不同供、用能系统进行整体上的互补、协调和优化，实现能源的梯级利用和协同优化，降低或消除能源供应环节的不确定性，更有利于可再生能源的安全消纳，实现多能协同供应和能源综合利用。

关键词：

智慧能源　多能互补　微电网

---

* 史俊花，高级工程师，现任济南大陆机电股份有限公司总经理，在公司新产品开发、技术改进、技术推广应用、市场开拓等方面贡献良多。

近几年来，随着我国工业园区的建设发展、微网与新能源发电的普及、新投资模式的不断升级，同时注重可靠技术与经济回报的理念加深。为满足新供需形势下的需求，发展多能互补概念下的终端一体化集成供能系统和风光水火储多能互补系统就成为不二选择。

目前，国家能源局公布的首批多能互补集成优化示范工程入选项目多达23个，并且多数为终端一体化集成供能系统。除此之外，在多能互补概念公布之前，就已经存在大型城市综合能源站等相关示范项目，在分布式燃机与能源梯级利用方面取得了一定示范效果。多能互补工程缓解了我国能源供需矛盾，促进了生态环境的良性循环。

基于多能互补的研究和发展情况，为实现可再生能源在区域内最大限度的高效利用，通过建设能源体系、信息化体系和标准化体系，结合现在市场环境的需求和技术产品的应用现状，聚焦于以园区为基本单元的新能源的建设和运营。对区域的能源供给和消费，提出智慧能源的整体规划，就是对冷、热、电等能源资源进行统一规划，协调供应，消除工程建设的孤岛，提高能源的综合利用率。

一、国家政策的支持

2015年国务院发布《关于积极推进“互联网+”行动的指导意见》，将“智慧能源”正式列入国家发展战略。2016年2月24日国家发改委、能源局、工信部下发《关于推进“互联网+”智慧能源发展的指导意见》，该《意见》的发布对智慧能源发展进行全面部署，首先提出智慧能源既是能源革命的终极目标，也是能源革命的必经过程，涵盖能源开发、利用、生产、消费智慧化不断提升的过程；同时指出智慧能源不仅是技术，更是一种制度，包括能源的新形式、新模式、新业态以及价格政策及制度政策等。

又于2016年7月4日发布《推进多能互补集成优化示范工程建设的实施意见》。《意见》指出：在新城镇、新产业园区、新建大型公用设施（机场、车站、医院、学校等）、商务区和海岛地区等新增用能区域，加强终端供能系统统筹规划和一体化建设，因地制宜实施传统能源与风能、太阳能、地热能、生物质能等能源的协同开发利用，优化布局电力、热力、供冷、供水管廊等基础设施，通过分布式可再生能源和能源智能微网等方式实现多能互补和协同供应，为用户提供高效智能的能源供应和相关增值服务，同时实施能源需求侧管理，推动能源就地清洁生产和就近消纳，提高能源综合利用效率。

二、多能互补的定义及建设模式

多能互补是一种能源政策，是按照不同资源条件和用能对象，采取多种能源互相补充，以缓解能源供需矛盾，促进生态环境良性循环，同时获得较好的环境效益的用能方式。

多能互补分布式能源系统是指多种能源资源输入，并形成多种产出功能和输运形式的以区域为中心的能源服务系统。使得分布式能源的应用由点扩展到面，由局部走向系统。

多能互补集成优化示范工程主要有两种模式：一是面向终端用户电、热、冷、气等多种用能需求，因地制宜、统筹开发、互补利用传统能源和新能源，优化布局建设一体化集成供能基础设施，通过分布式可再生能源和能源智能微网等方式，实现多能协同供应和能源综合梯级利用；二是利用大型综合能源基地风能、太阳能、水能等资源组合优势，推进风、光、水、火储多能互补系统建设运行。

三、多能互补的建设内容及目标

对于新增用能区域，结合区域内的用能需求及规划，通过多能互补的方式，形成终端一体化集成供能系统。包括对智慧能源的顶层规划，建立目标体系，对水、电、热统筹规划，能源资源智慧化；在信息管控、楼宇建筑、计量终端智能化；产品应用、体系构建、工程建设标准化。

通过建设能源体系、信息化体系和标准化体系，我们针对区域的能源供给和消费，提出智慧能源的整体规划，就是对水电冷热气等能源资源进行统一规划，协调供应，消除工程建设的孤岛，提高能源的综合利用率。

基于以上的内容及目标，实现可再生能源在区域内最大限度的高效利用。

四、能源体系的建设

能源体系的建设，包括多能互补的冷热供应和智能微电网的建设，通过对地热能、空气能、地表水能的提取，结合蓄冷蓄热的方式，同时采用光伏发电、风力发电和储能技术，对区域中进行能源供给和消费。

（一）多能互补冷热供应系统

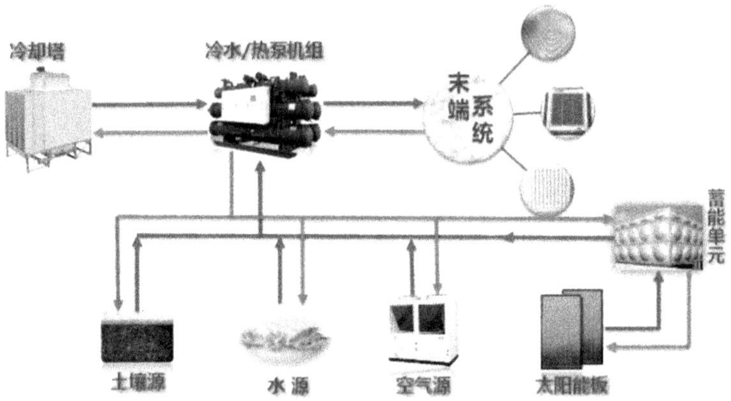

图 1　多能互补冷热供应系统

采用多能互补冷热供应系统的优势：

1. 稳定性好：地能或地表浅层地热资源的温度一年四季相对稳定；

2. 节能高效：系统主要利用地下恒定的能量，以电力为辅，节能高效，能效比可达 5 以上；

3. 通过浅层地热能、地表水能、空气能、储能等多种能源互补；

4. 使用寿命长：热泵系统非常的可靠耐用，主机系统安装于室内，不受天气影响，使用寿命比仅有 10 年的普通空调高出一倍；

5. 环保可再生：热泵的运行没有任何污染，并且，土壤源热泵属于可再生能源，具有可持续性，是理想的绿色环保产品。

（二）智能微电网系统

微电网是基于局部配电网建设的，风、光、生物质等各类分布式能源多能互补，具备较高新能源电力接入比例，可通过能量存储和优化配置实现本地能源生产与用能负荷基本平衡，可根据需要与公共电网灵活互动且相对独立运行的智慧型能源综合利用局域网。

第一阶段发电上网：在电力系统电网电源侧的可再生能源大功率发电站。第二阶段即发即用：在用电需求侧的可再生能源分布式发电站。第三阶段智能微电网：在用电需求侧的可再生能源分布式发电站与电力区域配电网系统有机组成的区域智能微电网供电系统。

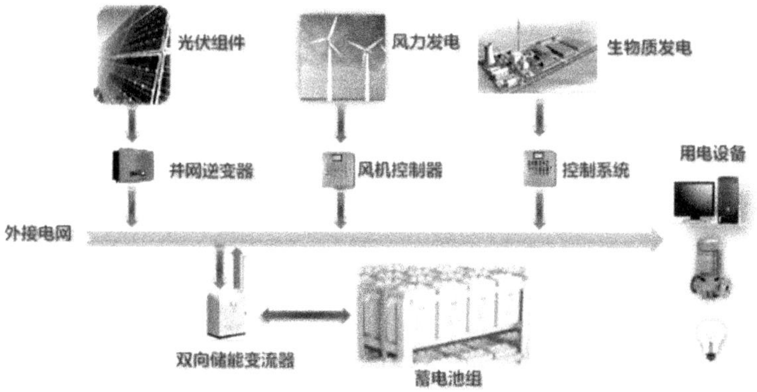

图 2　智能微电网系统

建设目标：基于 110kV 及以下变电站构建智慧管理的区域智能微电网供电系统，最大限度地利用可再生能源。

建设智能微电网的优势：

1. 110kV 及以下，系统规模小；
2. 具有自平衡和自启动的能力，自发自用为主，余电上网；
3. 与外部电网的交换功率和时段可控；
4. 以可再生能源为主，发电占比不低于 50%。

（三）直饮水系统

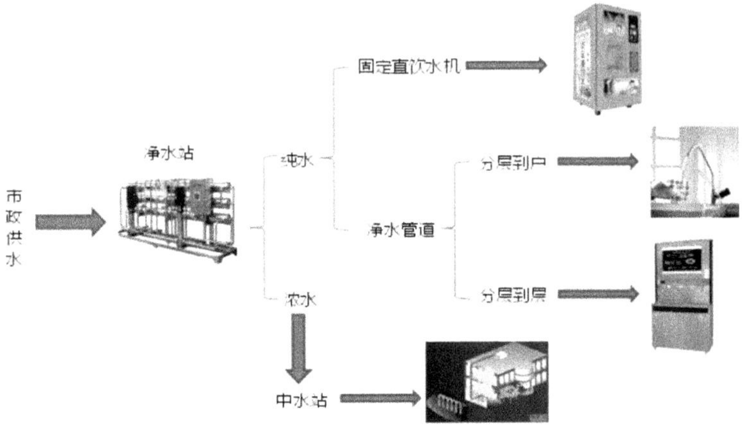

图3　直饮水系统

针对园区内规划，可通过微孔过滤、超滤、纳滤、反渗透（RO 膜技术）等系列程序达到健康饮用水标准，使大型纯净水工厂小型化、家庭化、时尚化、美观化、现场化，通过直饮水机和净水管道，分层到层或者分层到户，消费者只需打开水龙头，即可以喝到健康纯净没有任何污染的纯净水，实现“健康好水自己造”。

同时将净化过后的浓水，汇集于中水站，集中处理过后，通过中水回用，高效利用资源，向建筑物供暖制冷。

五、信息化体系的建设

在能源体系的基础上，我们辅助建设信息化体系，以区域内的一个园区为例，建设信息管控中心，集成各种智能建筑系统，通过智慧计量、智能终端完成底层数据采集。

其中包括的系统有计算机管理系统工程，楼宇设备自控系统工程，通信系统工程，保安监控及防盗报警系统工程，卫星及共用电视系统工程，车库管理系统工程，综合布线系统工程，计算机网络系统工程，智能化小区物业管理系统工程，大屏幕显示系统工程，智能灯光、音响控制系统工程，火灾报警系统工程，计算机机房工程，一卡通系统工程。

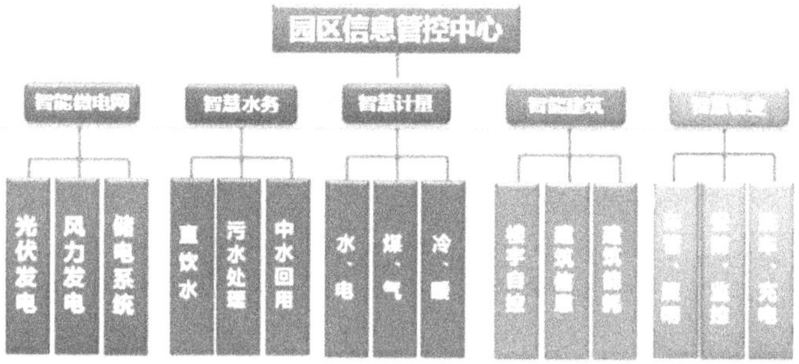

图4 信息化体系

通过园区的信息管控中心的建设，可以做到对计量器具的精准计量、对系统的优化控制和协同调度。整个系统以信息监控管理系统为基础管理系统，集成智能建筑子系统、空调系统、新风系统、智能微电网子系统、环境气象监测子系统五大子系统，实现对园区所使用电能、水、热、光能、土壤源等各类能源的管理。

六、标准化体系的建设

ISO/TC 268 标委会制定的城市可持续发展体系标准，其中有 14 项，涉及城市可持续发展的术语、管理体系、评价指标、智慧城市战略和评价、智慧城市基础设施等多方面。

ISO 18880 泛在绿色社区通信协议标准，是能源互联网领域的 TCP/IP 标准。通过 ISO 18880 标准，将电、水、气等能源数据化，应用大数据、云计算等互联网新技术，达到提高能效、节能减排等作用。

智慧能源团体标准，依据现行标准进行智慧能源建设，建设示范项目，制定团体标准。

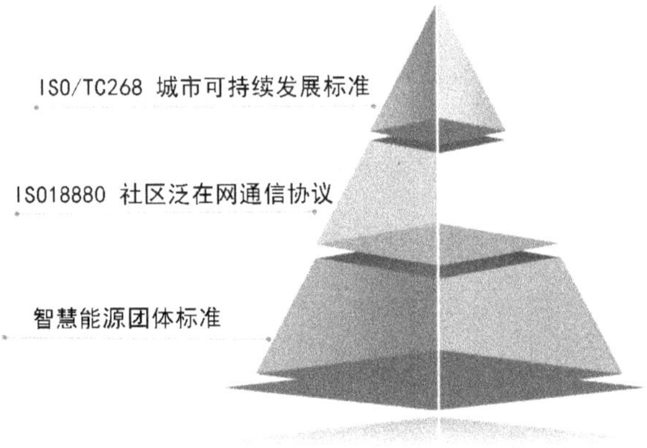

图5　标准化体系

以园区为载体，按照城市可持续发展标准、社区泛在网通信协议，及团体标准，打造国家节能标准化示范性工程，组织建设智能微电网、区域能源管控和可再生能源相关的技术和团体标准，确保区域能源布局和智慧化园区建设的国际化品质，逐步打造区域生态体系，推动新区新城科学、可持续和健康发展。在技术上坚持标准引领产业，确保项目建设在保障质量的基础上，有较强的可复制性和推广性，最终将成功经验辐射到更多的地区。

七、多能互补的发展前景

多能互补可以为园区建设提供灵活性解决方案，内部灵活性可以帮助企业盈利，外部灵活性可以提高国家能源供应安全稳定。结合我国正在进行的能源体制改革，电力产业中未来发电计划放开、现货市场出现和终端电价调整后的多能互补项目会在比园区更加广泛的区域范围甚至大型城市供能领域发挥更大的作用。从世界各国的多能互补项目发展来看，大多数试点都在小范围区域电网层级展开，但是多能互补的高效应用不仅局限于微电网层面，将多个小型多能互补项目向上集成成更大范围的能源互联网将是未来的趋势。

在《能源发展技术革命创新行动计划（2016—2030）》中将发展太阳能、风能及地热能的综合示范项目作为重点任务，到2020年，各省（区、市）新建产业园区采用终端一体化集成供能系统的比例达到50%左右，既有产业园区实施能源综合梯级利用改造的比例达到30%左右。国家级风光水火储多能互补示范工程弃风率控制在5%以内，弃光率控制在3%以内。

大范围地发展多能互补对能源的综合利用有一定好处，也对大规模消纳新能源背景下的电网调峰调频能力有所补充。同时，可以提高“一带一路”产业布局中出口产品的系统经济性，使得中国制造更受全世界人民欢迎。

八、典型应用

（一）办公园区——山东省物联网基地

山东省物联网基地是一个集地源热泵、光伏、储电、能源管控及智慧计量为一体的智慧型、智能型园区。通过地源热泵技术为整栋大楼提供冷量、热量，涵盖电、水、（地源热泵）空调系统、新风系统、智能建筑管理系统、智能微电网系统、环境监测、气象监测等为一体的现代化智慧园区。

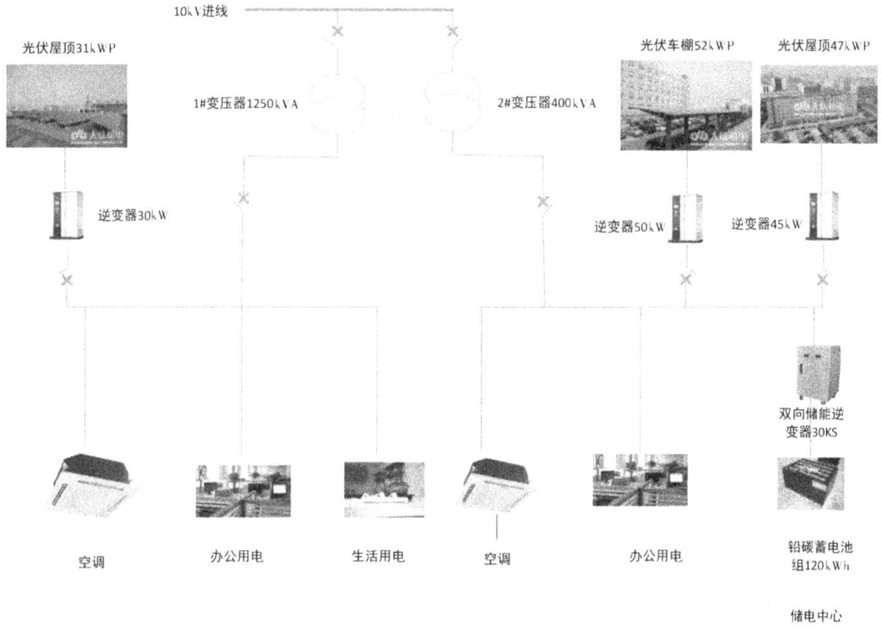

图6　山东省物联网基地智慧能源应用

物联网产业基地建筑面积20000m²，地源热泵机组2套，地源热泵系统中地源侧循环水泵和空调侧循环水泵各三台。采用地源热泵系统+空气源热泵系统综合组成的“多能互补热泵系统”完成冷热供应，充分利用地热能、空气能、储能等可再生能源作为能量供应源。园区内屋顶和车棚可利用面积1500m²，安装容量为130kWp的光伏发电系统。同时园区负荷统计，储电系统装机容量120kWh，采用双向逆变器选用30KS。光伏和储电系统构成微电网系统，地源热泵和空气源热泵系统，以多能互补的方式高效利用可再生能源。系统具有极强的调节能力，可以在建筑负荷需求变化时，通过择优运行和降低设备空耗实现节能运行，避免能源浪费。

（二）工业——孙村污水处理厂

孙村污水处理厂主要接纳孙村片区的工业废水及生活废水的收集和处理，经处理后的污水达到《城镇污水处理厂污染物排放标准》（GB18918-2002）一级A排放标准。同时孙村污水处理厂还安装了多晶组件建设光伏电站，实现了利用可再生清洁能源治理环境污染的目标，同时获得了污水池上部空间的二次开发利用。孙村污水处理厂300kWp光伏发电项目，采用了全球唯一的专利技术——柔性支架技术，解决了污水池面、荒山、荒地、滩涂、鱼塘等大跨度支架无法安装的技术难题。

图7　孙村污水处理厂智慧能源应用

图 8 300kWp 柔性光伏发电

该项目于 2015 年 12 月 31 日成功并网发电。此光伏发电项目装机容量为 300kWp，年发电量为 37 万 kWh，经测算，该项目建成后，每年减排二氧化碳 369.54 吨，寿命周期内节约标准煤 3260 吨，生态效益和环境效益十分显著。

同时，孙村污水处理厂根据出水温度恒温的特点，采用先进的中水源热泵技术，提取水中的热量差值，为厂区内办公楼供暖和制冷创造条件，水源热泵设备运行稳定，维修费用低，效果显著，不产生二次污染，同比普通空气源空调节省电量 30%—40%，节能效果非常明显。如果该技术能得到广泛推广，节能效果非常可观。孙村污水处理厂实现了电、冷、热及中水四联供，是国内首个污水处理厂智慧能源综合应用示范项目。

B 17

微网技术与多能互补

申　刚*

摘　要：

随着社会的发展，能源消耗不断增加，可再生能源的开发利用成为越来越多国家可持续发展战略的重要部分，而以分布式形式接入的清洁能源成为配电系统中可再生能源的主要形式。随着国家《关于推进“互联网+”智慧能源发展的指导意见》的发布及推广，集成物联网传感技术，全面感知用户的各种用能需求和生活需求的智慧能源系统也成为人们对未来能源发展的客观需求。

智能微网是以客户目标导向的电力方案为基础，集成了电网高级量测技术、数据加密通信传输技术、大数据运行分析技术、智能自适应保护技术、人工智能控制决策技术、人机交互操作技术的电源、网络、负荷高级电网管理系统。由于微电网所独有的优化控制核心技术对任意发电、用电设备均可有较强兼容性，能够实现自我控制、保护和管理的局部自治和广泛互联，因此可广泛与城市各行各业相结合，构建全新用能体系，是未来智慧能源应用的重要形式。

关键词：

互联网　智慧能源　智能微网　大数据　用户

---

* 申刚，高级工程师，天津天大求实电力新技术股份有限公司总经理。曾获得国家科技进步二等奖，天津市科学技术进步一等奖。

1. 智能微网是未来智慧能源应用的重要形式

1.1 概述

随着社会的发展，能源消耗不断增加，可再生能源的开发利用成为越来越多国家可持续发展战略的重要部分，而以分布式形式接入的清洁能源成为配电系统中可再生能源的主要形式。随着国家《关于推进“互联网+”智慧能源发展的指导意见》的发布及推广，集成物联网传感技术，全面感知用户的各种用能需求和生活需求的智慧能源系统也成为人们对未来能源发展的客观需求。

智能微网是以客户目标导向的电力方案为基础，集成了电网高级量测技术、数据加密通信传输技术、大数据运行分析技术、智能自适应保护技术、人工智能控制决策技术、人机交互操作技术的电源、网络、负荷高级电网管理系统。由于微电网所独有的优化控制核心技术可对任意发电、用电设备均有较强兼容性，能够实现自我控制、保护和管理的局部自治和广泛互联，因此可广泛与城市各行各业相结合，构建全新用能体系，是未来智慧能源应用的重要形式。

2017年是智慧能源与智慧微网快速发展的一年，随着中新天津生态城动漫园等智慧能源重点工程的建设，其在优化能源结构、实现能效管理、加强基础集成、提高设备利用率等方面均提出了新的要求，尤其随着微电网数目的增加，其对于区域内多微电网技术的要求更加突出。

针对用户的不同需求，微网行业内围绕规划设计、接入计量、运行控制、能效管理等方面展开了深入的技术研究，并形成了相应的理论成果，通过关键技术与集成技术的创新，切实满足智慧能源工程建设的需求，为微电网规模化接入提供解决方案，以适应我国智慧能源发展需求，形成大面积推广的智能微电网可持续发展建设模式。

1.2 研究

1.2.1 多类型能源负荷的配置方法

微电网内分布式能源、储能、负荷的类型众多，出力具有随机、间歇等不确定性，传统的经验方法已无法满足微电网内能源的配置需求。因此在多类型配置方案中对分布式能源、储能、负荷的类型在长时间尺度上的分析，与实际需求相吻合。

该方法的具体过程为：首先，采用遗传算法对各种新能源比例进行优化，确定各种新能源的最优配置比例；其次，对风机、光伏、水轮机、储能型号列表进行筛选并计算所需设备数量，经排列组合后得到电源配置初步方案；再次，根据能量管理策略，基于典型年数据模拟混合发电系统运行过程，对逐时负荷失电量及清洁能源浪费情况进行统计；最后，计算得到负荷失电率、清洁能源浪费率指标，并修正柴油机配置数量，得到综合总成本最低的能源配置方案。

1.2.2 区域多微电网优化规划方法

区域多微电网的规划问题是个非连续的、多目标、多约束的优化问题，传统的算法在解决多微电网的规划问题时常易陷入局部最优或发散的困境，因此业内提出了基于改进的免疫遗传算法优化规划方法。

该方法的具体过程为：首先，根据分布式能源、储能的特性，提出一个简洁的编码方案；其次，采用改进的免疫遗传算法对其进行优化，并结合组网灵活性约束及时对不可行解进行纠正，得到区域多微电网的结构规划结果；再次，采用改进免疫遗传算法对满足分布式能源消纳、多能综合利用、可靠性和环保性等多种目标的区域多微网进行经济性最优规划；最后，将区域多微电网的结构和容量优化交替进行，得到一种最优的区域多微电网的结构和容量规划结果。

1.2.3 区域多微电网综合评价方法

区域多微电网综合评价方法是对以多属性体系结构描述的对象系统做出全局性、整体性的评价，给出微电网建设的优势及持续改进方案。

该方法的具体过程为：首先收集分布式电源、储能和负荷的年度数据，然后分析不同地点采集的数据之间的随机相关性，接着得到不同微网系统内分布式电源、储能、负荷的随机相关性表达式，最后，由表达式抽样分布式电源、储能、负荷的小时数据，得到微电网建设效益分析结果。

1.2.4 区域多微电网接入控制技术研究

（1）微电网黑启动控制方法：微电网运行过程中，存在大电网故障且微电网也处于瘫痪状态，所谓微电网的黑启动，在整个微电网因外部或内部故障停运进入全黑状态后，不依靠大电网或其他微电网的帮助，仅通过启动微电网内部具有黑启动能力的微源，进而带动微电网内无黑启动能力的微源，逐步扩大系统的恢复范围，最终实现整个微电网的重新启动。

该方法的具体过程为：首先启动黑启动电源，如微型燃气轮机、柴油发电机、燃料电池、大容量储能单元等，建立系统的同步基准电源。微电网建立起电压和频率基准电源后，需投入系统内部分重要负荷，实现储能 PCS 电源与负荷形成孤网供电系统，有效解决电力电子设备在低功率下的电能质量问题。微电网启动储能系统，且投入部分重要负荷后，为实现分布式新能源的最大化利用，启动分布式光伏发电系统，最后投入系统内的一般负荷，最终实现系统的稳定运行，完成系统黑启动过程。

（2）区域多微电网动态组网方法：区域多微电网的动态组网是指在一个含有多个微电网的特定区域配电网中，当大电网发生故障或者计划孤岛时，为保障区域内重要负荷供电或者满足区域电网的经济运行等预先设定的运行条件下，为满足区域能量的实时平衡，最大限度地满足尽可能多的重要负荷供电，通过微网/配电网之间的并网 PCC 开关、联络开关等不同组合，实现多个微电网的并列式、串联式、嵌套式和分散多点式等多种形式重新组合，从而形成区域内微电网的多种运行状态。

该方法的具体过程为：首先，确定区域内多微电网动态组网的目标函数，如总体的最优经济运行或提高供电可靠性等；其次，以确保区域范围内的功率平衡、DG 出力、支路潮流、储能电池荷电状态等为约束构建一个非线性的整数优化规划模型；再次，利用改进遗传算法进行编码方式的确定、适应函数的确定、遗传操作方式的选择及操作参数的确定以及终止条件的确定等步骤，将约束条件以惩罚因子的形式引入目标函数中，及时纠正了不可行解的出现，改善遗传算法的性能；最后，通过联络开关的分合控制，实现多微电网的动态组网。

（3）区域多微电网冷热电优化方法：区域多微电网的运行经济性直接关系着用户和主电网的利益，合理的经济运行控制策略显得尤为重要。区域多微电网的运行模式有并网和孤岛之分，并网运行时，区域多微电网系统与外部电网存在着功率的交换问题，由外部电网提供系统自身电量的缺额或吸收系统电量的超额部分，微电网内部的负荷并不全部是由内部的微电源承担；区域多微电网孤岛运行时，微电网内部的负荷则需要全部由微电源和储能承担，可能面对供能不足或供能过剩，各微电网之间可能存在功率的交换。

具体方法为提出以经济效益、可再生能源消纳率、区域综合能效等最大化为目标，计及能量平衡和设备约束条件，将区域多微网多目标优化模型转化为一个混合整数规划模型，利用改进的线性规划方法求解得到区域多微电网综合能源优化调度方案。最终，通过对三联供机组、可控负荷、储能电池、水蓄能、光伏的调节，结合智能楼宇技术，实现新能源100%就地消纳，提高供电可靠性和综合能效水平。

（4）能源大数据安全存储与挖掘：为保证微电网系统运行安全，必须对能源数据进行采集、对运行情况进行监测。然而，由于分布式光伏电站建设分散、数量众多，对数据安全传输和存储都带来了巨大的挑战。

因此在数据采集传输环节增加相关的安全设备，并对数据进行了加密；同时，为节省存储空间，采取了对光伏发电的有效数据进行计算和识别存储，从而大大节省了存储空间，也有利于提高对存储数据的查找速度。

利用新能源气象数据库中辐照等数据，考虑微电网的地理位置、海拔高度等因素，采用聚类算法分析各站点在不同的季节、月份的发电时间。再根据历史数据核定新增数据存储长度及类型，对光伏夜间等时段无效发电数据进行过滤、压缩，形成密集、易检索的存储方式。

针对分布式新能源监测数据量大、保密性高的特点，在数据传输的全过程中采用了两道措施保证数据的安全，新能源电站或变电站的遥测数据，通过公网采用无线通信方式进行安全隔离传输到安全三区，通过外网服务器下载数值天气预报，与遥测数据一起通过安全隔离装置传输到安全三区，最后由安全三区服务器通过安全隔离转送到安全二区，最终将预测的结果提供给平台上的其他系统。

1.2.5 区域多微电网高级量测技术研究

（1）微电网频率自适应计量算法：微电网建设后，由于发电补贴政策等原因，原本的电能计量问题变成了更为复杂的补贴计量问题。而传统计量设备计量算法不能准确计量非周期性瞬变分布式电能，且双向潮流问题也对计量造成了一定的影响。

微电网频率自适应计量算法是通过对典型微电网电能信号特性的分析，首先考虑到分布式瞬变信号波形严重畸变，使电网信号中不仅谐波、间谐波现象更严重；以及分布式瞬变信号在频率和幅值都存在不同程度的变化。利用自适应频率算法实现对输入电压、电流信号中的直流成分及各个交流成分的有功、无功功率的跟踪，估计功率的速度基本不受幅值大小的影响，增强了算法的鲁棒性，可用于复杂条件下对电力系统中频率未知的谐波及间谐波功率的检测与分析。

（2）高速实时以太网络通信技术：现有的工业以太网物理层为载体，通过自主研发的数据协议完成微电网高速实时以太网通信，速度可以达到100m/s。由于借助标准的工业以太网物理层，以光纤为传输介质，最远传输距离大于2km，比目前国内外电力控制网络经常使用的RS485通信协议（1200米）最远传输距离增加约一倍。为实现大规模的区域微电网提供高速控制环网，高速实时以太网的传输方式为环状结构，双向均可通信，具备冗余功能，优于目前国内外电网单条控制回路，增加智能微电网的控制回路的安全性和可靠性。目前国内外电网控制周期最快为毫秒级，微电网高速实时以太网数据交换周期在500微秒，控制数据传输的实时性得到显著提升。

1.2.6 区域多微电网能效管理技术研究

（1）用电设备负荷特性建模方法：用电设备种类较多，每一种设备都有各自的负荷特性，因此需要为每种设备建立能够反映各自的负荷特性的用电模型。

具体方法为将用电设备按照用电时间是否可以转移，用电过程是否可以中断，是否具有热力学属性等特点，将家庭用电设备分为不可转移负荷、可转移负荷、热力学设备以及储能设备四类。针对每一种设备的实际运行特点，建立用电设备的负荷特性模型。

针对部分负荷非线性的特点，加入标志变量，将非线性约束转化为线性约束，降低了优化问题求解难度，提高了求解效率，以便进行能效管理系统的求解

（2）微电网电能消纳研究方法：在微电网电能消纳方法上，考虑时间、季节、用户习惯等因素，分析用户的用电特性，制定最优的储能控制策略。通过收集历史数据，分析用户负荷在多个时间尺度上的负荷曲线特征，归纳用户的运行负荷模型，同时结合用户参与响应程度，进行需求响应容量判断，建立区域微电网能效控制系统，提高区域内光伏消纳比例。

1.2.7 **区域多微电网运维支撑技术研究**

（1）微电网设备内特性分析方法：微电网关键设备有部分参量作为内特性不可能直接测量获得，只能通过电压、电流、温度等一些直接测量的外特性参数估计获得，例如电池SOH，其与电池的内阻、温度、放电电流等参数之间存在高度复杂的非线性关系，难以用常规的数学方程表达。微电网设备内特性分析方法是利用人工神经网络可以通过实验数据的误差往复训练过程映射这种非线性关系，建立SOH与各参数之间的对应关系，通过实验数据在网络节点中循环不断的正向传播和反向传播，训练网络模型，逐渐使模型的输出与实际输出的误差值达到标准值。

（2）微电网关键设备的检修方法：微电网设备综合检修时，由于经济性、可靠性以及资源配置之间存在矛盾冲突，因而使各个目标函数同时达到最优的情况很难出现，无法达到按需检修的目的。

微电网关键设备的检修方法是以微电网设备状态监测为基础，考虑到微电网各设备的含有大量不等式约束条件，利用设备状态评价结果和风险评估结论，采用基于精英保留策略和目标函数值排序的多目标差分进化算法，高效求取全局最优解集。制定状态检修策略，为开展微电网关键设备状态按需检修提供依据，提高供电可靠性与运维经济性。

1.3 实践

以上研究成果已成功在中新天津生态城动漫园区域多微电网中得到应用，利用70kWp幕墙光伏、400kWp车棚光伏、517.5kWp屋顶光伏、1.5MW燃气三联供、1MW地源热泵机组，构建4个微网系统以及3个分布式发电构成的园区多微电网系统。微电网之间通过交、直流联络进行两两互联，可实现分布式光伏的最大消纳，并在电网进线故障时，最大限度地实现微网内部的电能供应。

通过项目的实施，提升了生态城内能源综合利用效率，促进可再生分布式能源的就地消纳，大幅提升能源的自给率，提升节能减排效果，促进用户能效提升。为中新天津生态城带来了巨大的经济和社会效益。有助于未来智慧能源产业的推广应用。

2. 多能互补是智慧能源的落脚点

2.1 概述

近年来，微电网技术正逐步走向成熟。在国家973项目、863计划项目等的支持下，我国也针对微电网开展了系统化的研究工作。在国家提出可持续发展的战略目标后，一系列政策法规对新能源的研发和使用提出了重点支持和资金上的扶持。我国各个省份对微电网技术的应用都建立了自己的示范工程，国企和私企对微电网的研究都投入了一定资金，从另一方面证明了基于可再生能源的微电网技术将成为我国电力行业的发展趋势。

可以在一定程度上说，智慧能源是以微电网为核心，为用户提供能源综合解决方案的高级能源管理系统。多能互补是智慧能源的落脚点，国家能源局提出《关于推进多能互补集成优化示范工程建设的实施意见》指出，建设多能互补集成优化示范工程是构建“互联网+”智慧能源系统的重要任务之一。

当前，我国经济发展进入新常态，传统产能过剩、弃风弃光现象突出、系统协调性不足、整体效率较低等问题，同时雾霾和碳排放等环境问题日益突出。“十三五”时期是我国能源低碳转型的关键期。由于未来的新增用能需求方向转变，所以供能方式也正向着绿色高效、安全稳定、贴近用户、就地取材的方向转变。基于此，“十三五”期间国家重点推动实施多能互补系统集成优化工程。

多能互补集成优化是能源变革的发展趋势。与传统体制不同，多能互补集成优化所倡导的融合、统一、高效、清洁理念是当今能源革命的方向。

2.1.1 政策发展情况

2017年年初，国家能源局发布《2017年能源工作指导意见》明确提出了将智能电网建设作为重点任务，要求针对调峰能力不足、运行效率不高、基础设施薄弱等瓶颈制约，着力优化能源系统，着力完善相关政策措施，增强系统协调性和灵活性，提高能源系统效率。

随后颁布了《关于促进储能技术与产业发展的指导意见》《微电网接入电力系统技术规定》《推进并网型微电网建设试行办法》，从技术发展、技术规范以及工程建设不同方面进行了政策要求。

在《推进并网型微电网建设试行办法》当中提出，“微电网源—网—荷一体化运营，具有统一的运营主体，在规划建设中应依法实行开放、公平的市场竞争机制，鼓励各类企业、专业化能源服务公司投资建设、经营微电网项目；鼓励地方政府和社会资本合作（PPP），以特许经营等方式开展微电网项目的建设和运营。”

2017年底，国家发改委联合多部门发布《北方地区冬季清洁取暖规划（2017—2021年）》对北方地热供暖、生物质供暖、太阳能供暖、天然气供暖、电供暖、工业余热供暖、清洁燃煤集中供暖、北方重点地区冬季清洁供暖“煤改气”气源保障总体方案做出了具体安排。

2.1.2 商业模式发展情况

商业模式创新是能源互联网建设的关键环节。在构建能源互联网商业模式的过程中，互联网产业诸多成熟模式将提供重要启示。在《关于推进“互联网+”智慧能源发展的指导意见》中，明确提出了为B2B、B2C、O2O等多种形态的商业模式创新提供平台。

2017年国家发改委、国家能源局印发《推进并网型微电网建设试行办法》

（发改能源〔2017〕1339号）（《试行办法》）。该文件对保障我国并网型微电网健康发展具有重要意义，不仅指导了并网型微电网如何商业化发展，也为微电网市场化售电和交易提供了政策保障。

多元化投融资模式保障微电网项目顺利实施，关于微电网项目的融资方式，除一般的银行贷款外，债券融资方式也对微电网的商业化发展起到了一定的支持力度，目前，微电网项目单位可通过发行企业债券、专项债券、项目收益债券、中期票据等方式直接融资。

微电网应用当中出现的新型商业模式，提高了微电网投资价值。微电网可作为第二类售电公司，面向用户开展售电业务，目前已有多家微电网项目单位拥有了售电业务，其中包括很多诸如协鑫集团、求实股份等以微电网和可再生能源为主营业务的能源公司。

微电网可以根据用户冷热电需求和网内分布式能源建设，开展冷热电综合能源服务，目前我国已建设多个冷热电综合能源应用平台和示范工程。

微电网除面向用户提供一般性的供电服务之外，还可以为重要用户提供高可靠性的供电服务，微电网可利用“源—网—荷”统一管理的优势成为独立辅助服务提供商。

2.1.3 前景预测

长期来看，能源行业必然会朝向多种能源有机整合、集成互补的能源体系建设方向发展，多能互补也将成为智慧能源最好落脚点。

首批公布的多能互补集成优化示范工程，就有终端一体化集成供能系统和风光水火储多能互补系统两种模式，即用户侧和电源侧。

在用户侧方面，通过建设终端一体化集成供能系统，来实现传统能源与新能源的协同利用，高效智能地调配用户用电需求。对于新能源来说，可以实现就地生产、消纳，避免弃风、弃光等现象。未来用户侧多能互补项目的关键，还在于实际效率、价格、智能互联三大经济性影响因素。经济性趋好，才能实现产业化。

在电源侧方面，通过建设风光水火储多能互补系统，提高电力输出功率的稳定性，推动配电侧对多种能源的协调管理，根据需求侧需要灵活调配，是能源互联网落地的关键具体措施。可以预见，在“十三五”时期，会进一步优化能源系统，将不同能源供应连接，通过联产联供、互补集成的方式提高整体效率及降低成本。

另外，微电网市场有望在未来5年，迎来高速成长期。从全球来看微电网实验和示范阶段，微电网的技术推广已经度过幼稚期，市场规模稳步成长。着眼于当下世界范围内的能源和环境困局以及电力安全需求的长期高企，微电网技术应用前景看好。未来5到10年，微电网的市场规模，地区分布和应用场所分布都将发生显著变化。

“十二五”期间中国微电网的市场规模随着智能电网的建设平均增长率为8%左右，并在2015年装机容量达到1.7万kW，投资市场约31.8亿元。2015年，国家能源局发布了《关于推进新能源微电网示范项目建设的指导意见》，这也意味着新能源微电网上升至国家战略层面。

目前新能源微电网市场辐射范围主要集中在偏远的西部、东南部岛屿和内陆产业园区三大区域。在“十三五”期间，随着电改试点以及相关配套文件的出台，特别是发用电放开计划中对清洁能源优先放开、在规划范围之内保证全额收购、促进跨省区联网电力市场交易，新能源和清洁能源无疑成为最大的受益者，微电网红利将迎来爆发期。可以预见，未来5年内，微电网的市场规模增长率将出现大幅提升。

2.2 技术

2.2.1 智能自适应保护技术

电力系统由于自身的特点使得其运行状态处于频繁变化之中。随着电网规模及网络结构的日益扩大，特别是分布式发电的大规模并网，依靠传统的“事先整定、实时动作、定期检验”的保护模式难以满足要求，而自适应保护的出现为解决这些问题提供了有效的途径。自适应保护能够自动识别电力系统的运行状态及故障状态，并针对状态的改变，实时自动地调整保护的动作原理，整定值及动作性能，使其能更好地适应系统的变化，从而达到最佳效果。

微电网自适应保护方法中包括PCC保护、馈线保护、DG单元保护，具体的自适应保护方法包括基于树形节点搜索的微电网动作电流自适应整定及节点短路径图的微电网保护动作时限的自适应整定。

2.2.2 大数据运行分析技术

大数据运行分析技术主要是分为分布式数据挖掘技术，分布式数据挖掘技术与并行化密切相关。大数据挖掘算法多采用并行化思想。分布式聚类算法，为了发现设备故障和状态异常，可以对状态数据进行聚类，将正常状态和故障状态区分出来。分布式分类算法，在形成具体的分类标准或准则后，可以采用分类算法进行分类。

智能电网大数据关键技术，是根据信息处理流程，大数据在智能电网中的应用可以分为数据采集、数据清理、数据存储及处理、数据分析、数据解读和数据应用6个环节，其关键技术包括数据集成技术、数据存储技术、数据处理技术和数据分析技术。

2.2.3 电网高级量测技术

高级量测体系（AMI）是一个用来测量、收集、储存、分析和运用用户用电信息的完整的网络和系统。AMI技术的四大组成部分（即智能电表、广域通信网络、量测数据管理系统和用户户内网络）、AMI的作用及其和智能电网的关系。通过广域通信网络，AMI把用户和电力公司紧密相连，为将来配电自动化等智能电网功能的实现奠定基础。AMI实现的系统范围的测量和可视性能够大幅提升现有的电力公司的运行机制和资产管理流程。

2.2.4 物联网传感技术

传感技术同计算机技术与通信一起被称为信息技术的三大支柱。从物联网角度看，传感技术是衡量一个国家信息化程度的重要标志，传感技术是关于从自然信源获取信息，并对之进行处理（变换）和识别的一门多学科交叉的现代科学与工程技术，它涉及传感器（又称换能器）、信息处理和识别的规划设计、开发、制/建造、测试、应用及评价改进等活动。

2.3 实践

2.3.1 商业办公类

典型案例：中新天津生态城区域多微电网项目

本项目是为中国与新加坡两国政府间战略性合作项目，通过微电网技术实现区域内的供电可靠性99.999%以上。

求实股份（求实股份于2016年挂牌，是智能电网和新能源微电网领域首家登陆新三板的企业）结合生态城用户需求，利用517.5kWp屋顶光伏、70kWp幕墙光伏、400kWp车棚光伏、1.5MW燃气发电机，并配备了400kWh公共储能，构建了微电网。

本项目主要利用大数据运行分析技术，构建了主楼低压、能源站中低压嵌套、能源站低压微电网4个微电网系统，通过交、直流联络彼此互联、灵活组网，能够有效提高中新生态城重要用户供电可靠性。

本项目的实施，在输配电微电网领域具有很重要的意义。光伏发电的100%消纳，提升了生态城内能源综合利用效率，促进了可再生分布式能源的就地消纳；大幅提升能源的自给率，提升节能减排效果，促进用户能效提升。通过16种运行模式的切换，大幅提升了区域能源供应的安全性和可靠性。为中新天津生态城带来了巨大的经济和社会效益。

2.3.2 商业生产类

典型案例：江西新余市下村工业基地智能微电网项目

本项目为新余市高精密设备制造企业项目，企业对电网电能质量要求高，需要利用微电网技术为用户提供高电能质量的电力供应。

求实股份结合用户需求，利用20MWp分布式光伏、500kWh铅酸电池储能，100kWh液流电池建成了一体化智能微电网。

通过智能微电网的运维管理系统，利用微电网高电能质量治理技术将光伏所发的间歇性电能转化为具有高电能质量电能送到生产区用于产品的生产和制造，有效保证了高精密设备的使用。

在本项目中，体现了微电网对大电网的补充，通过微电网的应用，完美地解决了用户的需求，提高了用户用电的安全性，从而提高了用户的生产效益。

2.3.3 客户中心类

典型案例：国网客服中心绿色复合型能源网项目

国网客服中心绿色复合型能源网项目为国家电网公司仅有的两个客户服务

中心供能项目，利用微电网技术保障客户服务实时畅通及信息分区防护。

求实股份结合用户需求利用823kWp光伏发电、6328kW冰蓄冷、3801kW地源热泵、1000kW太阳能热水、50kW电池储能、8280kW蓄热式电锅炉等设备，利用能源约束条件下优化协调控制技术构建了复合型能源网系统。

本项目利用智慧综合能源管理大数据技术，在保证智慧综合能源供应的基础上，实现了能源网通信与客户服务网通讯实现安全网关防护，有效地保证了国家电网客户服务中心电力负荷的可靠供应和客户服务信息加密安全。该复合型能源网系统的应用，提高了供电可靠性和电能质量，从侧面反映出了供电企业的服务水平的提高。

2.3.4 居民生活类

典型案例：天津静海区居民智慧供能综合利用项目

天津静海区居民智慧供能综合利用项目，是为解决居民目前供暖问题，项目遵循国家的能源发展战略，将智慧微电网供能系统应用到居民用户，集成了物联网传感技术，全面感知居民用户的用热需求，通过人工智能算法实现用户的用热和用电、用气的强耦合。

求实股份利用模块化燃气炉，为区域内14个分散布置的居住区进行供暖，满足了该区域内总共60万平方米居民的采暖要求。

本项目的开展，是国家能源发展规划和战略的要求，能够提高能源开发和利用效率，真正实现了节能减排，极大程度改善了天津地区的环境问题；同时调整了能源结构，消纳了清洁能源；改善了当地的人民生活质量和提高了健康水平。

B 18

智慧能源互联网引领火力发电行业两大变革

杨豫森*

摘　要：

智慧能源互联网是最近几年能源行业的一个研究重点，特别是在全球各国风电光伏等可再生能源快速发展的背景下，越来越多的学者和行业人士接受了分布式可再生能源逐渐取代集中式火力发电燃煤电站的趋势。因此，我国火力发电行业面临着巨大的行业变革。本文总结和分析了智慧能源互联网及火电发电厂的发展趋势，特别总结了火力发电厂灵活性和去碳化两个最为重要的变革发展方向，在理清相关基础概念的基础上，全面介绍了目前国内外的主要火电灵活性及去碳化相关技术，从而真正建立智慧化的能够耦合智能电网、智能冷热水网和智能燃气网的三网融合的智慧能源互联网。

关键词：

智慧能源　能源互联网　火力发电　灵活性　去碳化　储能　调峰

---

* 杨豫森，西安交通大学热能工程专业博士，现任赫普能源集团首席科学家，具有近 20 年的能源互联网、热电联产、区域能源、集中供热和电蓄热项目及技术研发经验。

一、相关基本概念介绍和解释

（一）智慧能源互联网

2011 年美国未来学家杰里米·里夫金在他的《第三次工业革命》一书中首次提出能源互联网的概念，指出以可再生分布式能源+互联网为核心，实现分布式发电和电动汽车的广泛接入和人人参与的点对点电力公平交易①。能源互联网理念一经提出，国内外不同行业和领域纷纷开展了有益的探索研究。当前，对能源互联网的典型认知方式主要有以下 4 种②③④⑤⑥。

1. Energy Internet：这种认知方式侧重于能源网络结构的表述，以美国的 FREEDM 为典型代表。该认知方式立足于电网，借鉴互联网开放、对等的理念和架构，形成以骨干网（大电网）、局域网（微网）及相关连接网络为特征的新型能源网。在技术层面，重点研发融合信息通信系统的分布式能源网络体系结构。

2. Internet of Energy：这一认知方式侧重于信息互联网的表述，以欧洲的 e-energy 为典型代表。该认知方式将信息网络定位为能源互联网的支持决策网，通过互联网进行信息收集、分析和决策，从而指导能源网络的运行调度。

3. Intenergy：这种认知方式强调互联网技术和能源网络的深度融合，以日

---

① ［美］杰里米·里夫金：《第三次工业革命》（张体伟、孙毅宁译），北京：中信出版社 2012 年版，第 46 页。

② Alex Q. H.，Mariesa L. C.，Gerald T. H.，et al.，"The future renewable electric energy delivery and management（FREEDM）system：the energy internet，" *Proceedings of the IEEE*，Vol. 99，No. 1，2010，pp. 133-148.

③ European Commission. Recordedconference "Mission Growth：Europe at the Lead of the New Industrial Revolution，"［EB/OL］，October 10，2013，http：//ec. europa. eu/avservices/video/player. cfm？ref=85716.

④ Federal Ministry of Economics and Energy of Germany，"E-Energy，"［EB/OL］，June 26，2013，http：//www. e-energy. de/en/index. php.

⑤ Boyd J.，"An internet-inspired electricity grid，" *IEEE Spectrum*，Vol. 50，No. 1，2013，pp. 12-14.

⑥ Xue Y.，"Energy internet or comprehensive energy network？"［EB/OL］，August 1，2015，http：//www. mpce. info/ch/reader/view_abstract. aspx？file_no=201503001&flag=1.

本的电力路由器为典型代表。该方式采用区域自治和骨干管控相结合的方式，实现能源和信息的双向通信。其中，信息流用于支持能源调度，能源流用于引导用户决策，以实现可再生能源的高效利用。

4. Multi Energy Internet：这一认知方式强调电、热、化学能的联合输送和优化使用，以英国、瑞士等国的能源发展方向为典型代表。

智慧能源是一种全新的能源形式，包括符合生态文明和可持续发展要求的相关能源技术和能源制度体系。现在结合“互联网+”来看，智慧能源应该是一套以能源工业为基础，通过互联网开放平台实现对创能、储能、送能、用能系统的监测控制、操作运营、能效管理的综合服务系统①②。

从能源互联网和智慧能源的定义可以看出，二者完全合约融合在一起，因此，归纳目前世界各国对能源互联网的定义和概念，以及行业内对智慧能源的定义，我尝试总结概括智慧能源互联网的定义为：

以智能电网、智能热网、智能燃气网为骨干，利用互联网、大数据、云计算、物联网及其他前沿信息通信技术，综合运用先进电转电、电转热、电转气等能源转换设备，利用高效蓄电设备、储冷储热设备及储气设备实现能源高效存储，最终实现电、热（冷热水）、气（氢气）三网有机融合，并以未来每个自主智慧分布式可再生能源发电的建筑为中心节点的，下一代多源互补、源—网—荷—储协调的能源与信息高度融合的智慧能源与互联网耦合系统。此定义下的智慧能源互联网架构图如图 1 所示：

本文提出的智慧能源互联网概念与目前国内的强调智能电网中心地位的能源互联网概念有很大差别，根本区别在于本文强调的是电能转换成其他能源，从而实现电、热、气三网融合的系统。我们这样的定义主要原因是现代城市末端建筑的用能需求时多样化的，例如北方寒冷地区的家庭和建筑能耗占其 1/3 的是建筑采暖能耗，家庭为单位的能源费用支出中采暖费用支出也是份额最大的一部分，而电费支出一般占家庭支出的 5%以下。

---

① 刘建平、陈少强、刘涛《智慧能源：我们这一万年》，北京：中国电力出版社 2013 年版，第 139 页。

② 王忠敏、黄晓艳：《能源互联网的未来——专访中国智慧能源产业与技术创新战略联盟理事长王忠敏》，《高科技与产业化》2015 年第 235 期，第 44 页。

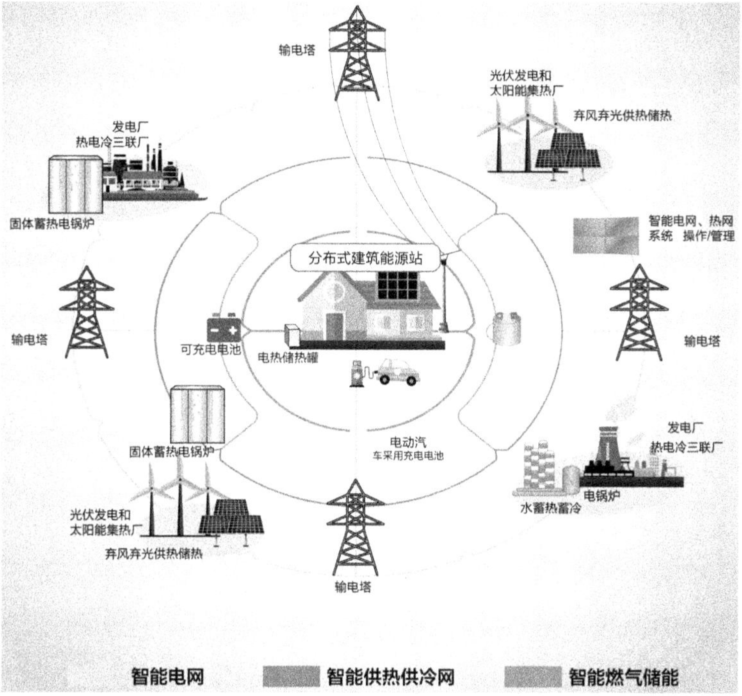

图 1 智能电网、智能热网和智能燃气网组成的智慧能源互联网架构图

说明：最外圈为智能电网；中间圈为智能热网；最内圈为智能燃气网。

另外的原因在于目前的蓄电成本过高，无论是锂电池等电化学电池技术，还是压缩空气或飞轮等蓄电技术，其成本过高。而目前储热储冷储气的成本很低，而且均有成熟的技术和设备，因此，为了应对未来波动性的可再生能源发电，将电能转化成热能或氢气进行大量存储，是未来电网调峰调频和解决弃风弃光问题的有效途径。

在应对波动性可再生能源发电的方案中，火力发电厂将承担越来越多的调峰功能，而且其本身的 CO_2 减排问题也越来越受到人们的重视。因此，带来未来火力发电厂的两大变革发展趋势，即火电灵活性和火电去碳化发展趋势，下面针对这两大变革趋势做具体分析。

（二）什么是火电灵活性

根据国际分析报告，电力系统的灵活性实际上分为电源侧灵活性和负荷侧灵活性，只有电源和负荷侧都具备灵活调整的能力，未来的智能电网才能做到供需平衡。

针对火力发电厂的灵活性问题，国内近两年越来越关注，相关实施的项目也越来越多，根据国内外的相关定义，我们可以概括火电灵活性的定义为：

采用化学燃烧方式进行发电的火力发电厂，进行负荷灵活性改造或燃料灵活性改造统称为火电灵活性改造，其中，负荷灵活性改造包括深度调峰（锅炉及汽机的低负荷运行）、机组快速启停、机组爬坡速率和热电联产机组的热电解耦及其他利用外部设备提高机组灵活性的一系列改造措施；燃料灵活性是指火电厂燃料的可变性，包括煤、油、燃气等多种化石燃料，化石燃料与生物质燃料的混烧，甚至包括完全的生物质、垃圾等多种可再生能源燃料。

（三）什么是火电去碳化

目前国内外发电和整个能源行业正在经历一场变革，有关的国际报告总结了未来几十年国际发电行业的几大趋势，包括去碳化、去中心化、数字化、自主化、多能互补耦合化。由于近十年中国可再生能源发电装机量的快速增长，中国已经成为国际上风电和光伏装机量最大的国家，同时，欧洲、美洲等发达国家级南美一些国家，风电和光伏发电均取得了快速的增长，因此，上述国际发电行业的五大趋势中，进展最快的就是去碳化。

火电去碳化是指火力发电厂的燃料从化石能源燃料向生物质或垃圾等可再生能源燃料过渡的趋势。促进这一趋势不可逆改变的是全球应对气候变化和 CO_2 减排的行动计划，特别是 2016 年《巴黎协定》的签署。中国的减排承诺更加明确和严格：中国将于 2030 年左右使 CO_2 排放达到峰值并争取尽早实现，2030 年单位国内生产总值 CO_2 排放比 2005 年下降 60%—65%，非化石能源占一次能源比重达到 20%左右[①]。2017 年 12 月 19 日，中国率先在发电行业开启全国性的碳市场，标志着全国性的碳排放权交易体系正式开启。

① 巢清尘、张永香、高翔等：《巴黎协定——全球气候治理的新起点》，《气候变化研究进展》2016 年第 12 卷，第 1 期，第 61—67 页。

2016年，我国火电企业的发电装机容量为1053880MW①，占发电总装机容量的64.04%，而我国的火电企业主要依靠燃煤（89.44%）和燃气（6.65%），由此成为温室气体的重要来源。据统计，目前发电行业纳入碳交易市场的企业达到1700多家，排放量超过37亿吨CO_2当量，接近我国碳排放总量的1/3。由于发电行业庞大的排放基数，采取市场化手段削减发电行业的碳排放，已经成为我国“十三五”时期以及今后一段时期内的重要减排任务。

相信随着碳排放指标或碳税等市场化的碳减排措施的推出，将会是迫使火力发电厂进行燃料灵活性改造，降低燃煤、燃气等化石能源燃料比例。

因此，火电灵活性是降低发电行业整体碳排放水平的有力措施。火电灵活性中的机组负荷灵活性将提高电网的调峰调频能力，将极大地降低弃风弃光弃水弃核的发生，从而提高整个发电行业的去碳化进程；而燃料的灵活性将直接降低火电机组的碳排放量；所以负荷灵活性和燃料灵活性都是火电灵活性改造过程中不可或缺的必要环节，而目前国内的灵活性改造仅仅进入负荷灵活性阶段，更大的挑战和困难存在于燃料的灵活性改造进程中。

二、中国火电灵活性改造取得的进展及技术方案

（一）2016年到2018年中国火电灵活性改造取得的进展

从政策制定者国家能源局（NEA）到发电企业，中国发电行业越来越意识到，在提高燃煤电厂的灵活性方面存在着尚未开发的潜力。中国从丹麦及德国等国家的国际经验中寻找灵感，并开始将这些经验转化应用到中国。2016年，国家能源局（NEA）已经宣布22个燃煤热电厂的灵活性改造示范项目清单，越来越多的火力发电厂开始参与到火电灵活性改造的项目中来。随着示范项目的成功实施（例如采用丹麦经验的国电庄河、华电金山和华能丹东电厂，以及实施国内创新的固体蓄热电锅炉调峰技术的华电丹东、辽宁调兵山、华能

① 中国电力企业联合会：《2016年全国电力工业统计快报数据一览表》，http://www.cec.org.cn/guihuayutongji/tongjxinxi/niandushuju/2017-01-20/164007.html。

吉林长春和伊春电厂），国内的火电行业技术专家对灵活性改造技术的实施越来越持开放和肯定的态度①。

（二）中国目前实施的火电灵活性技术方案

图 2 来自丹麦能源署的报告，报告中的不同线条代表了目前主要的火电灵活性的主要措施。

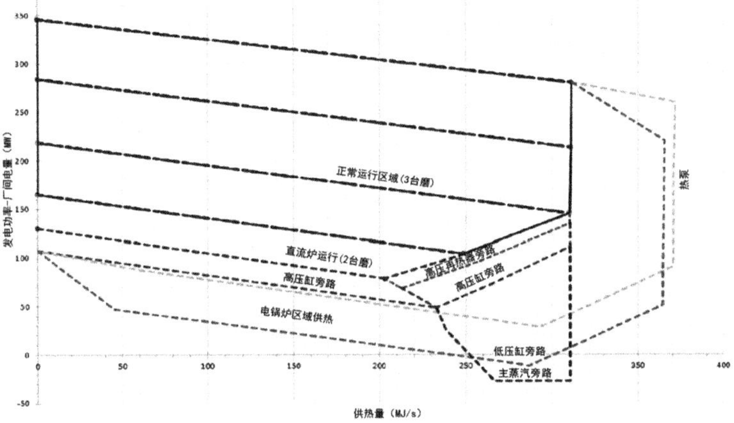

图 2　丹麦火电灵活性的主要措施

资料来源：引自丹麦能源署报告。

图中长折线条的为通过锅炉燃烧调整等挖掘机组本身深度调峰能力的措施，其他短折线条为增加外部系统和设备带来的火电灵活性措施。

下面我们分别进行详细介绍和描述。

1. 依靠机组本身的火电灵活性改造措施

从图 3 可以看出，从机组本身着手的改造措施分针对锅炉的改造和针对汽机的改造两大类。下面分别进行具体分析和介绍：

---

① Thermal Power Plant Flexibility：A PUBLICATION UNDER THE CLEAN ENERGY MINISTERIAL CAMPAIGN，Danish Energy Agency，Ea Energy Analyses，ENERGINET，电力规划设计总院，国家可再生能源中心。

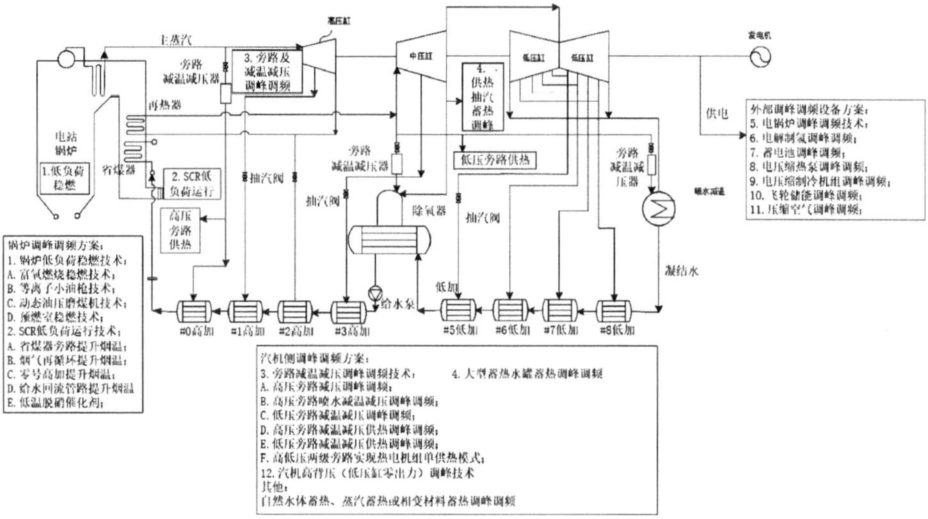

图 3　火电灵活性综合方案汇总

（1）锅炉系统的火电灵活性改造措施

针对电站锅炉，灵活性改造措施主要有：①锅炉低负荷稳燃调峰技术①②③；②锅炉富氧燃烧调峰技术；③动态油压磨煤机技术；④锅炉 SCR 低负荷运行技术；⑤低温脱硝催化剂技术。

（2）汽机系统的火电灵活性改造措施

针对电站汽轮机系统，灵活性改造措施主要有：①旁路喷水减温减压调峰调频技术④；②汽机低压缸零出力调峰技术；③汽机抽汽蓄热调峰调频技术。

（3）大型蓄热水罐蓄热调峰调频技术

利用抽汽加热热网水，并利用大型蓄热水罐进行蓄热，可以实现在原有热电厂供热抽汽基础上，增加供热抽汽量并将多余热量打入大型蓄热水罐进行蓄热，从而增加热电机组的深度调峰能力。

---

① 崔华、杨豫森、徐波、谭智、陈辉：《一种锅炉富氧燃烧结合电解制氢调峰调频设备的系统》，实用新型专利，授权专利号 ZL201721890802. X。

② 刘国伟、董芃、别如山：《富氧条件下煤粉气流的着火性能变化》，《化工学报》2013 年第 64 卷，第 7 期，第 2596—2603 页。

③ 樊越胜、邹峥、高巨宝等：《富氧气氛中煤粉燃烧特性改善的实验研究》，《西安交通大学学报》2006 年第 40 卷，第 1 期，第 18—21 页。

④ 崔华、杨豫森、徐波、谭智、陈辉、王小英：《一种机组旁路结合外部辅助调峰调频设备的系统》，实用新型专利，授权专利号 ZL201721784688. 2。

2. 依靠外部设备电蓄热锅炉的火电灵活性改造措施

国内最早应用电锅炉是一些石化或冶炼特殊行业。而国际上最早应用电锅炉的是欧洲，特别是在20世纪60年代欧洲水电丰富地区出现过低电价年代，因此簇生了几家专业制造大型电极锅炉的生产制造商，随后这一技术被用于核电站的启动电蒸汽锅炉。因此，技术成熟度和历史最悠久的就是高压电极锅炉技术，技术持有人主要是欧洲和美国的几个电极锅炉制造商，目前这几个主要的国外电极锅炉制造商也都通过技术授权或代理进入国内开展业务。

总体说来，电热锅炉技术在国际上主要分为电阻式锅炉、电极式锅炉、电热相变材料锅炉和电固体蓄热锅炉。但为了实现在火电灵活性项目中的应用，要求电锅炉必须结合蓄热，因为只有蓄热储能的参与才能最终实现储能调峰功能。

根据总结目前在国内已经实施的火电灵活性电蓄热调峰项目，主要使用的电锅炉类型只有两类，最先实施的华电丹东电厂、辽宁调兵山电厂、吉林华能长春热电厂和华能伊春热电厂的四个项目采用的是大型固体蓄热电锅炉技术；另外一类是高压电极锅炉结合蓄热水罐。

（1）火电灵活性固体蓄热电锅炉示范项目介绍

2016年7月4日，国家能源局对外发布《关于下达火电灵活性改造试点项目的通知》第一批16个项目中的华电丹东电厂和调兵山电厂两个项目，第二批6个项目中的华能长春电厂和华能伊春电厂两个项目，这四个项目是国际首次利用固体蓄热电锅炉进行火电灵活性调峰应用。赫普公司联合青岛特锐德公司联合投资建设了这四个电蓄热调峰项目，赫普公司在2017年申请了电蓄热锅炉辅助火电厂供热机组深度调峰系统专利，创新性的在世界范围首次将高电压固体电蓄热设备应用与火电灵活性调峰，该设备在东北四个项目的应用创造了四个世界第一：

①世界范围第一次应用固体蓄热电锅炉进行火电灵活性调峰，赫普公司拥有专利和相关技术；

②世界范围运行工作电压最高的电锅炉66kV高电压固体蓄热锅炉应用于工程实践；

③世界范围最大的电锅炉项目安装在电厂内进行蓄热调峰；

④世界范围调峰杠杆率最高的火电灵活性调峰项目；

目前国外进行火电灵活性调峰的电锅炉均为10kV的高压电极热水锅炉，而且该系统必需配置大型蓄热水罐。赫普公司创新性地将高电压等级达66kV的固体蓄热电锅炉第一次在火电灵活性项目中实施，不但创造了世界范围的四个第一，而且固体蓄热电锅炉在安全性及系统的可靠性方面有其自身优势，而且系统配置容量远远大于国外电极锅炉容量。使得项目运行的电厂在电网调峰市场上具有极强的竞争力，一般均可以实现最高调峰负荷，即电厂实现上网电量为零。

（2）火电灵活性电极锅炉+蓄热水罐技术介绍

北欧四国是在20世纪80年代初开始兴建大型蓄热水罐①②，但最早的蓄热水罐并不是为了满足火电深度调峰和火电灵活性而设立的储能措施，最早建设大型蓄热水罐的直接原因是为了高效节能地满足欧洲一年四季的早晚两个洗澡热水的尖峰供热负荷（欧洲特别是北欧国家，一年四季集中供热系统都保持运行，他们并没有供热季的概念，夏季供热负荷以生活热水负荷为主）。在三十多年的应用过程中，蓄热罐的安装位置主要有三种，热电厂厂区内、一次供热管网区域和二次供热管网区域，其中管网区域内往往与单供热锅炉房相结合。

大型蓄热水罐按罐内压力分为常压罐和承压罐，常压罐内压力1bar，供水温度在95℃左右；承压罐分低压罐和高压罐，目前北欧最多数量的是低压罐，内部压力2bar，个别高压罐案例内部压力可达18bar。目前，世界上最大蓄热水罐项目在丹麦和德国，丹麦案例的总体积达70000m^3，净容积66000m^3。全球最大的70000m^{3}的蓄热罐（引自电厂介绍文件）如图4所示。

北欧国家最早发明高压电极锅炉，最早应用电极锅炉和大型蓄热水罐解决热网的早晚生活热水（洗澡热水）的供热尖峰问题或核电站的启动蒸汽问题，近十年由于可再生能源发电比例的进一步提高，例如丹麦在2016年风电占全

① 苏雪刚、卢丽坤、唐卉：《大型蓄热水罐在热电解耦中的应用》，《辅机与容器》2018年第1期，第46—48页。

② 杨豫森：《北欧及德国火电灵活性技术方案介绍》，http：//www.360doc.com/content/16/1031/10/36219584_602727350.shtml。

国总发电量的44%，迫使丹麦热电厂十年前就开始考虑和研究火电灵活性问题。而高压电极锅炉具有启动快、耗电负荷调节幅度大、调节迅速的特点，非常适合于火电灵活性调峰。

图4　全球最大的70000m³的蓄热罐（引自电厂介绍文件）

目前国内东北地区已经实施了几个电极锅炉配大型蓄热水罐或单独蓄热水罐调峰的项目，但由于蓄热水罐蓄热量有限，因此单独蓄热罐调峰深度有限，往往电厂无法获得调峰负荷40%以下的高额补贴。而电极锅炉联合蓄热水罐的项目，往往蓄热水罐蓄热量设计与电极锅炉容量不匹配，实际上间接利用了供热管网的蓄热能力来获得最高的调峰补贴。

（3）利用电锅炉调峰调频的创新型应用

①利用电极锅炉提供火电厂调频辅助服务①；

高压电极锅炉的优点是电功率调节速率快，可快速响应电网的深度调峰需求。而且，电极锅炉还可以应用于火电厂电网调频响应辅助服务。

电极锅炉的供电有三个来源，可以直接连接发电机出线，或连接10kV以下的厂用电，或连接升压站后高压接线降压后连接10kV供电。电极锅炉加热

① 崔华、杨豫森、徐波、谭智、陈辉、展望、陈超、朱明志：《一种发电厂内电极锅炉参与电网调频的系统》，实用新型专利，授权专利号ZL201721068563.X。

的热水既可以直接打入热力系统，这样就可以做到一年四季电极锅炉随时启停，也可以用来加热热网水，但只能够冬季供热季应用。

②利用电极锅炉结合跨季节自然水体蓄热调峰调频；

利用大型跨季节自然水体蓄热，再结合电极锅炉或电厂抽汽或循环水余热利用热泵作为热源，只要自然水体体积足够大，可实现一定程度的全年调峰调频运行。但由于自然水体保温材料耐温限制，水体的最高蓄热温度不能超过85℃，因此整体的蓄热量还是比较有限，无法做到长时间和大负荷的深度调峰需求。

③利用电锅炉作为火电厂的启动蒸汽锅炉；

电极蒸汽锅炉配合过热器作为核电站和常规火电机组的冷启动的启动锅炉，提供小汽机冲转和大汽机的启动暖缸等蒸汽来源，也是目前欧洲很多核电站或火力发电厂的应用方法，目前国内还没有出现，但相信随着火电灵活性的深入，一定会出现这一技术的应用案例。

（4）火电灵活性改造技术的创新方案

结合本文对智慧能源互联网的定义及其融合智能电网、智能热网及智能燃气网的三网融合架构图，我们可以看到火电灵活性改造技术的关键是将弃风弃光电变相转换为其他能源，前面介绍的电蓄热锅炉实现了电到热的转换并蓄热储能技术，最接近的类似技术就是电转冷并蓄冷储能技术，而另外的技术就是电到气转换并存储，目前出现的成熟的电到气转换的技术就是电解制氢技术。此外，直接对电能进行存储的蓄电技术也非常重要，下面对这几种利用外部设备进行火电灵活性改造的应用方案具体介绍。

3. **电蓄冷技术的火电灵活性改造措施**

与电蓄热锅炉相对应的电转冷并蓄冷的技术和设备很多，概括起来包括电制冷设备和蓄冷设备两部分，其中电制冷设备按压缩级数和工质类型分为单级压缩制冷机、多级压缩制冷机和复叠式压缩制冷机，按压缩机种类可分为活塞式、离心式和螺杆式压缩制冷机等；蓄冷设备可按蓄冷工质分为水蓄冷、冰蓄冷、工质冰球蓄冷和冰浆蓄冷几大类，按照蓄冷设备形式可分为小型的罐式蓄冷和大型的池式蓄冷。

如图5所示，大型电压缩制冷机组和蓄冰槽安装在火力发电厂内，利用火电机组的深度调峰电力，驱动电压缩制冷机组生产内含乙二醇的温度低于0℃的过冷水，过冷水在夜晚调峰时段耗电在蓄冰槽内制冰蓄冷，实现深度调峰电力的蓄冷储能。在白天用电高峰时段，通过蓄冰槽蓄冷对外供冷，此时电压缩制冷机组停机，从而保证火电机组在用电高峰时段的满负荷发电量全部上网。

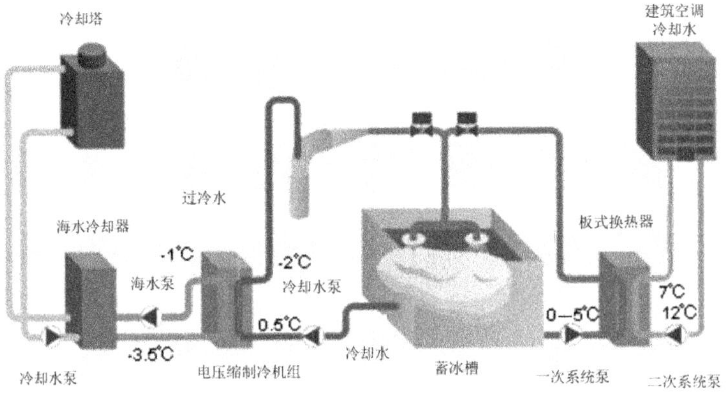

图 5　电压缩制冷及蓄冰池区域供冷系统流程图

4. 电解制氢技术的火电灵活性改造措施

据统计，目前世界氢气的年产量约为 10^{11}—10^{12} m^3，主要用于化学工业，尤以石化工业和氨合成法的氢气用量最大，而直接做能源的比例仅占22%。近年来，化石能源消耗带来的环境污染问题越发严重，世界各国都把研究的重心转向了以氢能为代表的新能源研发①。目前，制取的氢气中大约90%以上来自以石油、天然气和煤为主的化石原料，电解水方式制氢不足5%。随着化石资源的不断消耗，重整制氢的成本会相应增大；相反，由于太阳能、风能、核能大量用于发电，电解制氢成本将持续下降。同时，电解水制氢还可实现制氢过程“零污染”，极大降低了环境负荷。可以预见，低成本、高效率、绿色化的水电解制氢将是未来制氢工业的核心技术之一，将为社会带来巨大的环境和经

① Lubitz W., Tumas W., "Hydrogen: An overview," *Chemical Reviews*, Vol. 107, No. 10, 2007, pp. 3900-3903.

济效益①。

目前主要的水电解制氢方法有碱性水溶液电解、高温水蒸气电解和固体聚合物电解质水电解等。其中，碱性水溶液电解是最古老、技术最成熟，也最经济的电解方式，并且具有易于操作的特点，因此得到了广泛使用。

由于火电灵活性深度调峰需要 100MW 以上的电负荷容量，这样大型电解装置，需要技术成熟而且单台电解槽功率越大越好，因此，根据目前的技术发展情况，最可靠的技术路线是选择成熟的碱性水溶液电解槽技术。国内目前有三家公司生产碱性电解槽设备，其中一家电解槽电功率已经是世界范围最大为接近 5MW，产氢量为 $1000m^3/h$。

在火电厂内设置 100MW 以上的碱性水溶液电解制氢装置，利用火电灵活性深度调峰电力电解制氢，氢气直接销售给周边的大型炼油厂或合成氨工厂，或直接供给城市区域的加氢站或 HCNG（混氢天然气）加气站，这样就可以形成调峰电力制氢、加氢站加氢和化工厂或车辆用氢的氢能产业链，相信在不远的将来，这样的产业链在中国就会出现。

5. **新型蓄电调峰调频改造措施**

在智慧能源互联网的电网、热网和气网中，可再生能源电力最容易想到的储能手段就是直接储存电能。而目前出现的蓄电技术主要有物理电储能、电磁储能、电化学蓄电池储能，物理电储能包括飞轮储能、压缩空气储能、液态空气储能、重力储能，最为成熟的是电化学蓄电池储能，分为锂系电池储能、非锂系电池储能、超级电容器等。

由于上述蓄电储能技术目前成本较高，还没有出现大型蓄电储能调峰的项目，但全球范围很多国家都出现了利用大型蓄电储能电站参与电网调频的相关项目，例如 2016 年 11 月 23 日特斯拉公司已在澳大利亚建成了世界上最大的锂离子电池组（如图 6 所示），用于保障南澳大利亚的能源供应。虽然这个项目容量 100MW 电池占南澳大利亚电网总容量的比例仅有 2%，但其已经在南澳大利亚获得了超过 55%的频率控制服务收入，为消费者节省了大约 3500 万

---

① 张开悦等：《碱性电解水析氢电极的研究进展》，《化工进展》2015 年第 34 卷，第 10 期，第 3680—3687 页。

澳元，彰显了储能设备参与辅助服务市场的价值。

图 6　南澳大利亚特斯拉大型蓄电储能电站电网调频项目

根据容量规模（rated power）和服务/应用场景（service/use case）对美国能源局（Department of Energy，DOE）全球储能项目数据库①截至 2016 年 10 月 31 日的统计数据进行筛选，所得除抽水蓄能外应用于电力系统调频的兆瓦级储能工程共计 164 项，其中包括已声明/签约/在建项目。其中 2016 年投运的兆瓦级储能调频项目类型统计如图 7 所示：

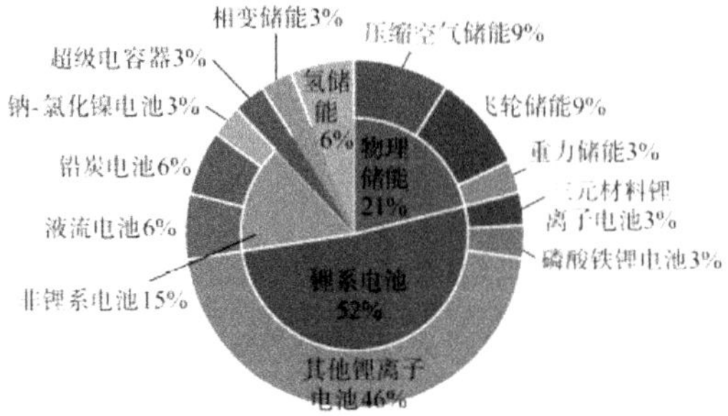

图 7　2016 年投运的 33 个新建兆瓦级储能调频项目类型

锂系电池为兆瓦级储能调频应用主流类型，2016 年新投运的 33 个项目中 52%为锂系电池类型项目，其中钛酸锂、磷酸铁锂电池在 2014 年之前占据锂离子电池调频项目半壁，随后三元材料锂电池兴起。

---

① DOE global energy storage database projects [EB/OL]，October31，http：//www.energystorageexchange.org/projects.

目前在国内，已经出现了三个利用集装箱式蓄电池组安装在火电厂内部进行调峰辅助服务的案例，但根据目前的实施情况，由于采用三元锂电池成本巨大，目前项目经济性并不乐观，而且其中两个项目还出现了电池着火烧毁事故，因此，国内对大规模蓄电池调频辅助服务的发展还有争议。

三、火电去碳化与燃料灵活性

图 8 所示为文献①报告总结的未来国际电力行业的几大趋势，图中从左至右展示了从未来到现在的电力行业的发展趋势，图中最左侧一栏为最远的未来基于自主单元的能源转换形式，其特点包括去碳化、去中心化、数字化、自主化、多能互补耦合化；中间的分别是分布式能源转换形式和全球化联网的能源转换形式，最右边为现有的基于集中式化石能源电站的不完全的能源转换形式。

图 8　未来国际电力行业演进形式

其中，去碳化成为第一大发展趋势。火电厂的燃料灵活性就是现今能源系

① Matthias Wessels, "Future role of the distribution system operator in the energy transition," Essen, February 9, 2017.

统转型的一个开始，从改变严重依赖化石能源的火电发电厂，逐渐转变为改换可再生能源燃料的火电发电厂。

四、火电厂燃料灵活性技术在国外的发展

（一）生物质燃料在火电厂燃料灵活性技术中的应用

全球范围最早开展燃煤锅炉掺烧或完全转换为生物质燃料锅炉的技术研究的国家是丹麦，自20世纪80年代末，丹麦经历了一个从基于大型燃煤火电厂向风力发电、热电联产（CHP）机组和太阳能光伏发电相结合的转变过程，丹麦也是世界范围最先开始并获得最高去碳化发电比例的国家。可再生能源电力生产的大幅增加（特别是丹麦风电2015年占全国发电量的44%），给电力系统的灵活性带来了巨大的挑战。

目前，丹麦全境的大中小型的热电联产机组都在进行从化石燃料向生物质、垃圾等可再生能源燃料的转换，未来到2050年，丹麦将会实现完全的电力生产的100%可再生能源化。图9为创造众多热电联产机组效率世界纪录的丹麦哥本哈根AVV2发电厂的航拍图，厂区内就建有不同燃料类型的多台电站锅炉。

图9　丹麦标杆热电厂AVV2厂区航拍图

资料来源：引自AVV2介绍资料。

说明：1. 一号机组及锅炉房；2. 二号机组及锅炉房；3. 中央集控室；4. 燃气轮机；5. 生物质燃料存储厂；6. 一号生物质机组、生物质锅炉及烟气处理系统；7. 二号生物质机组、生物质锅炉及烟气处理系统；8. 冷却水入口；9. 燃料港口；10. 热电厂供热首站；11. 大型蓄热水罐；12. 区域供热水泵房；13. 大型储油罐；14. 煤场；15. 生物质颗粒存储厂。

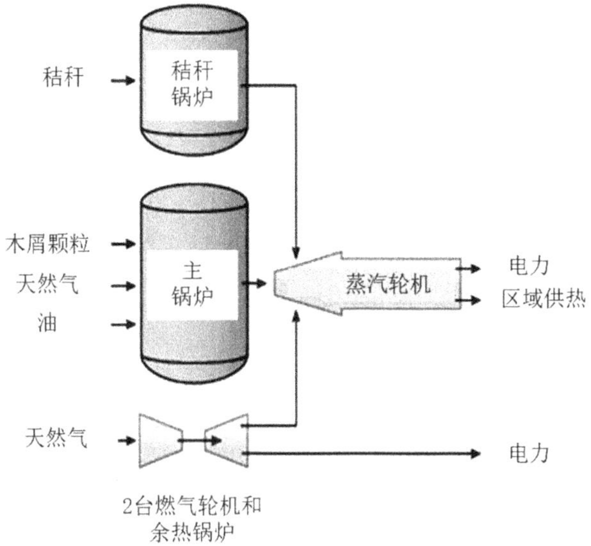

图 10　丹麦标杆火电厂 AVV2 多燃料二号热电联产机组原理图

资料来源：引自 AVV2 介绍资料。

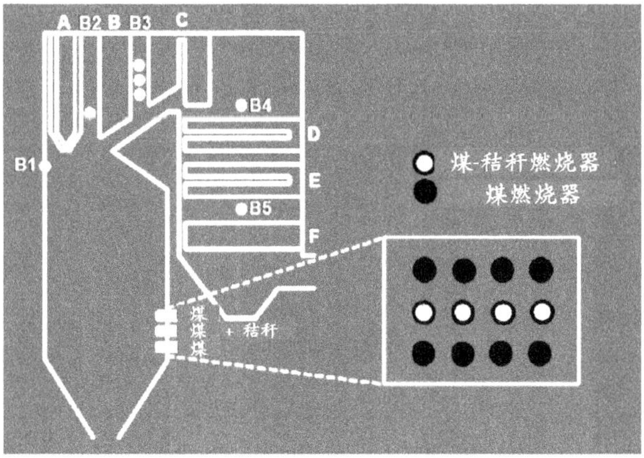

图 11　丹麦标杆火电厂 AVV2 煤粉锅炉混烧秸秆的分层燃烧器

资料来源：引自 AVV2 介绍资料。

在图 11 所示的煤粉锅炉的四角切园的分层的煤粉燃烧器中，将中间一层改造为可以混烧秸秆或生物质粉末的多燃料燃烧器，这样就可以实现第一步的火电厂的燃料灵活性改造。

2015 年，荷兰最新设计投运的鹿特丹的 MPP3 电厂是目前世界上最新建成的节能和 CO_2 深度减排示范电厂①，如图 12 所示。1100MW 超超临界机组采取超超临界参数+生物质混烧+区域供热+CO_2 捕集的 CO_2 深度减排技术路线。机组容量：2×1100MW，机组参数：28.5MPa/600℃/620℃，机组发电效率>47%。生物质混烧比例 30%，准备 2019 年投入使用。

图 12　荷兰鹿特丹 MPP3 电厂混烧 30%生物质的 2×1100MW 热电机组

英国是目前世界上采取生物质混烧技术最多的国家。英国共有 16 座大型火电厂完成了生物质混烧发电，其中 13 座为总容量超过 1000MW 的大型燃煤火电厂，其总装机容量为 25366MW。

英国容量大于 1000MW 的火电厂生物质混烧发电厂见表 1。

① 龙辉：《欧洲大型燃煤锅炉耦合生物质发电技术介绍》，2018 年 4 月 17—18 日，天津，第一届燃煤锅炉耦合生物质燃烧技术应用研讨会。

表 1　英国容量大于 1000MW 的火电厂生物质混烧发电厂

发电厂名称	混烧电厂装机容量 MW	混烧的生物质燃料类型
Aberthaw	1553	木材废料、锯末、动物脂肪
Cockenzie	1200	木材颗粒
Cottam	2000	混烧 5%热值的生物质
Didcot A	2100	草本能源作物
Drax	4000	草本能源作物/木材颗粒
Eggborough	2000	棕榈壳
Ferrybridge	2035	橄榄壳和废木材颗粒
Fiddlers Ferry	1995	橄榄壳和废木材颗粒
Ironbridge	964	棕榈壳
Kingsnorth	2034	谷类残渣
Longannet	2400	污泥/木材颗粒
Tilbury	1085	棕榈壳

（二）垃圾焚烧发电国外应用情况

全球范围，垃圾作为可再生能源应用最好的国家是丹麦、瑞典和日本，这三个国家兴建的垃圾焚烧发电站数量位列世界前列，图 13 为哥本哈根市 2016 年新建的哥本山垃圾焚烧发电项目的电厂剖面布置图①。

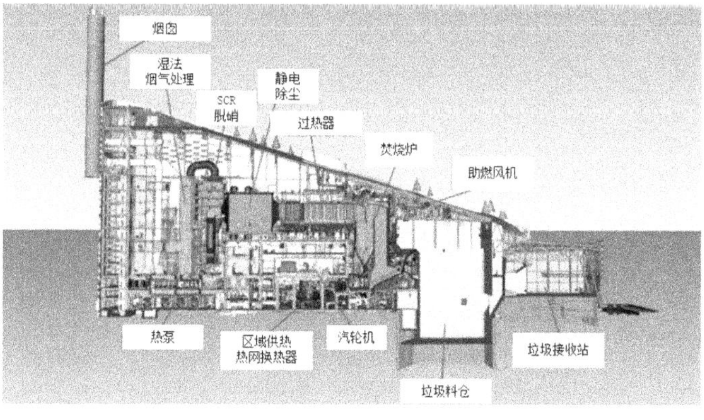

图 13　丹麦哥本哈根市哥本山垃圾焚烧发电机组剖面图

① Dorthe Lærke, "COPENHILL—WTE FACILITY," Ramboll, August 2016.

该项目最大发电装机 55MW，最大供热工况 247MW，在热泵参与工况下发电容量 49MW，供热容量为 190MW。项目燃料全部为城市垃圾，通过机组及旁路的灵活性设计，可以实现热电联产机组利用两级旁路实现单供热运行发生切换，如图 14 所示。

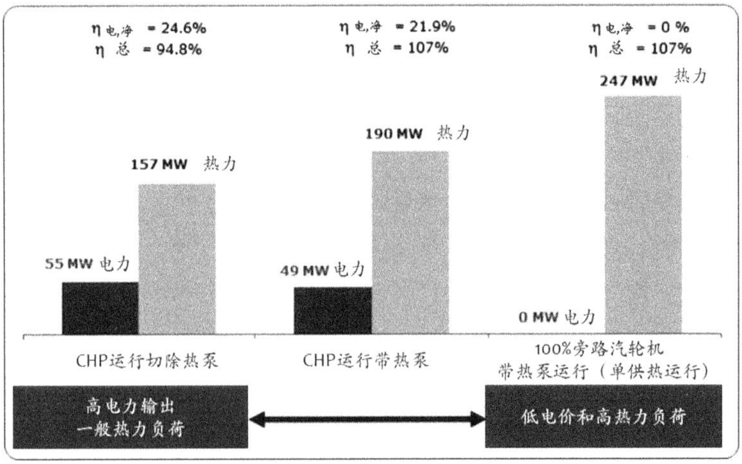

图 14　哥本山垃圾焚烧发电热电联产模式到纯供热模式切换及效率

（三）火电厂燃料灵活性技术在国内的发展

自从 2016 年国内开始火电灵活性改造相关项目和技术研究工作后，国内很多研究机构或企业都开始了燃料灵活性的相关研究。比如专利文献[①]揭示的一种多燃料燃烧器，可以进行生物质粉末或秸秆、油、天然气、氢气或氧气与现有煤粉系统的掺烧，其基本结构如下图所示。图 15 中燃烧的中心管内可通过送风将生物质粉末、污泥干化粉末或垃圾干化粉末送入炉膛，另外，也可将生物质、污泥或垃圾进行热解气化生产可燃气体，通过上面的油气枪送入炉膛进行燃烧；此外，还可利用火电灵活性深度调峰电力电解制氢制氧，在结合富氧燃烧技术，通过送氢枪或送氧枪，实现进一步的燃料灵活性，改善大型煤粉锅炉在低负荷下的燃烧特性，实现低负荷稳燃和深度调峰。

① 杨豫森、崔华、徐波、谭智、陈辉：《一种多燃料燃烧器》，实用新型专利，授权专利号 ZL201721131975. 3。

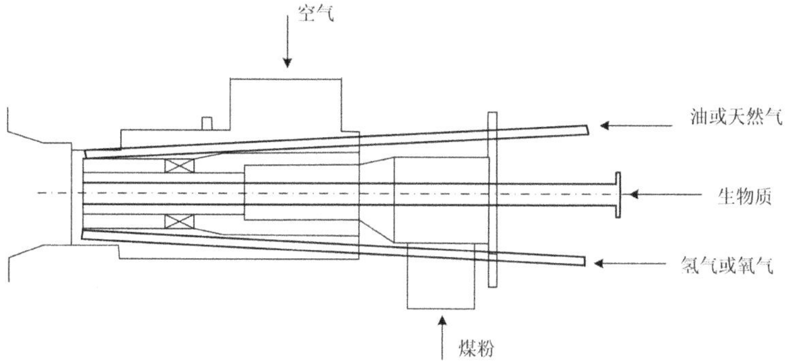

图 15　可烧煤粉、油、天然气、生物质或氢气的多燃料燃烧器

2017 年 11 月国家能源局、国家环保部联合印发了《关于开展燃煤耦合生物质发电技改试点工作的通知》。文件指出，组织燃煤耦合生物质发电技改试点项目建设，旨在发挥世界最大清洁高效煤电体系的技术领先优势，依托现役煤电高效发电系统和污染物集中治理设施，构筑城乡生态环保平台，兜底消纳农林废弃残余物、生活垃圾以及污水处理厂、水体污泥等生物质资源，破解秸秆田间直焚、污泥垃圾围城等社会治理难题，促进电力行业特别是煤电的低碳清洁发展。

1. **燃煤耦合农林废弃残余物发电**

这类耦合发电技术国内外已经实施的项目最多，技术也最成熟，前面介绍的国内外的技术均可用于生物质直接在煤粉炉内掺烧。但此次能源局试点项目优先采用气化耦合方案，主要原因就是气化方案便于生物质燃料特别是生物质气量的实时监测和可再生能源电量监测记录，这样可以避免传统生物质燃料量统计困难和容易掺假的问题。

2. **燃煤耦合垃圾、燃煤耦合污泥发电**

目前中国城市生活垃圾累积堆存量已达 70×10^8 吨。据国家环保总局预测，2010 年我国城市垃圾年产量为 1.8×10^8 吨，2015 年将达到 2.1×10^8 吨。目前，垃圾填埋占 70%，焚烧等占 10%，剩余 20%难以回收。全国城市每年因垃圾造成的损失近 300 亿元（运输费、处理费等），而将其综合利用能创造 2500 亿元的效益。

与填埋和堆肥相比，垃圾焚烧更节约土地，不会造成地表水和地下水污染。在城市化加速推进、建设用地指标接近极限的情况下，对于中东部人口稠密、用地紧张、垃圾围城的大中型城市来讲，垃圾焚烧逐渐成为一种现实选择。因此，各地也都出现了垃圾焚烧发电相关发电项目。通过制定火电燃料灵活性的耦合工艺方案，挖掘火电燃煤机组烟气、蒸汽热力利用潜力，对垃圾、污泥进行全程密闭、干化焚烧，不但可以解决火电厂降低碳排放的问题，而且可以将现有的产能过剩的火电发电厂进行转型，成为处理城市垃圾和污泥的焚烧发电厂。

五、未来智慧能源互联网愿景

通过上面所介绍的一系列的火电灵活性和去碳化的技术手段，可以逐渐的将现有的依赖化石能源的大型火力发电厂转型成为焚烧垃圾、生物质等可再生能源的火力发电厂，并在未来智能电网中承担其调峰调频等辅助服务的主力发电厂，未来智能电网中大部分的电力将来自分布式建筑能源站，利用分布在大型热电厂内的大型蓄热电锅炉实现电能到热能的转换，从而实现智能电网与智能热网的耦合；利用分布在大型火电厂内的电解制氢槽，实现智能电网与智能燃气网的耦合。通过电网、气网和热网的三网融合，一定可以建立起智慧能源互联网广阔的未来。

B 19

能源互联网的关键组件：储能系统

刘明川*

摘　要：

能源互联网是能源行业的发展方向，而储能技术是能源互联网的重要组件，但其之前受制于技术发展阶段和成本原因，并没有被广泛使用。本文概述储能技术的主要发展方向及情况。按照储能系统的技术特点对其进行分类对比，研究范围包括：抽水蓄能、压缩空气储能、飞轮储能、超导储能、锂电池、钠流电池、液流电池、超级电容器、氢燃料、燃料电池等。综述不同技术的优劣势，总结各类储能技术的技术发展路径。同时分析能源领域对储能技术的需求趋势，总结市场对储能技术发展的重要时点的判断。

关键词：

能源互联网　储能系统　新能源发电　电力系统

* 刘明川，Energo Foundation 战略研究员，福建省物联网产业联盟区块链专家，工信部区块链产业白皮书编委，曾在某公募基金担任能源、电力领域的行业研究员。目前致力于将区块链应用于传统的能源行业的研究。

引　言

由于电力商品的实时性、可靠性要求等特性，传统电力系统中对电源调频能力要求较高。机组为了满足负荷的平衡不断地启停，造成了较大的资源浪费；同时，大量不满足电能质量要求的可再生能源不得上网。为了解决这些供应和需求之间不匹配的问题，电力企业可以建设较多可靠的电源并增强电网的坚强性，以提高系统的安全性和稳定性，但是这将使得整个能源系统的经济效率大幅下降。

而发展储能技术可以有效解决供需双方的匹配问题，为实现能源互联网、清洁能源网络提供关键支撑。储能技术目前主要应用于平滑可再生能源波动、削峰填谷、不间断电源等领域。除抽水蓄能电站外，电力系统中大部分其他种类的储能系统是小规模或以示范项目为主。但随着储能技术的不断发展，储能系统将逐渐融入下一代能源系统，成为能源互联网的关键组件。而储能系统的加入，类似于电动汽车，也将很大程度上改变电力系统目前的运行模式。

1. 储能技术分类与对比

储能技术有多种分类方式，如按存储形式可分为物理储能和化学储能，更加精细的分类，可分为机械类储能、电气类储能、电化学储能、热储能、化学储能等。下面就不同的类别储能方式进行概述和对比。

1.1 机械类储能

机械类储能主要指以物理方式进行存储的能源形式，包括动能、势能等。具体形式主要可以分为三类：抽水蓄能、飞轮储能、压缩空气储能。其中，抽水蓄能的应用最为成熟，而近年来在材料学和电力电子器件方面的进步也极大地推动了飞轮储能和压缩空气储能的发展。

1.1.1 抽水蓄能

抽水蓄能电站对地理条件要求较高，其原理是利用海拔有高度差异的两个水库进行能量的转换，在电力富余时用电机将水从低水位的水库抽至高水位，将电力转化为水的重力势能；在电力缺乏时，使用高水位水库中的水流至低水位，带动水轮机发电，将水的重力势能转化为电能。一般而言，在考虑蒸腾作用等损耗的情况下，抽水蓄能电站的效率约为75%①。这是目前电力系统能够大规模使用的储能技术。据统计，在美国抽水蓄能的装机占比为3%，而该数字在日本则超过了10%②。抽水蓄能技术使用时间较长，技术较为成熟，其设备的使用寿命可以达到30—40年，规模通常为100—2000MW③。

但是抽水蓄能电站对地质环境的要求偏高，需要适合建造高低两处水库的地形，同时需要较丰沛的水资源。并且建设成本高，建造周期长，建造水库还会带来诸如移民和环境破坏等问题。所以只适用于少数地区构建。

1.1.2 飞轮储能

飞轮储能是以高速旋转的飞轮为载体存储能量。具体工作原理是，透过电力电子器件对电能进行变换，透过电机进行机械能和电能的转换。能量以飞轮转动的动能形式进行存储，当需要飞轮释放电能时，飞轮通过制动作用拖动电机，将机械能转换为电能馈入线路。最后经过电力电子器件转换为符合参数要求的电能。

飞轮储能不受地理环境限制、效率高、功率大、响应速度快、对环境影响小。但是其能量密度不高，且放电时间短。空载损耗大使得其适用范围受到限制。一般用于一些高频场景，如调频、平抑可再生能源波动或UPS不间断电源等④。

---

① 张文亮、丘明、来小康：《储能技术在电力系统中的应用》，《电网技术》2008年第32卷，第7期，第1—9页。

② 程时杰、文劲宇、孙海顺：《储能技术及其在现代电力系统中的应用》，《电气应用》2005年第24卷，第4期，第1—8页。

③ 国家电网公司“电网新技术前景研究”项目咨询组：《大规模储能技术在电力系统中的应用前景分析》，《电力系统自动化》2013年第37期，第1卷，第3—8页。

④ 王江波、赵国亮、蒋晓春等：《飞轮储能技术在电网中的应用综述》，《电力电子技术》2013年第47期，第7卷，第28—30页。

1.1.3 压缩空气储能

压缩空气储能的原理类似于燃气轮机，存储能量时通过电动机将空气压缩存储；释放能量时通过将压缩空气流过汽轮机发电。部分压缩空气储能技术还采用和燃料同时作用等形式，对压缩空气进行加热，提升能量的转换效率①。

作为规模上仅次于抽水蓄能的储能技术，压缩空气储能系统可达上百兆瓦级别。通过在电力富余时将空气压缩，并将其密闭在储气设施，如矿井、储气罐及地下储气井等，在需要用电时释放压缩空气并推动汽轮机工作发电。压缩空气储能的建设及运维成本较低，且对环境条件要求较小。即便缺少废弃矿井的地方，也可以通过设立地面储气罐进行。并且压缩空气技术较为安全，没有燃烧爆炸的风险。

虽然压缩空气技术中，利用地下矿井的方式已经较为成熟，但这种形式对地质条件要求较高。同时其他压缩空气储能的技术仍处于发展中，其效率和能量密度有待提升。

1.2 电气类储能

电气类储能多通过物理原理进行存储，将电能转化为电场能或磁场能，在使用时将其转换回电力系统中的能量。一般而言，电气类储能是特殊化的两种电气元件：电容器与电感线圈。电容器可以将电能以电场能的形式存储，而电感线圈则可以将电能以磁场能的形式存储。

1.2.1 超级电容储能

超级电容器相比于电容器，具有电容值较高的特点。通过研发电介质、改变电容器的结构或提高击穿电压，超级电容器能够获得比普通电容器更高的介电常数、表面积或耐压能力。

由于具有充放电速度快、容量低、可以高频充放电、寿命长的特点，超级电容器适合于瞬时功率较高，总容量需求较低的场合②。其占地面积和安置简

---

① 余耀、孙华、许俊斌等：《压缩空气储能技术综述》，《装备机械》2013 年第 1 卷，第 68—74 页。

② 程时杰、文劲宇、孙海顺：《储能技术及其在现代电力系统中的应用》，《电气应用》2005 年第 24 卷，第 4 期，第 1—8 页。

易的优势，令超级电容具有很大的商业潜质。

1.2.2 超导磁储能

流经电流的导线周围会产生磁场，流动直流电的电感线圈则可以将电能以高密度磁场的形式存储，当需要释放能量时磁能将重新转化为电流。由于电流在导线中流动，因电阻导致的损耗太大。通过超导技术将线圈电阻降为零，则可以使用大型超导线圈进行储能。

超导磁储能（Superconducting Magnetic Energy Storage）在电力系统方面使用的技术简称为SMES。根据超导材料的不同，SMES可分为低温和高温类型，鉴于低温超导的条件苛刻，一般的商用项目采用高温超导材料。由于超导磁体在储能状态下电能不会转化为热能，因此可以长时间保存电能，其效率高达95%。此外，由于SMES是电磁能的转换，其响应时间短、没有充放电次数上限、瞬时功率高，在结合电力电子器件的控制下，可以实现响应时间小于10ms。可应用于电力系统暂态稳定、支撑瞬时电压跌落的功率补偿需求①。

1.3 电化学储能

电化学储能多以电化学反应为基础，利用电化学反应中物质在不同的电位的变化存储和释放电能。电化学储能一般以电池形式存在，包括铅酸电池、镍镉电池、钠硫电池、液流电池、锂离子电池等。

其中，铅酸电池的使用历史悠久，其以二氧化铅为正极活性物质，海绵状金属铅为负极活性物质，硫酸溶液为电解质溶液。包括大量的汽车内部也都有配置铅酸电池，其在电力储能系统中被广泛使用，使用寿命长、价格低廉、回收体系较为成熟，但是存在比容量较低、循环寿命较短、环境保护等问题②。

镍铬电池与铅酸电池的性能相近，在比容量和循环寿命上略胜一筹，但由于其使用中若长期不彻底充放电，会使得电池容量下降，以及存在镉金属污染的问题而已被一些国家限制。

---

① 李媛媛、陈伟、徐颖等：《超导电能存储技术及其发展前景》，《新材料产业》2017年第7卷，第28—35页。

② 严干贵、谢国强、李军徽等：《储能系统在电力系统中的应用综述》，《东北电力大学学报》2011年第31卷，第3期，第7—12页。

相对而言，20 世纪 60 年代发明的钠硫电池在近 30 年有了较为长足的发展。钠硫电池以熔融金属钠作为电池正极，液态硫作为负极，同时以氧化铝陶瓷用作隔膜和电解质。钠硫电池的制作原材料在自然界中储量丰富、比容量和比功率较大、循环使用次数较高。2004 年日本投运的钠硫电池储能电站，已经可以达到 20MW 的设计最大功率。钠硫电池被用在平抑电网波动，稳定新能源发电的输出等方面。

表 1　部分电化学储能电池参数

电池种类	功率上限	比容量/(Wh/kg)	比功率/(W/kg)	循环寿命/次	充放电效率/%	自放电/(%/月)
铅酸	10MW 级	30—50	70—300	500—1500	0—80	2—5
镍镉	10MW 级	75	150—300	1000—3500	0—70	5—20
钠硫	10MW 级	150—240	90—230	2500—4500	70—85	—
全钒液流	MW 级	80—130	50—140	10000—13000	70—75	—
锂离子	MW 级	150—200	200—315	7000—10000	85—95	0—1
铅炭	—	—	240	2000—4000	75—90	—

资料来源：储能在电力系统中的应用综述。

液流电池是指正负极为液态流体氧化还原反应对的电池，主要有全钒液流电池、锌溴液流电池、多硫化钠/溴液流电池。液流电池的循环寿命指标优异、储存能量较大、同时拥有较好的能量密度和功率密度、可以超深度放电等优点。目前被应用在调峰、不间断电源、平抑可再生能源波动以及军事领域等场景。全钒液流电池为多价态的钒离子作为电化学反应中的正负极活性物质，以浓硫酸溶液为电解质溶液。全钒液流电池的示范项目也有很多成果，多国都开展了 100kW—2MW 的全钒液流电池储能系统的建设①。

锂离子电池在动力电池方面受到追捧，并逐渐从小容量电池应用向大规模储能系统发展。其能量密度和功率密度高、可支持接近 1 万次的循环充放电、没有电池记忆效应、受场地制约小。目前借助电动汽车的发展，锂离子电池在

① 许守平、李相俊、惠东：《大规模电化学储能系统发展现状及示范应用综述》，《电力建设》2013 年第 34 卷，第 7 期，第 73—80 页。

我国的产业链已基本形成，并拥有了一批全球领先的锂电池生产商。锂离子电池目前主要用于电网的调频以及对于可再生能源的平抑。

铅炭电池是铅酸电池的改良，在原本铅酸电池中的负极加入一定比例的炭，运用这类双电层电容特性的炭材料，将铅酸电池低成本高性价比和超级电容高功率密度的优势相结合。其具有高充放电速率、在浅充放电状态下拥有较长循环寿命、性价比较高等优点。在当前电化学储能技术条件下，适用于电网调频、平抑可再生能源波动、削峰填谷等电力系统场景①。

1.4 热储能

热储能是将能量以热能的形式隔离存放在绝热容器中，使用时可以转化为电能，也可以直接使用。热储能的技术可以进一步分为显热储能和潜热储能。其中，显热储能指的是用来存储热量的介质在运行中，通过本身温度的变化，存储或释放热量。这类介质可以使用液态水。

潜热储能则是通过介质本身的相变完成储存或释放能量，这些相变材料在温度不变的情况下，借由物质状态的改变提供潜热，包括有机和无机的材料②。

1.5 化学储能材料

化学储能指将电能转化为化学键中的能量，如使用电力电解水产生氢气，在需要使用时燃烧氢气或使用燃料电池利用氢能。或者将氢气与二氧化碳反应形成甲烷。化学储能通过将能量转化为二次能源载体进行能量存储，由于这些物质的化学键较为稳定，所以其存储容量可以非常大，并且能够存储较长时间，且可以运用于其他行业，有利于能源的构建。但由于涉及了许多不同类型的能量转换，使得能量利用率不高③。

---

① 张仁元：《相变材料与相变储能技术》，《科学通报》2009 年第 4 卷，第 468—468 页。

② 许守平、李相俊、惠东：《大规模电化学储能系统发展现状及示范应用综述》，《电力建设》2013 年第 34 卷，第 7 期，第 73—80 页。

③ 舟丹：《氢气储存利用技术》，《中外能源》2017 年第 4 卷，第 50 页。

1.6 不同储能方式的对比

抽水蓄能电站仍然是目前最大的储能系统，其利用了较为成熟的水力发电技术，但需要因地制宜，主要用于调节电网出力的峰谷差。其他机械能储能方式，侧重点则不同，由于容量比起抽水蓄能电站小，主要从对电网的瞬时响应着眼。对于电气类储能，应用超级电容或超导线圈的电学性质也可以达到较好的效果，但是受制于材料的研发进度。

电化学储能是相对来说各项指标较为均衡的，兼具较大容量和较高输出的储能器件，将其与其他储能方式构成混合储能系统可以兼具不同系统的优势。其中锂离子电池储能由于动力电池的发展，逐渐开始向大规模电网级应用发展。热储能和化学储能，也被认为是可以实现较大规模的应用，但是囿于材料或存储条件限制，尚处于发展阶段。

2. 储能系统应用场景

2.1 储能的应用场景

储能系统能够在较长时间存储能量，并且通过释放和吸收能量参与到电网的运行中。常见的储能系统在电网中的应用有，参与电网调频、削峰填谷、平抑新能源的波动、参与微网运行等。

2.2 储能系统参与电网调频

由于可再生能源接入电网以及电动汽车等冲击负荷的增加，传统电网的调频能力有待提高。传统电网的调频主要借由大型火电机组和水电机组完成，分为一次调频和二次调频，通过改变机组出力进行。但由于传统调频机组多为旋转部件，改变其转速等运行参数将受机械惯性和部件损耗的影响。

利用储能系统进行电网调频，成为业界的热门方向。抽水蓄能电站由于技术成熟，而被广泛应用。但是其受地理条件限制较大。

储能系统参与电网调频主要有以下几种运行模式：辅助水电火电机组进行

调频、协调集中式新能源发电并网、直接接入电网独立调频、参与需求侧调节的分布式储能调频。其中，辅助水火电机组一般采取接入发电机组参与 AGC 调频[①]；协调集中式新能源并网问题，则是在新能源上网前提供能源就地平抑，以使新能源电源能够满足并网的电能质量要求，并且增强系统整体的可靠性[②]；一些规模较大的储能系统可以直接接入输配电网，承担电网的调频职能。

2.3 储能系统在新能源电力系统中的应用

新能源的运行特性与传统能源不同，其中以风电和光伏最为典型。风电由于风力的不确定性，导致其发电量随机性大，且难以确定。此外，风电还有一些电能质量问题，如电压暂降、谐波等。风电机组低电压穿越能力同样很重要，即在故障发生时，如何解决其大规模从系统解列的问题。相比之下，光伏发电的特点是受天气影响大，且出力最大时间不一定和负荷曲线匹配，这些降低了电网本身的调节能力，并削弱了电网的安全稳定运行[③]。

针对接入风电系统的电力系统，储能系统能够提升其运行稳定性，包括电压稳定性和频率稳定性。但是满足这项任务的储能系统，要求其响应迅速且对地理要求不高，如飞轮储能、超导储能等[④⑤]。此外，应用如超级电容器等响应快速、充放电瞬时功率高的储能系统，可以提升接入风电的电力系统电能质量。储能技术还可以用于辅助大规模的风电场并网，通过有功功率调节参与频率控制、通过无功功率调节支撑并网点电压[⑥]。

---

① 牛阳、张峰、张辉等：《提升火电机组 AGC 性能的混合储能优化控制与容量规划》，《电力系统自动化》2016 年第 40 卷，第 10 期，第 38—45 页。

② 赵书强、刘大正、谢宇琪等：《基于相关机会目标规划的风光储联合发电系统储能调度策略》，《电力系统自动化》2015 年第 14 卷，第 30—36 页。

③ 艾欣、董春发：《储能技术在新能源电力系统中的研究综述》，《现代电力》2015 年第 32 卷，第 5 期，第 1—9 页。

④ 王江波、赵国亮、蒋晓春等：《飞轮储能技术在电网中的应用综述》，《电力电子技术》2013 年第 47 卷，第 7 期，第 28—30 页。

⑤ 余耀、孙华、许俊斌等：《压缩空气储能技术综述》，《装备机械》2013 年第 1 卷，第 30—36 页。

⑥ 江全元、龚裕仲：《储能技术辅助风电并网控制的应用综述》，《电网技术》2015 年第 39 卷，第 12 期，第 3360—3368 页。

类似于风电系统，大规模光伏系统的配套储能系统解决的问题也主要是平抑功率的波动、提高系统的安全稳定性。

2.4 储能系统的其他应用

对于大规模直接接入式的储能系统，其可以为电网提供一定的备用容量，并且降低输配电阻塞[①]。储能系统还用于电网的削峰填谷，由于我国通常使用常规火电厂进行调峰，但是火电机组在这种情况下运行并不经济，每单位煤发电量较低。而储能能够减少电网峰谷差，优化负荷曲线，降低机组的调峰任务。其收益包括以下几点，直接的电力峰谷价差收益、对于电网设备升级延缓的间接收益、提升火电厂燃煤燃气利用率、改善生态环境[②]。

对于分布式储能系统，主要用于提升配网运行的经济性、提升分布式电源的利用率等。分布式储能系统的调度难于集中式系统，分析难度较高。且在能源互联网中，储能系统与其他能源系统，如天然气管网、供热网络等系统的协调控制也将日益重要。

3. 能源互联网对储能技术的需求趋势

3.1 能源互联网的发展背景

随着化石能源的日渐枯竭和环境恶化给人类社会带来的压力，能源行业的发展方向逐渐向分布式、可再生能源转型。以电力网络为核心，天然气、风电、光伏、潮汐能、氢能、地热能等一系列新的能源形式也将丰富能源行业的发展。能源互联网的建设是推进不同形式能源的互联互通，实现一个更加高效的能源架构。

电力系统发展的主要趋势之一是成为能源互联网的骨干网架和中转中心，

---

① 徐国栋、程浩忠、马紫峰等：《用于缓解电网调峰压力的储能系统规划方法综述》，《电力自动化设备》2017 年第 37 卷，第 8 期，第 3—11 页。

② 韩晓娟、田春光、张浩等：《用于削峰填谷的电池储能系统经济价值评估方法》，《太阳能学报》2014 年第 35 卷，第 9 期，第 1634—1638 页。

其中一个方向是以电力系统为核心，链接天然气管网、热力网、交通网络等，实现不同形式的能源借助电力为媒介的转换。

美国在特朗普上台前的能源战略方向，主要放在智能电网、节能技术的研究以及太阳能等可再生能源技术的发展。特朗普上台后选择退出巴黎协定，美国在气候和环境保护、清洁能源发展方面的政策出现转向。未来美国是否会重回新能源的发展战略，还需要观察这几届政府的政策导向。

欧洲的一些研究机构规划建设泛欧洲的超级电网，建设以电力市场机制为基础，协调各国能源分配。这个超级电网以高压直流输电网络作为骨干网架，借此实现在 2020 年可再生能源的装机容量超过总装机 20%的目标①。

中国的情况较为特殊，能源消耗量大，且化石能源、可再生能源的空间分布与负荷中心并不重叠。发展下一代电力网络将需要考量四个部分的问题：电力的需求量、电源结构、电力流及电网格局②。随着中国经济的增长，中国人均用电量将逐渐向发达国家靠拢，约为人均 8000kWh，电力需求量将继续稳步增长。而由于环境、化石能源枯竭等影响，清洁能源在能源中的占比将逐渐提高。

工业化和城市化进程的持续推进，也使得新的负荷中心逐渐形成，电网将逐渐转变为兼输送电能的职能与协调各类型能源互补。对于中国的电网格局来说，将有两种主要方向，一种是特高压交直流输电网，另一种是多端高压直流输电网。不论未来发展方向是哪一种，都将有助于大范围的能源调配协调，为大规模新能源的接入提供坚强的基础设施。

3.2 能源互联网对储能系统的新需求

基于未来电网的用电需求量、电源发展趋势以及网架的发展方向，储能系统将扮演其建设中的关键角色。对于更加高效、灵活、低成本的储能提出了。除了目前储能系统在电力系统中的作用外，能源互联网对储能技术还有一些新的需求。

---

① European super grid, http://en.wikipedia.org/wiki/European_super_grid.

② 周孝信、鲁宗相、刘应梅等：《中国未来电网的发展模式和关键技术》，《中国电机工程学报》2014 年第 34 卷，第 29 期，第 4999—5008 页。

具体方面包括电网的运行稳定、电力交易、分布式网络建设、稳定可再生能源出力、提升电网经济性等。

3.2.1 储能协同的能量传输优化和调度技术

由于能源互联网的多能流耦合状态，网络中能量的输入输出将更加复杂，同时对于设备热插拔的需求以及发生故障后的能量传输方式重构，都将为能源互联网的规划与运行提出难题。储能系统作为其中的一部分组件，需要参与到对于能源传输方式的重构以及能源潮流的优化等过程中①。这类问题通常需要将储能的经济性考虑在内，加入到能源潮流计算的约束条件中。

3.2.2 储能与能源市场的协同调节

随着我国电力改革的深化推进，通过市场手段实现多能流系统的调峰、调频等功能将是一个重要的方向②。这点可以借鉴美国调频市场的设计，在市场中调频被独立于能量市场之外，根据调频效果支付调频电源的经济补偿费用③。

同时中长期电力市场、电力现货市场的建设，令能源交易市场在时空上的重新分配也成为很重要的需求。借助储能系统，提供更加自由的能源交易商业模式。

3.2.3 集中式与分布式储能的协同控制

能源互联网涉及多能流的协同运行，其中不同能源网的切换将涉及相关的转换，例如能源路由器即是被设想为不同能源网调度能源的中转器④。电力系统对于譬如可再生能源的消纳或是与天然气管网、热力网络之间的协调，将需要面对系统充裕度、安全性和经济性的要求。

---

① 李建林、田立亭、来小康：《能源互联网背景下的电力储能技术展望》，《电力系统自动化》2015 年第 23 卷，第 15—25 页。

② 徐国栋、程浩忠、马紫峰等：《用于缓解电网调峰压力的储能系统规划方法综述》，《电力自动化设备》2017 年第 37 卷，第 8 期，第 3—11 页。

③ 陈大宇、张粒子、王澍等：《储能在美国调频市场中的发展及启示》，《电力系统自动化》2013 年第 37 卷，第 1 期，第 9—13 页。

④ 陈静鹏、余志文、艾芊：《面向能源互联网的能量路由器研究》，《电器与能效管理技术》2015 年第 24 卷，第 10—15 页。

4. 结论

能源互联网的定义和形式尚不明确，但是全球新能源发展的大趋势已经比较明朗。储能系统将成为其中的关键组件，对能源互联网的建设起到支撑性作用。

储能系统有多种实现路径，未来也将是大量不同的储能技术并存，并承担不同的储能需求。不同于天然气和热力网络等其他类能源，储能系统直接和电力网络相连，可以快速参与到电力网络的运行调节中，且其控制策略灵活、受天气影响小。

其中，抽水蓄能电站、压缩空气储能、热储能、化学储能等形式将承担削峰填谷的职能。电气储能以其低响应时间、高转化效率承担瞬时功率平衡、暂态电压调节等提高电网稳定性的功能。电化学储能介乎两者之间，以其较为灵活的特性承担调峰、调频、提高电网稳定性与经济性等。不同种类、不同规模的储能系统，贯串电力系统的发输变配用各个环节，以及能源互联网的不同类型能源之间的转换。

配合新能源容量的发展，各种类的储能技术亦需要在成本控制和性能上得到提高，以满足市场对其的预期。能源互联网比之于传统的电力系统，对于能量的传输、管理、调度、安全可靠、经济性等提出了更高的要求，例如在大规模储能系统的接入与协调控制，分布式储能系统的优化管理、与能源市场的协同调节、协调不同能源网络的耦合等方面，储能系统将做出更加突出的贡献。

但是，由于这方面的研究刚开始起步，相关的示范项目或应用案例还不是很多。因此还需要政府、企业、研究机构投入更多的资源在储能系统的研究和应用上，抓好储能系统这一能源互联网的关键组件的技术发展。

B 20

基于原生污水直接取热的水源式热泵技术

罗宏　庞卫科　吕连宏*

摘　要：

当前，我国城镇能源消费结构和利用方式需要进一步调整和改善。热泵技术作为一项节能环保新技术，可以开发利用水体、土壤、大气等介质中蕴含的低品位热能，进而为居民清洁采暖和工业生产工艺过程提供热源，实现能源的可再生利用。本文设计介绍了一种直接回收利用原生污水中热量的污水源热泵机组，机组增设污水干渠取水装置和自动反冲洗功能，系统稳定可靠性未降低且工程实施可行性能够保证。与采用间接取热方式的污水源热泵系统相比，直接取热型污水源热泵系统无须中间换热器和中间循环水泵，其设备制造和工程建设两者成本总和无太多增加；与锅炉+冷水机组系统相比，减少了设备空置率，可缩短投资回收周期；同时直接取热型污水源热泵的污水取热过程中传热温差有所减小，降低了不可逆传热过程热力损失，其理论能耗削减率约可达到50%。

关键词：

污水源热泵　直接取热　小温差

---

* 罗宏，博士，国际清洁能源论坛（澳门）理事，研究员，能源与环境经济研究领域首席专家。庞卫科，能源与环境技术研究博士。吕连宏，能源与环境经济政策及管理研究方面博士，高级工程师。

1. 引言

就当前我国城市能源消费结构而言，居民生活用能中热能一直占据很大的比例，这部分能量主要是用于冬季采暖，其获得一般是由一次能源转化而来，如煤、天然气等。煤、天然气类化石能源通过燃烧的方式在能量转化过程中生成大量污染物和温室气体，不但消耗了宝贵的非可再生能源，还给后续大气环境治理带来沉重负担。随着城市的建成区规模不断扩大，涌入人口逐渐增多，城市能源消费总量日趋庞大，原有的能源消费模式已无法承担上述变化带来的资源环境压力，因此寻找替代能源成为当前解决此类城市病的重要出路之一。城市电力供应相对农村地区来说比较充足和稳定，而且电能在消费过程中不产生本地污染，因此可以作为城市能源消费的主要选择。但是，直接采用电能取暖却是一种简单低效的利用方式，所以需要在更大技术范围内进行开源节流。城市污水一般具有冬暖夏凉的特点，冬季水温通常比室外气温高，在10℃左右，蕴含着丰富的热量。随着我国城市化进程的加快，每天的城市污水产生量已相当可观①。在水量和水质条件同样满足相关取暖技术标准的基础上，开发利用污水热能则也是一项使污水处理资源化的重要途径②。工业生产排放的废弃水、余热水，以及居民活动产生的生活污水等在未经处理之前水质较差③，直接使用势必会造成对机组设备的堵塞、腐蚀，因此其开发利用需要解决诸如污水特性、给水排水防堵塞工艺、不影响污水

① 孙丽颖、姜益强、姚杨等：《我国污水资源热能利用潜力分析》，《给水排水》2010年第36卷增刊，第210—213页。

② 尹军、韦新东：《我国主要城市污水中可利用热能状况初探》，《中国给水排水》2001年第17卷，第4期，第27—30页。

③ 吴铁、赵春丽、刘大钧等：《钢铁行业废水零排放技术探索》，《环境工程》2015年第33卷，第4期，第146—149页。

生化处理等一些共性问题①②③④。污水源热泵技术通过消耗一定的高品质电能而可以将相当于4—5倍电能的污水热能提高到采暖水平，其耗电量远低于直接电采暖和煤或天然气燃烧采暖方式所需要的消耗量，是综合利用了清洁的电力、实现污水废热资源化的能源耦合技术，更是城市文明建设持续健康发展的有力保障。与空气源热泵相比，污水源热泵不存在机组除霜过程中制热量降低、造成供热不稳定和用热空间温度波动的弊端。

为了减少污水水质对热泵的运行影响，可采用中间换热回路对污水进行间接热利用，但这样会相应增大换热器的换热温差，降低机组效率，同时中间换热器的匹配与否也会对机组性能具有一定的影响⑤，给系统控制和容量调节带来不便⑥。间接利用式的污水源热泵对污水源温度要求相对较高，以保证取热后不影响后续污水处理工艺，且性能要差些，所以其应用范围受到一定的限制⑦。目前，采用耐腐蚀、不易沉积污垢的塑料材料制造污水直接式换热器管路部件也已开始引起人们的关注⑧。与金属相比，塑料材质的导热热阻一般较大，开发出传热性能良好的塑料传热管也将对解决污水源热泵实际应用带来帮助。在尚未找到合适的塑料传热管前，人们还是着眼于直接从原生污水中提取

---

① 张吉礼、马良栋：《污水源热泵空调系统污水侧取水、除污和换热技术研究进展》，《暖通空调》2009年第39卷，第7期，第41—47页。

② 吴荣华、岳利茜：《原生污水源热泵对污水生化处理的影响》，《哈尔滨工业大学学报》2011年第6卷，第43期，第132—135页。

③ Zhibin Liu, Liangdong Ma & Jili Zhang, "Application of a heat pump system using untreated urban sewage as a heat source," *Applied thermal engineering*, Vol. 62, No. 2, 2014, pp. 747-757.

④ Lei Tian, Xiaodong Chen & Qianpeng, Yang et al., "Effect of calcium ions on the evolution of biofouling by Bacillus subtilis in plate exchangers simulating the heat pump system used with treated sewage in the 2008 Olympic Village," *Colloids and Surfaces B.*: *Biointerfaces*, Vol. 94, No. 7, 2012, pp. 309-316.

⑤ Zhaoyi Zhuang, Guitao Li & Yong Zhang, "Optimization study on the heat transfer area of the sewage source heat pump system based on year-round coefficient of performance," *Procedia Engineering*, No. 121, 2015, pp. 1535-1543.

⑥ 秦娜、赵军、崔俊奎：《直接式原生污水源热泵的自控调节特性》，《太阳能学报》2011年第32卷，第1期，第112—119页。

⑦ 钱剑峰、张力隽、张吉礼：《直接式与间接式污水源热泵系统供热性能分析》，《湖南大学学报》（自然科学版）2009年第36卷，第12期，第94—98页。

⑧ 曲云霞、杨勇、楚广明：《污水源热泵系统污水水质与污水换热器材质的选择》，《山东省暖通空调制冷2007年学术年会论文集》2007年，第453—458页。

热量、同时采取有效措施减少常规换热器污垢沉积等方面利用污水的允许可降温差[①]，从而希望将小温差型的污水源热泵应用进一步规模化。经过多年实践和经验总结，自动反冲洗污水措施可以解决热泵技术在污水热能利用过程中遇到的这些困难[②]。所谓反冲洗污水水源热泵，就是在普通水源热泵机组中增设一套自动反冲洗污水装置，同时省却中间换热器，这样污水将直接进入机组换热器与制冷剂换热，因而传热温差有所减小，传热过程不可逆热力损失得以降低，提高机组效率。但目前这种方案较多是应用在污水处理厂的中水热源上[③]，对于其在原生污水中热能的开发利用尚未见有研究，因此，本文提出将污水提取装置与污水侧换热器反冲洗措施相结合的工程方案，进而有望解决如何从原生污水中直接取热的技术难题。

2. 系统原理与结构特点

如图 1 所示，可反冲洗的小温差型污水源热泵机组由热泵主机、污水提取和反冲洗装置两大部分组成。主机类似于目前通用的常规机组，不同的是系统制冷、制热切换由四通换向阀实现。污水提取和反冲洗装置主要由 1 个电动三通阀和 2 个电动两通阀以及 4 个截止阀构成，通过相应的逻辑开关控制实现正常的水路循环与反冲洗功能的切换。

机组制冷、制热正常模式工作时，电动三通阀正常动作，冲洗阀关闭，回水阀开启。污水经供水管路上的水泵和三通阀进入换热器，在与制冷剂换热后再经由回水阀和回水管路排出。需要反冲洗污水侧换热器时，三通阀旁路开通，冲洗阀开启，同时回水阀关闭。此时，污水经水泵加压后在三通阀处由其旁路从污水换热器的回水口进入到换热器，然后对换热管进行自动反冲洗。冲

---

① Long Ni, Jinyi Tian & Chao Shen et al.,"Experimental study of the separation performance of a novel sewage hydrocyclone used in sewage source heat pump," *Applied thermal engineering*, Vol. 106, No. 8, 2016, pp. 1300-1310.

② 王宏哲：《城市污水热能回收与利用的探讨》，《环境保护》2001 年第 11 期，第 44—45 页。

③ 孙林波、田顺、陈文娟等：《太阳能——中水热泵在市政污泥干化中的应用》，《中国给水排水》2014 年第 30 卷，第 2 期，第 65—68 页。

洗后的污水先经换热器的供水管路流出，再经冲洗阀重新进入回水管路，最终经污水提取装置返回至污水干渠。

污水提取过程开始时，除污阀和返水阀关闭，进水阀和出水阀开启，干渠上游的污水经由进水阀进入热泵机组，从机组出来的低温污水或冲洗污水侧换热器后的污水则由出水阀再排回至污水干渠里。为避免污水干渠上的进水格栅长时间取水后被一些较大的固体垃圾覆盖或堵塞，需要定期对干渠上进水口的格栅进行清理。取水格栅清理时，进水阀、出水阀和冲洗阀均关闭，除污阀、返水阀和回水阀开启，同时电动三通阀的旁路导通。这样，污水首先经由除污阀进入污水泵，再从三通阀和回水阀返至返水阀，最后在取水口处对取水格栅进行反向水流冲刷，将其上可能附着的垃圾杂物等冲走。

图1 原生污水直接取热型污水源热泵机组

资料来源：此图为原创，自行绘制。

同现有常规的污水源热泵相比，直接取热型的污水源热泵具有以下特点和优势：

（1）可对工业废水、生活污水等原生污水资源进行直接利用，扩展了机组的水源选择范围，减少对地下水资源的开采和破坏；同时机组也可直接利用污水厂处理过的中水。

（2）污水可以直接进入机组换热器与制冷工质进行热交换，省却中间二次换热，无须再设置中间换热器和中间循环水泵，这样可减少部分初投资成本。

（3）污水换热器侧增加干渠取水装置和自动反冲洗两种保护措施，可有效防止污水中的固体颗粒等杂质堵塞换热管，且实施简单方便。

（4）机组系统配备了四通换向阀，制冷、制热转换时，无须再进行水路切换，操作管理省力省时，降低了运行维护成本。

3. 节能环保效益

城市污水热能利用一方面可减少一次能源消耗量，大大节省煤、石油、天然气等化石能源的使用，另一方面可相应带来可观的环保经济效益。基于热泵技术利用城市污水资源进行供暖和供冷的节能环保效益分析如下所示。

3.1 污水源热泵节能效益

污水可以作为热泵系统冬季供暖时制热运行模式的良好热源，也可当作夏季供冷时空调运行模式的热汇，其理论上赋存的冷（热）量 Q 可表示为：

$$Q = MC\Delta T \tag{1}$$

式中：M 为可稳定利用的污水流量，kg/d；C 为污水比热，kJ/（kg·K）；ΔT 为污水进出热泵污水侧换热器的温差，K。

理论上，污水源热泵可利用的冷（热）量表示为G。

制热模式下，其可利用的热量为：

$$G_h = \frac{QCOP_h}{COP_h - 1} \tag{2}$$

式中，COP_h 为热泵的理论制热性能系数。

空调模式下，其可利用的冷量为：

$$G_c = \frac{QCOP_c}{COP_c + 1} \tag{3}$$

式中，COP_c 为热泵的理论制冷性能系数。

污水源热泵空调系统可以在一套设备上实现供热供冷两项功能，与目前常用的锅炉+冷水机组两套系统相比，占地空间减少，便于运行管理，且没有锅炉和冷水机组在停运季节的闲置浪费。不考虑所耗能量形式的差异，冬季采用污水源热泵替代锅炉采暖方式，其能耗削减量为：

$$I_h = \frac{G_h(COP_h - 1)}{COP_h} \tag{4}$$

夏季采用污水源热泵替代冷水机组供冷，其能耗削减量为：

$$I_c = \frac{G_c(COP_c - COP)}{COP_c COP} \tag{5}$$

式中，COP 为冷水机组理论制冷性能系数。

能耗削减率 φ：

$$\varphi = \frac{I}{G} \times 100\% \tag{6}$$

式中，I 为能耗削减量，单位为吨标煤（tce）。

根据国家热泵空调行业能效标准 GB/T19409-2003，污水源热泵系统与锅炉+冷水机组系统比较的节能效益见表 1。

表 1　污水源热泵节能效益分析

COP_h	COP_c	COP	φ_h	φ_c	φ
4.3	4.6	3.4	76.7%	7.7%	50%

3.2 污水源热泵环保效益

污水源热泵在上述节能效益的基础上，产生的环保效益可从能源削减量的角度进行折算分析。我国当前环境评价的主要指标为温室性气体二氧化碳（CO_2）、粉尘、大气污染物二氧化硫（SO_2）和氮氧化物（NO_X），基于煤燃烧能量转化过程，其允许的气体和粉尘排放值需达到国家限定的标准。

结合相关文献结论和系统特性，并对其分析进行相应改进和补充完善①，则污水源热泵系统与燃煤锅炉+冷水机组系统相比，其削减的气固废物排放量 Z 可表示为：

$$Z=\frac{aI}{c(1-d)} \tag{7}$$

式中，Z 为 CO_2、SO_2、NO_X 或粉尘排放量，t；a 为国家标准规定的排放物限值，g/tce 或 kg/tce；c 为电力输出端效率；d 为输电损失。

CO_2 削减密度 X：

$$X=\frac{Z_{CO_2}}{b} \tag{8}$$

式中，b 为城市市区面积，km^2；相应 CO_2 削减密度 X 单位则为 t/km^2。

我国农村地区散烧煤替代工作正在推进，在农村全面推广应用污水源热泵后，其将产生巨大的节能效益，同时相应获得的污染物削减效果见表 2。

表 2　污水源热泵环保效益分析

污染物	CO_2 (kg/tce)	SO_2 (g/tce)	NO_X (g/tce)	粉尘 (g/tce)	I (tce)	b (km^2)	c	d
指标值	39290	280	14.6	18	1.7×10^8	5.57×10^6	28%	5%
减排效果	CO_2 (t)	SO_2 (t)	NO_X (t)	粉尘 (t)	X (t/km^2)			
减排量	6.77×10^9	4.8×10^4	2.5×10^3	3.1×10^3	1.2×10^3			

4. 结论

通过对利用原生污水能量而直接取热的污水源热泵系统进行可行性方案设计，并基于模拟计算分析了其潜在的节能和环保优势，结果表明：

（1）直接取热型污水源热泵增设污水干渠取水装置和自动反冲洗功能后，其工作的稳定可靠性并未降低，且工程实施的可行性能够保证，因此其实际应用推广不会受到影响。

---

① 周志平、李念平：《污水源热泵系统应用的节能减排分析》，《建筑节能》2012 年第 40 卷，第 6 期，第 46—49 页。

（2）系统初投资（包括设备制造和工程建设）成本和运行管理费用两者合计后，直接取热型污水源热泵成本无太多增加。与锅炉+冷水机组系统相比，污水源热泵系统可同时实现供冷和供暖，降低了设备空置率，缩短了成本回收期。

（3）与锅炉+冷水机组系统比较，污水源热泵在供热模式下，能耗削减率理论上可达到76.7%；供冷模式下能耗削减率为7.7%，总体削减率约为50%。

21

低碳智慧城市运营视角下的建筑能源技术

韩克　罗淑湘　顾中煊*

摘　要：

低碳化和智慧化是未来城市发展的两大趋势，探索和推进低碳智慧城市的发展是时代命题。城市运营涉及运作模式与开发经营过程，建筑是城市的载体，建筑能源技术则是实现城市低碳和智慧化发展的重要措施。本文对新型城镇化背景下城市建设的发展概况和发展趋势进行了总结和分析；并以北京建筑技术发展有限责任公司研究和应用的优秀技术与案例为例，介绍了冷热电三联供、供热系统智慧运营、超低能耗绿色建筑、BIM等相关技术的应用，以期助力新一代生态宜居、可持续发展的低碳智慧城市建设与发展。

关键词：

低碳　智慧城市　城市运营　建筑供热

* 韩克，北京建筑技术发展有限责任公司总经理。罗淑湘，北京建筑技术发展有限责任公司技术总监/教授级高工。顾中煊，北京建筑技术发展有限责任公司项目经理。

一、行业发展概况

智慧能源作为在信息系统与能源系统深度耦合的基础上形成的一种以促进能源安全、高效、低碳发展的全新能源生产和利用方式有着广阔的发展前景。在新型城镇化背景下，城市建设、社会发展对智慧能源的强烈需求为智慧能源产业的发展提供了良好的契机。本文以低碳智慧城市运营视角，在分析总结城市建设运营发展概况和趋势的基础上，对建筑能源技术应用案例进行介绍，以期助力新一代生态宜居、可持续的低碳智慧城市建设与发展。

《国家新型城镇化规划（2014—2020年）》[①] 提出，“推动形成绿色低碳的生产生活方式和城市建设运营模式”。因此，保护城市生态环境、促进可持续发展是城市运营的重要前提。通过前瞻性的顶层设计、系统化的综合建设，智慧化的运营管理，低碳智慧城市运营模式为可持续城市的建设与发展提供了切实路径。

低碳智慧城市的建设需要以前瞻理念为先导，以顶层设计为核心，以创新融合为驱动，以集成服务为基础，以达到持续发展的目标。通过信息技术应用，开展基于城市战略目标的顶层设计；通过科学规划，使建设前每一寸土地都规划得“清清楚楚”；通过系统化综合建设确保城市绿色生态布局的实现；通过“大数据”应用实现城市智慧化运营管理。

建筑能源技术作为低碳智慧城市建设和运营的重要措施，其技术体系需要在传统基础上进行拓展与升级，需要将建筑技术、能源技术和信息技术进行融合。

随着低碳智慧城市建设的深入开展，低碳智慧城市集成服务行业逐渐形成与壮大。低碳智慧城市集成服务涉及低碳智慧城市建设的顶层设计、专项咨询、集成服务、运营管理等各方面。需要将“智慧”的理念贯穿于各个环节，

---

① 中共中央、国务院：《国家新型城镇化规划（2014—2020）》［EB/OL］，新华社，http：//www.gov.cn/zhengce/2014-03/16/content_2640075.htm。

其相关技术支撑了顶层设计中的模拟预测、精细化评估、决策支持、专项规划及综合建设中的智能建造与运营管理中的智慧运营等。低碳智慧城市建设运营中建筑能源技术与其顶层设计、综合建设、智慧运营等各环节的关系如图1所示：

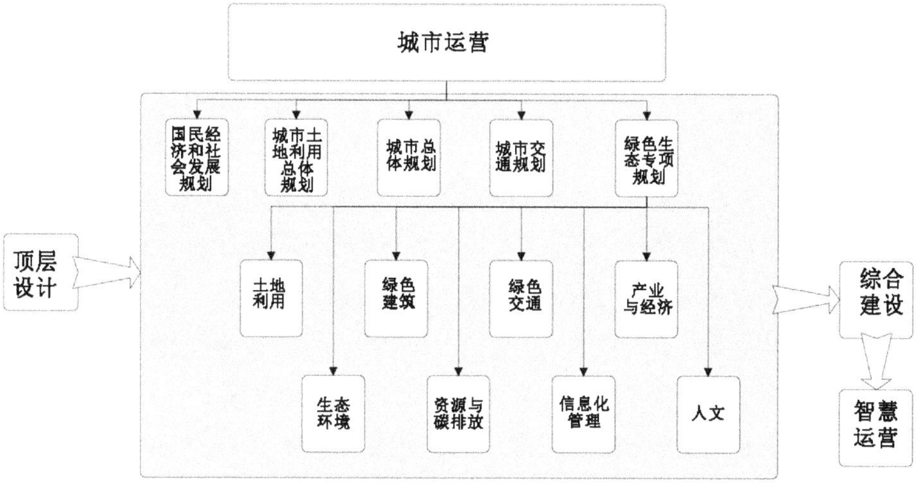

图1 建筑能源技术与顶层设计、综合建设、智慧运营关系示意图

目前，国内绿色生态城市规划建设已取得了一定进展，并从研究制定绿色生态指标体系、发布建设标准阶段转入全面实施的关键时期。随着区域（城市）绿色生态顶层设计与专项规划研究的不断深入，其涵盖范围也逐渐完善，包括了土地利用、生态环境、绿色建筑、资源与碳排放、绿色交通、信息化管理、产业与经济、人文等各方面。

目前，建筑节能和绿色建筑得到深入发展，随着新建建筑节能设计标准不断提升和绿色建筑的深入开展，我国多地先后出台超低能耗建筑及既有公共建筑绿色化改造方面的奖励政策，推动着建筑节能和绿色建筑工作向纵深发展。

伴随着能源革命，城市建筑供热行业不断优化其能源结构，燃气、城市热力等比例上升；因地制宜的应用地热能、地温能、太阳能、空气能等可再生能源比例也不断提高。一些先进技术如燃气锅炉冷凝热回收和低氮燃烧技术得到进一步推广应用。互联网、物联网、大数据等技术也逐渐在供热行业得到应用，规模以上供热单位均建立了供热能耗监测系统，从而提高了供热行业的系统管理水平。同时，行业内骨干企业整合小型分散锅炉房等，促进了城市建筑供热的专业化与集约化。

二、行业发展趋势

（一）行业融合加速，企业竞争模式向基于全产业链的整体竞争演变

传统模式下，能源供应企业及建设施工类企业在城镇化业务上虽然存在交叉和合作，但基本是并行开展业务。随着智慧能源和城市智慧运营模式的深入发展，这两类企业在业务上都进行了转型，行业融合加速。

大型建设企业从传统的施工企业向工程建设与综合服务集团转型发展，从城市的顶层设计、综合建设、智慧运营三个方面完善其产业链，调整其组织架构，以提升企业核心竞争能力；部分企业以提供城市（区域）绿色生态发展的专项咨询，如以战略目标定位、指标体系制定、绿色生态专项规划等为切入点，介入到包括城市能源系统在内的城市公共基础设施建设的投资、建设、运营等环节。

传统意义上的能源供应企业开始通过能源互联网技术应用，为城市提供综合能源服务，这里的“综合”有两层含义：一是“综合”能源，涵盖多种能源，包括电力、燃气和冷热等；二是“综合”服务，包括工程服务、投资服务和运营服务。

（二）相关学科领域交叉渗透，促进关键技术突破与行业发展

城市规划建设相关的能源技术涉及多个学科领域。用于城市顶层设计的关键技术与突破涉及城镇区域发展模拟预测决策支持技术、绿色生态区域建设指标体系、基于 BIM+GIS+物联网+云计算的信息化应用技术等。行业的融合需要相关学科领域交叉渗透，以实现关键技术突破，创新技术及产品以支撑行业的发展。另外，重视顶层设计的同时须注重底层关键技术的突破，遵循顶层设计和底层关键技术突破相辅相成的原则。

三、行业先进技术及应用案例

行业相关先进技术可按其特征分为先进能源技术、低能耗绿色建筑技术和支撑技术（含决策支持、信息技术等）三类。

下面以北京建筑技术发展有限责任公司（以下简称北京建筑技术公司）正在研究和应用的相关技术与案例为例进行介绍：

（一）冷热电三联供技术

冷热电三联供技术是与电网和天然气管网相连接，向一定区域内用户同时提供电力、蒸汽、热水和空调冷水等的一种分布式能源系统。主要以天然气为燃料，通过燃气轮机或内燃机做功产生高品位电能，再将发电设备排放的低品位热能充分回收用于供热和制冷，实现了能量梯级利用，是一种高效的城市能源利用系统。

北京建筑技术公司应用该技术打造分布式能源中心，实现苏州吴中太湖新城核心区的冷、热、电三联供。

苏州吴中太湖新城核心区分布式能源中心项目建设内容：新建天然气冷热电三联供系统、电制冷机组、水源热泵机组、备用燃气锅炉、水蓄冷（热）系统。建设规模：一期安装4台燃气内燃发电机组，总装机容量约12.6MW，配套4台烟气热水型溴化锂冷（温）水机组。同时安装2台5300kW的离心式电制冷机组、2台5300kW的水源热泵、2台7MW的燃气热水锅炉作为热源的补充。2台6800m^3的水蓄冷（热）系统用于蓄冷、蓄热、平衡冷/热负荷、电网负荷，提高系统效率。

项目生产规模：一期工程预计年发电量5249万千瓦时，年供冷量14286万千瓦时，年供热量2427万千瓦时，满足太湖新城启动区60万平方米的供能需求。苏州吴中太湖新城能源中心效果图如图2所示。

图2　苏州吴中太湖新城能源中心效果图

（二）供热系统智慧运营技术

北京建筑技术公司目前已在供热系统运营中应用以下技术，以提高供热系统的节能及智慧运营管理水平。气候补偿技术：通过温度采集传感装置、电动执行装置、微机计算装置及相关软件组成控制系统，控制用户系统的供热循环水量，或控制热源系统的锅炉产热量，根据室外温度的变化，针对用户温度的要求，自动计算和控制恰当的系统供热负荷，实现用户系统供热温度随室外温度自动补偿。

管网平衡技术：针对老旧供热管网普遍存在的阻力不平衡现象，通过在管网的适当位置安装阻力平衡装置，消除近环路的富余压头，并按设计负荷分配流量，实现管网阻力基本平衡，达到热力平衡的目的。

系统集控：以自动化控制和网络通信技术为基础，以热源、管网和热用户为整体控制对象，建立供热系统控制与管理平台，从而实现对供热系统的优化控制与管理，达到“按需供热”的目的。

烟气冷凝热回收：在锅炉烟道中加装冷凝热回收装置，回收烟气显热和水蒸气的汽化潜热，提高锅炉综合热效率。加装烟气余热冷凝热回收利用装置后，常规油（气）锅炉热效率可达到98%以上。在比较理想的工况下节气率可达到6%—15%。

激波增压换热技术：使用经过专门设计制作的增压换热机组，将蒸汽通入混合器形成喷射作用，引射循环水，使循环水在混合器内与蒸汽混合、加速、升温、增压，达到加热水的目的。

分时分区控制技术：根据不同功能建筑物用热需求与时间的规律，调控不同时段、不同区域的供热量，实现按需供热、降低能耗。

北京建筑技术公司目前负责的供热服务面积逾 800 万平方米，公司拥有自主知识产权区域能源综合管理服务平台，能够实现能源运营集成服务。

（三）区域多能互补关键技术之一——区域太阳能资源精细化评估及利用

城市建筑太阳能资源精细化评估与利用分析是建筑太阳能资源规模化利用的基础，也是当前国外太阳能利用研究新的关注点。其突破传统太阳能资源预测方法，通过测算的城市建筑太阳能资源地图，快速评估城市规划设计方案或建成区建筑太阳能资源可利用量，快速定位建筑太阳能资源丰富的建筑。该项技术有利于规划建设部门、能源运营商、用户以及其他各利益相关方掌握建筑太阳能资源信息，对于引导城市区域建筑太阳能的合理规划与利用具有较重要意义。北京某新建区域潜在的太阳能资源如图 3 所示。

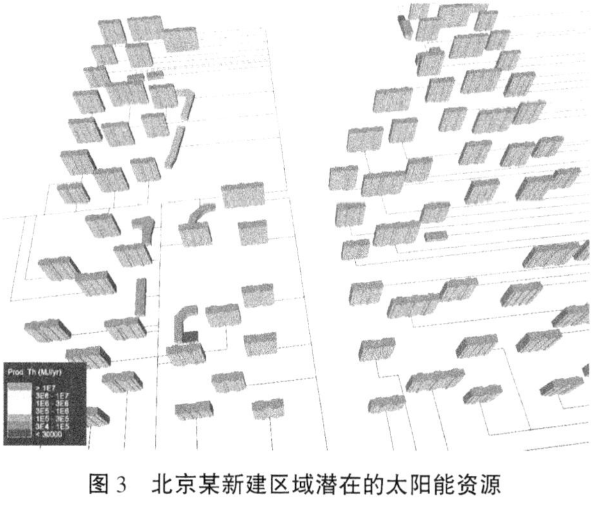

图 3　北京某新建区域潜在的太阳能资源

北京建筑技术公司对复杂建筑环境中建筑太阳能资源量计算关键算法进行了研究，分析了建筑太阳能资源利用与建筑用能相关关系，基于 3D GIS 技术自主研发了城市建筑太阳能资源利用精细化评估系统，可为城市建筑太阳能利用提供技术支撑。研究成果填补了我国太阳能利用研究领域的技术空白。

（四）超低能耗绿色建筑技术

北京建筑技术公司先后承接了近50项国内外单体和区块绿色建筑咨询和多个区域生态规划项目，完成了近百项建筑节能和绿色建筑相关课题研究。参加了北京市科技计划项目《超低能耗建筑技术研究与集成示范》，进行了超低能耗绿色建筑技术研究与实践。

（五）BIM技术

BIM，也就是Building Information Modeling，即建筑信息模型。传统建筑业因为信息沟通不畅，容易造成工作重复，设计变更多，返工率大，能源资源浪费，交付期延长和超预算等情况。BIM技术的应用贯穿了建筑的规划设计、施工建造、运营管理各个阶段。其优势体现在：提高项目设计的合理性、提高施工的速度和质量，实现可视化的沟通与多专业协同，提高后期运营管理水平等。北京建筑技术公司2017年在北京某燃气锅炉房及热力站的设计中采用了BIM技术，并将在江苏某能源站项目中采用BIM技术支撑其设计、施工及后期的运营管理。某锅炉房设计内部设备效果示意图如图4所示。

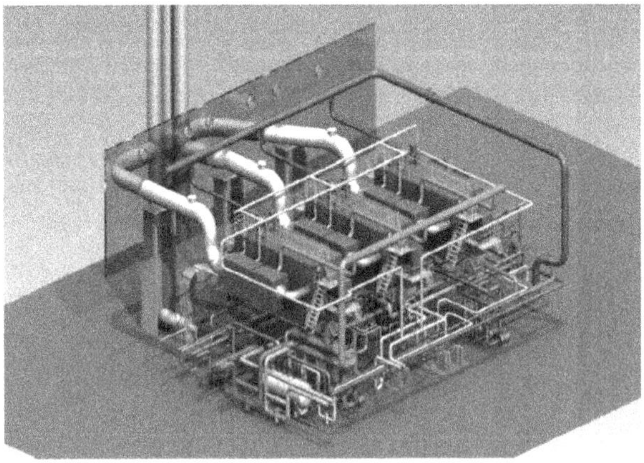

图4　某锅炉房设计内部设备效果示意图

四、结语

随着低碳智慧城市的发展，建筑能源技术也发挥着越来越重要的作用。行业的变革与融合促进了相关学科的交叉渗透，加速了行业的发展，同时也促进了建筑能源技术体系不断完善。从低碳智慧城市运营的视角来看，建筑能源技术将为城市的低碳、智慧发展提供技术支撑，低碳智慧城市集成服务业也将逐渐形成与壮大。

B 22

晶体硅光伏组件回收再利用技术研究

吴翠姑　宋登元*

摘　要：

本文论述分析了国内外晶体硅光伏组件回收技术现状，基于大量的试验研究，综合物理法和化学法，首次提出晶体硅光伏组件回收再利用成套处理技术，分别对塑料、玻璃、铜、EVA胶膜、铝、银、硅料等重要物质进行回收再利用。提出的回收再利用处理方案可为后续大规模回收光伏组件提供依据，在一定程度上缓解光伏器件原材料短缺的问题，避免资源浪费，避免对生态环境造成污染，并且使得光伏产品成为“全生命周期”的清洁能源。

关键词：

光伏组件　回收　再利用　无害化处理

* 吴翠姑，材料加工工程硕士，高级工程师，现任英利集团有限公司零碳发展研究院主任。宋登元，光伏工程博士，教授级高工，现任英利集团有限公司首席科学家，副总经理，光伏材料与技术国家重点实验室主任。

1. 概述

国务院2018年6月27日印发的《打赢蓝天保卫战三年行动计划》中提出“构建清洁低碳高效能源体系”，而光伏能源作为可再生能源的主力军，会得到大规模普及和应用。据统计，2017年我国全年新增装机容量约53GW，同比增长超过53.6%，累计装机容量约130GW。在电站运维良好的情况下，到2034年累计废弃量将达60GW，电站运维状况一般的情况下，估计2034年累计废弃量将超70GW①②。光伏组件的寿命周期大都为25年至30年，如果对寿命期后的光伏设备进行简单的粉碎掩埋或者焚烧处理，作为可再生能源的光伏产品不仅是一种资源浪费，也对环境造成严重污染。因此，随着光伏发电市场的迅速发展，光伏系统及部件寿命周期后可持续利用的技术研究与管理政策的需求成为近年来光伏产业界和环境界研究的热门课题。光伏设备中除了光伏组件以外，其他如逆变器、控制器等电子设备可以按照目前的废弃电子产品回收技术和政策开展回收和无害化处理。而光伏组件作为光伏产业大规模发展后所特有的电子产品，需要有针对性地进行回收和无害化处理③。

晶体硅光伏组件在生产和使用过程中被广泛认同为清洁能源，但寿命期后回收处理不当，会给环境造成负担和污染。本文中提出的寿命期后光伏设备材料（硅，铜，铝，银，钢，玻璃，塑料等）回收利用和无害化处理方案，不仅可以在一定程度上缓解光伏器件原材料短缺的问题，避免资源浪费，避免对生态环境造成污染，而且使得光伏产品成为“全生命周期”的清洁能源。

---

① 王勃华：《光伏产业2017年发展回顾与2018年供需情况预测》[EB/OL]，2018年1月24日，http：//www.chinapv.org.cn/content-9-6599-1.html。

② Metz A.，Demenik G.，Wertz R.，et al.，“International Technology Roadmap for Photovoltaic [R]. Semiconductor Equipment and Materials International (SEMI)，” 2015，pp. 24-25.

③ Jia Zhang，Fang Lv & Lei Zhang，“2012 International Conference on Future Energy，Environment，and Materials Discussion on Environment Impact Assessment in the Lifecycle of PV Systems，” *Energy Procedia*，2012，pp. 234-239.

2. 晶体硅光伏组件回收技术现状

2.1 国际晶体硅光伏组件回收技术现状

国际上特别是欧洲对于光伏组件回收与无害化处理的技术及回收再利用都开展了深入的研究，并且已经将其纳入法规政策。国际上对于光伏组件的回收技术研究始于20世纪90年代，日本、欧洲及韩国的一些光伏企业及科研机构开展了各种光伏组件回收技术的研发，主要研究情况如下：

2001年，东京农业技术大学的多伊卓也（Takuya Doi）等①利用有机化学方法从光伏组件中回收电池片。通过对各种溶剂如油漆稀释剂、丙酮、甲苯、汽油、甲乙酮、甲基异丁基酮、四氢呋喃、乙醇、异丙醇、乙二醇、三氯乙烯、甘油等进行筛选，研究得出采用三氯乙烯（trichloroethylene，TCE）为溶剂，并在80℃的温度下，EVA能有效溶解。但如果要得到完整的电池片，须在对组件加压的情况下进行，需要7天以上的时间，回收效率太低不适合产业化工艺推广。2006年，德意志太阳能公司的邦巴赫（E. Bombach）等②对于20多年的老组件进行研究，指出组件的黏结剂组成成分会影响热分解法的过程，对比分析了由黏结剂PVB层压形成的双玻组件和由黏结剂EVA胶膜层压形成的双玻组件的热分解反应过程，提出了双玻组件的回收流程，同时分析了热分解法的尾气成分和处理过程。2010年，波兰格丹斯克技术大学的埃瓦（Ewa）等③利用无机酸碱溶液去除光伏电池表面的金属层，减反射层和p-n结，从而得到太阳能级的硅片或多晶硅料，用于制备新的光伏电池。实验结果表明在

① Takuya Doi, Izumi Tsuda, Hiroaki Unagida, et al., "Experimental study on PV module recycling with organic solvent method," *Solar Energy Materials & Solar Cells*, 2001, pp. 397-403.

② E. Bombach, I. Röver, A. Müller, et al., "TECHNICAL EXPERIENCE DURING THERMAL AND CHEMICAL RECYCLING OF A 23 YEAR OLD PV GENERATOR FORMERLY INSTALLED ON PELLWORM ISLAND," 21st European Photovoltaic Solar Energy Conference, Dresden, Germany, 2006, pp. 2048-2053.

③ Ewa Klugmann-Radziemska, Piotr Ostrowski, Kazimierz Drabczyk, et al., "Experimental validation of crystalline silicon solar cells recycling by thermal and chemical methods," [J] *Solar Energy Materials & Solar Cells*, 2010, pp. 2275-2282.

60—80℃ 条件下，30%KOH 溶液可腐蚀去除电池表面的铝，腐蚀时间约 2—3 分钟。在 40℃条件下 HNO_3/ HF/CH_3COOH/Br_2可有效去除减反射层，p-n 结以及电池表面的金属银，反应时间为 9s。利用回收的硅片生产新的太阳能电池，并进行光谱相应和 I-V 特性测试，在没有氮化硅（SiNx）减反射层的情况下，转换效率已经达到 13%—15%。2012 年，韩国江原国立大学的杨金基姆（Youngjin Kim）等①通过有机溶剂辅助超声波辐照的方法提高溶解 EVA 的速率，研究了包括三氯乙烯（TCE）、邻二氯苯（O-DCB）、苯和甲苯等有机溶剂对光伏组件中的 EVA 的溶解情况。对不同溶剂的浓度、温度、超声波功率和超声波照射时间进行了研究。研究结果表明：采用 450W 超声波功率，温度为 70℃条件下，使用 3M 公司的甲苯，EVA 可在 1 小时后完全溶解，但是在此反应过程中由于 EVA 胶膜膨胀可能引起电池片的破碎。同年，韩国化学技术研究所的康苏敏（Sukmin Kang）等②通过有机化学溶解分离回收光伏电池的玻璃，然后将电池片与交联在上面的 EVA 胶膜在氩气条件下通过 600℃加热 1 小时，用于分解 EVA 从而得到电池碎片，并通过无机化学法利用 HF/HNO_3/H_2SO_4/CH_3COOH 混合溶液在室温下腐蚀电池片回收高纯多晶硅，反应时间为 1 小时。该方法硅的回收率最高可达 86%，回收的硅的纯度可达 99.999%。2013 年，荷兰能源研究所的宝拉（Paula）等③人使用回收硅材料制备太阳能电池，采用直拉法进行两种电池的对比，一种采用 100%的回收料，另一种掺入 50%的回收料，所用回收料采用一种低能耗的方法进行预清洗。晶硅铸锭结构没有区别，采用 100%回收料的晶硅铸锭其尾部的性能有所下降，可能跟提拉工艺有关，结果显示 100%回收料的太阳能电池平均效率为 18.6%，仅仅比采用 50%回收料的太阳能电池效率低 0.1 个百分点，这个结果从商业化角度可行。

通过分析国外对于光伏组件回收的研究情况，大都针对某一种或几种材料

① Youngjin Kim, Jaeryeong Lee, "Contents lists available at Science Direct Solar Energy Materials & Solar Cells," *Solar Energy Materials & Solar Cells*, 2012, pp. 317-322.

② Sukmin Kang, Sungyeol Yoo, Jina Lee, et al., "Experimental investigations for recycling of silicon and glass from waste photovoltaic modules," *Renewable Energy*, 2012, pp. 152-159.

③ Paula C. P. Bronsveld, Petra Manshanden, Frank O. Lenzmann, et al., "Recycling of p-type mc-Si top cuts into p-type mono c-Si solar cells," 2013, pp. 536-541.

进行研究与试验，晶体硅光伏组件成套回收工艺路线未见披露和报道。

2.2 国内晶体硅光伏组件回收技术现状

我国作为世界的光伏大国，一些科研院所、企业和学者对光伏组件回收技术进行深入研究并取得一定进展。国内全国开展光伏组件研究的公司并不多，主要有英利能源、晶科能源、天合光能、中科院电工所、中国环科院等为数不多的科研院所和企业已经研究光伏组件回收。对于光伏组件，我国尚无成熟的光伏组件回收和无害化处理技术及产业化。

国内一些大的光伏企业，如英利能源王士元等自 2009 年开始研究晶体硅光伏组件回收，主要开展了光伏组件的物理回收方法研究。先后研究热高速离心分解回收光伏组件工艺及其设备、太阳能电池回收分解设备及其气流分选装置、报废光伏组件的高压等电位静电分离装置等，并利用改进后机械设备，拆除边框和接线盒后对组件进行粉碎处理，并分离粉碎后的 EVA 胶膜颗粒、背板颗粒和硅的混合物，实现部分材料的回收再利用，该分解回收方法中没有使用化学试剂，不会对环境产生二次污染，十分环保。但是部分价值较高材料，例如硅、银等不能完全回收。近两年，天合光能熊震等对于晶体硅太阳能组件的玻璃分离方法、废旧太阳能电池片中高纯硅的回收方法等进行研究，主要采用化学方法进行回收。采用化学方法回收率相对较高，但引入的化学试剂需进行后续无害化处理以减少对环境的二次污染。

3. 晶体硅光伏组件回收技术的探索与研究

以一块 60 片电池的光伏组件为例，玻璃约占总重量的 66%，铝边框约占 18%，半导体材料约占 4%。因此光伏组件的大部分重量来自可循环再造的材料。结合国内外已有报废光伏组件的技术方法和经验来看，化学法由于引入化学药液可能造成环境的二次污染，物理分离法也不够完善，未能完全分离各单一的组分。因此考虑采取多种处理方法相结合的方式，取长补短，探索出合适的光伏组件处理方法。本文根据晶体硅光伏组件的结构特点（见图 1），经过大量的实验研究与探索，提出晶体硅光伏组件的回收流程（见图 2）。

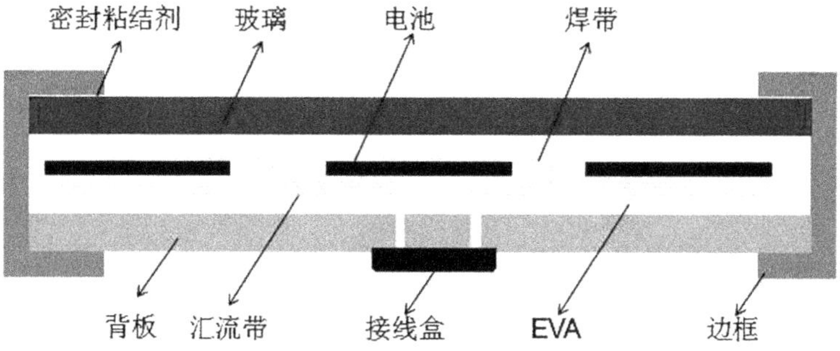

图 1　光伏组件结构示意图

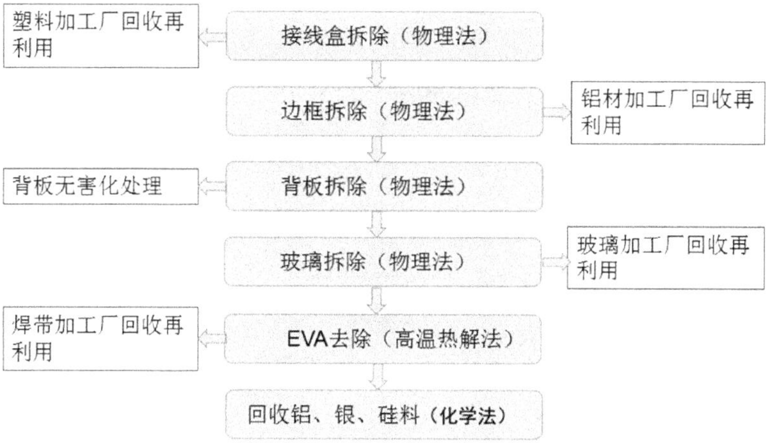

图 2　光伏组件回收流程图

3.1 接线盒拆除

接线盒和背板之间通过硅胶粘接。硅胶耐热、耐寒、耐候型好，电气绝缘性好，在很宽的范围内（-60—300℃）保持橡胶的特性，因此在常温下铲除接线盒。将需要回收处理的光伏组件的玻璃面朝下放平，并夹持固定，直接用尖锐的铲子铲下接线盒，铲下的接线盒交由塑料厂进一步回收处理再利用。

3.2 边框拆除

目前组件边框主要有两种方式，主要有角码连接和螺母连接。其中螺母连接为机械连接，较易拆解，而角码连接为铆接，铆接力较大，对于铆接的边框需先切割角码再行拆解。粘接边框的材料主要分为硅胶和胶带，经研究，硅胶耐热、耐寒、耐候型好，粘结力大，拆解难度大。此步骤使用定制的光伏组件边框拆解系统，由机架、电气、液压、伺服系统、机械手等部分组成。根据组件边框的大小不同可调整机械手的相应位置，可同时拆解四处边框或者分别拆解对边。

3.3 背板和玻璃拆除

晶体硅光伏组件是由钢化玻璃、EVA 胶膜、硅片、EVA 胶膜和背板由上至下，利用 EVA 胶膜的热熔胶特性层压粘结在一起的光伏发电器件，失效光伏组件中 EVA 胶膜的粘结力仍是主要的作用力，因此分离背板、玻璃和 EVA 胶膜的关键因素是破坏 EVA 胶膜的粘结力。

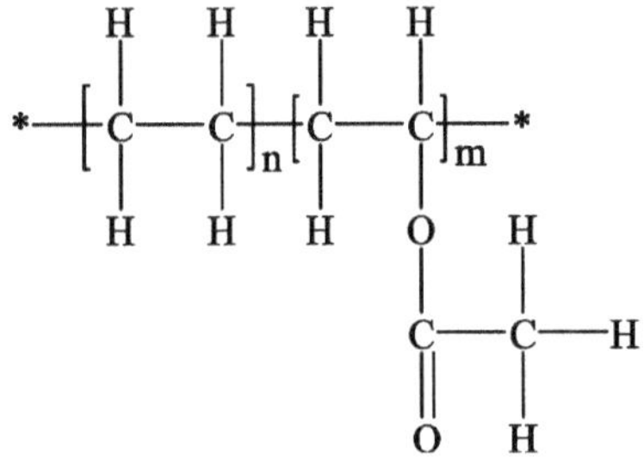

图 3　EVA 胶膜化学式

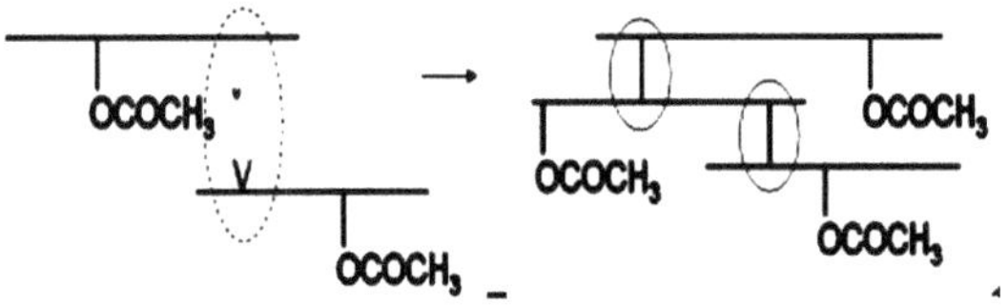

图 4　EVA 胶膜交联反应后化学式

EVA 胶膜是由乙烯和醋酸乙烯酯共聚而制得的热塑性树脂。其分子结构见图 3，在组件生产过程中的层压工艺中温度参数为 150℃左右，EVA 胶膜经过热熔、热固后发生交联反应，形成交联的三维网状结构，交联后 EVA 胶膜的分子式见图 4。

晶体硅光伏组件通过利用 EVA 胶膜的热熔胶特性，将钢化玻璃、EVA 胶膜、硅片、EVA 胶膜和背板按照由上至下的顺序层压粘结在一起，形成光伏发电器件，失效光伏组件中 EVA 胶膜的粘结力仍是主要的作用力，只要破坏组件中 EVA 胶膜的粘结力就能将玻璃和背板与 EVA 胶膜分离。将光伏组件置于一种特制的加热装置中，加热至 165—170℃之间，恒温 20—30min，使得 EVA 胶膜达到熔融状态，使用特制的卷刀设备将背板去除，然后使用特制的带加热功能的刮刀设备将 EVA 胶膜和电池片的混合物与玻璃刮离。从而实现玻璃和背板的分离。分离出的玻璃可由玻璃厂回收处理再利用；背板由于含氟且不易降解，通过进一步掺杂实现背板性能的恢复进行再利用；EVA 胶膜与电池片的粘结物可进行进一步的回收处理。

3.4 EVA 胶膜去除

EVA 胶膜即乙烯—醋酸乙烯酯共聚物，属于易燃物，不充分燃烧的排放物为一氧化碳和二氧化碳。将 EVA 胶膜与电池片的粘结物放入高温热解设备中，经充分燃烧和分解后，并对尾气进行环保处理后，得到晶体硅太阳能电池片和焊带的混合物。

通过特制的振动筛分离出焊带，由焊带厂家进行回收处理再利用；晶体硅太阳能电池片通过化学方法进行进一步回收处理再利用。

3.5 回收铝

将需要回收处理的晶体硅太阳能电池片用去离子水洗净，放入一定质量百分浓度的浓盐酸水溶液中浸泡去除铝背场，得到去铝电池片和含铝酸液，待含铝酸液 pH 升至 2 时，更换酸液；过滤含铝酸液，加入含掺杂一定添加剂的混合溶液，同时不断搅拌直至 pH 升至 9，静置 20—24 小时后过滤、洗涤、干燥沉淀得到氢氧化铝粉末。主要化学反应式为（1）和（2）。

$$2Al+6HCl=2AlCl_3+3H_2\uparrow \tag{1}$$

$$AlCl_3+3NH_3\cdot H_2O=Al(OH)_3\downarrow+3NH_4Cl \tag{2}$$

3.6 回收银

将洗净的去铝电池片放入一定质量百分浓度为硝酸水溶液浸泡，去除电池片表面的银电极，得到去除银电极的电池片和含银酸液；过滤含银酸液，向其加入过量饱和食盐水得到氯化银沉淀，洗涤干燥。氯化银沉淀经过进一步的提纯可得到高纯银粉；主要化学反应式为（3）和（4）。

$$Ag+2HNO_3=AgNO_3+NO_2\uparrow+H_2O \tag{3}$$

$$AgNO_3+NaCl=AgCl\downarrow+NaNO_3 \tag{4}$$

3.7 回收硅料

将洗净的去除银电极的电池片置于一定质量百分浓度的 NaOH 水溶液浸泡一段时间去除铝硅合金层；去除铝硅合金层后，将电池片经一定质量百分浓度的 HF 水溶液浸泡后去除氮化硅减反射膜层；去除氮化硅减反射膜层后，将电池片经一定质量百分浓度的 NaOH 水溶液浸泡去除磷扩散层；去除磷扩散层后，将电池片经一定配比的氢氟酸和硝酸混酸溶液浸泡，去除硅片表面残留金属杂质，可得到硅片。为确保试验的准确性，每次使用化学药液之后，需使用去离子水洗净并干燥后进入下一个试验步骤，此方法得到的硅片纯度最高可达 99.99%。

4. 晶体硅光伏组件再利用技术的探索

晶体硅光伏组件回收的目的，一是为了解决环保压力，二是为了解决资源短缺，因此光伏组件材料的再利用尤为重要。回收后的材料可以分为三类，一类是低价值易于回收类材料，例如玻璃、铝材和塑料；二类是高价值难于回收类材料，银、铜、硅材料；三类是有污染难于回收类材料，例如含氟背板。

对于一类材料，进行简单的处理后可以进行循环利用或者降级使用；对于二类材料，经过一定的工艺流程可进行回收，回收后的材料可用于光伏行业或者其他行业；对于三类材料，是目前业内的重点和难点，由于含氟背板含有卤族元素，在组件报废后，若通过焚烧处理会产生氟化氢等毒性气体，改用其他方式，氟元素同样也很难处理。加之碳氟化合物异常牢固的化学结构，通常的掩埋处理方法在 1000 年内都无法降解该成分。随着技术的不断进步，经过大量的试验研究和探索，对于含氟背板材料，通过掺杂一定的试剂，进行氟材料化学键的恢复，进行回收再利用，但目前的试验结果尚未达到稳定的技术工艺水平。

5. 结论

本文综合化学法和物理法的优缺点，首次系统地提出成套光伏组件的无害化回收处理方案，可回收塑料、玻璃、铝材、铝、银和硅料等重要物质，且最大限度减少对环境的二次污染。对于含氟材料，虽然找到一定的处理工艺，但尚不成熟，需要进一步探索和研究。

由于现阶段国内光伏组件的回收规模较小，未形成相应的产业链，因此本文中提出的晶体硅光伏组件的回收和无害化处理方案可为后续大规模回收光伏组件提供依据，后续进一步的研发方向：（1）进一步优化背板材料的无害化处理或再利用工艺；（2）研究基于物理法回收铝、银、硅等材料的方法，同时研究提升较高价值材料的回收比例；（3）研究开发晶体硅光伏组件回收流动车，以减少光伏组件回收过程中的运输成本，增加光伏组件回收的经济效益。

第四篇

创新实践篇

23

燃气冷热电三联供系统应用与实例研究

刘飞　周金木　王云峰*

摘　要：

燃气冷热电三联供系统，即CCHP（Combined Cooling Heating and Power），是以燃气为一次能源用于发电，并利用发电后产生的余热进行制冷或供热，通过对燃气的梯级利用向用户输出电能、热（冷）的分布式能源供应系统。该系统可以提供并网电力作为能源互补，同

* 刘飞，葛洲坝能源重工有限公司总经理。周金木，工学硕士，葛洲坝能源重工有限公司总工程师。王云峰，高级工程师，葛洲坝能源重工有限公司技术副部长。

时具有节约能源、改善环境等综合效益，是提高能源综合利用率和城市治理大气污染的必要手段之一，符合国家可持续发展战略。本文对分布式能源燃气冷热电三联供的技术经济优势和产业发展态势进行了深入的研究，同时对葛洲坝重工有限公司的工程案例进行技术和经济分析及评价。最后对分布式能源燃气冷热电三联供同类型工程项目的实施和发展提出了建议。

关键词：

分布式能源　燃气发电　冷热电三联供

1. 概述

分布式能源系统（Distributed Energy System）在许多国家、地区已经是一种成熟的能源综合利用技术，它具有靠近用户、梯级利用、一次能源利用效率高、环境友好、能源供应安全可靠等特点。分布式能源系统有多种形式，区域性建筑群或独立的大中型建筑的冷热电三联供是其中一种十分重要的方式。

2. 燃气冷热电三联供系统介绍

2.1 燃气冷热电三联供系统介绍

燃气冷热电三联供系统是一种建立在能量的梯级利用概念基础上，以天然气为一次能源，产生热、电、冷的联产联供系统。它以天然气为燃料，利用小型燃气轮机、燃气内燃机、微燃机等设备将天然气燃烧后获得的高温烟气首先用于发电，然后利用余热在冬季供暖；在夏季通过驱动吸收式制冷机供冷。

2.1.1 燃气冷热电三联供系统的基本原理

燃气冷热电三联供系统基本原理是能源的梯级利用。

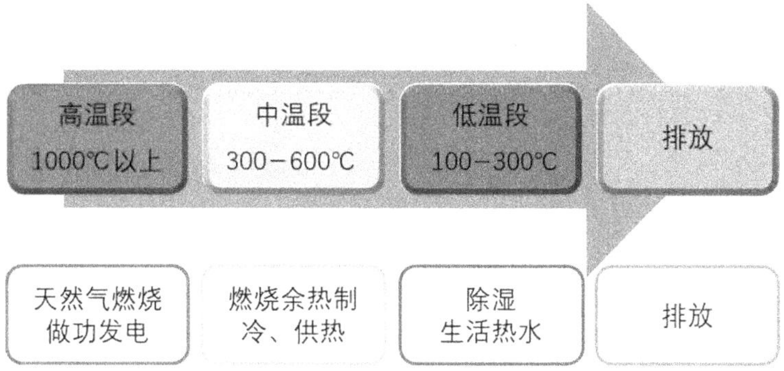

图1　三联供系统能源的梯级利用

2.1.2 燃气冷热电三联供系统的组成

燃气冷热电三联供系统由以下部分组成：

燃气发电、余热利用、供配电、燃气供应、自动控制、给排水、暖通通风、消防等设备和系统。

2.1.3 燃气冷热电三联供系统的主要优势

2.1.3.1 节能环保

传统大容量火力发电机组虽然可以达到很高的发电效率，但由于冷源损失的存在、供热能力和供热距离的限制，其能源综合利用率较低。传统发电厂在发电过程中，有将近50%的热能损失在散热、冷源损失上，最终只有约30%的热能转化成电能。而分布式能源通过能量的阶梯利用，先利用高品位能源发电，进而利用发电后烟气余热制热或制冷，同时用户可根据自己所需来向电网输电和购电，因此天然气冷热电三联供系统的能源利用效率可以达到80%以上，同时兼具低排放、低污染的优点，与传统能源相比较可减少排放量50%—80%。

2.1.3.2 安全可靠

现阶段，国内电网主要是大机组、大电网、高电压的集中式单一供电系统，电网中某一点的故障产生的扰动都可能会影响到整个电网，严重时会导致大面积的停电，或电网崩溃。而燃气冷热电三联供系统仅为单一区域提供能源，具有因地制宜、贴近用户、规模较小、即发即用的特点，可以不受大网故障的影响及远距离送电等诸多负面影响。无论是美国东北部地区及加拿大东部地区 2003 年大停电，还是我国深圳 2012 年的大停电，都表明缺少分布式能源存在隐患。

2.1.3.3 削峰填谷

由于天然气冷热电三联供系统只需要通过少量投资增加供冷供热的调峰设备便可成为可中断、可调节的发电系统，为周边提供冷热电的同时还可以为电网调峰。如果在电网建设过程中合理规划和发展燃气分布式能源，则可以减少传统大型电厂的兴建，既节省了投资，还减少了长距离输电成本。

2.1.3.4 经济性好

燃气冷热电三联供系统虽然初期投资较高，但考虑运行成本后，总体一次投资基本持平，同时用余热供热、制冷可省一半的燃气用量，年平均节约运营成本约 20%。

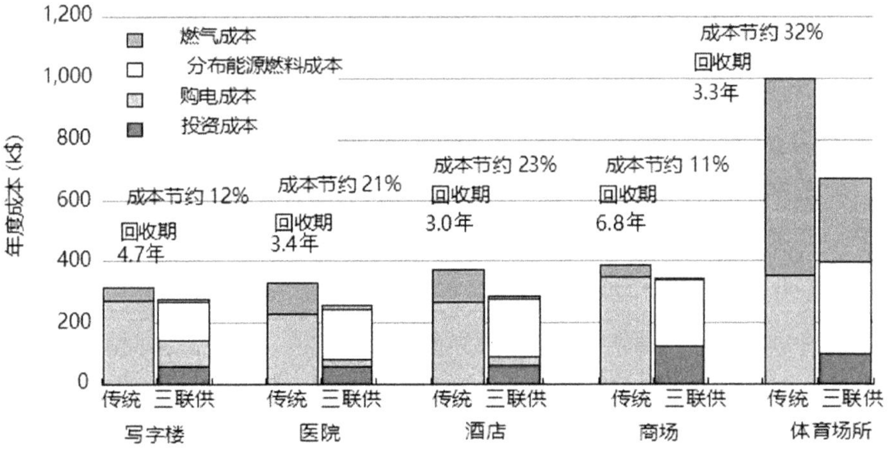

图 2 三联供系统投资回收期对比图

资料来源：公开资料整理。

2.1.4 成熟先进

燃气冷热电三联供系统包含了可再生能源利用技术、热泵技术、余热回收技术、高智能的控制技术、电力并网技术，技术先进，是高科技用能系统的典型代表。虽然国内起步较晚，但国外发展冷热电三联供系统已有几十年历史，

技术成熟①

3. 燃气冷热电三联供系统的国内外发展现状

3.1 燃气冷热电三联供系统国外发展现状

由于燃气价格下降，各种有利政策的出台以及人们越来越关注如何替代化石能源，在未来几年内，全球分布式发电将快速发展，欧美等发达国家的发展已经达到较高的水平，预计增速放缓，亚太、南美等新兴市场则将迎来分布能源的一轮投资潮。

资料显示，全球分布式能源新增装机容量 2015 年约为 136.4GW，2016 年上升至 140.2GW，2017 年全球分布式能源新增装机容量约为 132.4GW，行业发展迅速。

3.1.1 美国分布式能源发展现状及规划

20 世纪 70 年代末，分布式能源逐渐在美国发展起来，由于分布式能源具有能源的梯级利用，可同时满足用户的用热和用冷需求，和传统能源相比供能成本低，具有节能减排的特点，美国能源部（DOE）与美国环保局（EPA）分别从节能和环保两个出发点推动分布式能源的发展，且视为国家首要事务之一。

2001 年至 2015 年，美国环保局协助完成了 1047 个分布式能源项目，总容量为 760 万 kW，累积减少 CO_2 排放 1.7 亿 t。截至 2016 年，美国分布式能源装机容量约为 8250 万 kW（含热电联产及三联供系统）。与此同时，为推动分布式能源的进一步发展，争取在 2020 年使 50% 的新建商用建筑采用分布式热电联产系统，并将已有的 15% 商用建筑改造为分布式热电联产供能系统。争取到 2035 年，商用分布式发电装机容量达到 680 万 kW 以上，理想情况是达到 980 万 kW。

---

① 李斌：《简述燃气分布式能源站冷热电联产的应用和发展》，《中国新技术新产品》2015 年第 24 期，第 104 页。

3.1.2 日本分布式能源发展现状及规划

由于自然资源的稀缺，为尽可能提高能源利用效率，日本国内很早就开始重视节能减排技术的推广。自 1980 年以来，随着东京国立竞技场第一号热电机组开始运行，日本开始大力发展天然气分布式能源，年均新增装机容量达到 30 万 kW，其中 1990 年到 2007 年，日本分布式能源年均增加装机容量 40 万—50 万 kW。

到 2008 年，受到国际燃料价格上涨、美国次债危机等因素的影响，日本国内投资热情减退，分布式能源发展也受到影响，增速放缓，随后几年分布式能源的发展得到恢复。据日本经济贸易产业省（METI）预计，到 2030 年，日本热电联产装机容量将达到 1630 万 kW，其中商用分布式能源项目 6319 个，工业分布式能源项目 7473 个。日本计划在 2030 年前使分布式能源系统发电量占总电力供应的 20%。

3.2 燃气冷热电三联供系统国内发展现状

2015 年被称为我国天然气分布式能源发展的“元年”。中海油、中石油等国内企业巨头涉足起到了良好的带动效应，另外以天然气分布式能源为主的综合供能体系集中推广，助推行业的发展可持续性。根据中电联 2015 年电力工业统计数据，我国燃气分布式发电出现大规模增长，2015 年燃气发电量 1658 亿 kWh，同比较上年增长 24.4%。根据《“十三五”天然气发电需求预测》，预计到 2020 年我国天然气发电规模为 1 亿 kW 左右，其中分布式 4000 万 kW。近两年燃气发电规模扩大是预料之中，国家相关政策的推动以及燃气发电在环保、调峰等方面的优势，都让燃气发电有了很大发展空间。基于系统成本最小化目标，我国的电力系统无疑存在着煤电过多、天然气发电过少的问题，天然气发电需要快速发展①。需要指出的是，电力行业的体制改革，特别是体现时间价值的价格机制的建立仍然是燃气发电的必要前提②。

根据《关于发展天然气分布式能源的指导意见》，我国将建设 1000 个左

① 刘青荣、廖丽娜、任洪波等：《上海市燃气分布式能源发展现状调研》，《上海电力学院学报》2015 年第 5 期，第 429—433 页。

② 周兴慧、杨玉保、刘志亮：《发展天然气分布式能源的影响因素及对策探讨》，《价值工程》2015 年第 4 期，第 78—79 页。

右天然气分布式能源项目。到2020年，在全国范围内大规模推广发展分布式能源系统，力争装机规模达到5000万kW。按4000元/kW的投资计算，需投资2000亿元，其中各类燃机约为1500亿，余热锅炉约为250亿①。

表1　2016—2020年天然气分布式能源项目总投资额（预估值）

项　目	数　量
2020年天然气分布式能源装机容量目标	5000万kW
目前装机容量	1000万kW
2016—2020年待装机容量	4000万kW
分布式能源投资单价	4000—5000元/kW
未来市场总规模	1600亿—2000亿元

资料来源：前瞻产业研究院，2016年。

4. 燃气冷热电三联供系统的应用案例

4.1 项目背景

中国最大的互联网公司腾讯与上海青浦工业园区签署投资合作框架协议，将建立腾讯华东云计算中心和电子商务基地。腾讯云数据中心将充分发挥腾讯在数据中心发展过程中积累的实践经验，同时使用模块化数据中心（MDC）等最新技术，届时将成为亚太地区最先进的云计算和云存储基础设施服务平台之一。该数据中心占地100亩，共有5栋独立建筑，总计超过4000个机架，带宽超过100G，将容纳约10万台服务器，主要面向华东地区，三大中心互相联动、辐射全国。该项目是上海市推进"云海计划"过程中的重大项目，将给"云计算"产业带来高等级的基础设施、开放式的平台和平台上丰富的应用。

① 宋伟明：《我国天然气分布式能源的发展现状及趋势》，《中国能源》2016年第10期，第41—45页。

4.2 承办单位

本项目由葛洲坝能源重工有限公司提供燃气冷热电三联供系统设备并提供技术服务。

葛洲坝能源重工有限公司（CGGC-UNPOWER Co.，Ltd.）隶属于中国葛洲坝集团，是以分布式能源产品和技术为基础、能源互联网为核心，为行业提供国内一流、世界领先的智慧能源综合解决方案及核心设备的供应商。主营业务包括燃气内燃机电站、燃气轮机电站、冷热电三联供、光伏电站、风力电站、压缩空气储能、熔盐储热、高比例可再生能源、重油电站、船舶及驳船电站、集群式电站的综合应用解决方案及核心设备。

4.3 项目简介

腾讯华东云计算中心和电子商务基地由4栋数据中心楼、1栋业务楼和1座35kV变电站等主要建筑组成。单栋数据中心大楼IT机房建筑面积约12000m^2，共分两层，单层约6000m^2。整个云数据中心项目腾讯负责园区及数据中心大楼的土建，上海电信负责数据中心大楼内的机电系统建设和运维，每栋数据中心引入2路10kV/10000kVA市电，上级为35kV供电站，每路市电下接4台2500kVA变压器，共8台2500kVA变压器。数据中心采用10kV油机提供应急保障电源，10kV油机电与市电在市电10kV侧进行切换，单栋数据中心设计有5台10kV/2000kW柴油机应急保障，无备机冗余。单栋数据中心供冷保障方面选用800冷吨（2813kW）离水式冷水机组6台，用4备2，N+2冗余。数据中心整体采用微模块方式建设，供电方面2N配置，制冷方面N+2配置并采用冬季低温换热的模式进行供冷的节能设计，供回水温度按9℃/15℃设计，正负偏差1℃，供冷管道采用冷冻水环管设计，总体实现4个9以上可靠性，本次1栋数据中心成熟期典型用电量约10MW，满载下典型需冷量约9MW，夏季和冬季制冷量差异不大。

4.4 项目主要工艺系统

4.4.1 内燃发电机系统

内燃发电机单机额定发电功率为2500kW，一阶段安装两台，扣除站内自用电后对外供电能力4.5MW，本工程共安装4台发电机，总对外供电能力为9MW。

内燃发电机系统包括烟气及高温缸套水利用部分，烟气由发电机出口至余热溴冷机，期间装设有烟气脱硝装置，进入溴冷机之前装设有电动三通阀，当溴冷机故障时可紧急切换三通阀至直排烟状态，确保不影响发电机的正常运转。排烟出口设有消声器，保证排烟的噪声不超过相关规范的要求。发电机的高温缸套水正常运行通过板换为溴冷机提供热源，当溴冷机故障时可切换至散热器散热，确保发电机的正常运行。

4.4.2 冷冻水系统

溴冷机选择带烟气热水补燃型溴冷机组，单机制冷量为3050kW，一阶段供冷量扣除站内自用后为6MW，本工程共安装4台溴冷机，总对外供冷量12MW。

溴冷机冷冻水系统为环网设计，确保在出现点泄露的情况下系统的正常运行，环网管径为DN450。该系统包括循环泵、蓄冷储罐和板式换热器，循环泵和水蓄冷释冷泵按N+1冗余配置，冷冻水设计供回水温度为7℃/13℃，水蓄冷罐按满足一阶段系统20分钟供冷量需求，储水有效容积为300m^3。

该系统中水蓄冷的作用是在三联供系统启动和停运时，可利用水蓄冷罐进行缓冲，做到系统间的平稳切换无缝对接。在三联供系统故障时，可保证20分钟的冷量需求，给电制冷系统从启动到满负荷运行提供保障。

水蓄冷装置在三联供正常运行阶段可作为冷水系统的一部分参与冷水的循环，该种运行方式可保证水蓄冷罐内的水始终保持在7℃左右。当三联供系统停运时可切换至释冷泵送水，在三联供系统启动时，蓄冷罐参与冷水系统的循环，当溴冷机的出水温度达到7℃时，电制冷系统逐渐减负荷，改由三联供系统供冷，该系统中的释冷泵应具有两路电源的保证措施。

4.4.3 冷却水系统

该系统需要冷却的设备有燃气内燃机和溴冷机。燃气内燃机冷却系统为闭式循环水。溴冷机冷却水系统为开式环网设计，环网管径为 DN500，环网设计是为确保在出现点泄露的情况下系统正常运行，该系统包括冷却水循环泵、冷却塔，冷却水循环泵按 N+1 冗余配置，冷却水设计供回水温度为32℃/37℃。

4.4.4 天然气供应系统

该项目使用的天然气引自园区外的市政燃气管道，市政燃气管网位于园区北侧围墙外，引入园区后需加设燃气调压站，调压站布置在腾讯华东云计算中心指定的位置。天然气接入不设置储气设施，通过调压送至用气设备燃烧器进口。根据燃烧器对燃气品质的要求，在调压柜内设置调压、过滤等设施，保证燃烧器入口燃气参数符合要求。

燃气管道要远离人员密集区，沿园区北侧围墙向东，然后沿东侧围墙向南布置，最后送入能源站内。燃气管道设计要严格执行国家相关的技术规范和规定，确保安全可靠，管道采用架空敷设，管道上的阀门均在室内布置，燃气管道的管径按满足本项目的燃气需求量选择。

4.4.5 补水有关系统

自来水补水系统进入站房后，分为三路：一路为冷却水补水系；一路通过全自动软水装置后送入软水箱中，冷冻水补水采用软水，引自软水箱；还有一路引入储水箱补水。

冷却塔在运行工况下，由于蒸发和飘逸的共同作用，水量损失较大，是补水系统耗水量最大的部分。冷却水补水采用自来水直接补水，在冷却塔补水支管上设置计量表，监控补水量，补水量约为 $19m^3/h$。

系统水采用软化水运行，补水定压的分支管道接软水器，自来水经软化后，进入软水箱备用。全自动软水装置出力为 $30m^3/h$，软水箱有效容积为 $10m^3$，可满足 20 分钟系统补水量要求。

5. 燃气冷热电三联供系统应用案例的技术经济分析

5.1 投资估算及经济评价

5.1.1 建设投资估算

投资范围包括：能源站站内的建筑工程、设备安装、电气工程、自控、室外管网及相关辅助工程。

表 2 能源站建设投资估算表

编号	工程及费用名称	估算价值（万元）				
		建筑	设备	安装	其他	总值
Ⅰ	工程费用	595.97	7280	1700	0	9576
Ⅰ-1	土建工程	595.97	0	0		596
Ⅰ-2	发电系统	0	4618	102		4720
Ⅰ-3	制冷系统	0	1421.9	102		
Ⅰ-4	电气工程	0	586	272		858
Ⅰ-5	控制系统	0	654	308		962
Ⅰ-6	管道系统			916		916
Ⅱ	工程建设其他费用				1472	1472
Ⅱ-1	建设单位管理费				114	114
Ⅱ-2	工程监理费				221	221
Ⅱ-3	场地准备及临时设施费				35	35
Ⅱ-4	勘察设计费				264	264
Ⅱ-6	联合试运转费				100	100
Ⅱ-7	项目前期费				170	170
Ⅱ-8	生产准备及开办费				58	58
Ⅱ-9	电力接入费				360	360

续表

编号	工程及费用名称	估算价值（万元）				
		建筑	设备	安装	其他	总值
Ⅱ-10	燃气工程费				80	80
Ⅱ-11	工程保险费				47	47
Ⅱ-12	招标代理费				22	22
Ⅰ+Ⅱ	工程费用+工程建设其他费用	595.97	7280	1700	1472	11048
Ⅲ	基本预备费（5%）				552	552
Ⅳ	建设项目总造价	595.97	7280	1700	2024	11600

5.1.2 项目总投资

项目总投资为建设投资、建设期利息、流动资金之和。本项目建设投资为11600.17万元，建设期利息为227.89万元，全部流动资金为451.08万元，由此估算本燃气三联供项目总投资为12279.13万元。

5.1.3 资金筹措

企业自筹3838.94万元，包括建设投资3159.98万元，建设期利息227.89万元和流动资金451.08万元全部由企业自筹，流动资金根据项目达产情况按年度投入。

项目建设投资11600.17万元，建设投资的70%进行银行贷款，贷款金额为8440.19万元，在建设期内平均使用，其中一期使用贷款4362.50万元。贷款利率为5.4%，每期贷款均采用等本金方式偿还贷款，每期贷款期均为6年，建设期内不偿还贷款本金。

5.1.4 投资计划

项目每期建设期为一年，在建设期内建设投资按建筑物用进度计划投入。

表 3　投资计划与资金筹措表　　单位：万元

序号	项目	合计	建设期	运营期		
				2	3	4
1	总投资	12279.13	6349.94	5673.58	255.61	62.65
1.1	建设投资	11600.17	6232.15	5368.02	0.00	0.00
1.2	建设期利息	227.89	117.79	110.10	0.00	0.00
1.3	流动资金	451.08	—	195.46	255.61	62.65
2	资金筹措	12279.13	6349.94	5673.58	255.61	62.65
2.1	项目资本金	3838.94	1987.43	1595.89	255.61	62.65
2.1.1	用于建设投资	3159.98	1869.64	1290.33	0.00	0.00
2.1.2	用于流动资金	451.08	0.00	195.46	255.61	62.65
2.1.3	用于建设期利息	227.89	117.79	110.10	0.00	0.00
2.2	银行贷款	8440.19	4362.50	4077.69	0.00	0.00

5.1.5 财务评价基础数据与参数选取

（1）根据财政部《工业企业财务制度》和国家发改委、建设部《建设项目经济评价方法与参数》（第 3 版）的规定执行。产品成本和费用项目由生产成本、管理费用及财务费用组成。

（2）每期建设期均按 1 年计；

（3）每期运营期均按 15 年计；

（4）达产率高于设计负荷：每期运营期第一年 75%、第二年 100%；

（5）冷价：根据实际测量流量，价格按 0.39 元/kWh（含税）计收；

（6）并网电力：按照实际并网电量，价格按照优惠电价为 0.876 元/kWh（含税），为基准电价 0.922 元/kWh 的 95%。

5.1.6 营业收入估算

（1）电力销售收入。能源站达标投产年并网电量为 4860.80 万 kWh，并网电价按照 0.876 元/kWh，达产年度年售电收入为 4257.57 万元。

（2）冷能销售收入。能源站达产年销售冷能 4505.60 万 kWh，冷价按照

0.39元/kWh，计算达产年度热能销售收入为1757.18万元。

（3）政府补贴。按照上海市目前对于分布式能源发电机组补贴标准3000元/kW，项目建成后每期均申请到政府补贴1500万元，合计3000万元。

项目达标投产年销售收入为6014.76万元（含税）。运营期第1年达产率为37.5%，第2年为87.5%，第3年达到100%，所相应的冷能及电力收入均按达产率计算。

5.1.7 营业税金及附加估算

项目设定为合同能源管理模式，电及冷能按照合同能源服务类开具增值税专用发票，增值税率为6%；天然气和自来水外购材料增值税率为13%。

项目城市维护建设税、教育费附加费、地方教育费附加分别按照增值税的7%、3%和1.5%估算。

经估算，项目达产年度营业收入为6014.76万元/年。

5.1.8 成本费用估算

成本估算主要参数（达产年度）：

（1）天然气价格：3.10元/Nm^3（含税）

达产年度天然气耗量：1274.60万Nm^3/年

年天然气费用为3951.26万元。

（2）固定资产修理费。维修费取设备及安装费的4%，年维修费用为359.20万元。

（3）折旧费及摊销。固定资产折旧按照平均年限法，年限按15年，残值率为5%。年折旧费为722.77万元；项目投资形成其他资产按照10年平均摊销，前10年经营期每年摊销费为22.80万元。

（4）财务费用。项目财务费用由建设投资贷款利息构成。

（5）工资及附加。达产期能源站劳动定员15人，人均工资及附加标准按照10万元/年，年工资及附加费用为150万余元。

（6）管理费用。管理费按照年销售收入的1%估算，达产年度管理费用为60.15万元。

根据估算，项目年达产年均总成本费用为5087.28万元/年，经营成本为4295.74万元/年。可变成本为3761.04万元/年，固定成本为1326.24万元/年。

5.1.9 利润总额及分配

年均利润总额为 457.57 万元，所得税率执行 25%的统一税率，年均所得税额为 114.39 万元，年均净利润为 343.18 万元。

5.1.10 财务盈利能力分析

（1）投资利润率、投资利税率和资本金利润率。投资利润率、投资利税率是反映财务盈利能力的静态指标。投资利润率、投资利税率是计算期内年平均利润额或年平均利税额与总投资之比。资本金利润率是反映投入项目的资本金的盈利能力，是计算期内年平均利润额与资本金之比。

总投资利润率=年平均息税前利润额/总投资×100%=8.48%

投资利税率=年平均利税额/总投资×100%=7.21%

资本金利润率=年平均利润额/资本金×100%=8.94%

（2）财务内部收益率。根据现金流量表分析，本项目财务内部收益率（全部投资）所得税前为 11.38%，所得税后内部收益率 9.67%，自有资金内部收益率为 12.78%。

（3）财务净现值。本项目的财务基准收益率拟定为 8%。本项目的全部投资（所得税后）的财务净现值为 967.74 万元，资本金财务净现值为 1566.36 万元。

（4）投资回收期。本项目全部投资的静态投资所得税后回收期（不含建设期）为 8.20 年。

5.1.11 偿债能力分析

本项目实施后，第一年的资产负债率最高 68.70%，以后年度随着银行借款的逐步偿还，资产负债率逐年递减，在第 8 年银行借款偿还完毕后，资产负债率约在 0.70%左右。

根据还本付息表（表 4）可以看出，在开始还款年度偿债备付率在经营期第 4—7 年虽然小于 1，但是运营期第一、二年有 1500 万元的政府补贴，所以有一定的现金结余，不存在还款压力。

项目建设期使用银行贷款 8440.19 万元，按贷款资金偿还的有关规定，本项目每期贷款偿还期为 6 年。贷款从运营期第 1 年开始偿还，到第 8 年偿还完。利率均按 5.40%计，还款方式采用等额还本利息照付的还款方式。

表4 借款还本付息计划表 （单位：万元）

项目	合计	计算期							
		1	2	3	4	5	6	7	8
银行借款		4362.50	4077.69						
期初借款余额		0.00	4362.50	7713.11	6306.41	4899.71	3493.01	2086.31	679.61
当期还本付息		0.00	962.66	1823.21	1747.24	1671.28	1595.32	1519.36	716.31
其中：还本比例			17%	17%	17%	17%	17%	17%	17%
还本	8440.19	0.00	727.08	1406.70	1406.70	1406.70	1406.70	1406.70	679.61
付息	1712.98	117.79	235.58	416.51	340.55	264.58	188.62	112.66	36.70
期末借款余额		4362.50	7713.11	6306.41	4899.71	3493.01	2086.31	679.61	0.00
利息备付率（%）			651.41%	93.49%	183.32%	235.95%	250.43%	454.13%	1601.09%
偿债备付率（%）			233.74%	157.71%	73.17%	78.57%	73.17%	81.36%	173.81%

5.1.12 不确定性分析

（1）产量盈亏平衡分析。BEP=年固定成本/（年销售收入-年可变成本-年销售税金及附加）。

达产期第一年由于贷款利息成本较高，盈亏平衡点达到85.37%,，项目处于盈亏平衡。盈亏平衡点较高，说明项目的抗风险能力较弱。随着银行贷款的偿还，盈亏平衡点逐年下降，达到67%左右。

（2）敏感性分析。根据本项目的特点，设计分析了供冷供热价格 、天然气价格、原方案建设总投资和建设投资对项目财务内部收益率（所得税后）的影响程度。

表5 敏感性分析

序号	项目名称	变化率（%）	FIRR（%）（所得税后）	敏感度系数
	基本方案		9.67	
1	燃气价格	10	5.7	-4.11
		-10	13.23	3.68
2	冷能价格	10	11.26	1.64
		-10	8	-1.73
3	并网电力价格	10	13.41	3.86
		-10	5.44	-4.38
4	项目建设投资	10	8.14	-1.59
		-10	11.53	1.92

5.1.13 财务分析结论

项目建成后，年均利润总额为457.57万元，年均所得税为114.39万元，年均净利润为343.18万元，所得税后项目投资财务内部收益率9.67%，资本金内部收益率为12.78%，投资回收期8.20年（不含建设期）。项目经济效益略高于同行业基准收益，项目在财务上可行。

5.2 节能分析

常规的燃气利用系统，把天然气直接输入燃烧器去燃烧，实现供冷和供热的功能。高品位的清洁能源，用来生产低品位的能源，能源的品位跨度非常大，大大降低了能源的使用效率①。而采用燃气分布式能源系统，实现了能量的梯级利用，用高品位的燃气先去发电，生产较高品位的电能，燃气能量的40%左右直接转化成高品位的电能；用发电的余热（烟气、冷却水）去制冷，既实现了能源的梯级利用，又做到物尽其用，充分利用了燃气蕴含的热能。

与常规的电空调供冷相比，腾讯华东云计算中心分布式能源系统耗量分析如表6所示。

① 张毅：《天然气冷热电三联供的应用探讨》，《建筑工程技术与设计》2015年第9期，第28页。

表 6　节能减排效果分析表

年数据	分布式能源系统	常规系统
燃气耗量/万 Nm^3	1274.6	—
耗电量/万 kWh	—	6032.7
折标煤/万 t	1.51	1.86
CO_2 排量/万 t	2.50	4.83
SO_2 排量/t	3.0590592	445.9
NOx 排量/t	51.0	130.1
粉尘排量/t	0	185.8
节省标煤/万 t	0.3468	
CO_2 减排量/万 t	2.33	
SO_2 减排量/t	442.9	
NOx 减排量/t	79.1	
粉尘减排量/t	185.8	
节能率 /%	0.187	
计算指标如下： 标煤消耗（2011 年全国平均煤耗）：308g 标煤/度电； 燃烧 1t 标煤，排放按 $CO_2$2.6t，$SO_2$24kg，NOx7kg，粉尘排放按 10kg 计算。 燃烧 1kNm^3 天然气，排放按 $CO_2$1.96t，SO_2 0kg，NOx 4kg，粉尘的排放按 0kg 计算。		

由上表可以看出，本工程具有良好的节能减排效果：采用分布式能源系统相对于常规的能源系统，节能率超过 18%，各种污染物及粉尘减排量都在 60%以上。年减排二氧化碳约 2.33 万 t。

6. 结论和建议

本项目为采用“燃气分布式能源系统+烟气热水补燃型溴冷机组+水蓄冷+自然冷却”等多种技术的分布式能源系统，充分利用清洁的天然气能源，实现了能源的梯级利用，提高能源利用效率的同时，又降低了能源系统运行费用，提高了供能安全水平，提高了园区用能品质，改善了园区形象，提升了园区品味，必将为社会带来良好的经济效益和社会环保效益。

在建设燃气冷热电三联供分布式发电工程项目时，要注意年利用小时数、供热价格、燃气价格和总投资等是决定项目经济性的关键因素。当燃气价格不发生改变的状况下，要采取有效减少运行费用和设备投资的方法，获取更高的上网电价、供冷价格与供热价格，最大限度地增加机组的利用小时数，如果能利用燃气价格、上网电价及税收等方面的优惠政策，则更能增加项目的经济效益。

在更加注重节能减排和能源供给安全的今天，分布式能源系统的应用和发展适应了社会的发展进步，天然气冷热电三联供系统作为分布式能源系统的一种，具备了节能减排，能源阶梯利用，综合用能效率高，与电网互相支撑安全性能高，建设投资低，经济效益高等多项优势，必将得到广泛的应用。

B 24

智能在端　智慧在云
安泰云服务助力企业能效提升

夏晓波*

摘　要：

长期以来，基于计量数据为主的能源管理系统成效寥寥。如何借助先进的信息化的手段提高企业对能源的实际利用效率，即提高企业能效，安徽省安泰科技股份有限公司（以下简称安泰公司）做了很有意义的探索与尝试。企业在实践中提出了“跳开能源管能源”的思路，通过基于边缘计算理论的“端云一体”企业能效管控体系的技术架构，建立起“端云互补”的企业能源管控体系，并以用户购买服务的方式进一步实现了商业模式的创新。通过企业能源管控体系的建设，建立起融合企业、政府、供应商和研究机构的能源产业的生态体系。

关键词：

云计算　能效提升　能源管理　边缘计算　端云一体

* 夏晓波，安徽省安泰科技股份有限公司副总经理，研究员。研究领域为软件系统、基于自动化系统的企业信息系统。

一、前言

为了更好地服务于工业企业，提高企业的能源资源利用效率，深化“互联网+先进制造业”的融合发展，有效推动制造业的转型升级，我们创造性地提出了基于互联网、物联网架构工业云平台，用于实现工业企业节能增效的管控目标。在工业应用中，因为需要考虑到企业在生产过程中海量过程信息的采集和传输在云架构系统下的瓶颈，为避免过多占用互联网带宽以及因互联网可靠性因素可能带来的体系性能上和可靠性上的缺陷，我们采用了基于“边缘计算（Edge Computing）”理论的“端云一体”体系架构进行具体应用的实践。此架构可实现针对企业生产过程和管理过程的全要素数据的收集、存储、清洗、处理和可视化交互，并为打造“智慧工厂”提供了一整套有针对性的解决方案和自主研发的软件体系。

二、跳开能源管能源

传统的能源管理系统都是基于计量设备获得企业生产和消费过程中各个重要节点和重要设备的能源消耗数据，并进行相应的管理。通常获得这些数据后实施的主要管理办法是以统计方法为主。例如：能耗对比分析、班组能耗指标分析、产品单耗、同比和环比分析等。这类分析可以实现各个耗能点的对标和排名，知道相关的能耗使用结论。但是，由于单一的计量数据展示的仅仅是能源消耗的结果，而对于引起能耗变化的原因却无法实现全面监管，完全靠使用人员的经验进行相关的判断。因此，这类系统对企业来说使用价值并不大。

我们进行能源管理的目标是为了在保证生产工艺参数合规和保证不降低产品品质的条件下节约能源资源的消耗。即采用技术上可行、经济上合理、环境和社会可以接受的措施，减少从能源生产到能源消费中各个环节的损失和消费，以便更有效、更合理地利用能源，提高能源利用率和能源利用的经济效益。

举例如图1所示：

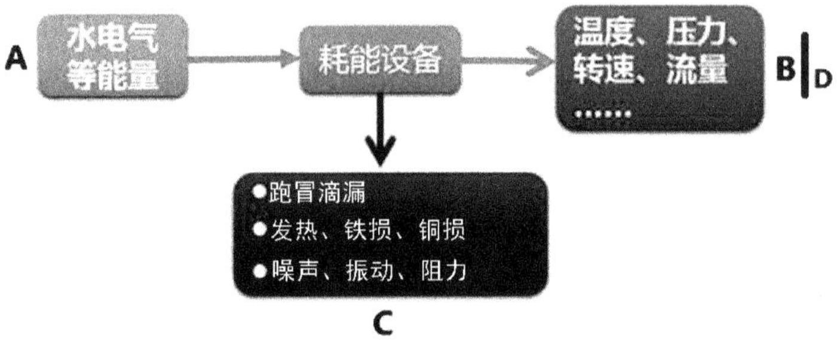

图1　耗能设备的能量传递

其中，为耗能设备提供的能源A经过设备的做功，大部分变成了设备的过程参数B输出到下一个流程，这些参数通常为：温度、流量、转速、压力等。同时按照生产工艺标准D要求，这些参数是被严格的约束在一定的范围之内的。在能量转化做功的过程中，还会产生无用的能源消耗C，通常表现为：跑冒滴漏、发热、铁损、噪声、震动等因素。从简单的道理上说，所谓节能就是在保证B符合标准D的条件下，将C所消耗的能量尽量降低。因此，节能不仅仅需要关注A的指标，更重要的是需要关注B和C的指标于A的相关性，这就是数字化能效分析的概念。而从更深入的层次来说，标准D未必是最优的标准，我们同样可以通过改进D的控制指标来达到消耗更少的能源，达到合理输出的结果，这就是标准化改进对于节能的贡献。

针对上述的分析需求，安泰的“端云一体”架构提高企业能效的主要方法为：以数字化和标准化作为解决问题的入口，以可视化作为系统的人机交互手段。从企业生产过程的全要素入手，通过对于企业生产流程和设备运行过程参数的全面监管，实现对能源和资源使用效率的分析、审计和提出节能建议，最终通过基于计量的能耗监管进行结果和成效的验证和评估。这就是所谓“跳出能源管能源”的理念和应用手段。

三、“端云一体”的技术架构

（一）总体思路

为保证工业系统实时响应、数据可靠的目标，安泰提出了“端云一体”的技术架构，即在企业现场端部署一系列轻量化的、具备快速响应计算能力的场站端系统，这类系统处于“业务边缘（Business Edge）”的位置，用于针对工业现场的即时服务需求做出快速响应，同时提供一系列针对业务的预处理程序，将从现场 DCS、能量系统、配电系统等感知获取的原始数据进行就地高速存储、清洗以及相应的业务逻辑关系计算和判断，并在企业内部通过企业内网进行快速信息发布和业务的交互。在为企业现场端提供快速响应服务的同时，端服务系统会将数据和结果送至云端进行集中分析和处理，这种解决方案即解决了生产过程信息的快速、可靠的场站端响应需求，同时也能满足高性能、长周期的计算需求，真正实现了“智能在端、智慧在云”的设计理念。

（二）场站端解决方案

所谓“端”特指部署在企业生产现场的基于边缘计算解决方案的轻量级服务系统。面对工业企业 DCS、电力调度、ERP 等信息系统独立建设、数据孤立的现状，通过帮助企业在现场端完成轻量化的服务部署，汇集各控制系统、信息系统、计量表具、手工填报等多方数据，形成贯穿全厂的数据资源池，建立全厂工业生产全要素链接的枢纽，以最小的资金投入在满足工业生产实时响应需求的同时，实现科学、高效的生产过程管理。这个系统是基于厂级局域网的系统，因此具有较好的现场实时数据响应和较高的网络可靠性指标。由于是轻量化部署，不需要投入高性能的设备资源，因此可以节约大量的用户投资成本。

（三）云端解决方案

所谓“云”是指部署在互联网环境中，用于为多种应用场景提供服务的中心系统。这个系统是为了提供全面的服务而开发的，具有多租户的特质。存贮有针对不同类型用户建立的数字企业模型，再加上处理基于端系统传来的数据的功能，可以具备对于目标企业所有特质的完整描述。用于实现针对企业智能、全生产要素的整合、针对指定行业的数据分析和人工智能处理、反馈等目标。云端的服务不需要特别高的响应速度，但需要很强的计算能力。云服务和端服务系统二者的结合将会使得两种需求相得益彰。

全厂实时的生产全要素数据通过互联网上传至云端的工业实时数据库等其他专业主题数据库，在经过脱敏处理保障数据安全的基础上，长期积累的工业大数据通过存储、集成、分析、管理等服务的应用，可以帮助工业企业实现技术经验、知识的模型化、标准化、软件化和复用化，并持续将优化分析的结果反馈至企业管理者，从而为其提供决策的支撑。此外，通过“云”汇聚行业专家、第三方服务公司、设备厂家，形成资源富集、多方参与、合作共赢、协同演进的工业互联新生态。这种架构如图 2 所示：

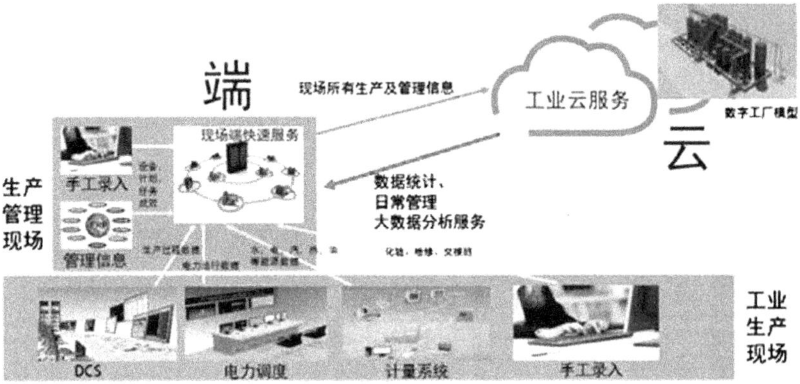

图 2　端云一体的技术架构

四、体系所具备的特点

为实现数字化企业乃至智慧企业的目标，基于“端云一体”的技术架构搭建的应用服务体系，作为面向企业信息化应用的支持环境，具备下面的独特之处：

1. 功能强大。采用通用服务架构来对异构的编程模型和数据格式采取一致而高效的对象化表示方式，使得系统能够适应新的、强大的开发工具和技术，原有的数据和功能将得到重用。避免了受某一特定技术所局限的缺陷，具有很大的灵活性。使用持久化对象引擎，以内建的分布式、高性能、高可伸缩性并兼容SQL的对象数据引擎来管理和存储元数据、消息和业务流程的状态信息，解决了关系型数据库所带来的问题。通过实时访问正在进行的和处理过的消息，进行审计和业务行为监控，保证长时间业务流程的高可靠性和可恢复性。

2. 使用便捷。全方位集成开发能力，具体表现在统一了图形和代码编写的开发环境，大大简化并加速业务流程建模和自动化，企业的业务分析和开发人员将可以充分利用现有的数据和功能，快速构建出基于服务的复合应用程序。提供用户可定制的管理监控工具，通过易于定制、可扩展以及紧密集成的管理和监控工具，可以进行快速的故障诊断和调试。能实现快速的集成和开发。

3. 参数化编制应用。使用图形化的业务流程建模工具，用户只要集中在源、目标系统间的逻辑交互，而不用考虑底层的应用接口、插件或中间件机制，就可以编制工作流和信息流。同时可与第三方的业务流程管理工具协同工作。服务系统提供一个完整的开发环境，从创建适配器、定义整合逻辑、开发复合应用到建立门户系统，其快速对象开发环境拥有完成任何整合需求的能力。

五、应用案例

2017年，本平台为国内某国有上市化工企业打造数字工厂云服务平台，该项目是该企业所在地区第一个采用租赁服务模式打造的数字工厂项目。运用标准化和数字化理念在对该企业的服务中，针对企业6个车间、38个工段开展调研工作，平台完成了该厂6套DCS系统、3套电力监控系统、1套环境监测系统、ERP系统、能源计量系统、视频监控系统等子系统的数据汇聚、融合工作，累计完成全厂10000多个信息点的汇聚、存储、建模、可视化工作，在桌面和移动端可以获得同样的系统体验，厂内的端服务可以实现实时数据3秒的刷新速率，互联网条件下云服务在移动端和桌面端的实时数据刷新速率在

7秒以内，历史数据秒级的存贮量可达10年以上。在完成企业数字化的同时，陆续帮助企业发现了一些管理和运行上的问题，主要体现在：运行关键参数超标严重、错误的操作流程导致能耗的增加、生产标准不符合实际性情况、关键生产参数传感器错误等。随着这些问题在运行中逐步发现并得到改进，使得该企业年综合能效提升达到了8%以上。本项目的实施完全采用企业购买服务的商业模式。使得原本需要投资300万以上的软件系统，得以0成本建设，年付40万服务费，获得终生免费升级等权益。达到了服务企业和用户的双赢。如图3所示：

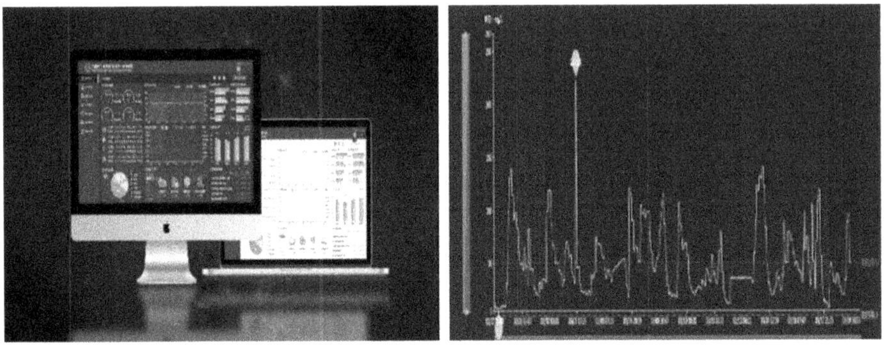

图3　系统现场运行实景

六、创新模式与推进计划

“端云一体”工业云服务体系以用户购买服务的商业模式实施，客户可以通过定期支付软件租赁及运营服务费的方式使用平台，并享有软件免费功能升级的权利，较传统的项目交付式的建设模式大大减少客户在硬件、人员、维护等方面的投入。从体系架构上说，未来商业模式的拓展主要体现在建立一个完全商业化运营的工业互联网平台，通过平台聚合大量的集成商、用户以及政府资源，进行大量的复制，为智能制造的推进提供技术支撑。为此，我们将继续面向制造业加快工业云服务平台的建设和应用推广，探索企业基于工业云的生产、经营和管理新机制，形成可复制、可推广的新业态和新模式，增强制造业转型升级新动能，助力实现制造业的持续节能增效。

25

基于智慧能源云服务平台的系统节能技术

沈新荣　柴秋子*

摘　要：

随着智慧能源和能源互联网的发展，以云架构为基础，利用物联网、大数据和移动互联网技术构建的智慧能源云服务平台，广泛应用于流程工业制造业和民用领域。目前我国基于智慧能源云服务平台的能源站设备和设施的能效在总体上低于发达国家①②。杭州哲达科技股份有限公司（ZETA，以下简称哲达）根据流体机械原理，研发了基于智慧能源流程工业云服务平台的CAEC压缩空气系统节能运行技术、WECS水泵循环水系统节能优化技术、BFEE风机系统节能增效技术、HRHT工业循环水余热回收综合制热技术、S-AC中央空调智慧节能优化技术、S-HT供热系统智慧节能优化技术、TRT能效分析技术七大关键技术，为一批流程工业企业构建了智慧能源云服务平台，专业面向空压站、冷冻站、水泵站、风机站、供热站等用能平台，并以该平台为基础，为平台客户提供了系统能效分析与运行优

* 沈新荣，博士，杭州哲达科技股份有限公司董事长兼总裁，浙江大学航空航天学院流体工程研究所研究员（教授），人事部“新世纪百千万人才工程”国家级人才，从事流体系统节能技术和产品的研究与应用。柴秋子，硕士，从事自动化控制研究。

① 刘晓明、牛新生、王佰淮等：《能源互联网综述研究》，《中国电力》2016年第3期，第37—39页。

② 冯为为：《我国智慧能源产业化路径》，《节能与环保》2016年第3期，第50—51页。

化、装备安全监控、能源系统管控、深度节能增效、设备健康维保、备件零库存、能源站托管、工业能效对标等一系列优质增值服务。

关键词：

智慧能源　节能增效　优化控制　流体机械

1. 公司简介

哲达科技股份有限公司是领先的智慧能源专家，是以研发见长的国家火炬计划重点高新技术企业和软件企业，专业提供自主知识产权的智慧流体节能产品与服务。本着将创新研发高效转化为企业生产力的核心目标，不断提高强化技术中心的核心竞争能力，不断拓展新的技术领域。哲达科技研发团队主攻“先进控制与优化平台”的开发与应用，负责研发的具有自主知识产权的“流体系统节能增效的优化控制技术”达到了国内最高水平，成功地用于钢铁、冶金、石化、纺织、化纤和建筑等领域并凭借此项技术获得了国家科技进步一等奖。哲达科技在装备能效优化控制方面具有较强的技术实力和产业化推广实力。着重在装备的安全生产运营和故障诊断报警方面进行了相关技术的研发，主要包括：大型风机防喘振安全控制技术、空压机系统的故障监测与诊断技术、流程工业余热利用与能效优化技术、供热系统用能优化技术、高炉煤气余压发电系统（Blast Furnace Top Gas Recovery Turbine Unit，TRT）能效优化技术等。通过对这些装备技术的能效优化和安全生产技术的研发，为智慧能源站技术和云平台技术构建核心服务①。

哲达科技十几年来一直专注在核心技术产品上，围绕行业客户的流体系统工艺，通过跨学科的专业技术支撑，利用大数据和智慧技术，实现流体设备的系统节能。诸多案例证明，哲达科技在流体控制技术上，性能已经远远超过国外先进水平。比如，从 2005 年的高炉煤气余压发电装置控制技术（Blast

① Energy Research; New Energy Research Study Findings Recently Were Reported by Researchers at University of Cantabria (Smart City Services over a Future Internet Platform Based on Internet of Things and Cloud: The Smart Parking Case), *Computers, Networks & Communications*, 2016.

Furnace Top Gas Generating Control Technique，STPC），到2013年的压缩空气节能控制技术（Compress Air energy Saving Control Technique，CAEC），都是处于国内或国际领先水平的。其中高炉煤气余压发电系统（TRT）更是将原本属于日本企业独霸的市场夺回到手中，成为冶炼行业里的标准配置。

2. 智慧能源云平台

2.1 智慧能源云平台架构

智慧能源云服务平台充分利用了移动互联网技术、物联网技术、自动化技术和流体分析优化技术，实现了能源站系统和重要设备的能效、健康、安全的随时随地掌上监控和智能维保，已经在多个智慧能源站系统包括智慧空压站、智慧冷冻站和智慧水泵站进行了应用，提供以微统计、微监控、微管理、云健康和云能效为主要内容的能源管控、能效优化、优化运行、无人值守、行业对标等智慧服务。

本平台为客户实现能源站和大型用能设备的能源管控、能效优化、故障诊断、节能服务和大数据分析等服务在云端的一体化，提供系统和装备运行安全监控、能源系统管控、系统能效分析与运行优化、深度节能增效、设备健康维保、备件零库存、能源站托管、工业能效对标等一系列优质增值服务①②。

慧能源云服务平台由数据终端采集系统，云服务后台系统和前端监控系统三部分组成。如图1为智慧能源云服务平台的总体架构图。

通过自主研发的“云能宝”能耗数据终端，如图2所示，将所有能源站项目现场的系统和重要设备的数据通过成熟商业数据网络无线采集到私有云端服务器，并进行数据的解析、存储、二次处理、分类、预测和统计分析。所上传到云端的一次数据、二次数据和统计分析数据都可以在手机APP、微信公众

① 张谦、赵远扬、王乐等：《压缩空气系统节能技术的研究进展》，《流体机械》2016年第3期，第38—40页。

② 王松林：《化工流程循环水系统节能改造技术的应用探讨》，《工业仪表与自动化装置》2017年第4期，第118—120页。

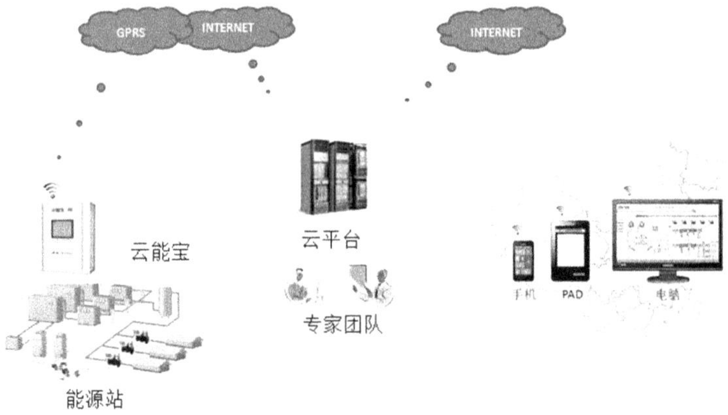

图 1　智慧能源云服务平台总体架构图

号、PAD、电脑等显示终端进行显示和监控，包括实时数据、历史趋势数据、分析后数据、建议动作/决策和故障诊断预测和报警等。公司的各个系统和设备的专家团队会在私有云端，对每个平台客户的能源站系统和设备进行运行能效和优化分析、故障诊断和预测、安全运行监控和报警，并得出相应的诊断报告、建议方案和报警提示，帮助平台上客户在装备和系统的运行效率、安全生产、节能运行、智能维保等方面提升精细化运作和管理水平。

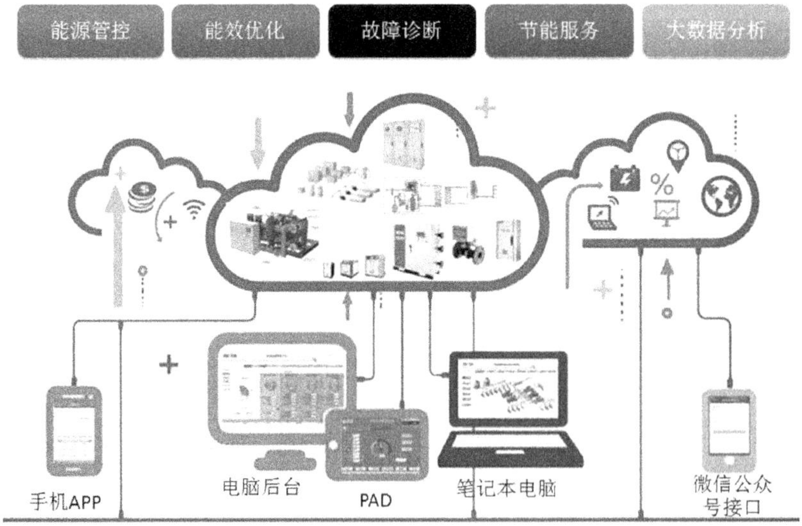

图 2　智慧能源云平台结构示意图

2.2 智慧能源云平台创新优势

2.2.1 低成本的能源管理和运行状态监控

智慧能源云服务平台主要面向中小型系统和中低价值的设备，为其提供自动化监控服务。对于这些中小型系统和中低价值设备，投入一套传统能源管控系统成本比较高，需要布线、设计中控室、采购大量的硬件设施等，因此一般这些系统和设备没有相应的自动化监控系统。而本研究研发的智慧能源云服务平台借助互联网技术，低成本实现对中小型系统和中低价值设备的能源监控，共用服务器，共用后台管理系统，共用云端监控软件，成本可下降 20%—50%，能极大地推进两化融合。

2.2.2 工业系统和大数据的应用

由于该项目是面向全国的智慧能源站，每个能源站的数据会有数据、短信、图片、位置等多种数据类型，每个能源站会开通多个账户方便访问，而且能源站数据将会根据客户需要在 1 分钟至 1 小时之间选择合适的数据传输间隔进行传输，因此数据接入量和接入频率都会比较大。因此工业系统和设备每天都会产生海量的运行数据，这些数据与数据的关联、数据历史趋势的变化中都隐藏着很多普通人无法发现的信息。通过对这些海量数据的预处理、分类、预测、挖掘等处理，可以为生产的安全优化运行提供更多的信息支持。

在该项目中，云服务后台系统利用了现有的云计算技术和移动互联技术，对云能宝上传的数据进行解析、存储、二次处理、分类、预测和统计分析，同时智能手机、PAD、电脑等智能终端能访问服务器并进行显示和监控，包括实时数据、历史趋势数据、分析后数据、建议动作/决策和简单的故障诊断和报警等。

2.2.3 优化技术的云端加速推广和传播

该项目搭建基于云平台的智慧能源站物联网系统，并非是为了搭建平台而搭建平台，而是希望通过这个物联网系统，建立大数据平台，通过对大数据的分析，对每个平台客户的能源站系统和设备进行运行能效分析和优化、故障诊断和预测、安全运行监控和报警，并得出相应的诊断报告、建议方案和报警提示，帮助平台上客户在装备和系统的运行效率、安全生产、节能运行、智能维保等方面提升精细化运作和管理水平。

2.3 研究结果

哲达通过自动化技术、计算机技术、移动通信技术和物联网技术研发“硬件云能宝”和“软件云能宝”产品，形成空压站、水泵站、冷冻站、供热站等不同能源站系统的接入和采集技术。并通过基于大数据分析的能效优化智慧技术，对每个平台客户的能源站系统和设备进行运行能效和优化分析、故障诊断和预测、安全运行监控和报警，并得出相应的诊断报告、建议方案和报警提示，帮助平台上客户提升装备和系统的运行效率、安全生产、节能运行、智能维保。经过测试和现场应用，完成了内测平台可容纳至少 100 个项目、每个项目单次传输数据在 200 个数据点传输到云服务平台、每个项目单次传输数据 10 个点以下的可以以每分钟一次的频率、数据丢包率不大于 0.5% 等技术指标。图 3—图 6 为智慧能源云服务平台研究成果的展示。

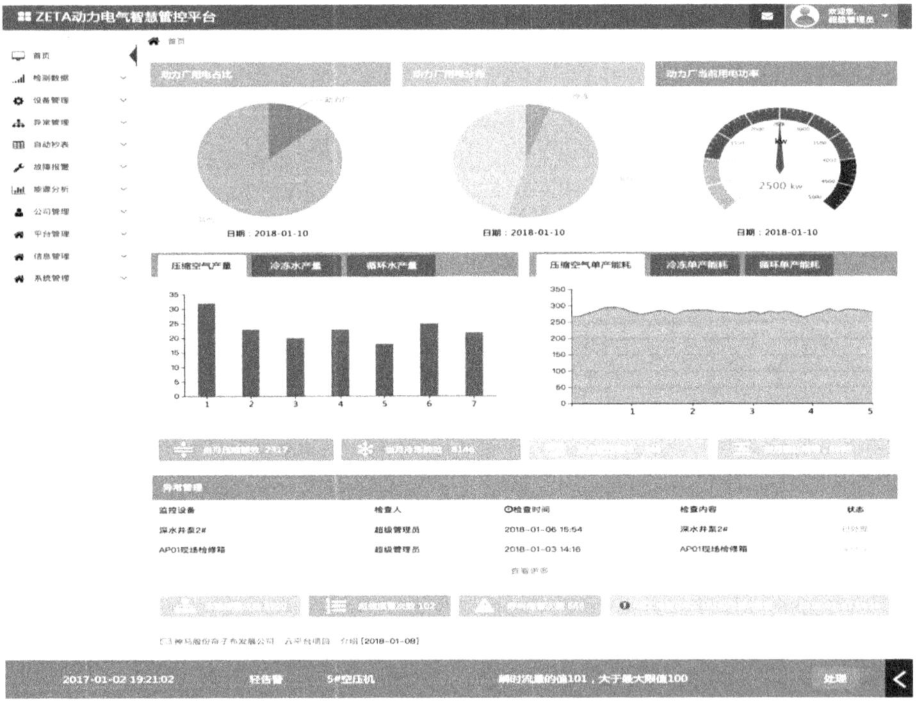

图 3　神马动力电气智能管控平台

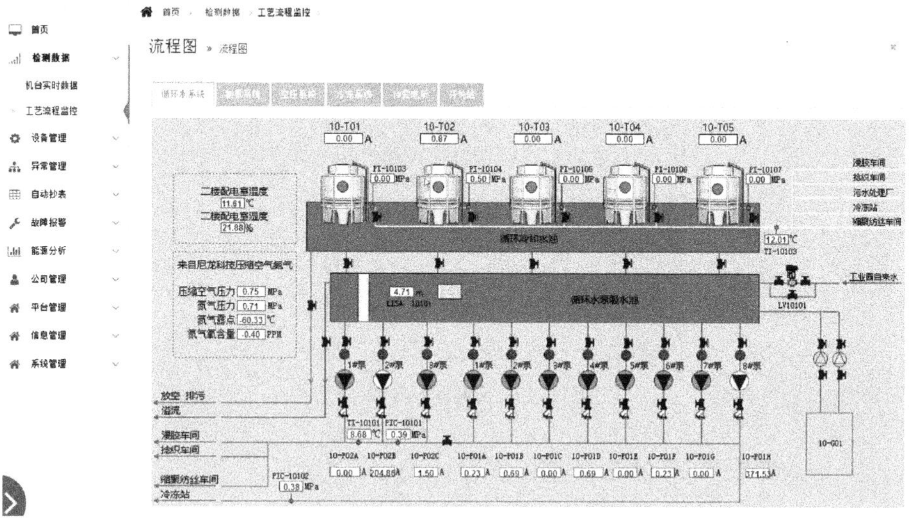

图 4　神马工艺流程智能监控

图 5　神马故障实时报警

图 6　三元能源监控平台

2.4 圣奥家具智慧工厂的应用

2.4.1 项目概况

圣奥家具萧山厂区现场需重点进行设备管理的机台有 69 台，且目前圣奥主要存在以下几个突出的问题：

（1）关键设备状态信息现场无法直观显示出来；

（2）目前设备故障报修流程较为费时（纸质申请+组长手签+人工送递）；

（3）设备利用率：设备运行时间、上电时间、故障时间没有客观记录，设备利用率无法统计，从而无法给生产管理提供基础数据；

（4）单台大型设备用能成本未有效管控，现场用电随意现象突出；

（5）维修工到场时间没有记录，缺乏有效的维修管理。

2.4.2 平台改造功能

针对浙江圣奥集团的智能制造技术改造需求，杭州哲达科技股份有限公司研发了绿色智能制造综合管控系统，如图 7—图 8 所示。该系统采用先进的自动化、信息化、智能化等技术实现能源消耗的可视化、可量化和智能化分析；同时辅以能效专家，提供从咨询、规划、实施、运维一整套的服务，帮助用户及时掌握生产过程中能源消耗运行情况，挖掘运行过程中的节能潜力，实现企业精细化管理。该系统对企业的耗能信息及重要耗能系统/设备进行实时监控、运行报警、统计分析、能效管控、对标管理、故障报修检修管理等。平台利用物联网信息技术、计算机技术、自动化技术，实现了设备数据采集的自动化，数据分析的智能化，为提升企业的精细化管理提供了量化分析工具和管理工具，提升了企业的精细化管理水平，降低了单位产量的能耗、物耗成本。

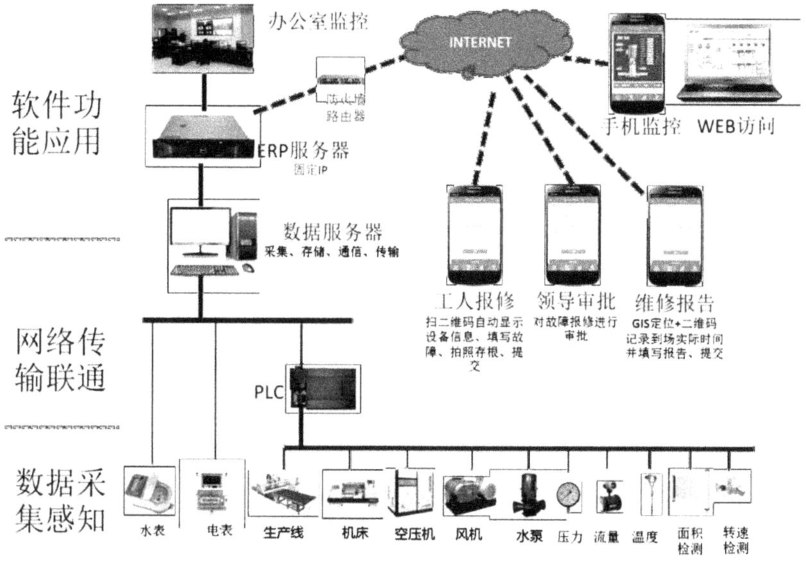

图7　圣奥智慧工厂管控平台的框架图

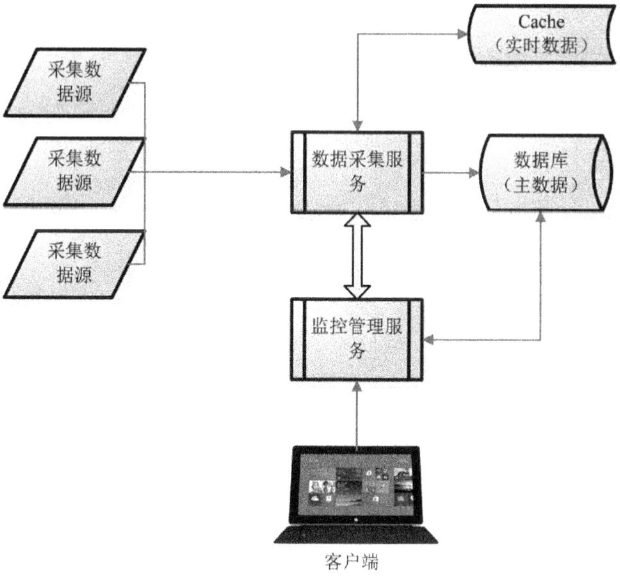

图8　圣奥智慧工厂改造技术路线图

2.4.3 实施效益

（1）设备稼动率提升约30%，将设备产能对应到每个岗位的计件工资，极大激励了员工生产的积极性。

（2）单位产值能耗下降约11.5%，2017年同月份单位产值能耗占比对比2016年平均下降了约11.5%，2017年二季度也比一季度下降了约16.2%。

（3）生产原料成本减少，利用设备生产数据对涂装车间油漆进行量化考核，使得油漆浪费得到控制，每万元产值的油漆减少约1.6公斤，按此计算每月节约油漆2000kg，降低了生产成本。

（4）运维人员减少3个，运维成本减少13.5%。

3. 智慧能源节能增效关键技术

智慧能源云平台提供的是投资、建设、运行、维保等一站服务，并以云架构为基础，通过物联网技术、大数据技术和移动互联网技术，对流程制造企业的能源站系统（能源输出设备）提供以微统计、微监控、微管理、云健康和云能效为主要内容的能源管控、能效优化、绿色诊断、优化运行、无人值守、行业对标等智慧服务，为装备节能增效的提供实现终端。基于智慧能源云服务平台研发的技能增效技术着重在装备的安全生产运营和故障诊断报警方面进行相关技术的研发，主要包括：压缩空气系统节能增效技术（CAEC）、工业循环水节能优化运行技术（WECS）、风机系统节能增效技术（BEFF）、工业循环水余热回收综合制热技术（HRHT）、中央空调智慧节能优化技术（S-AC）等，实现了能源站系统和重要设备的节能增效的随时随地掌上监控和智能维保，已经在多个智慧能源站系统包括智慧空压站、智慧冷冻站和智慧水泵站进行了应用。

3.1 压缩空气系统节能增效技术（简称CAEC）

3.1.1 技术背景

压缩空气是仅次于电力的普及能源之一，是流程工业中应用最为广泛的第四大能源。压缩空气系统主要由空气压缩机组、干燥设备、过滤设备、储气罐、输配管网与阀门等组成。由于安全、洁净、易控等特点，压缩空气系统广泛应用于石化、钢铁、半导体、建筑、纺织、轮胎、电力等诸多行业。空压系统电能消耗占工业能耗的8%—10%，全国空压机耗电量约为2140亿kWh/a，其中有效能耗只占60%，其余40%的能量（约860亿kWh/a）被白白浪费掉，空压系统的节能亟待高效开展。大量的数据表明，压缩空气系统的主要费用都耗费在运行环节上，在其生命周期中，运行费用占据的比例高达70%—80%。而目前大部分压缩空气系统运行能耗高的主要有四大原因。

3.1.1.1 设备效率低

几年前配置的空压机大多属于低能效设备，与终端等设备匹配不合理，仅仅为了满足生产的基本需求；空压机调节方式落后、无集中控制，用气量随机变化时，空压机因卸载而浪费严重；末端设备用气不合理、效率低、设备用气存在浪费。

3.1.1.2 管网损耗大

管网与阀门的不合理配置造成管网阻尼过大；复杂管网的泄漏隐患增多，用气成本意识薄弱，缺少在线检漏手段，计量缺失。管网压力损失与泄漏引起系统能源浪费。

3.1.1.3 供气压力不合理

没有对供气压力进行分级规划，而是简单采用高压供气外加机械自力式减压阀来满足不同的压力需求，大量的能源浪费在阀门上。此外，当需求侧用气量变化引起管网压力的随机波动，为了避免机组的频繁启停，需要设定一个很宽的压力变化范围，造成空压机出口压力的大幅波动，增加了空压系统的运行能耗。

3.1.1.4 余热浪费大

压缩空气制备过程中，有70%—90%的电力转化为热量。但目前极少进行空气压缩机余热的综合回收利用，造成空气压缩系统的整体能效偏低。

3.1.2 技术原理与特色

压缩空气系统节能增效技术（CAEC）是哲达自主研发的压缩空气系统节能增效集成技术，是压缩空气系统节能增效的高端控制装备与技术。该技术根据流体力学原理，分析压缩空气系统能量输配效率，并采用先进节能控制方法结合工业变频技术、综合余热回收技术、高级测控技术，对压缩空气系统中的空压机、后处理设备、管网阀门、终端设备等单元进行优化控制，实现压缩空气系统整体节能增效。该技术目前已在全国数十个项目中进行应用，涉及钢铁行业、有色行业、化工行业、电力行业和纺织行业，实现综合节能率20%—40%。

3.1.2.1 主机高效化技术

通过在线测量手段，分析空压机的运行效率，将效率低的空压机更换成高效空压机。同时结合局部增压技术和高效分级技术，如图9所示，实现主机运行效率的极大化。

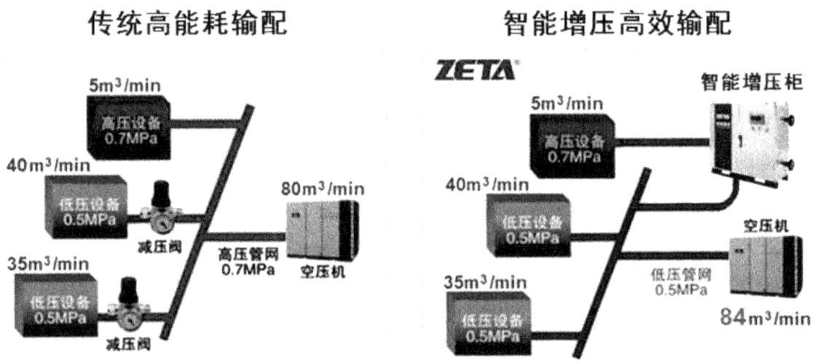

图9　传统输配方式和智能增压输配方式

注：m^3/min 为空气流量单位，MPa 为压力单位。

3.1.2.2 高效分级输送技术

根据用户压力需求，合理规划输送管网的压力等级。通过铺设不同压力等级的空压管网，来实现压缩空气的高效分级输配。管网压力每降低 1kg，系统能效提升 3%—8%。

3.1.2.3 空压机变频优化控制技术

通过变频调速手段来调整空压机的产气量，使得产气量和用气量相匹配，最大限度降低空压机的卸载。变频调速可将空压机的出口压力稳定在给定值附近，避免管网压力过大而造成空压机效率降低和管网泄漏增大等问题。

3.1.2.4 空压机智能群控技术

通过配置完善的传感器网络系统，在线采集压缩空气的压力、流量、温度、露点、压缩机功率和电机频率等各项运转数据，并通过空气压缩机优化调度算法，实现压缩机组的节能优化运行。

3.1.2.5 压缩空气后处理节能技术

采用压缩空气自身的热量对干燥机进行再生，同时经过特殊的设计，使得再生过程不消耗任何压缩空气，实现压缩空气干燥过程的零气耗和零电耗。

3.1.2.6 压缩空气余热回收技术

采用高效换热器回收空压机润滑油和压缩空气中的热量，在保证空压机正常工作的前提下，生产60—90℃的高温热水。空气压缩机余热回收制取的能量可以直接应用于生产和生活用热，如图10为余热回收技术工艺流程图。

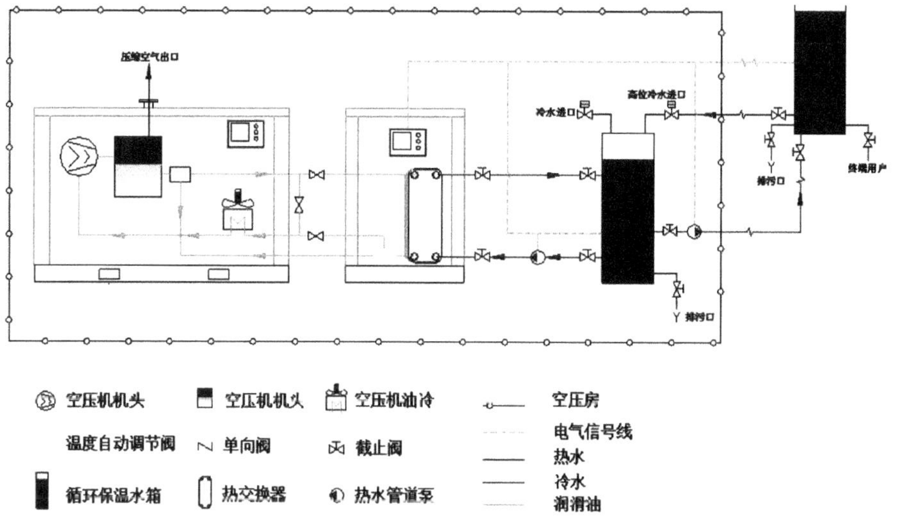

图10 余热回收技术工艺流程图

3.1.2.7 管网泄漏智能检测技术

管网泄漏智能检测技术，通过在线与离线相结合的方式进行泄漏点检测，及时发现漏点，将跑冒滴漏的损耗极小化，图11为管网泄漏智能检测装置示意图。如6Bar压缩空气的管道出现一个4毫米圆孔，按8000h的年运行时间，0.60RMB/kWh的电价计算，每年会浪费31200RMB。

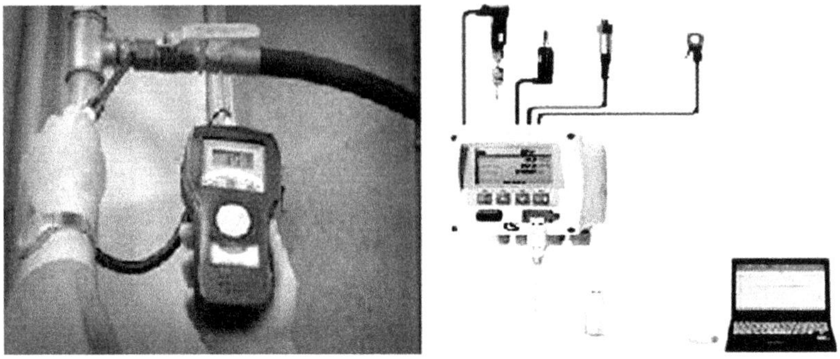

图 11　管网泄漏智能检测装置示意图

3.1.2.8 终端设备高效化技术

通过智慧阀门、气体回收阀和高效喷嘴等设备，大幅降低终端设备的用气量，从源头上减少压缩空气的使用，达到终端设备用气的高效化。

3.1.3 **某聚酯纤维有限公司的应用**

3.1.3.1 基本情况

用户共有 2 个空压站，空冷一站活塞压缩机 4 台，螺杆机 15 台，离心机 2 台；空压二站活塞式压缩机 15 台。对应的压缩空气干燥工艺主要采用无热再生空气干燥机（7 台）、微热吸附干燥机（10 台），冷冻式干燥机（6 台）。

3.1.3.2 存在问题

①现有系统运行未按照用户压力需求进行分级输配；

②部分空压机年久失修运行效率偏低；

③压缩机主机系统缺乏有效群控措施；

④采用传统高能耗干燥工艺。

3.1.3.3 改造技术

①压缩空气流量计量改造；

②空压机智能群控技术改造；

③智能高效输配技术改造，将全厂空压分为 4 个压力等级；

④零气耗余热再生干燥机改造；

⑤压缩空气系统用能智慧管控技术改造。

3.1.3.4 节能效果

实施空压系统节能改造后，节能率为18%，年节电量达1000万kWh/a。空压机改造车间和厂区示意图如图12所示。

图12 空压机改造车间和厂区示意图

3.2 工业循环水系统节能优化运行技术

3.2.1 技术原理与特色

工业循环水节能优化运行技术（WECS）是哲达自主研发的工业循环水系统综合节能优化运行技术，是循环水系统节能增效的高端控制装备与技术。它是根据流体力学与热交换原理，分析工业循环水系统能量输配与交换效率，并采用先进节能控制方法结合智慧阀门、智慧能源、工业变频等技术，对工业循环水系统中水泵、阀门与管网、终端热交换器、冷却塔等单元进行优化控制，提高工业循环水系统整体能效，达到综合节能目标。

3.2.1.1 智能平衡高效输配技术

该技术应用自主知识产权的智慧阀门，开发了智能平衡高效输配算法，构建了对应的软硬件系统。智慧阀门可以实现管道的流动参数测量、能量感知计量、流量控制与管理的集成化，同时可以接入自控系统，利用上位机远程方式对阀门控制的管网进行高级设定。通过管网系统阀门开度的合理化，提高输配能效。当管网的冷却水使用量随机变化时，支管对应的水流量也将自动适应按需分配，确保系统多变工况下的动态水力平衡和热力平衡，实现了系统管网的输配能耗极小化。通过上位机软件计算分析管网各个单元的冷/热负荷，进行输配能效优化分析，实现技术节能、管理节能与行为节能的一体化。图13为高效输配监控画面。

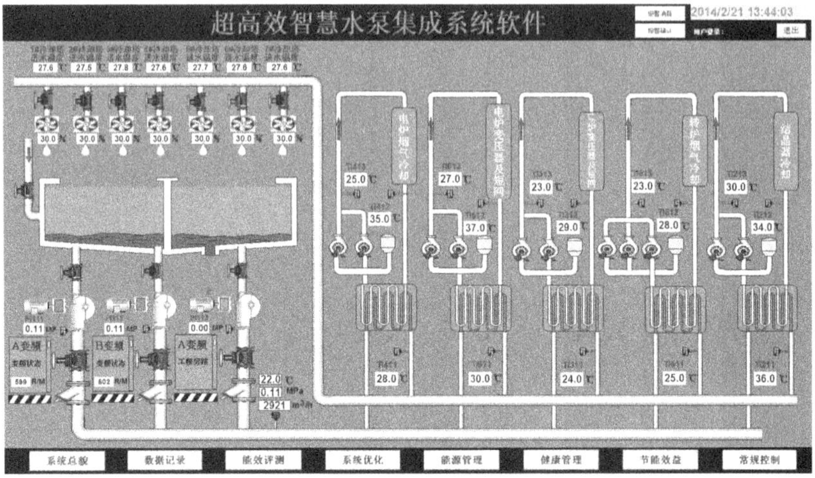

图 13　高效输配监控画面

3.2.1.2 基于终端温控的泵阀一体智能运行优化技术

该技术嵌入了多变量终端温度解耦控制算法，确保泵组运行与工艺需求的动态匹配。智慧阀门可以实现每个末端冷却设备的流量参数测量、流量分配与能量调节的一体化控制。根据冷却终端设备的工况变化，基于解耦控制算法，智慧阀门的运行模式可进行智能化切换，实现节能控制。哲达创新开发了泵阀一体化智能变频技术，实现了水泵机组的输入和输出功率极小化；利用冷却温度最优控制算法，结合末端冷却设备的冷负荷分析，实现输配能效与末端设备能效的持续优化。哲达集成开发的节能高效泵运行技术，实现了水泵机组的效率极大化；利用智慧阀门的测控功能，结合能效分析优化装置，实现水泵开启台数和整体效率的持续优化。如图 14 所示。

3.2.1.3 多参数补偿的冷却塔优化运行技术

首次提出多参数补偿策略，确保冷却子系统的运行与复杂多变工况相匹配，实现了冷却效率最大化。根据气候条件、系统所需冷却水流量和各个冷却塔的冷却容量，确定冷却塔的开启台数，结合温度补偿算法，实现进一步节能。主管总流量的下降，结合冷却塔台数优化，减少了水汽的蒸发量，实现了节能与节水的统一。通过智慧阀门对各个冷却塔水流量进行优化分配，使得冷却塔的冷却效果整体最佳。利用冷却塔的负荷分析和风机的特性曲线，实现冷却风机的最优节能控制。

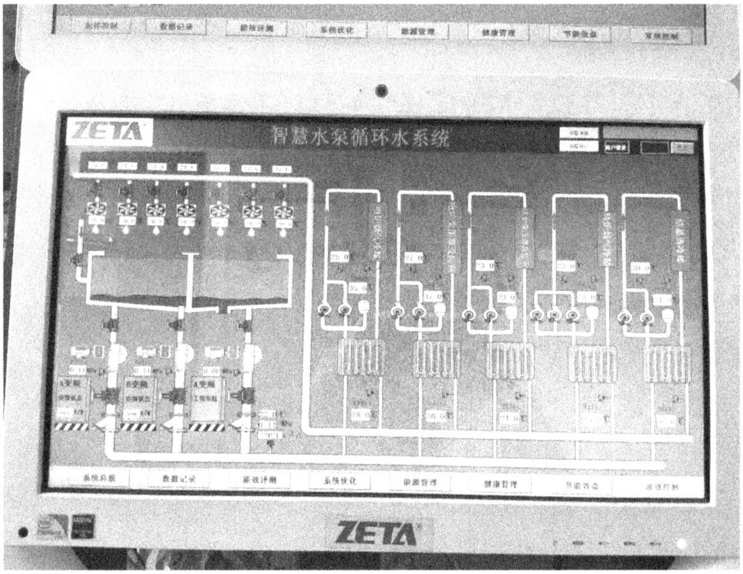

图 14　超高效智慧水泵系统优化控制界面

3.2.1.4 工艺循环水流程智慧能源管控技术

该技术根据循环水流程工艺和环境工况的变化，通过阀门、循环水泵与上位系统之间的通信，完成对系统的检测、诊断、分析；通过网络远传循环水运行关键数据，方便管理层实时掌握系统节能数据，并随时能组织能效专家诊断；同时，采用现代数据库技术，对系统流程中各设备的运行参数进行可视化的监测管理，实现用户用能的分项管理和持续优化。通过对循环水系统的各个节点参数的实时感知、分项计量，结合循环水系统能效模型，应用远程网络技术实现管控智能化与系统能效最优化。

3.2.2 钢铁行业的应用

3.2.2.1 项目概述

某钢铁集团公司不锈钢二期软环泵站配置了 3 台 630kW 水泵，采用 2 用 1 备的运行模式，终端用户为 14 台板式换热器，改造前，原系统存在的突出问题如下：

终端用户间存在严重的水力失调和热力失调；

未能实现不同季节和不同负荷下的循环水按需供给和按需分配的目标；

水泵实际运行工况点偏离高效区间；

冷却塔的冷却效率没有最优化。

3.2.2.2 节能策略

采用了以下工业循环水节能优化运行技术（WECS）子技术实现节能改造：

智能平衡高效输配技术；

基于终端温控的泵阀一体智能运行优化技术；

多参数补偿的冷却塔优化运行技术；

工业循环水流程智慧能源管控技术。

3.2.2.3 节能效果

不锈钢二期软环泵站冷媒水系统在应用WECS技术后，不仅实现了各终端的水力平衡和流量按需分配，而且实现整个系统能效最优化，综合节能率达40%—60%，年节电量约435万—653万kWh。

3.3 风机系统节能增效技术

3.3.1 技术原理和特色

风机系统节能增效技术（BEFF）是哲达自主研发的风机系统综合节能优化运行技术，是风机系统节能增效的高端控制装备与技术。它是根据流体力学与先进控制方法，采用先进节能控制方法结合智慧阀门、工业变频等技术，对风机系统进行优化控制，提高风机系统整体能效，达到综合节能目标。

3.3.1.1 风机变频阀门一体化控制

风机变频调节替代传统的风机进出口阀门调节方式，减少由于阀门调节带来的能量浪费。根据工艺需求对风机采用变频控制，并与入口风阀进行联合调节。同时风机变频采用具有旁通功能的双模式运行，在紧急情况时可快速切换为工频运转，确保设备的安全顺行。

3.3.1.2 自适应防喘振安全控制

通过简化的无量纲系数，利用对风机的过程控制进行建模，同时采用先进控制算法，对风机进行精确控制，尽量减少放散阀开度，保证风机运行在安全区域。从而达到安全节能运行的目的。如图15所示。

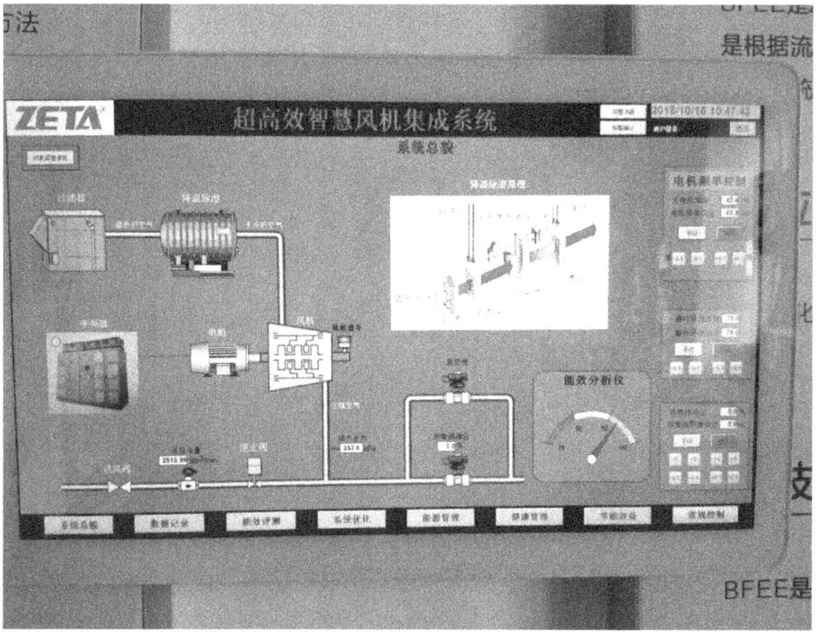

图 15　超高效智慧风机集成系统

3.3.1.3 风机运行能效优化技术

建立了风机系统能效模型，并通过检测风机入口和出口流动参数，进行能效计算与分析。当风机运行于低效区域时，通过改变系统外管路阻力、优化风机入口风门开度，使风机运行点向高效区偏移，从而降低输入功率，实现风机的高效节能运行。

3.3.1.4 系统能耗监控管理技术

对风机系统的各个节点参数实时监测，应用远程网络技术实现用能的智能化管控。根据流程载荷强度和环境工况的变化，通过阀门、风机与上位系统之间的通信，完成对系统的监控，借助远程监控与诊断系统，通过网络远传风机系统运行关键数据，方便管理层，通过 Internet 实时掌握系统节能数据，并随时能组织能效专家诊断；同时，采用现代数据库技术，对系统流程中各设备的运行参数进行可视化的监测管理，实现用户用能的分项管理；对不同时期风机的特性进行整体监测和分析。实现对流程的用风量、用电量进行分项计量和管理①。

3.3.2 鼓风机节能项目的应用

3.3.2.1 项目简介

某高炉鼓风机，经现场调查进口阀门现在开度为30%，其调节要求为根据高炉生产调节阀门控制风量的大小。图16为鼓风机系统结构示意图。

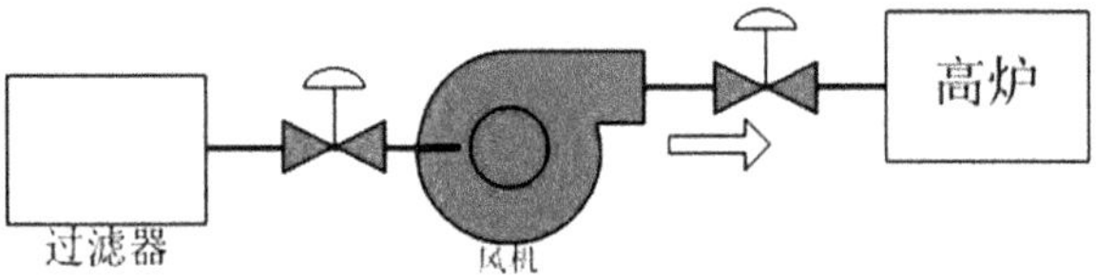

图16　鼓风机系统结构示意图

3.3.2.2 技术方案

通过变频调速替换原有的液偶调速系统，同时自适应调速风机的工艺，降低电机启动对电网的影响，达到节能的最大化。通过风机运行能效优化技术，在保证风机处在高效运行工况下，尽量开大入口阀门，减少流阻，降低能耗。通过简化的无量纲系数，利用对风机的过程控制进行建模，同时采用先进控制算法，对风机进行精确控制，尽量减少放散阀开度，保证风机运行在安全区域。从而达到安全节能运行的目的。通过系统能耗监控管理技术，对不同工况下风机的特性进行整体监测和分析。实现对流程的用气量、用电量进行分项计量和管理。

3.3.2.3 节能效益

在改造以后用电量明显下降，节能在30%左右，极大地降低了高炉炼铁的能耗。

3.4 HRHT工业循环水余热回收综合制热技术

3.4.1 技术背景

工业循环水的作用是带走生产过程中产生的大量热量，钢铁企业的自备电厂、炼铁、炼钢、连铸、热轧、制氧等各单元均需要应用大量的工业循环水，

① 文丽松：《某矿山通风机站远程监控系统的改造》，《采矿技术》2016年第5期，第55—56页。

其回水温度 35—55℃，热品位较低，但所蕴含的热能总量十分巨大。

目前，工业循环水的余热能基本没有回收利用，大部分通过冷却塔或蒸发空冷器直接排放到大气中，这不仅白白浪费了大量的能量，而且还会对环境造成极大的热污染。

3.4.2 **技术原理和特色**

根据工业循环水系统节能技术优化运行技术、集中供热系统智能节能集成技术、大型热泵应用技术等领域的多年实践经验积累，进行专门化集成创新，开发了一套工业循环水余热回收综合制热技术（Heat Recovery Heating Technology，HRHT），包括溴化锂吸收式热泵制热技术、工业循环高效水源热泵技术、制热机组能效分析与运行优化技术。

HRHT 技术的推广应用，不仅可以实现工业余热的综合利用，减少热污染的排放，而且还可以降低循环水泵的电耗、减少冷却塔的用量，实现系统化的节能减排。

3.4.2.1 溴化锂吸收式热泵制热技术

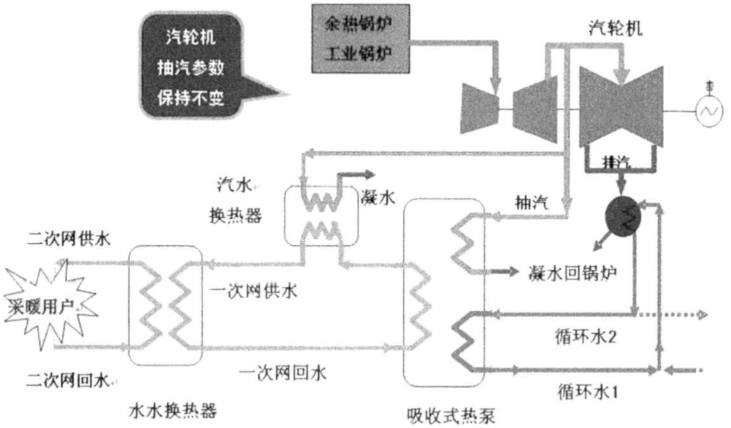

图 17 溴化锂吸收式热泵制热工艺流程图

溴化锂吸收式热泵机组主要面向大型热电厂，通过将汽轮机的多段抽汽作为吸收式热泵的驱动力（如果用背压式汽轮机综合能效更优），回收汽轮机排汽冷凝热。同时，吸收式热泵还直接回收电厂汽轮机的循环水余热，避免了电厂循环水余热能量的损失，减少了电厂冷却塔的循环水蒸发损失，降低了冷却塔的热污染和冷却水泵电耗。溴化锂吸收式热泵制热工艺流程图如图 17 所示。

3.4.2.2 工业循环高效水源热泵技术

钢铁企业循环水系统散落于各个分厂，且分布面广，使用量大。工业循环水余热对于“水源热泵”而言，则是一种高品质的“水源”。如果在每个循环水的热水池旁安装“高效水源热泵”，利用热泵技术将循环水中的余热直接制取 55—75℃的高温水，直接转移能量到供热系统，这是一种典型的分布式能源站进行绿色供热。工业循环高效水源热泵技术不仅可以大量回收循环水的低品位余热，而且还有利于水泵循环水的系统节能，减少冷却塔的蒸发损失，降低冷却塔的热污染，属于典型的节能环保集成技术。

3.4.2.3 制热机组能效分析与运行优化技术

哲达一直致力于供热系统的能效分析与运行优化控制（简称 EAOC 技术）。通过应用哲达智慧阀门检测制热机组管道节点的流动参数，包括流量、压力、压差、温度、温差、热量等。哲达拥有自主知识产权的能效分析与运行优化控制（EOAC）软件技术以 System COP 最优为主目标，通过计算机进行各个制热单机的能效分析，发现当某制热机组运行于低能效区域时，通过控制技术强制改变该机组的节点流动参数，可使机组运行点向高效区偏移，达到高效节能运行。

3.4.3 某钢厂的应用

某钢厂自备热电厂，有两台 2×N150MW 抽气式供热机组，抽汽主要满足厂区生产和生活用热，采暖最大用汽负荷为 150t/h（97.5MW）。原工艺采用直接抽取蒸汽，通过汽水换热器后进行供热，汽轮机的冷却水通过冷却塔排向大气。新方案采用吸收式热泵机组对循环水的热量进行提取制热。来自凝汽器 30℃循环冷却水通过上塔前的支管送至吸收式热泵的取热端，热泵吸收余热后，循环水温度降至 25℃送至冷却水池；同时在热泵的加热端，来自采暖用户二次热网 55℃的供热回水进入热泵，经过热泵加热的热水温度升至 75℃后送至换热站，在换热站内通过二次泵加压送至采暖用户。

典型参数如下：

热泵总供热量：97.5MW；　　热水进出口温度：55℃/75℃；

热水总流量：4200m^3/h；　　循环水额定进出热泵温度：25℃/20℃；

循环水进热泵流量：6800m^3/h；　额定回收循环水余热：39.5MW；

热源蒸汽压力：0.8MPa；　　　　额定蒸汽用量：85.5t/h；

蒸汽凝水出热泵温度：≤80℃；　热泵功率：105kW

在一个采暖期内，该典型应用利用吸收式热泵回收电厂循环冷却水余热39.5MW，折合蒸汽58.2 t /h，年节约蒸汽178100t；由于减少了冷却水上塔，降低蒸发量，一个采暖期可节水208000t；由于吸收式热泵利用蒸汽作为驱动热源，蒸汽凝水可以回收作为锅炉补水，一个采暖期可回收蒸汽凝水262000t。扣除运行费用，本典型应用项目年节能量达14900tce，年节能收益超过2000万元。

3.5 S-AC中央空调智慧技能优化技术

3.5.1 技术原理和特色

S-AC中央空调智慧技能优化技术针对新建、改建项目，为客户定制符合当前中央空调系统的节能优化控制系统。系统具有强大的管理功能，实现冷冻站内机组负荷匹配群控、输配系统水力平衡控制、泵阀一体控制、冷却效率极大化控制，使得产品的节能性进一步加强；并具有强大的网络通信功能，开放楼宇自控和能量计费系统接口，使得产品的开放性、兼容性进一步加强。S-AC中央空调节能优化控制系统软件ACEC软件界面操作简便、直观实用，更加人性化。S-AC为中央空调系统的高效、安全运行提供了完善的机电一体化控制解决方案。S-AC系列产品已在全国多个项目进行使用和运行考核，系统运行稳定可靠、节能效果显著，产品软硬件成熟，能在确保中央空调系统舒适性和安全性的前提下实现最大的节能，其核心关键技术已向中国知识产权局申请了40余项专利。

3.5.2 应用效果

万银国际大厦项目位于杭州钱江新城核心区块，41层顶级纯写字楼，总建筑面积9.2万余平方米，高度近180米。项目空调总制冷量900冷吨，水泵电机总功率300kW。本项目对空调机房进行节能控制，大幅降低系统的运行能耗。

3.6 S-HT 供热系统智慧节能优化技术

S-HT 供热系统智慧节能优化技术实现了实现端到端（热源端到用户端）全流程管理。基于物联网技术和云技术，S-HT 可以为用户提供热源站、换热站和供热末端阀门的远程实时监控和调度。同时利用大数据挖掘技术，深度分析用户的运行和用能数据，帮助用户实现热网运行的安全、高效与节能。基于阿里云提供的 iass 台搭建，以及利用哲达供热行业经验的同时，充分利用了阿里云提供的高容量、高安全性、高可靠性和高连接速度的服务。“专业行业经验”+“专业基础云服务”的模式，可以确保为用户提供专业的供热管理与运营服务。目前平台可以支持 5000 个换热站，500 万个楼前末端的监控。

3.6.1 高效水力平衡

利用先进的温度控制算法有效地分配机组间的流量，以达到系统大温差、小流量运行，科学地解决系统内水力失调问题。真正实现流量或能量的智能按需供给。适用于一个供热区域内含不同的供热方式，确保不同的供热方式均可满足热舒适性的要求，提高供热质量。

通过运行大数据和节能经验积累，智能化预测用能负荷需求，对能源站进行全集成自动化的热力平衡、能源调度与能耗管控。

3.6.2 气候补偿优化

根据户外温度变化自动或手动调节供水温度和流量，即“质”“量”双调，使系统能够匹配更大的热负荷变化范围，使终端用户获得舒适的室内温度，同时，力求输配阻力极小化，降低系统能耗。同时，由于原供热区域的供热量降低，即可多增加供热面积，满足新增建筑消耗能源的需求。通过对实时能源数据的能效分析与运行优化，持续提高微能源站的综合效率，实现节能增效智慧化。

3.7 TRT 能效分析技术

目前，流程工业很少有对运行中的能效设备和运行过程进行能效参数监测、能效分析及节能优化控制，即使有部分优化技术，也是只注重单机能效，忽视系统能效，单机能效又比较注重试验台能效，而忽视了运行的系统能效。

能效分析与优化控制软件的开发，能有效地对流体流动全过程进行能效监测、分析与优化控制、从而降低设备能耗，提高系统的能源利用效率。基于网络的流体系统能效分析与运行优化技术简称 TEAS，其测控对象不仅是单个流体机械设备，而是与之配套的整个流体系统，包括流体机械、管道、阀门等。TEAS 技术不仅对设备的功能动作进行控制，而且通过对整个习题进行能效分析和优化控制，达到能效最优。

TEAS 系统专门应用于高炉煤气余压透平发电装置（即 TRT）的远程能效分析与节能优化系统，具体包括单机型 TRT、共用型 TRT，单机型 BPRT、共用型 BPRT。TEAS 系统除了对 TRT 装置进行系统能效分析与实时优化控制之外，还可以实现远程访问、健康辅助诊断以及对 TRT 透平机的静叶积灰进行预测和报警等功能。

3.7.1 高炉煤气余压透平发电装置发电效率分析

高炉煤气余压透平发电装置（即 TRT）是利用高炉冶炼的副产品——高炉炉顶气具有的压力能及热能，使煤气通过透平膨胀机做功，将其转化为机械能，再将机械能转化为电能。原本的高炉煤气通过洗涤和除尘，再经过减压阀组，将 170kPa 左右的压力减弱到合适水平送至用户，这个过程使高炉煤气余压白白消耗掉了。通过 TRT 机组，可以将煤气余压转换成电能，然后再送至最终用户，把原本没有用的余压转换成了电能，可以获得一定的经济效益。为了达到节能目标，应明确气动系统内部的能量分配以及各环节的损失情况，借鉴实际经验，制定相应的行之有效的节能措施，深入开展气动节能活动，将对各用户，企业实现总节能目标具有重要意义。

本研究利用如下公式对 TRT 发电效率进行统计和分析：

$$\eta = \frac{P_{有功功率}}{paQa[\ln\frac{Ps}{Pa} + \frac{k}{k-1}(\frac{\theta s - \theta a}{\theta a} - \ln\frac{\theta s}{\theta a})]}$$

其中，pa 为大气绝对压力，为 101.3kPa；为标准状态下大气的温度，θa 为 20℃，转换为绝对温度为 20+273.15=293.15K；K 为煤气的比热比；Ps 为煤气的绝对压力；θs 为煤气的绝对温度；Qa 为高炉煤气的体积流量，单位为 m^3/s。

本研究对柳钢6个机组从2013年至2018年的TRT数据进行分析如图18所示：

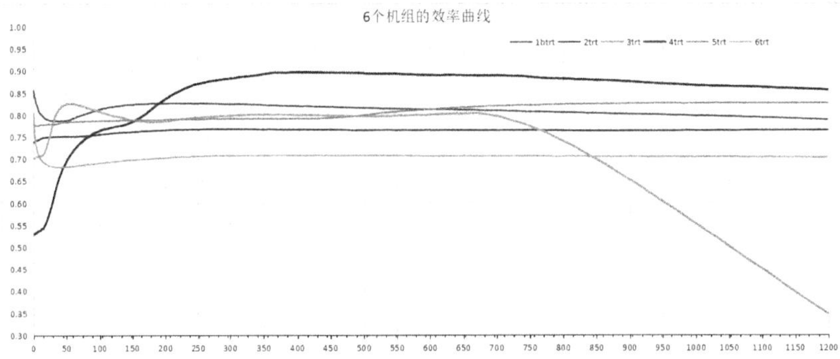

图18　柳钢6个机组效率曲线图

从曲线可以看出，由于使用时间越长，机组整体效率有所下降，可以分析影响TRT发电量的主要因素如图19所示：

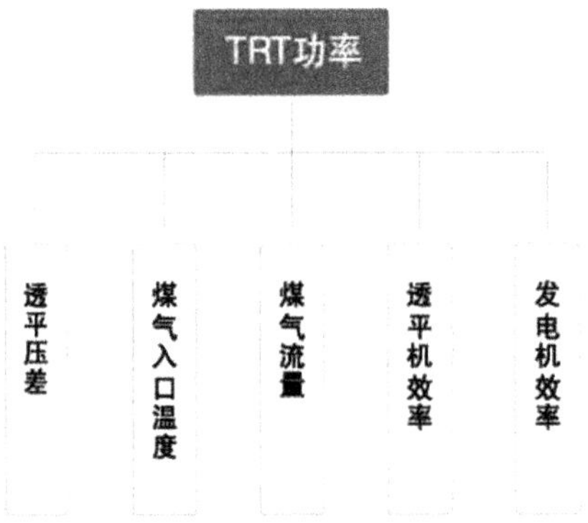

图19　影响TRT发电效率的因素

考虑到高炉本身的热能充分利用和炉顶设备工作环境温度，不可追求较高的煤气温度，以防止能量浪费和损坏炉顶设备。在高炉生产中不以提高TRT入口温度作为提高发电量的措施。发电机效率一般变化不大，因此如何调整透平压差、煤气流量、透平机效率称为提高发电量的主要手段。调整叶片的静叶开度时，透平压差、煤气流量、透平机效率都在变化，因此静叶片的开度对TRT的发电效率有一定的影响，调整好静叶片的开度，就能最有效地发挥TRT

的效率。当高炉进入稳定生产期时，煤气发生量也进入相对的稳定期，高炉所需要的顶压也相对稳定，此时根据高炉生产参数，通过合理的调整 TRT 入口静叶角度，以取得最佳效率，提高 TRT 的发电量。

提高 TRT 的发电量主要手段是通过对 TRT 机组的实时能效监测，测定发电量的各运行参数的关系，通过优化控制静叶片的开度，并利用旁通阀的开度，使得透平机处于发电量最大的运行点。图 20 为透平机组运行工况。

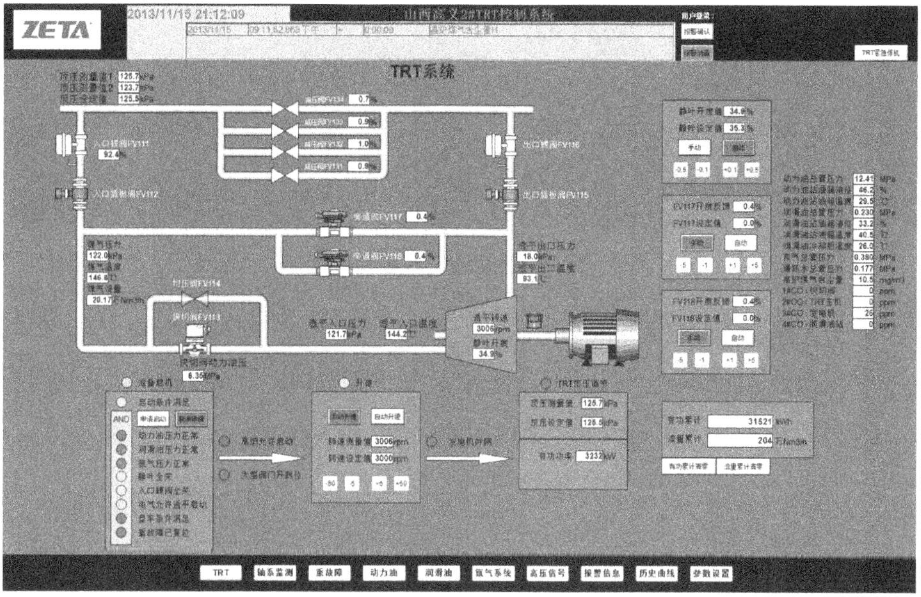

图 20　透平机组运行工况

3.7.2 远程访问技术

该功能主要是方便 TRT 的主管领导、钢厂领导以及相关技术和操作人员对 TRT 系统进行管理和检查。相关人员不需要亲临现场，只要通过网络输入 IP 地址就可以实时查看 TRT 现场的运行情况。

该功能在山东某钢厂经过长时间的运行，结果表明不论是在钢厂内还是在钢厂外，通过网络浏览器来访问该系统都非常稳定。图 21 为远程访问的系统界面。

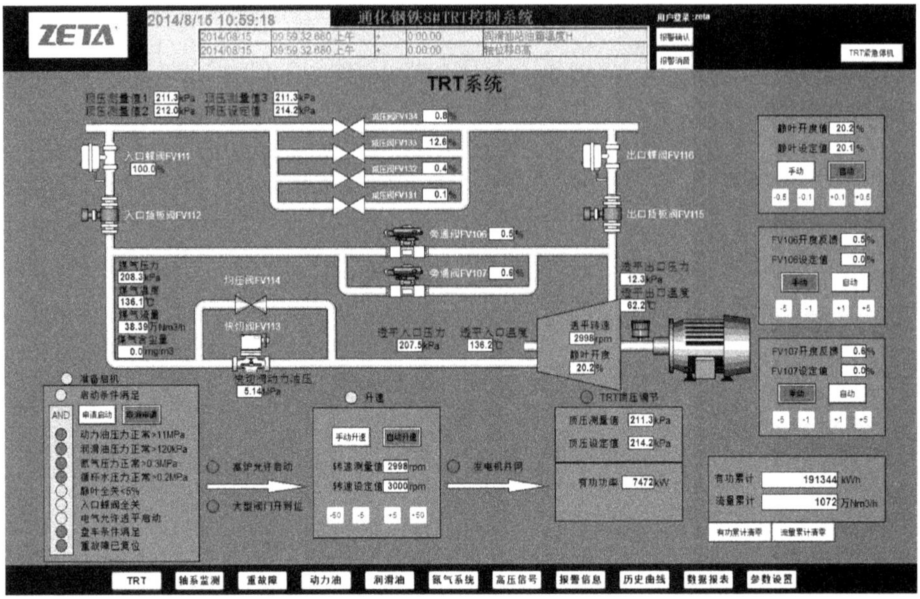

图 21　远程访问系统界面

3.7.3 远程健康辅助诊断

该功能主要是为技术人员以及系统的设计方提供一种快捷的 TRT 控制系统的健康诊断方法。通过网络，运用远程方法对 TRT 的故障进行诊断，可以极大地缩短 TRT 系统的停机时间，为客户带来巨大的经济效益。

以 1080m^3 为例，TRT 透平正常运行的发电量为 5000kW，当 TRT 机组故障停机后，假设设计方以最快的速度赶到现场，路上平均时间为 2 天，这期间因为 TRT 停机损失的发电量为：5000kW×48h＝240000kWh。以 0.5 元/kWh 时计算，这和成电费为 12 万元。

本远程系统可以通过网络实时查看 TRT 运行的数据，设计方只需在办公室就可以组织专家对 TRT 的故障进行分析和诊断。对于所有的软件故障，设计方可以不用到现场，通过网络直接指导用户排除故障。对于硬件故障，通过远程方式可以确定故障点位置，并给出解决方案，从而大大提高现场效率。在山东某钢厂试运行阶段，通过该系统设计方在第一时间指出了 1080m^3 高炉 TRT 系统存在顶压失真现象，并很快给出了解决方案，大大提高了 TRT 故障诊断的效率。

3.7.4 TRT 叶片积灰检测和智能分析

3.7.4.1 研究建立了透平叶片粉尘积灰状况检测数学模型

分析 TRT 机组内高炉煤气粉尘沉积物对透平机轴振动、轴位移、发电功率等 TRT 装置运行状态的影响机理，确定模型各变量之间的数学关系，建立粉尘积灰状况检测数学模型，并通过 TRT 机组实际运行数据来对数学模型进行修正，最终建立能真实反映透平叶片粉尘积灰状况的数学模型。模型如下：

设：顶压值为 p 顶，　　透平出口压力为 p 出

入口风压为 p 风，　　煤气流量为 Q，

大气压力为 p_0，　　煤气温度为 t，

则发电功率按下列公式计算

$$\mathrm{Ne}=k\times(t+273)\times Q\times\left[1-\left(\frac{p_{\text{出}}+p_{0}}{p_{\text{顶}}+p_{0}}\right)^{0.2857}\right]$$

以上公式中压力 P 单位均为 kPa，Q 单位为万 $\mathrm{Nm^3/h}$，t 单位为℃，k 是系数，经计算取 $k=3.0$。

3.7.4.2 设计开发了透平叶片粉尘积灰检测技术与系统

根据所建立的粉尘积灰状况检测数学模型，对反映粉尘积灰状况的透平机轴振动、轴位移、透平进气压力、排气压力、煤气流量、煤气温度、发电功率等 TRT 装置运行参数分别进行采集，设计并配置完善的数据检测系统。

3.7.4.3 研制了高炉煤气透平叶片粉尘积灰检测与预警软件

研制开发了高炉煤气粉尘积灰检测软件，根据所检测的 TRT 装置运行参数，计算透平机叶片粉尘积灰状况，并对叶片未来的粉尘积灰状况进行预测。由计算和预测的叶片粉尘积灰状况，提供透平叶片冲洗等设备维护建议，对叶片严重积灰起到预防预警功能。

如图 22 所示，红色线代表计算功率 Ne，蓝色线代表发电机有功功率测量值 P，比值 $K=P/Ne$。依据功率计算模型所得到的功率值与实际中发电机有功功率十分吻合，比值 K 始终在 1 上下小幅变化。这是机组调试早期的运行曲线，叶片上基本没有积灰。机组经过长时间的运行后，叶片上产生积灰势必影响机组的效率，这将导致实际功率 P 比计算功率 Ne 小，K 始终小于 1。如果 K

始终在 0.75（仅供参考）则说明叶片积灰较多，已经严重影响了机组的工作效率，系统将发出预警信号。

图 22　TRT 积灰检测系统界面

本项目所研究的高炉煤气透平叶片粉尘积灰检测技术原理独创，技术成果先进可行，达到了预期的技术目标。

4. 展望

随着我国城市化进程的步伐越来越快，智慧地球、智慧城市、智慧社区、智慧养老、智慧交通等已经成为热门词汇，用来衡量一个城市的发展水平的关键因素就是智慧化，智慧云平台技术也实现从工业领域向人民生活的应用。智慧城市以智慧能源为保障，充分利用信息化建设，提升城市居民生活水平、改善城市居民社会环境，进而实现城市的低碳化、节能化和可持续发展[①②③]。

同时，随着物联网和云计算等技术的迅猛发展[④]，智慧能源服务业务将实现面向政府、面向企业、面向园区、面向行业、面向第三方的推广和使用，及其延伸的相关装备能效和节能增效技术的发展，将解决传统能源的使用模式，有助于能源的可持续发展。

---

① 王根详、李宁、王建会：《国内外智慧城市发展模式研究》，《软件产业与工程》2012 年第 12 卷，第 4 期，第 11—20 页。

② 韩天璞：《智慧城市建设及运营模式研究》，北京邮电大学硕士论文，2013 年。

③ 韩小伟：《基于智慧能源建设的智慧城市发展的研究》，华北电力大学（北京）硕士论文，2016 年。

④ Michal Wisniewski. , "Cloud Computing as a Tool for Improving Business Competitiveness," *Foundations of Management*, Vol. 5, No. 3, 2014.

B 26

配电智能运维在用电服务中的探索与实践

龚魁武　闻成胜　赵正军*

摘　要：

本文从配电智能运维的需求、设计和实现出发，阐述了配电智能运维的功能，介绍了智光在这一领域的探索和实践所积累的经验。

关键词：

配电智能运维　云平台　增值服务

* 龚魁武，广州智光自动化有限公司总经理。闻成胜，广州智光自动化有限公司总工程师。赵正军，高级工程师，广州智光自动化有限公司副总经理。

1. 引言

纵观历史，能源的发展变革经历了以下三个阶段：

第一次工业革命：主要能源由木材向煤炭发展，燃煤蒸汽机成为主要的生产动力，人类从此进入了以煤炭为主的化石能源时代。

第二次工业革命：人类由蒸汽时代跨入电气时代，石油代替煤炭成为主要的能源。

能源互联网时代：能源多层面交互、睿智供给与使用，使得多能源互补的综合能源成为可能。在现有的传统能源服务的基础上，如热电厂、燃气、电网等，结合光能、垃圾沼气发电、三联供等新的技术，利用大数据、云计算，使能源互联、能源管理、能源售电及市场分配等均能被用户使用。

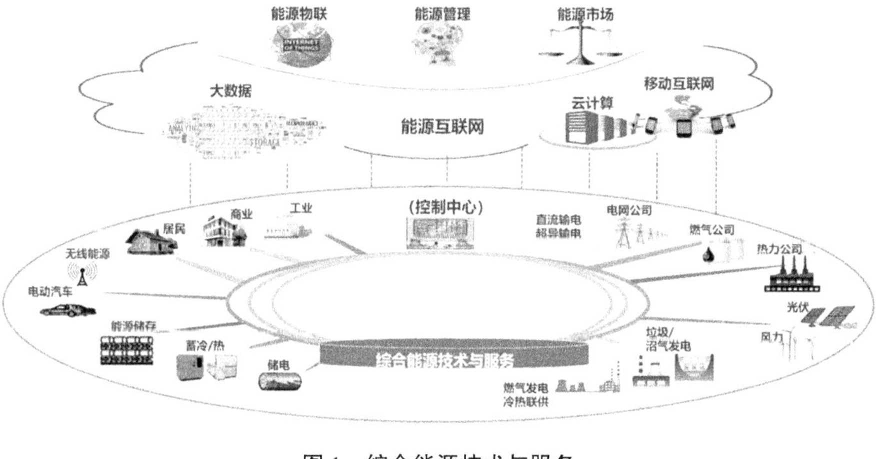

图 1　综合能源技术与服务

广州智光电气股份有限公司（以下简称智光）在资本市场助力下，大力发展基于新一代的能源互联网的相关业务，从 2014 年成立用电投资公司以来，在广东、广西、云南、贵州、福建等省市拥有 15 家线下用电服务公司和 3 家售电公司。

在整体的综合能源大服务中，所有产生的数据都会通过实时互联的互联网进行交互。如何利用好这些数据为客户服务，同时降低能源互联网公司的运营成本成了一个很关键的问题。

目前的增量配网、能源管理、园区的业务运营等，都不可避免的面临着一个问题，即如何实现智能运维？智光充分利用能源互联网的特性，积极开展智能运维业务，利用配电智能运维云平台，实现对整个配电系统的智能运维，为用户和投资者创造价值。

图2　用电服务云平台

2. 配电运维的现状

2.1 配电运维的内容

目前为用户提供的能源主要分为两类：一是电能，二是其他新的能源如热联供，供气、供热、供冷等，这些都需要维护。很多时候电力作为中间交换的介质，是能源输送最主要的手段，所以这里所讲的内容主要是从配电智能运维的角度出发。

个人认为智能运维至少包含以下三个方面的内容：

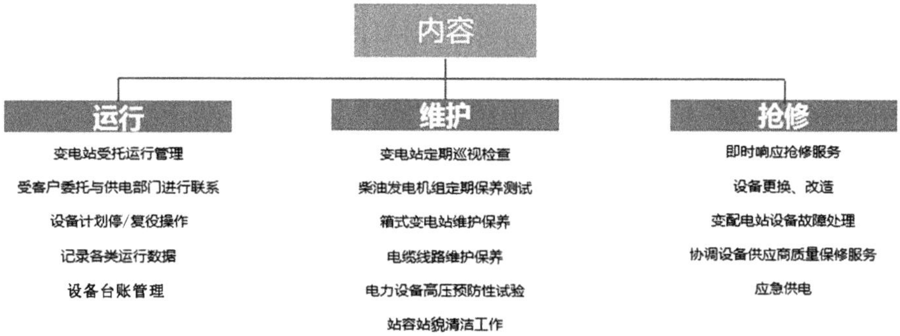

图3 智能运维示意图

运行：变电站的运行管理是最基础的方面；其次是设备计划停/复役操作，用户将配电房托管之后所有的东西都需要服务商全盘负责；同时需要记录各类运行数据，包括配电房运行的状况是否良好等；最后是设备台账的管理，例如运维了多少地方等这些方面都需要进行管理。

维护：维护需要定期的巡检，对配电房、变电站所有设备、线路线缆定期进行维护保养，电力设备高压预防性测验，另外也要做好站容站貌的清洁工作。

抢修：当客户发生故障问题时要及时响应抢修，应急供电，做好设备的更换、改造，协调设备供应商提供质保服务等。

2.2 配电运维的现状

目前来说，运营商这一块大部分时候都是通过人工巡视、纸质记录和电话沟通三种方式来实现的，尤其是专变用户侧，原来的配电房都比较老旧，没有智能化的手段，主要是人工巡视，巡视完之后纸质记录，通过电话跟用户进行沟通。所以传统运维其实是一种劳动密集型的业务，存在着诸多弊端：

（1）人力的占用成本很高，大部分工作都需要靠人力来做；

（2）工作效率低，一般情况下巡维是两个人一台车，在划定的范围内进行巡维，另外还有花在路上的时间以及沟通的时间等，所以工作效率比较低；

（3）人员培训困难，随着业务的扩展，越来越多用户的加入，需要对人员进行业务培训。现在的培训模式基本是授课、传帮带，因为发生事故的可能性比较低，人员对故障模拟的情况比较少，设备没有实时在线监测，所以只能依靠事故发生之后的抢修才能借鉴学习；

（4）沟通时间长，不紧急的事件一般都是跟用户电话沟通，紧急事件才会上门当面沟通，所以存在一个比较长的沟通过程；

（5）抢修响应时间长，抢修一般都是用户主动发起的，很少是运维商主动发现的。由于用户对故障的描述存在偏差，可能用户的描述和现场发现的问题不一致，这严重影响了对抢修的及时响应。

以上这些问题的存在导致企业的运行成本居高不下，用户黏性低，降低了运维商的竞争优势。

3. 配电运维智能化的需求

从用户和能源提供商的角度来看，智能运维的需求可以从安全、舒适和节约三个方面来描述：

3. 1 安全的需求

最好的情况是杜绝事故，那如何才能做到杜绝事故呢？

（1）做好故障预警，在事故没有发生之前将隐患扼杀在摇篮里；

（2）掌握所有状态；

（3）定期巡检是必要的，但是光靠一个星期一次的巡检并不能解决所有问题。

3. 2 舒适的需求

可以用几个关键词来概括

（1）无感式托管：用户将配电房托管之后由服务商全权负责，问题的发生及解决不需要用户操心；

（2）沉浸式服务：既要让用户感觉不到你，又要让用户感觉你无处不在，发生问题服务商会比用户第一时间知道，并拿出解决方案；

（3）参与感：用户对配电房运维的一切都了然于心，包括用了多少电、配电房安不安全等，所有的状况用户都很清楚。

（4）管家服务：以管家的服务态度为用户提供服务。

3.3 节约的需求

对用户来说：

（1）用户将配电房委托，节省了人力；

（2）事故减少，损失也相应地减少；

（3）发现一些不合理的用电环节能及时进行节能改造，这也是一种节约。

对能源提供商来说：

（1）人员减少，以前需要一个星期一次巡检，使用了新技术之后可能两个星期一次巡检就足够了；

（2）在整个环节的调配上，会为运维公司提供一个更好的调控手段，合理配置资源，从而达到降低成本的目的。

4. 配电智能运维的实现

4.1 实现方法

配电智能代运维服务的核心是：把计算机网络技术及现代通信技术应用于配电室代维业务中，提升代维护的可靠性和效率，也是把现代服务业理念应用于配电代维业务中的创举和典范。通过科技手段提升配电室维护的可靠性和效率，规避人为因素造成的安全隐患，降低运行维护费用。

用电智能运维系统包括以下几个方面：

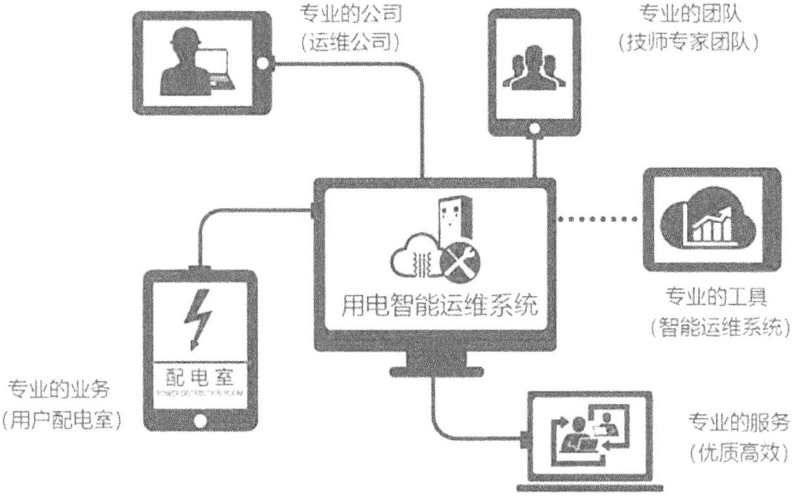

图4　用电智能运维系统

专业的运维公司：为用户做专业的业务，提供专业的服务；

专业的团队，这个团队是运维商所具备的，用户是不具备的；

专业的工具，有很多专业的设备共同为用户提供服务，实现用户的需求。

智光依托互联网+的创新思维理念，通过线上信息技术采集及智能数据分析，为客户提供系统化、专业化、标准化的线下服务，达到有效互动，改变传统服务场景，从而实现资源最大化，进一步拓展服务边界，创造全新的服务模式。

4.2 实现目标

（1）用户可以通过用电服务云平台的网页web端、IOS&安卓手机端、微信公众号登录管理配电房。

（2）智能运维的产品最基础的是要实现远程的实时监视，要能准确知道配电房的运行状况；

（3）用历史数据的分析把按时检修变成按需检修，有的设备比较老旧，需要适当的增加检修的频次，而对新设备的检修维护次数可以适当减少；

（4）变电运行方式分析，在给供电局缴电费的时候，其中有一部分容量费是可以商量、自行协调的；

（5）通过采集的数据参量对是否发生事故做一个简单的趋势分析，对数据做集成化处理；

（6）高级专家诊断服务，现场发生的故障运营商应该先于用户知道，同时对故障有一个初步的预判，后台的高级专家诊断服务在现场抢修过程中全程配合，为用户提供专家服务，在最短的时间完成抢修。

4.3 系统架构设计

基于 SAAS 的用电大数据云平台架构大致分为以下四层：

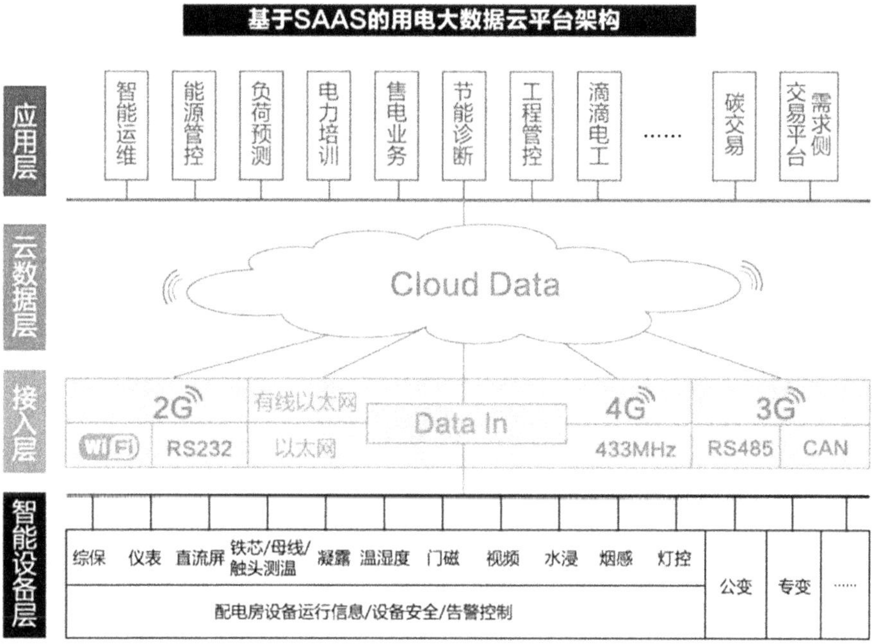

图 5 基于 SAAS 的用电大数据云平台架构

智能设备层：这些设备层是装在配电房内的，大部分都是传感器，主要采集设备运行状态、环境状态等数据；

接入层：采集的数据通过接入层传到云平台，接入层主流的运行方式包括 2G、3G、4G、LoRa、NB-LOT 等；

云数据层：把所有数据集中在一个平台里，在这个平台上应用层就可以做很多应用，为能源运营商的业务拓展提供了可能；

应用层：可以做智能运维、能源管控、负荷预测、电力培训、售电业务、节能诊断等服务。

5. 配电智能运维的功能

5.1 配电房的实景再现

图6　配电房的实景再现

虽然配电房是无人值守的，但是需要能够实时反馈数据、视频等信息，在后台实时展现，包括3D动画、实时视频、历史视频回溯等。

5.2 预告警与应急故障处理

预告警与应急故障处理是运维里面最重要的一个环节。预告警的主要功能是在后台完成的，对现场出现的一些不寻常的状态做出判断、分析。例如温度方面，每个配电房都装有干式变压器的温控仪，可以发出超温和高温的信号给到变压器保护。一般情况下超温和高温是由厂家进行设置的，预警上限比较高，通过阀值报警是预告警最基础的阶段。预告警的进阶是看温升，夏天和冬天同一个温升却是不同的概念，应该区别对待。第三个阶段是将电流和温升结合起来，变压器在50%负载的时候温升是在50K，10%负载的时候也是在

50K，这时候就有理由怀疑变压器是否出现了问题，就需要进行预告警。

图 7　预告警与应急故障处理

预告警另外一块是在线的局放监测，可以利用地电波去测局放信号，局放一发生就可以得到信号，就能及时进行检修，及早排除故障。

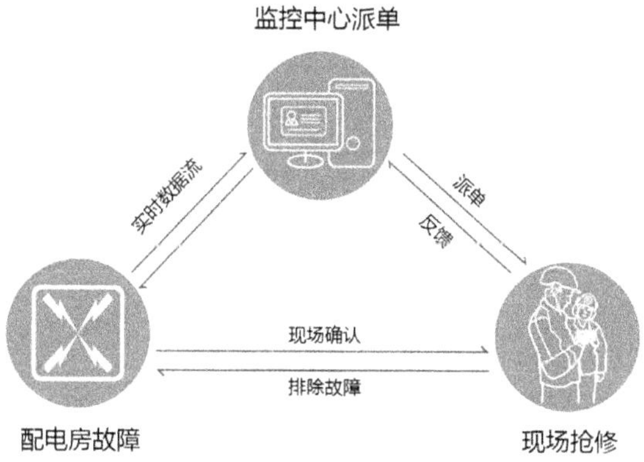

图 8　在线的局放监测

当现场真的发生故障时怎样在最短的时间内解决问题？故障发生时监控中心会在第一时间内收到信息，实时数据流会智能派单给最近的检修人员，检修人员现场确认问题并抢修，抢修完后通过视频或者照片上传维修结果。如果检修人员没办法维修或者需要多方协调，可以把问题传到后台，专家通过后台信息进行问题的分析和指导，这种操作可以称之为“圆桌工单”，把相关人员整合在一起，当出现问题或者需要协调配合时可以随时联系相应人员。

5. 3 运维企业管理

图 9　运维企业管理

企业本身也需要管理，业务的状况、运维的质量、用户对工单完成情况的打分、区域运维的划分、人员的流动轨迹图等都需要进行管理，这样才能更快的协调资源，更好地为用户提供服务。

5. 4 运维业务流程管理

图 10　运维业务流程管理

运维业务流程管理包括：

合同管理：每个用户什么时候上线、包含多少次服务、多久时间做一次巡视等都规定在合同内。

资产管理：个人建议所有的智能运维平台都应该基于资产去实现工单、报警以及监控业务等，这些最终都体现在资产方面。

文件管理：例如可以从后台知道某个高压柜的生产厂家等信息。

日常巡视工单：例如配电房什么时候进行的巡检、上次故障的时间、什么类型的故障等，这些都可以通过后台一目了然。

人员定位与管理：实现低碳化高效率的运转，必须要在系统里面植入运维流程。

5.5 用户贴心服务

图 11　用户贴心服务

既要让用户无感式托管，也要让他们体验到沉浸式服务。工单是沉浸式服务的一种，用户生成一个定时巡视的工单时，系统会整合相关人员，什么时候到厂巡检、巡检过程中存在什么问题等信息用户都可以通过工单实时关注。

此外每次巡检的报告、每个月甚至每年的报告都要发送给用户，用户也可以通过评价体系进行反馈。

个性化用电需求的响应和节能服务的改造也是非常重要的，当用户托管配电房的时候后面一系列的问题都需要得到有效的解决。

所以总的来说运维服务商是一个很庞大的体系，需要对用户从运维到问题解决的整个过程进行管理。

6. 增值服务

6. 1 需求侧相应管理

智能用电云平台采用技术、经济与市场化的方法（例如激励机制、市场交易机制等），在电力系统用电高峰时，根据电网总体或区域负荷的紧缺程度让客户自觉、自愿地调整其用电设备负荷以满足电力系统可靠性、动态优化平衡及系统性节能减排的要求。有效的实施需求响应可以减少电价波动，缓解发电市场压力，并提高电力系统的可靠性。

需求响应参与者注册及管理。

根据模型完成负荷测算分配，并发布通知。

调用运行监控系统进行响应执行监控，并及时进行调整。

6. 2 用电工程管理

客户工程通常包括外部供电工程和内部受电工程（有的只有内部受电工程）。

外部供电工程是指客户受电电压的设施（不含变电设施）以上各级（含本级）电压的供电工程；外部供电工程应由客户委托供电企业负责设计、设备采购、施工，客户负责资质审查和工程验收。

内部受电工程是指客户受电设施及内部各级电压的供电工程。内部受电工程客户可委托供电企业设计、施工或自主选择有设计、施工资质单位，但供电企业应对其设计、施工资质进行审查。

智能用电服务平台通过用电工程管理模块为工程提供设计、采购、施工等一系列的管理，并作为智能运维的最基础参数导入系统运行。

6.3 能效管理服务

智光通过对各用能设施基本运行为基础条件，依据各类机电设备运行中能源传输、变换与消耗的特征，采用能效控制策略实现能源最优化，对既有系统的能源消耗进行节约与改善，实现“管理节能”和“绿色用能”。调用运行监控系统，运用大数据技术完成典型用能分时段、分设备的横向分析根据分析结果，试算节能硬件改造投入及收益情况，提供多样化的改造套餐。

智光节能集团下属的节能板块将会提供全面的解决方案，为用户实现能效提高的管理服务。

6.4 人力资源管理

智能用电云平台可以提供相关的人员的在线培训服务，引进各个高校的电力优秀课程，对各个电力服务人员进行定期的培训和考核。同时也可以对社会人员进行培训和考核，考核通过的人员可以参与智能运维的相关业务，实现类似于“滴滴电工”的功能，降低运维公司的成本，提高服务响应速度。

7. 结语

随着万物物联时代的来临，配电智能运维是未来电力运行维护的趋势。本文从配电智能运维的需求、设计和实现出发，介绍了智光在这一领域的探索和实践所积累的经验。智能配电运维在整个电力服务市场中的前景是美好的，相信智光能够在技术的不断迭代演进中创造出更多价值。

B 27

爱能森“储能+多能互补+智慧能源”清洁取暖供冷技术

曾智勇　李珂　崔小敏　黄贝　杨拴岐　朱文昊　万绪财*

摘　要：

近年来我国冬季雾霾现象频发，推进北方地区清洁供暖迫在眉睫，清洁供暖是关系广大人民群众生活的重大民生工程和民心工程。本文总结了目前北方地区清洁取暖现状、取暖手段及存在的问题和不足，详细阐述了由深圳爱能森自主研发、设计的“储能+多能互补+智慧能源”零污染高效冷暖系统（HSES：赫爱斯系统）的相关技术和成果。该技术为解决我国北方冬季雾霾问题、改善大气环境和确保民生提供了切实可行的整体解决方案。

关键词：

清洁供暖　储能　多能互补　智慧能源

---

* 曾智勇，国际清洁能源论坛（澳门）理事，爱能森集团创始人，高级工程师、享受国务院特殊津贴专家、中国科技开发院特聘专家，拥有丰富的可再生清洁能源开发经历和丰富的化学工程与储能经验。李珂，东南大学通信与信息系统硕士，爱能森集团总裁，长期从事新能源技术开发及应用推广工作。崔小敏，郑州大学化学硕士，现从事清洁能源储热技术开发及研究。黄贝，大连工业大学材料学硕士，现从事新能源储能技术方案设计及研究。杨拴岐，西北工业大学机械制造工艺与设备学士，现从事新能源储能技术方案设计及研究。朱文昊，南京大学计算机硕士，现从事清洁能源系统自动化和智能化研究。万绪财，华北电力大学热能工程硕士，现从事新能源储能技术方案设计及研究。

1. 前言

随着人们生活水平的提高，人们对居住环境的要求日益增高。实现冬季供暖，夏季供冷是老百姓过上小康生活的迫切需求。目前北方地区的冬季供暖基本都是采用锅炉，而锅炉使用煤和生物质燃烧时会排放出大量的污染物和微小颗粒物，成为最近北方地区雾霾越来越严重的罪魁祸首，已经严重影响人们的生产和生活。国家为此动用了大量的人力、物力、财力，出台了众多治理雾霾的相关政策，督促和支持各地的雾霾治理工作。

2016 年 12 月 21 日，国家主席习近平主持召开中央财经领导小组第十四次会议强调，推进北方地区冬季清洁取暖等 6 个问题，都是大事，关系广大人民群众生活，是重大的民生工程、民心工程。推进北方地区冬季清洁取暖，关系北方地区广大群众温暖过冬，关系雾霾天能不能减少，是能源生产和消费革命以及农村生活方式革命的重要内容。要按照企业为主、政府推动、居民可承受的方针，宜气则气，宜电则电，尽可能利用清洁能源，加快提高清洁供暖比例，其中很重要的一条措施就是督促锅炉的煤改气和煤改电，来减少尾气和污染物的排放。但单纯使用天然气和电会造成供暖成本的上升，老百姓难以承受，因此迫切需要一种真正的绿色能源技术，在能够降低或维持供暖成本的基础上减少污染物的排放甚至是实现零碳排放。

2. 我国北方地区清洁取暖现状及存在的技术问题

中国幅员辽阔，纬度跨度大，东北地区由于纬度高，冬季寒冷漫长，冬季平均温度在-25℃左右，昼夜温差较大，平均温差在 10℃以上，采暖时长约为 6 个月。西北地区深居内陆，距海遥远，由于高海拔地形对湿润气流的阻挡，冬季严寒而干燥，最低平均温度在-30—10℃之间，气温的日较差和年较差都很大，昼夜平均温差可达 20℃以上。华北地区四季变化明显，冬季寒冷，冬季平均温度在-10℃左右，昼夜温差较大，平均温差在 10℃左右，采暖时间为

5个月；夏季冷负荷需求大，制冷时长约为3个月。本文所指的北方地区包括北京、天津、河北、山西、内蒙古、辽宁、吉林、黑龙江、山东、陕西、甘肃、宁夏、新疆、青海等14个省（自治区、直辖市）以及河南省部分地区，涵盖了京津冀大气污染传输通道的“2+26”个重点城市（含雄安新区）。冬季采暖时间因地域不同有所差异，华北地区一般为4个月，东北、西北地区一般为5—7个月。

2.1 北方地区供暖总体情况

取暖面积：截至2016年底，我国北方地区城乡建筑取暖总面积约206亿平方米，其中，城镇建筑取暖面积约141亿平方米，农村建筑取暖面积约65亿平方米。

能源结构：燃煤供暖作为北方地区取暖的主力，其供暖面积占总供暖面积的83%，天然气、电、太阳能、生物质能、地热，空气能、余热、废热等合计占17%。北方地区供热平均综合能耗约22千克标煤/平方米。

供暖热源：在北方城镇地区，主要通过热电联产、大型区域锅炉房等集中供热设施满足取暖需求，集中供暖尚未覆盖的区域则采用燃煤小锅炉、天然气、电、可再生能源等分散供暖方式作为补充。城乡接合部、农村地区则多为分散供暖，大量使用柴灶、火炕、炉子或土暖气取暖。

热网系统：截至2016年底，我国城镇集中供热管网总里程达到31.2万千米，其中供热一级管网长度约9.6万千米，供热二级管网长度约21.6万千米。

2.2 北方地区清洁取暖情况

天然气供暖：天然气供暖是以天然气为燃料，采用集中式或分布式供暖设施向用户供暖的方式。截至2016年底，北方地区天然气供暖面积约22亿平方米，占取暖面积的11%。

电供暖：以电力为能源的供暖系统，分为直接电供暖和间接电供暖，直接电采暖包括发热电缆、电热膜、辐射电热板、直热和蓄热式电暖器等，间接电采暖包括热泵和电热水锅炉等。截至2016年底，我国北方地区电供暖面积约4亿平方米，占2%。

清洁燃煤集中供暖：清洁燃煤集中供暖是对燃煤热电联产、燃煤锅炉房实施超低排放改造后，通过热网系统向用户供暖的方式。截至2016年底，我国北方地区清洁燃煤集中供暖面积约35亿平方米，均为燃煤热电联产集中供暖，占比17%。

可再生能源等其他清洁供暖：包括地热供暖、生物质能清洁供暖、太阳能供暖、工业余热供暖。截至2016年底，合计供暖面积约8亿平方米，占比4%。其中地热供暖面积约5亿平方米，生物质能清洁供暖面积2亿平方米，工业余热供暖面积约1亿平方米。

据统计，截至2016年底，我国北方地区城乡建筑取暖总面积约206亿平方米。其中，燃煤是取暖用能的主要方式，燃煤取暖面积约占总取暖面积的83%，天然气、电、地热能、生物质能、太阳能、工业余热等合计约占17%。《北方地区冬季清洁取暖规划（2017—2021年）》规划指出，到2019年，北方地区清洁取暖率达到50%，替代散烧煤（含低效小锅炉用煤）7400万吨。到2021年，北方地区清洁取暖率达到70%，替代散烧煤（含低效小锅炉用煤）1.5亿吨。

总的来看，我国北方地区清洁取暖比例低（占总取暖面积的34%），发展缓慢，任务艰巨。

2.3 目前清洁取暖技术存在的问题

经过多年发展，我国清洁供热产业已涌现一批成熟技术，各地根据需求，结合当地资源禀赋因地制宜，采取一种或者多种能源利用形式进行供热，为“双替代”做出了重要贡献。但是仍有许多问题有待解决。

可再生能源供热深度依赖供热区域资源禀赋，区域性单一的可再生能源供热技术在极端条件下难以保障稳定性、可靠性和经济性；单一技术对于局部可再生资源的开发存在环境承载力过载的风险。

多种能源利用形式已经出现，但是尚未形成统一调度和优化配置的能量流调控系统。如何综合利用多种可再生能源，结合技术含量和经济效益较高的储能蓄热系统，实现供热系统低碳、清洁、稳定、高效、安全运行，亟待更多的技术创新和实践。

我国清洁供热产业迫切需要开发创新性清洁供热技术，建设相应的示范工程，而储能型可再生能源多能互补供热等技术可以较好地弥补上述不足。

3. 爱能森“储能+多能互补+智慧能源”零污染高效冷暖系统技术

深圳市爱能森科技有限公司希望以爱能森核心储能技术为主，尽量利用现有清洁能源供暖技术的优势，同时解决其存在的部分问题，开发出一种投资少、供暖成本低、适用范围广、零碳排、零污染、安全稳定、启动反应迅速的清洁能源供暖技术。储能技术基本原理如图1所示。

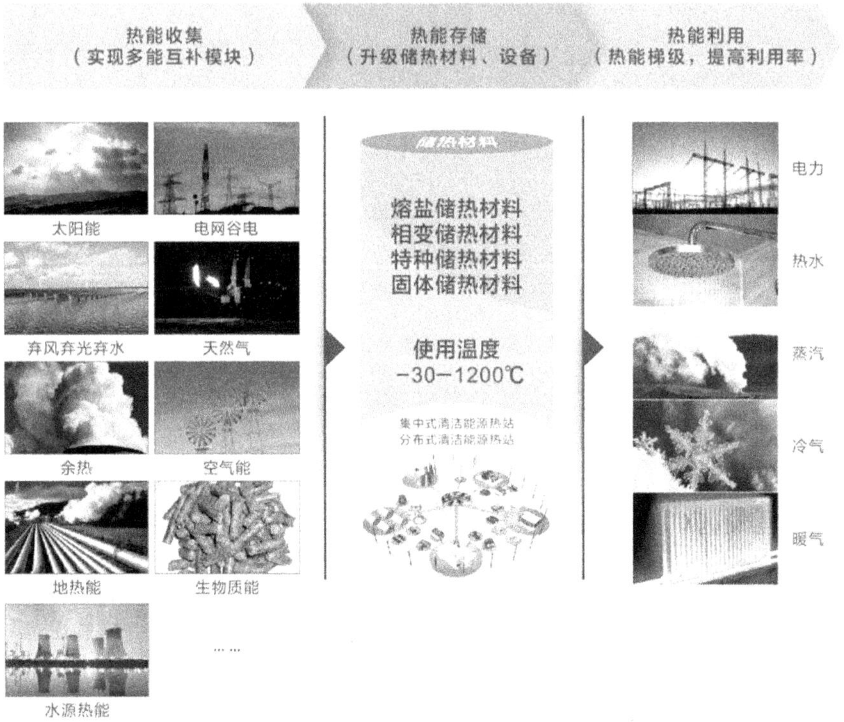

图1　爱能森储能技术基本原理

3.1 爱能森“储能+多能互补+智慧能源”冷暖系统技术简介

如图2所示，爱能森“储能+多能互补+智慧能源”零污染高效冷暖系统通过自主研发的储能系统耦合空气能、水源、污水源、海水源、地源、余热、太阳能、谷电、弃电等能源开发出爱能森内循环热泵体系，结合智慧能源管理，实现供冷供暖系统高效、稳定、安全、经济运行。

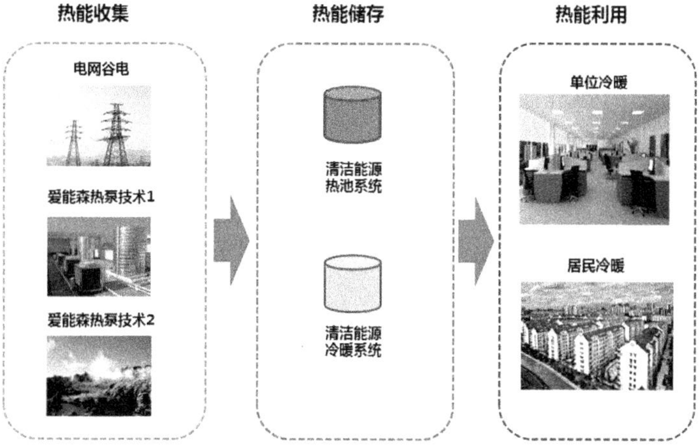

图 2　爱能森“储能+多能互补+智慧能源”零污染高效冷暖系统原理图

由于系统的调峰需求以及极寒天气出力不足的问题，需要配置储能系统进行补充；热池系统通过储存晚上谷电时段的电力的方式，在用能高峰进行补充，最终实现清洁能源冷暖站的清洁、高效、稳定运行。同时由于采用了多种可再生能源和成本低廉的谷电智能组合，大大降低了供暖成本，具有良好的经济价值和社会价值。

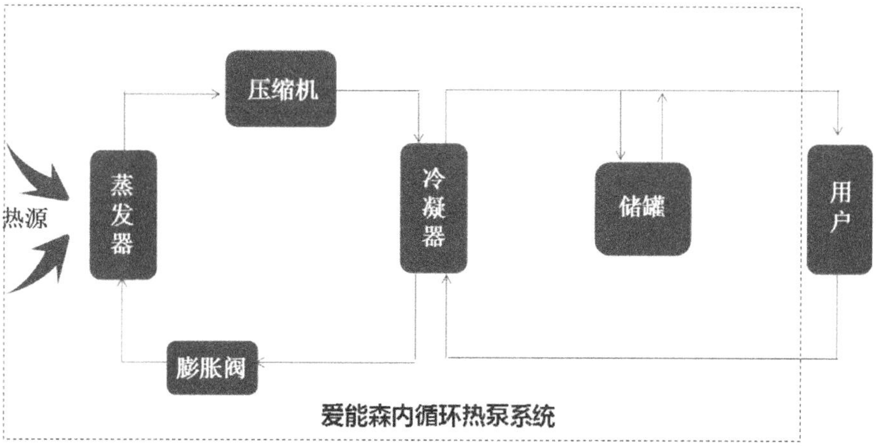

图 3　爱能森内循环热泵系统图

通过储能系统与热泵系统相结合，智能调控内循环热泵出口温度及进出口温差，保证内循环热泵系统的稳定性，提高内循环热泵的能效比（COP），通过储能系统二次加热，保证用户端进出口温度，形成爱能森内循环热泵系统，保证供热的稳定性、经济性。爱能森内循环热泵系统图如图3所示。

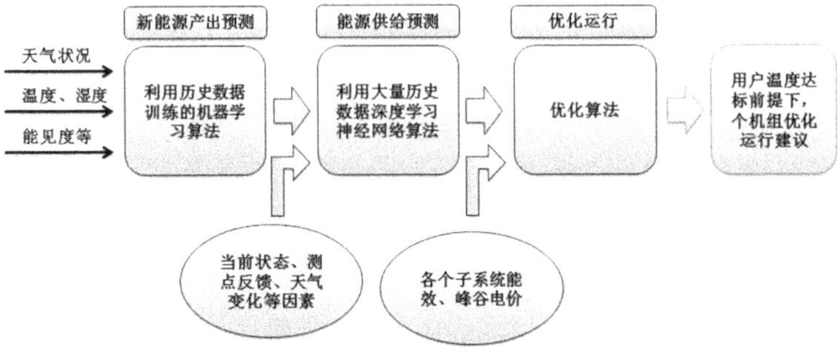

图4 智慧能源控制图

图4为智慧能源控制图。爱能森清洁能源供暖技术中，供暖管道及房屋都是一个储热体，通过智慧能源管理系统预测计算，热源站只需提供储热体损失的热量，保证室内温度恒定，减少能源损耗。通过天气预测系统和人工智能学习系统预估次日的耗能情况，夜晚谷电时段通过储能系统储存第二天调峰需要的能量，通过每隔10—15分钟的用户端情况检测以及环境数据检测，进行实时对比分析，实时调节循环泵、内循环热泵、储能系统输出负荷，避免能量损失。

3.2 爱能森“储能+多能互补+智慧能源”零污染高效冷暖系统的创新点

爱能森“储能+多能互补+智慧能源”零污染高效冷暖系统具有以下6个创新点：

（1）选用目前成熟的清洁能源供暖技术作为供暖基础负荷，配置储能系统进行补充及调节，采用多种能源相互结合的方式，保证供暖的稳定性；

（2）通过配置储能系统，降低系统初始投资，形成爱能森内循环热泵系统，改善现有清洁能源供暖技术的相关劣势；

（3）开发出高效、低成本的清洁能源供冷暖专用储能材料及系统；

（4）研发出智慧能源管理系统，实时监控用户端耗能情况，快速调节系统出力，保证用户体验舒适度，减少能源浪费；

（5）模块式设计及分布式建设，减少管网投资及传输损耗，系统规模可大可小，建设周期短，区域能源利用安全性好；

（6）真正实现老百姓用得起清洁能源，供暖成本几乎与燃煤供暖持平，平均供暖成本≤19元/平方米/季。

3.3 爱能森“储能+多能互补+智慧能源”零污染高效冷暖系统项目的意义

（1）符合国家及地方的产业政策、发展规划；该技术研发符合国家产业政策，积极响应国家发改能源〔2016〕1054号《关于推进电能替代的指导意见》，增加能源供应，改善以煤炭为主的供热能源结构，保障能源安全，保护环境，实现经济社会的可持续发展。

（2）减少污染，节约能源，保护环境；本技术主要采用的是谷电、空气能、地热能等零污染清洁能源。整套系统是采用多能互补的方式，最终实现最经济最节能的能源解决方案。通过本项目的建设，达到推进新能源利用、节约能源和保护环境的目的。

（3）降低能源成本、提高能源利用效率的重要手段；根据各种能源的时价，对能源利用的比例进行调整。谷电便宜多用谷电，地热能便宜多用地热能，再加上太阳能和空气能，可以使系统能耗费用达到最低，提高投资收益，同时也提高了各种能源的利用率。该技术供暖成本低，工程量小，建设周期短，降低了政府补贴及居民供暖成本压力。

（4）建设清洁低碳、安全高效现代能源体系的需求；推动“储能+多能互补+智慧能源”零污染高效冷暖系统建设，有利于促进清洁能源消纳。大大拓宽了能源的获取来源，有利于提高能源系统综合效率，以及能源供需协调、稳定调控能力，满足建设清洁低碳、安全高效现代能源体系的需求。

4. 该技术的相关科技成果鉴定

2018 年 1 月 11 日，由中国环境保护产业协会组织，来自国家能源局、环保部科技发展中心、中国质量认证中心、中国可再生能源学会等知名专家组成团队，在北京对深圳市爱能森科技有限公司的“储能+多能互补+智慧能源”零污染高效冷暖系统技术与实用工程进行了科技成果鉴定，如图 5 所示。

图 5　“储能+多能互补+智慧能源”零污染高效冷暖系统技术与实用工程鉴定会

形成如下鉴定意见：

（1）提供的文件资料齐全，内容翔实，符合鉴定要求；

（2）该技术成果通过自主研发的储能材料和储能系统耦合空气能、太阳能、谷电（弃电废热）等低价值能源开发出爱能森内循环热泵体系，结合智慧能源管理，创新和丰富了清洁能源的利用方式；

（3）该技术成果于 2016 年 11 月成功应用于山东寿光市三元朱村项目，现在已稳定运行两年。项目设计供暖面积 7.73 万平方米，供暖季每平方米供暖面积运行成本不到 19 元，与燃煤供暖相当，低于天然气 50%以上，项目实施后节能量约为1141吨标准煤，减少CO_2排放量2501吨、减少SO_2排放量17吨、减少NOx排放量3吨，经济效益、环境效益和社会效益显著。供暖季室内平均温度达到18℃以上，实现供冷供暖系统高效、稳定、安全、经济运行；

（4）运用该技术成果可进行单元化、模块化设计建设，成功用于分布式集中供冷供热；

（5）该技术成果经过国家权威机构查新、检测、评估：“国内外未见相同文献报道，符合国家产业政策，技术优势明显，能源综合利用率高，节能减排效果好”。系统具有单位体积储能密度大、内循环热泵效率高、启动响应速度快、系统能耗和损耗小、设备利用率高、投资和运行成本低等优势。在没有国家补贴的前提下，该技术产品的建设成本和运行成本均与燃煤锅炉供热成本相当。环境发展中心组织专家随后到山东省寿光市三元朱村等示范工程进行了专题调研，专家们一致认为：该项科技成果集成优化了多项清洁供热技术，技术上领先，工程上可靠，运维上稳定，经济上可行，受到用户青睐，为我国城乡可持续清洁供热提供了一条行之有效的途径。

截至2018年10月，爱能森已在山东、河北、河南、青海、甘肃、山西、陕西、黑龙江、吉林、辽宁等地区签订了HSES系统冷暖站建设合约，将替代传统能源供暖面积约1亿平方米。

5. 总结

爱能森“储能+多能互补+智慧能源”零污染高效冷暖系统，既可以做大规模集中式供暖，也适用于工业园、医院、学校、机场、居民区、边防哨所、离网岛屿等分布式应用场景，提供热水、暖气、冷气、蒸汽等，应用领域广泛。

该系统的推广可以改善目前我国北方以煤炭为主的供热能源结构，提高了能源的利用率，并降低了能源成本，实现了清洁低碳、安全高效的目标，为老百姓提供安全稳定、用得起的清洁能源。

该系统还填补了国内外技术空白，其技术指标处于国际领先水平，具备大规模推广应用条件，对解决气荒电贵、雾霾肆虐等国计民生问题将起到积极的作用。建议国家有关部门加大推广应用及扶持力度，为改善环境空气质量做出贡献。

28

基于“智慧+节能”的综合能源服务实践

任志远*

摘　要：

本文结合烟台东方能源科技有限公司的从事工业领域节能服务已近十年的经历。从“智慧+节能”方面，驱动综合能源服务商健康快速发展。随着国内外能源生产和能源消费两项革命的推动和展开，作为兼跨能源供需两端的综合能源服务将越来越受到青睐和重视，并发挥其积极作用，体现其重要价值。

关键词：

智慧+节能　实践　综合能源服务

* 任志远，研究员。烟台东方能源科技有限公司总经理，长期从事节能产品与服务、分布式能源领域研究与应用实践工作。

一、前言

烟台东方能源科技有限公司（以下简称东方能源）成立于2016年年初，其前身东方电子旗下的节能服务板块，是国家发展改革委首批备案的合同能源管理公司，从事工业领域节能服务已近十年。可以说，新公司是伴随着能源领域“互联网+”智慧能源兴起和新一轮电力体制改革启动，以及合同能源管理模式由效益分享型主导向能源费用托管型、节能量保证型，由工业节能向建筑节能、综合节能延伸拓展应运而生。创建伊始，公司使命就明确为打造一流的综合能源服务商，致力于向能源用户提供最优性价比和最佳能效的终端能源解决方案。东方能源是国内较早以综合能源服务为唯一主营业务的节能公司，也是较早完成由节能服务向综合能源服务全面转型的节能公司。

相比两年前，今天的综合能源服务在能源领域已经家喻户晓，其内涵也趋于达成共识。所谓综合，一般是理解为两个维度的内涵。一是横向以所提供服务的能源种类，其综合广度涵盖了终端用能的所有种类，包括并不限于电、热、冷、气、汽甚至水；二是纵向以所提供服务的业务种类，其综合深度可以覆盖从咨询、规划、设计、投资、建设直至运营的整个价值链。而针对具体的项目，无论是能源种类还是服务内容，都可以根据服务对象的实际情况因需而变，因地制宜。

传统意义的能源供需关系中，只有供给侧和需求侧。供给侧既包括能源的生产者，也包括能源的传输者和供应商，如电网公司、热力公司、燃气公司、水务公司等；需求侧即用能者，他们直接从能源供应商购买一次能源或二次能源，或直接使用，或通过二次加工成满足自己生产生活所需的能源形式。能源的供需交易直接完成，没有中间环节。即便有，比如园区或公租楼宇、商业综合体等业态的物业，中间环节也都是直接转移，并不产生任何附加价值。综合能源服务商的出现改变了这种传统关系，在能源供应方和需求方之间增加了一个环节，可以称之为“匹配方”或“匹配商”。相对于用户而言，它可视为供给侧，而对于供给侧而言，则可纳入需求侧。相对于供给侧关注能源来源和传输、接入，关注输配电网、热力网、燃气网等环节；相对于需求侧关注能源的应用和体验，关注与末端用能设备；匹配商关注的是用户用能系统的效率是否最优和能源的再分配是否合理高效，关注的重点是为固定区域提供服务的分布式能源系统、储能系统、配用电系统、空调系统、水系统等。

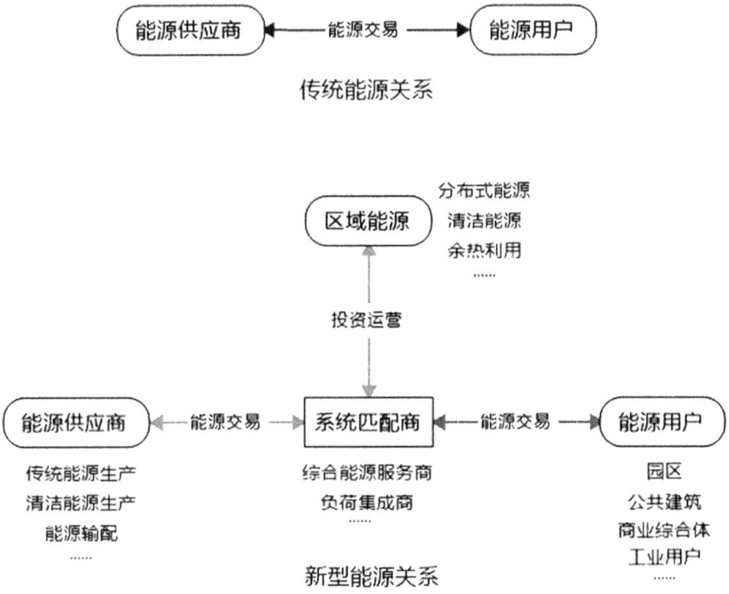

图 1　传统能源关系与新型能源关系对比示意图

为客户提供多种能源形式并满足其多种服务需求，是综合能源服务商的主要职能，也是能源匹配商存在的真实价值所在。

二、智慧+节能是综合能源服务的重要抓手

2016 年，国家发改委、能源局、工信部发布《关于推进“互联网+”智慧能源发展的指导意见》，把“发展用户智慧用能新模式、构建用户自主的能源服务新模式、拓展智慧用能增值服务”列为重点任务之一。智慧用能既是政策导向，也是大势所趋，是实施能源消费革命的重要条件。智慧用能将颠覆现有需求侧能源消费模式，现有能源体系的封闭、垄断结构将被彻底打破，新的能源体系将从以供应侧为中心彻底转向以用户需求为中心。在用户侧将大量

的分布式能源、储能、冷热电联供等系统投入运行，越来越多的用能者从单纯的能源使用者同时成为能源的提供者。同时，互联网、大数据、云计算等通用技术，以及分布式发电、储能、可再生能源利用、区域微网等现代能源技术的发展为智慧用能的快速发展提供了支撑和保障。作为本次能源革命所伴生的重要新生事物，综合能源服务商是用户侧能源系统的管理者，是用户侧智慧用能推动者，是用户侧智慧用能解决方案的提供者和实施者。智慧用能是综合能源服务的出发点和主要抓手。

节能，是综合能源服务不可或缺的另一个重要抓手，节能是综合能源服务的基本内容，节能收益是综合能源服务业务重要利润来源。一个综合能源服务商本质上是一个节能服务商；一个综合能源服务项目，必然是一个“能源费用托管型合同能源管理”项目。相对于其他节能服务形式，综合能源服务商开展节能服务更主动更积极，也更容易。节能服务由原来的用能方和节能服务公司的二元结构，变成了综合能源服务商一元主导，开展节能服务更主动更积极，也更容易。对于节能技术和节能设备的选择上，也从以前的技术设备主导，转变为需求主导、性价比主导。

三、区域综合能源服务实例

2017年9月，联合国环境署和国家发改委“SE4ALL全球能效加速器—城市区域能源系统中国项目启动会暨专家研讨会”在山东烟台召开，东方能源的“蓝色智谷区域能源项目”作为唯一案例，应邀交流，组织与会专家四十余人进行了现场观摩。蓝色智谷区域能源站，是一个典型的基于分布式区域能源解决方案的综合能源服务实例。通过特许授权和BOT模式，东方能源为烟台高新区蓝色智谷科技园提供涵盖冷、热、电等能源形式，从设计、投资、建设直至长期运营的综合服务。

蓝色智谷科技园总建筑面积30万平方米，总投资21亿元。园区由16栋单体建筑及配套商业用房构成，包括商务写字楼、创意孵化器、数据中心、企业总部、星级酒店等11个功能分区。全面投运后，预计将入驻企业500家以上，年营业额50亿元以上，带动链接企业2000家以上，成为引领烟台和山东半岛“互联网+”产业发展的旗舰型园区。

图 2　蓝色智谷科技园示意图

项目由东方能源投资 2000 万元以 BOT 模式在园区内投资建设两座清洁能源区域能源站，为入园企业提供冷、暖、电等用能系统的运营管理。合同服务期不少于 15 年，承诺合同期内能源收费标准不高于同类型建筑或园区市政标准。

结合高新区的定位和周边能源供给情况，本项目采用了多能互补的全清洁能源解决方案。能源站整合高效冷水机组、空气源热泵、低谷电蓄热、冰蓄冷、余热回收等多种技术，制冷、供暖以及热水供应全部以电能作为驱动能源。能源站配电容量 12MW，年用电量约 400 万 kWh。配置低谷电蓄热容量 8MW，低谷段用电量约 160 万 kWh/年，占全部用电量的 40%。

制冷供热技术方案采用多种技术耦合，实现初投资和运行能效上最佳平衡。在降低初投资的基础上，提高投资设备的利用率，在各种情况下保持系统的运行能效最高，实现全生命周期内的综合能效最高，成本最低。

夏季制冷采用冷水机组耦合空气源热泵；冬季供暖采用空气源热泵耦合低谷电蓄热锅炉；利用余热回收及热能梯级利用为园区提供热水，同时预留电储能、水蓄冷、分布式光伏接口。

大规模储热设备的使用，当期实现移峰填谷，获得综合用电成本最低；同时也为未来主动参与电力需求侧响应和更大范围的区域能源调配做好技术准备。

配用电管理方面，采用代运代维方式托管园区配电系统，为终端用户提供用电服务。东方能源通过负荷集成，参与山东省电力市场化交易，获得电价优惠和代售电增值服务收益，降低用电成本。

系统和设备满足无人值班要求，配置智能控制系统实现空调系统的全天候节能运行；项目纳入东方能源“智慧用能云平台监控系统”，实现远程监控和能源数据统计分析；可依据能源价格变动调整运行模式，最优能效和最低成本。

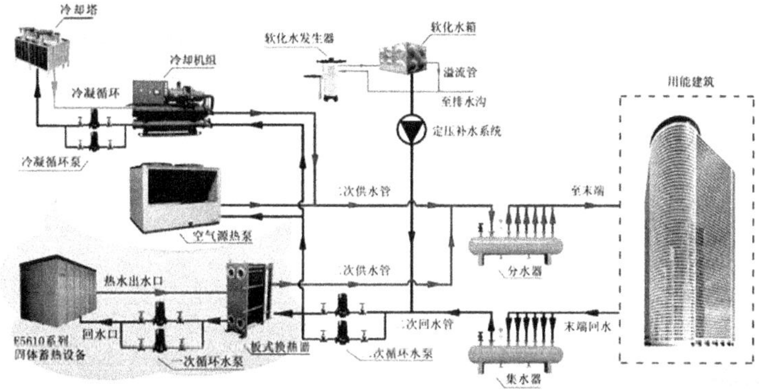

图3　智慧用能云平台监控系统

项目初投资高于传统模式，但低碳环保、运行成本低；综合能源服务公司以BOT模式实施，可实现能源服务公司、园区管理者、入住企业和社会环境的多赢。技术设备的合理配置，也充分体现了能源服务商在专业技术、资金和运营技术方面的综合优势。

1. 缓解业主方投资压力，促进先进、高能效的区域能源系统建设，利用能源服务公司的技术优势，避免因技术决策失误导致的投资损失；

2. 针对固定区域进行能源系统统筹规划和投资建设，减少系统冗余度，降低投资成本，提升能源系统的利用率，实现能源的梯级利用，提高区域内的整体能效；

3. 能源服务公司以投资持有、设计、收益、运维四位一体，有利于控制建设质量、确保系统运行稳定；

4. 定制化能源供应，用能更灵活（时间、周期、温度等），业主主要职能由投资和管理转变为第三方的监督考核；

5. 用市场化模式，解决环保问题，优化区域内能源结构，每年可减少区域内燃煤5500tce，区域减排二氧化碳1.44万吨。

四、结束语

2016年以来，东方能源积极拓展区域能源服务业务，顺利完成从一个传统节能服务公司向专业化综合能源服务公司的蜕变。目前公司提供综合能源服务的范围已覆盖烟台全域，为区域内公共机构、公共园区、企事业单位提供基于能源托管的区域能源投资建设运营、分布式光伏发电系统的投资建设运营、城市绿色出行光伏充电系统的投资建设和运营等综合能源服务。目前已为近100万平方米面积的建筑提供区域供暖供冷服务，其中清洁能源供暖供冷面积

图4　能源管控云平台信息总览

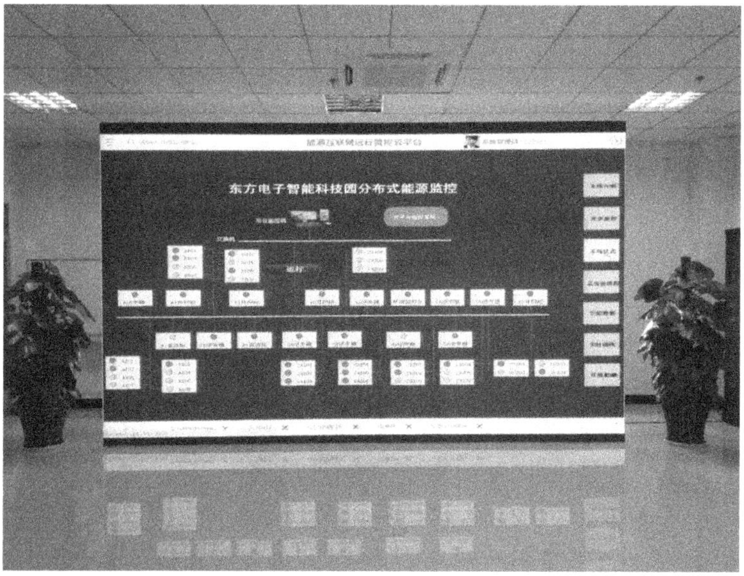

图 5　东方电子智能科技园分布式能源监控

约 50 万平方米；拥有分布式光伏系统 10 余座，总装机容量 20MWp，年发电量超过 2500 万 kWh，折合减排二氧化碳 15 余万吨；服务和管理发配充电容量约 62MVA，年用电量约 2 亿 kWh；拥有 5 个电动汽车充电站，年充电约 5 万车次，年充电量 300 万 kWh；为全市 1000 余辆电动公交提供充电服务。

智慧用能是综合能源服务的基本任务和终极目标，节能降耗是综合能源服务的基本手段和收益来源，“智慧+节能”是驱动综合能源服务商健康快速发展的双引擎。随着国内外能源生产和能源消费两项革命的推动和展开，作为兼跨能源供需两端的综合能源服务将越来越受到青睐和重视，并发挥其积极作用，体现其重要价值。

B 29

智慧能源与零碳生活

常 幸*

摘 要：

随着全球变暖趋势的日益明显以及碳排放的高速增长，人们越发意识到环境问题的紧迫性。面对经济发展、能源枯竭和环境恶化的三重压力，“零碳生活”理念日益成为人们关注的焦点。从需求侧发力，综合利用以可再生能源和能源物联网为主要内容的智慧能源产业创新成果，在持续不断提升人类生活质量和水平的同时，人类生产生活做到温室气体的净零排放，从而实现人与自然和谐共生，人类社会可持续发展。本文分别从什么是零碳生活、为什么在中国倡导零碳生活、如何在中国推广零碳生活三个方面进行了阐述。通过梳理零碳概念、研究国外建设零碳社区的实际经验以及对日益严重的环境问题的分析，进而提出在中国倡导零碳生活的可能性和必要性。

关键词：

全球变暖 零碳生活 需求侧 智慧能源 净零排放

* 常幸，清华大学工商管理硕士，曾任承德市常务副市长、河北省经贸委副主任、华北制药集团有限公司董事长兼党委书记，现任中国智慧能源产业技术创新战略联盟副理事长。

1. 什么是零碳生活

零碳是相对高碳、低碳而言的一个动态概念。

人类从钻木取火开始，利用含碳的自然物质获取能源，有力地推动了人类社会不断进步。特别是煤炭、石油、天然气等高碳的化石能源的开发利用，有力地推动了工业革命，创造了巨大的物质财富。但是，也带来了一个全球性问题：二氧化碳及甲烷、氮氧化物等其他有害气体的大量排放，造成了严重的空气污染和温室效应。

1896 年，瑞典科学家斯万 Ahrrenius 警告说，二氧化碳排放量可能会导致全球变暖。20 世纪 70 年代以后，越来越多的科学家重视二氧化碳排放引起的问题，联合国开始响应科学家的呼吁，于 1972 年 6 月 16 日在斯德哥尔摩通过了联合国人类环境宣言。

20 世纪 80 年代末 90 年代初，政府间组织多次召开政府间会议讨论气候变化问题。1988 年，联合国环境规划署和世界气象组织成立了政府间气候变化专门委员会（Intergovernmental Panel on Climate Change，IPCC）。1990 年，IPCC 发布了第一份评估报告。

1992 年 6 月在巴西里约热内卢开放签署《联合国气候变化框架公约》，旨在控制大气中二氧化碳、甲烷和其他造成温室效应的气体的排放，将温室气体的浓度稳定在气候系统免遭破坏的水平上。190 多个国家批准了这个公约，全球性的节能减排行动陆续展开，发展低碳经济成为全球性的共识①。

1997 年 12 月，80 多个国家在日本京都签订了京都议定书，温室气体减排成为发达国家的法律义务。

2015 年 12 月 12 日在法国巴黎通过、2016 年 4 月 22 日在纽约签署、2016 年 11 月 4 日正式生效的《巴黎气候变化协定》，为 2020 年后全球应对气候变化行动做出安排，正式提出了 2035 年前后温室气体排放达到峰值，21 世纪下

① 联合国：联合国与气候变化主要文件。

半叶实现温室气体净零排放的目标。

由此可见，零碳是人类在应对全球性气候变化的过程中，从倡导低碳到争取净零排放，逐渐形成的一个动态的概念。

理解和使用零碳概念需要把握三个要点：

第一，零碳概念中的碳不是简单的指碳元素，也不是单指二氧化碳，而是指以二氧化碳当量测算的造成温室效应各种有害气体。

第二，零碳概念中的零不是指人类某项活动在某一时点的温室气体排放为零，而是指人类某项活动全生命周期的温室气体排放为零。

第三，零排放不是绝对没有二氧化碳当量的温室气体排放，而是指通过科学合理地计算人类在一定时段和区域内的各种生产、生活活动产生的各种温室气体的排放总量，有针对性地综合采用相关技术和管理措施，例如通过植树和其他碳中和措施，把温室气体的排放量吸收掉，达到排放与回收的总量平衡，实现以二氧化碳当量计算的各种温室气体净零排放。简言之，零碳是指：碳源（生产生活中产生的二氧化碳）－碳汇（林地、湿地、其他绿植所吸收的二氧化碳）＝零。

零碳生活是有志于为保护地球做贡献的先驱者在保护地球的实践中创造出来的代表未来人类文明的全新生活方式。这种生活方式的核心理念和基本特征是：综合利用以可再生能源和能源物联网为主要内容的智慧能源产业创新成果，在持续不断提升人类生活质量和水平的同时，人类生产生活做到温室气体的净零排放，从而实现人与自然和谐共生，人类社会可持续发展。也就是说，温室气体的净零排放，不是靠放弃发展，放弃现代化，倒退回原始社会来实现；而是在发展中继续追求高质量发展，高水平生活的同时实现。

零碳生活的先驱，英国零碳工厂的创始人比尔·邓斯特（Bill Dunster）先生 1999 年创建的伦敦贝丁顿社区是第一个被社会公认的零碳社区。

比尔先生和他的团队在 2010 年上海世博会上建造的伦敦零碳馆向中国人民展示了零碳生活的基本形态。

现阶段体现零碳生活的社区大体由八个系统组成：（1）支持零碳交通、通信、照明和公共服务设施的分布式太阳能光伏能源物联网系统；（2）因地制宜利用传统能源以及地热、风能或其他可再生能源的多能互补的微网系统；

（3）储能、保温、除湿的双向通风系统；（4）溶液除湿系统；（5）零碳供热和冷却系统；（6）雨水收集和绿植系统；（7）建筑外墙的整体保温隔音系统；（8）垃圾无害化、资源化处理系统。

绿色建筑、被动房屋、零碳建筑、电动车等都是零碳生活的重要组成部分，但不是完整意义上的零碳生活。一个相对完整的零碳生活应该由零碳能源、零碳交通、零碳通信、零碳设施、零碳建筑、零碳家居、零碳生产、零碳管理等多种要素系统优化整合而成。

近年来，零碳生活的理念、技术和相应的管理方法已经走进大多数发达国家，正在向发展中国家普及。

2. 为什么在中国倡导零碳生活

在中国倡导零碳生活是适应中国特色社会主义新时代的要求，走高质量发展的道路，满足人民日益增长的对更加美好生活的需求，为构建人类命运共同体创造必要条件。

中国特色社会主义新时代的主要矛盾是：人民日益增长的美好生活需要和不平衡不充分发展之间的矛盾。① 这个矛盾在能源领域表现得非常突出。2016年，我国平均每人每年耗电3400千瓦时，发达国家平均8000千瓦时左右，美国高达1.5万千瓦时，中国人均耗电仅是美国人的22.7%。② 然而由于我国人口基数大，如此低的人均消费就使我国的能源消耗总量达到了世界第二位，全国能源消费总量达到了43.6亿吨标准煤。再加上我国能效低，能源结构不合理的因素，我国成为碳排放第一大国。中国人均国民生产总值刚过9000美元，不可能不继续发展。但是如果沿着过去的路子前行，确实不可持续。假设未来三十年中国人均耗电达到美国人现在的水平，全国年度能源消费总量就要在现有基础上增加3.4倍，达到192亿吨标准煤。不仅我国自己没有这么多的资源，整个地球也无法承受。联合国政府间气候变化专业委员会第二次评估报告

① 《十九大报告》，新华网，2017年10月18日。

② 《国家能源局：我国人均能耗已达世界平均水平》，新华网，2012年5月28日。

预测，如果仍按2013年的速度增加温室气体，到21世纪中叶，全球平均气温就要上升2—3℃，由此带来一系列自然灾难。如果像中国这样的大国加倍排放二氧化碳，自然灾难可能提前发生。近年来京津冀地区的严重雾霾和怪异的气象已经敲响了警钟。美国前总统奥巴马2011年4月15日在接受澳大利亚人的记者采访时曾说，如果超过10亿的中国人进入美国人现在这样的生活方式，世界将面临严重的灾难，地球将不可持续。我们可以把他的话看成心怀叵测的危言耸听，但不能不认真思考中国未来三十年的发展道路。实际问题比这样简单推算更为严重！因为我们不仅人口基数大，消耗总量多，而且能效低，能源结构严重不合理。目前我们的能源利用效率仅为33%，单位GDP能耗是世界平均水平的2.5倍，美国的3.3倍，日本的7倍。[①] 我们的能源主要依赖污染重的煤炭，火力发电占了全部发电量的72.2%。而可再生的风电、光电仅占5.1%。民用散煤超过3亿吨，仅京津冀地区冬季取暖用散煤燃烧总量就达到4000万吨。环保部数据显示，散煤燃烧排放的污染物相当于等量电煤的十倍。严峻的现实告诉我们，如果我们不提高能效，不改变能源结构，不改变生产生活方式，老路子难以为继。中国必须革命性地开拓新路，寻求一个不同于西方国家过去百年的、新的生产生活方式，做到在不断满足人民对美好生活的需求同时，又能降低能耗、提高能效、逐步实现污染物的净零排放。

现存矛盾蕴含着出路。倡导零碳生活，正是响应新时代的呼唤，探索走出一条适合我国国情的高质量的可持续发展的新路。从需求侧发力，综合利用以能源物联网为核心的智慧能源的理念、技术和方法，提高能效、降低能耗、通过多能互补逐步优化能源结构，实现可再生能源平稳替代传统能源，最终实现零碳排放。

在中国倡导零碳生活可以带来N个好处。

第一，可以给人民大众提供更加美好的生活。零碳生活是一种高品质的生活，它的品质主要体现在空气清新、环境优美、安全方便、体感舒适、经济可行、心情愉悦等方面。零碳生活社区主要采用风、光、地热、生物质等可再生无排放的新能源，所在社区可以做到小环境空气清新。零碳生活社区重视采用

---

① 《我国能源消费总量控制方案将出台》，《中国商报》2012年5月29日。

多种方法增加绿植，一方面吸纳二氧化碳，一方面构成美丽景观。零碳生活采用物联网技术调控优化交通、通信、公用设施、安防、家用等各类电器，可以使人们的生活更加安全方便。零碳生活社区在建筑物设计方面尽可能采用先进的保温、除湿、隔音和新风等措施，使室内的温度、湿度、噪音和空气清新度都能保持在有利于健康的水平，让生活其中的人们获得舒适的体感。零碳生活社区综合采用先进的规划设计、建筑安装技术和能源管理措施，不仅不增加额外的建设成本，而且可以做到日常生活零账单，即不需要再向他人购买能源。与传统社区相比，人们在日常生活中切身感受到零碳生活的各种优势，心情自然更加愉悦。

第二，可以汇聚能源、通信、交通三大基础行业的新技术，创造出高质量的生活方式。人类历史反复证明，能源、交通、通信三大基础行业的新技术汇聚到一起，就会带来全社会革命性的变化。零碳生活可以把代表能源行业发展方向的可再生能源、代表交通行业的电气化智能化产品和代表通信行业革命的物联网融合在一起，使人们的生产生活方式发生根本性的变化。三大基础行业自身也加快结构优化升级。

第三，可以带动多种新技术、新材料加快发展。众所周知，新技术新材料发展初期都会遇到成本偏高的困境，加快发展的一个必要条件是，通过扩大规模降低边际成本。零碳社会采用分布式能源和先进的储能技术，用物联网技术系统优化，为光电、风电等可再生能源提供了消纳市场，使闲置的产能得到释放，同时降低了成本，增加与传统能源的竞争力，加快可再生能源替代传统能源的进程。零碳生活社区与智慧社区、智慧交通、智慧家庭有机结合，可以为许多新产品提供市场。由于零碳社区尽可能多地使用节能环保材料，也将带动许多环境友好的新材料的发展。

第四，可以促进新型的城镇化道路，并带动乡村振兴。根据目前的技术经济水平，三生（生产、生活、生态）融合的零碳生活比较适合在大城市周边的小城镇和生态环境比较好的旅游景区布局。一方面可以疏解大城市的压力，一方面大量吸纳农民进城就业。随着农村人口减少，农业效率提高，农村土地搞活，农民财富增加，乡村振兴也就有了扎实的基础。房地产业也有望由此优化升级。

第五，各级政府通过鼓励支持零碳生活发展，不仅可以创造就业机会，增加税收来源，而且可以让人民群众增强实实在在的获得感，从而获得人民群众的更多信任和支持。百姓安居乐业，安定团结有根。

第六，中国倡导零碳生活，脚踏实地走出一条13亿人共同可持续发展的道路，具有巨大的世界意义。过去的一百多年，西方国家不到10亿人工业化，就造成了严重的全球气候灾难。如果中国13亿人在完成工业化和现代化的进程中，逐步实现了温室气体净零排放，将向世界展示中国是一个能够对解决全球性问题负责任的大国，从而为构建人类命运共同体创造出必要条件。

3. 如何在中国推广零碳生活

旧事物的辉煌在我们的背后，新事物的辉煌在我们的面前。

零碳生活是代表未来文明的新的生活方式，和其他新生事物一样，发展初期往往要经历三个阶段：

第一阶段，它刚刚出现的时候，很多人不认识，甚至认为它是不可能的。例如，2010年，上海世博会展出英国零碳馆时，很多人不以为然。

第二阶段，虽然有人意识到它是可能的，但经济上不划算，赔钱赚吆喝。社会效益可能不错，但市场价值不高，不值得去做。例如，近年来，中国一些地方相继建造了一些生态友好的建设项目，被动式建筑和其他绿色建筑逐步增多，但是由于性价比不高，不被投资商看好。零碳社区的创始者——英国零碳工厂相继在北京、上海、浙江、江苏、安徽和江西等地搞了一些零碳项目，主要靠说服有眼光的领导人，取得地方政府的支持，也没有真正赢得资本的青睐。

第三阶段，敏锐而勇敢的开拓者先行一步，成功案例开始吸引眼球，越来越多的人认识到它的未来前景，各类资源争相汇聚。套用资本市场的一个词，“风投”形成。

2018年，零碳生活仍处于发展初期，第二阶段与第三阶段交替，是大概率事件。理由有三：

第一，从政治层面看，通往零碳生活的方向、目标和道路都已经明确。中共十九大在五位一体总体布局的基础上，进一步明确了建设“美丽中国”的奋斗目标，把生态建设摆到了前所未有的重要位置。全国人大修改完善了环境保护法和其他相关法律，国务院和发改委、住房建设部、交通部、能源局等国家有关部门也相继出台了鼓励支持生态环境建设的政策法规。特别是去年中央陆续推出的“农村集体建设用地进入市场”和“逐步建立完善碳交易市场”这两项革命性的大政策，非常有利于生态文明建设。应该说，现在推广零碳生活名正言顺，天地人和。

第二，从经济层面看，推广零碳生活符合中国经济转型升级的大趋势。我国经济在从高速增长转向高质量增长，市场供求关系发生结构性变化，高层次的需求快速增长。人们的消费从以满足吃、穿、住、行基本要求逐步转向追求环境、卫生、健康、文化、娱乐。越来越多的人向往空气清新、环境优美、安全方便、舒适有趣、品味时尚的现代生活。未来十年，不仅城市将产生近5000万个新家庭，农村还有2亿多农民要走进城市，大都市圈里的特色小城镇将备受城市和农村的年轻人青睐。以小城镇为主要载体推广零碳生活有利于供给侧优化升级，具有巨大的市场空间和长远的成长性。房地产业可以借此转型升级，由数量型增长转到质量型增长。

第三，从技术层面看，推广零碳生活契合了新技术的发展路径。零碳生活高度依赖新能源支持。近年来，我国的光电、风电、地热和生物质能等可再生能源高速发展，未来十年很可能实现增量替代。目前一些优秀的光伏发电和风力发电企业补贴后的成本已经达到煤电的水平，随着技术进步、需求增加、规模扩大、边际成本下降，预计2020年前后，光电、风电等新能源不用政府补贴，就可以达到煤电的水平。最新数字显示，2017年光伏发电增长了70%。有关专家保守估计，2035年前后，我国新能源有可能开始存量替代煤电。可再生能源的快速发展使零碳建筑在技术和经济上成为可能。储能技术、通信技术和智能技术正在加快进步和融合，使零碳交通、通信和其他公共设施都有可能成为现实。各种保温隔音环保的新材料也在不断更新。据英国零碳工厂测算，目前中国的各项技术水平已经可以支持零碳社区的建设成本不高于甚至低于传统社区，零碳社区可以实现零账单运行，零碳社区的市场价值将明显高于传统社区，投资和运营商可以稳定获利。

简言之，零碳生活，恰适中国，良机难遇，不为则咎。

4. 智慧能源与零碳生活相辅相成

智慧能源和零碳生活的目标一致，都是为了可持续发展，实现人与自然、人与人和谐共生。零碳生活是智慧能源产业创新成果综合应用的集中体现。智慧能源产业创新支持零碳生活发展，零碳生活吸纳智慧能源产业创新成果。

30

结语：清洁能源　智慧引领

国际清洁能源论坛（澳门）主编的清洁能源蓝皮书《智慧能源产业创新发展报告（2018）》将于今年12月11日至13日在澳门举行的第七届国际清洁能源论坛上正式发布。这是一部集政策研究、行业指引、创新实践与于一体的智慧能源产业蓝皮书。蓝皮书从多个角度论述了智慧能源发展的脉络，目前的创新实践和未来的发展方向，对决策部门、科研机构和企业都有一定的战略指导和借鉴意义。蓝皮书分为四个部分：行业综述、市场创新、技术创新、创新实践，由29篇独立研究报告构成。

当前，新一轮能源革命正在全球范围内加速推进，智慧能源应运而生、迅猛发展，深刻改变着人类社会生产生活方式。智慧能源，即拥有自组织、自检查、自平衡、自优化等人类大脑功能，满足系统、安全、清洁、经济要求的能源形式，既是能源革命的终极目标，也是能源革命的必经过程，被视为掀起第三次工业革命浪潮的基础源动力。智慧能源的载体是能源，保障是制度，动力是科技，精髓是智慧。智慧能源作为一种全新的能源形式，包括符合生态文明和可持续发展要求的相关能源技术和能源制度体系。智慧能源是一套以能源工业为基础，通过互联网开放平台实现对创能、储能、送能、用能系统的监测控制、操作运营、能效管理的综合服务系统。智慧能源以能源为载体，通过多能互补和源—网—荷—储的协调管理，实现能源与信息的高度融合。

能源互联网是智慧能源研究的一大重点。特别是在全球各国风电光伏等可再生能源快速发展的背景下，能源互联网以智能电网、智能热网、智能燃气网为骨干，利用互联网、大数据、云计算、物联网及其他前沿信息通信技术，综合运用先进电转电、电转热、电转气等能源转换设备，利用高效蓄电设备、储冷储热设备及储气设备实现能源高效存储，最终实现电、热（冷热水）、气（氢气）三网有机融合，并以未来每个自主智慧分布式可再生能源发电的建筑为中心节点，构成智慧能源与互联网的紧密耦合系统。能源互联网是新能源技术、智能电网技术、信息技术的集成创新，最突出的技术特征有两个。其一是多能互补：如电力、冷热和燃气的供应方式多能互补以提高能源利用率；风电、太阳能电、生物质电与传统发电的多能互补以减少弃风弃光，提高风电光电的投资效益。其二是“源网荷储用”的全过程优化，与从生产环节出发，供应和使用相对独立的传统能源产业不同，能源互联网强调以用户侧为中心，由“源网荷储用”构成了一种能源供应、输配、需求、转移和交易的环状结构，不再由供应侧发起到终端用户消费的单向线性结构。

智慧用能是智慧能源的另一个研究重点。2016 年，国家发改委、能源局、工信部发布《关于推进“互联网+”智慧能源发展的指导意见》，“发展用户智慧用能新模式、构建用户自主的能源服务新模式、拓展智慧用能增值服务”列为重点任务之一。智慧用能既是政策导向，也是大势所趋，是实施能源消费革命的重要条件。智慧用能将颠覆现有需求侧能源消费模式，现有能源体系的封闭、垄断结构将被彻底打破，新的能源体系将从以供应侧为中心彻底转向以用户需求为中心。在用户侧将大量的分布式能源、储能、冷热电联供等系统投入运行，越来越多的用能者从单纯的能源使用者同时成为能源的提供者。同时，互联网、大数据、云计算等通用技术，以及分布式发电、储能、可再生能源利用、区域微网等现代能源技术的发展为智慧用能的快速发展提供了支撑和保障。作为本次能源革命所伴生的重要新生事物，综合能源服务商是用户侧能源系统的管理者，是用户侧智慧用能推动者，是用户侧智慧用能解决方案的提供者和实施者。智慧用能是综合能源服务的出发点和主要抓手。

智慧能源即是能源革命的终极目标，也是能源革命的必经过程，涵盖能源开发、利用、生产、消费智慧化不断提升的过程；同时智慧能源不仅是技术，更是一种制度，包括能源的新形式、新模式、新业态以及价格政策及制度政策等。因地制宜实施传统能源与风能、太阳能、地热能、生物质能等能源的协同开发利用，优化布局电力、热力、供冷、供水管廊等基础设施，通过分布式可再生能源和能源智能微网等方式实现多能互补和协同供应，为用户提供高效智能的能源供应和相关增值服务，同时实施能源需求侧管理，推动能源就地清洁生产和就近消纳，提高能源综合利用效率。智慧能源引领清洁能源发展。

蓝皮书由国内外从事智慧能源行业开创的著名专家、学者和企业家所组成的智慧能源产学研课题组共同编写。参加课题组的成员有：中国广核集团有限公司、中国南方电网公司、浙江省能源集团有限公司、新疆金风科技股份有限公司、葛洲坝中科储能技术有限公司、葛洲坝能源重工有限公司、云图资本、中国环境科学研究院、中国科学院大连化学物理研究所、中检（天津）能源技术服务有限公司、英利集团零碳发展研究院、中科华跃能源互联网研究院、烟台东方能源科技有限公司，天津天大求实电力新技术股份有限公司、深圳爱能森科技集团、上海绿色翅膀科技发展有限公司，济南大陆机电股份有限公司、赫普能源集团、杭州哲达科技股份有限公司、广州智光自动化有限公司、广东工业大学智慧能源研究中心、北京建筑技术发展有限责任公司、安泰科技股份有限公司、Energo Labs、Energo Foundation、美国 FinTech4Good 区块链前沿组织以及中国智慧能源产业技术创新战略联盟。在此，我要感谢上述单位和专家学者贡献的经验和智慧，特别感谢中国智慧能源产业技术创新战略联盟理事长王忠敏先生所付出的大量心血，几乎动员了整个联盟的中坚力量参与了课题研究，还要感谢《中国电力报》社齐正平主任的指导和帮助。蓝皮书出版得到了澳门基金会的大力支持和资助，特此鸣谢。

国际清洁能源论坛（澳门）理事长

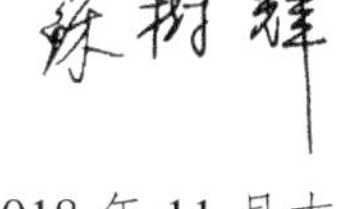

2018 年 11 月吉日

Contents

Abstract: "Internet+" Smart Energy is an important strategic support to promote energy revolution, which is of great significance to China's economic transformation and green development. However, due to the slow establishment of market mechanisms and the lag in the development of technology applications, the value of the Internet + Smart Energy industry has not been fully reflected. To break through this development bottleneck and open up the road to industrialization, we need a two-pronged approach: market development and product creation. On the one hand, we should take industry integration as the core path and actively promote the industrial integration and coordinated development of Internet + Smart Energy with energy industries, industrial users, commercial buildings, residential users and transportation industries to achieve rapid development and growth. On the other hand, it is necessary to build a standardized product and service system as the key measure, moving away from a situation in which "everyone fights their own battle" or in which solutions are only tailored to specific local conditions. The foundations must be laid for achieving scaled development.

Key words: Smart Energy; Industrialization; Industry Integration; Standardized Product and Service System

Abstract: Along with the introduction of policiesconcerningthe smart energy industry, this industry has gradually become the focus of other sectors. This article explains the current status of smart energy development, describes the current thinking regarding Energy Internet and smart energy, notes the key technologies which need to be developed and considers the future prospects of the smart energy industry. It is expected that by 2025 the smart energy industry will be deployed into large scale promotion and application, and will then reach an international scale when conditions permit.

Key words: Smart Energy Industry; Energy Interconnection; Research and Practice

B.3. Standards as Support on Path to Innovation and Development of Smart Energy Industry *Wang Kejiao, Chen Wei, Duan Zhijie* / 024

Abstract: Smart energy is not only concerned with energy itself, it also means the operation mode of the "Internet" + Energy System. The innovation of the smart energy industry and the construction of Energy Internet are technical steps and specific actions to drive energy revolution. Standards and standardization are essential technical supports for the innovation of the smart energy industry. While there is no consensus yet on the basic concepts, terms and definitions, conceptual models, framework structures and evaluation indices for smart energy, unified standardization regulations at all level of society for smart energy would support the future development of this industry. This article presents an overview of the history of smart energy's rapid development in China, reviews the demands for industry standards, summarizes the current status of Chinese national and industry standards over the past two years, and makes relevant suggestions for the improvement of standards in smart energy.

Key words: Smart Energy; Energy Internet; Standard; Group Standard

B.4. Market Innovation of Distributed Energy Internet in Japan: From "DR" to "VPP" *Zhou Jie* / 037

Abstract: After the 311 East Japan Earthquake, with the deepening of the energy system reform in Japan, the existing large-scale centralized energy supply system began to transform into a distributed energy system represented by, among others, photovoltaics, batteries, electric vehicles and fuel cells. Technological advances in the energy Internet have accelerated the pace of innovation in distributed energy technologies and innovation in the power market.

New technologies, new business forms and models, represented by demand response (DR) and virtual power plants (VPP), can not only use energy Internet to aggregate a large number of scattered distributed power sources, reduce power generation costs, and solve the problem of high proportion renewable energy consumption, but also play the role of peak shifting and valley filling through demand-side frequency modulation. They can also now help with natural disaster prevention and damage reduction measures. Therefore, DR and VPP have become a major highlight of the Japanese distributed energy Internet market.

Key words: Distributed Energy; Demand Response; Virtual Power Plants; Energy Internet; Electric Power Management from the Demand Side

5. Decentralized Wind Power and Energy Internet

Pang Yunting, Zheng Dehua, Zhang Guoju / 056

Abstract: Decentralized wind power can be directly connected into the grid with single or multiple wind turbines, combined with photovoltaics or energy storage, in line with energy management, and can form the Energy Internet. These are important means to promote local utilization of wind energy. It has the advantages of high use time and low transmission loss, and is one of the most important development trends within the wind power industry.

This paper gives an in depth study of the industrial development trends, the key technology developments and an evaluation of a typical project using decentralized wind power and Energy Internet. In line with the Smart Energy Internet project of Jinfeng Science and Technology Industrial Park, the key elements are analyzed and evaluated, and the practical experience is summarized.

Key words: Distributed Wind Power; Energy Interconnection; Multi-energy Complementary System; Key Technology

Abstract: In recent years, the constraints of energy resources and environmental factors have posed new challenges for the traditional energy setup. The adjustment of energy structures is progressing towards energy which is economical, highly efficient, clean and low carbon. Against this backdrop, energy storage is one of the indispensable supporting technologies in the fields of renewable energy access, electric vehicles, smart grids, distributed generation and micro-grid systems, and is attracting more and more attention. Among all of the energy storage technologies, Lithium-ion battery technology has been rapidly developed thanks to the increased promotion of electric vehicles, and its application in the energy storage field is drawing increased attention. This paper will review the development policies of the energy storage industry, analyze the current status of lithium-ion batteries within this industry in recent years and forecast the future development prospects.

Key words: Lithium-Ion Battery; Power Energy Storage; Policy

Abstract: Fuel cells have shown great advantages in tackling the problems of energy shortage and environmental pollution due to their high energy density and the fact that they are environmentally friendly. This articleintroduces the research background, power generationprinciple and classification of fuel cells, reviews recent advances in research, explains how "Smart + Electric Vehicle + Fuel Cell" will be the direction of vehicle development in the future, and examines the future prospects of fuel cells.

Key words: Fuel Cell; New Energy; Smart Energy; Electric Vehicle

B.8 Demand Side Based Energy Internet Planning

Xue Zhifeng, Zhang Yongning, Liu Ye, Li Ting, Hu Jun, Chen Guansheng / 113

Abstract: This article reviews Chinese most recent energy policies and describes the development of Energy Internet technology, from concept to implementation, in the context of a new type of urbanization. This paper also analyses two main technical characteristics of the Energy Internet, details integrated energy planning based on the demand side, including operation steps, technical measures and evaluation indices. Taking Cuiheng New Area as a case, in combination with the construction plan of a new energy micro-grid, the development opportunities for industrial transformation brought about by an energy revolution are also analyzed.

Key words: Integrated Energy; Demand Side; Planning; Energy Internet

B.9 Analysis of Application of Energy Digitalization Based on Blockchain Technology

Yun Tu / 126

Abstract: Along with the trend towards digital technology that we are seeing nowadays, blockchain technology is attracting more and more attention. The number of blockchain projects in the past year totaled 1535, and the market value has reached 181.6% of the total historical value of previous years. Blockchain has also begun to be applied in various fields. In recent years, with the slowdown of global economic development, energy demand entered a stage of low growth. On the one hand, the traditional business model of energy companies no longer fits the needs of digital and low-carbon economic development. On the other hand, energy transformation promotes the rapid development of the energy industry. The development trends of clean energy consumption structures are clear. In the energy supply structure, the supply of natural gas, hydropower, nuclear power and wind energy has been steadily increasing. However, the energy structure still has defects, such as the monopoly of energy entities, slow transition of structures, insufficient clean energy products, insufficient energy supply and irrational prices. At the same time, the rapid development of the Energy Internet, the continuous improvement of energy systems, the diversification of types of energy, the distribution of energy systems, the marketization of energy trading and the use of smart technology for power grids have become the future trends of the energy industry's development. Based on detailed analysis of blockchain technology, this paper will explore the applications of blockchain within the energy industry.

Key words: Blockchain; Energy; Energy Interconnection; Distributed Energy

Abstract: The intelligent energy community (IEC) is a significant application of the concept of Energy Internet, which enables energy management on the demand side by utilizing multi-dimensional technological developments. This paper provides a brief of the key technologies for the IEC, based on which the new organizational and business model is developed. By utilizing technologies like big data, blockchain, energy saving technologies, electric vehicles, energy storage and IoT, IEC could achieve autonomous organization of distributed energy. At the same time, carbon assets and climate finance also provide new perspectives and opportunities in promoting a sustainable and environmentally friendly development model. Within this context, this paper also proposes new suggestions for the development of the IEC by investigating different programs and pilot projects around the world.

Key words: Energy Interconnection; Smart Energy Community; Big Data; Distributed Technologies; Climate Finance

Abstract: This paper explores whether investment in distributed photovoltaics can achieve predictable economic returns without being subsidized. This paper researches the block-chain enabled distributed energy trading platform, which allows distributed energy production and marketing to be carried out freely based on the market energy price. This paper also analyses the economic return of investment in power stations using this method, evaluates whether it is possible at present not to subsidize new distributed energy sources, and discusses what requirements still need to be met in order to work without subsidies.

Key words: Energy Blockchain; Micro-grids; P2P Trading; Distributed Photovoltaics

B.12. The Development and Practice of Smart Nuclear Power Technology

Sun Qi, *Wang Li* / 171

Abstract: Along with the global wave of developments in industrial smart technology, countries with nuclear energy are carrying out extensive research on the integration of new energy and information technology. They are continually introducing digitized and smart information technology, such that smart nuclear energy has become the development trend of nuclear technology. In light of the great technical difficulties, long lifecycle, complicated systems, and extensive requirements for safety, a series of smart tools will be developed. The process, data and resources, and the NPP design and maintenance will be integrated with nuclear power and information technology to achieve full lifecycle digitization, network building and smart design of nuclear power plants. This will promote the rapid development of nuclear power technology. This paper analyzes the development status of smart nuclear power plants and technology development trends, combined with the construction practice of CGN's smart nuclear power plant.

Key words: Digitization; Intelligentization Made-in-China; Smart Nuclear Energy

Abstract: This paper gives information on compressed air energy storage technology and its classification, and gives a detailed explanation of the technology based on salt cavern storage. The advantages of this method are outlined, along with the difficulties in building new caves or using existing caves.

This paper introduces in detail the step-by-step process of site selection for salt cavern gas storage, and also considers the feasibility of this method based on the technical and economic aspects of compressed air energy storage system, considering the low pressure of shallow salt caves in Yunying, Hubei. This paper uses Aspen Plus software to evaluate the typical shallow salt cavern as an example. The static investment recovery period of the project is 8. 89 years, the total investment profit rate is 7. 30%, the investment profit and tax rate is 13. 95%, and the capital profit margin is 36. 56%. The internal financial rate of return is 14. 93% and this method has good profitability.

Key words: Compressed Air Energy; Shallow Salt Caverns; System Efficiency

Abstract: This article analyses the cooling, heating and electric load of a natural gas transmission and repair station, and proposes using natural gas power generation devices to recover natural gas resources. A multi-energy complementary system is designed based on natural gas distributed energy and power generation systems using the residual pressure of natural gas. The residual pressure of natural gas is a 100% recycled resource, the efficiency of integrated energy use within a natural gas distributed energy system is over 80%, and the energy saving rate exceeds 25%.

Key words: Natural Gas; Residual Pressure; Distributed; Multi-energy Complementarity; Integrated Design

Abstract: Interaction simulation is an important method to study the impact of interaction mechanisms on participants' behavior and to improve it. Firstly, this article considers the multi-participants interaction mechanism of an integrated energy system in industrial parks, in which operators and users complete peak clipping indicators through various interactions, such as information interactions. Secondly, the users' load model, users' benefit model, operator's revenue and cost model are established for the interaction mechanism. Following this, an interactive simulation method based on a leader-follower model is proposed for the simulation of the interaction mechanism. When the power load exceeds the limit, on the one hand, users respond to the operator by adjusting the translatable load, the curtailable load, and load that can be transferred into heat. On the other hand, the operator responds to users' behavior and adjusts the peak compensation price. Both of them aim to maximize their own interests until they reach equilibrium. Finally, through the analysis of a typical example, the effectiveness of this method is demonstrated.

Key words: Interactive Mechanism; Simulation; Multiple Participants; Integrated Energy System; Leader-Followers Game

Abstract: Energy is the foundation and driving force for social and economic development. However, with the increasingly severe resource shortages and environmental pollution due to the world's astonishing dependence on fossil fuels, the importance of multi-energy supplementation has been recognized by many countries.

In recent years, China has exerted great efforts in developing smart energy with energy carriers such as electricity, heat, cold, and water. Through the adoption of various technologies such as a smart micro-grid, multi-energy supplementary heat/cold systems and water treatment systems, traditional energy and new energy are being strategically developed and utilized, according to suitable locations and conditions. The integrated energy supply infrastructure is being developed through optimizing the structure, such that the energy supply and consumption systems are complemented, coordinated and optimized as a whole. This enables the subsequent utilization and collaborative optimization of energy, reduces or eliminates the uncertainty of energy supplies, improves the safe consumption of renewable energy, and achieves multi-energy collaborative supply and comprehensive energy use.

Key words: Smart Energy; Multi-energy Supplement; Micro-grid

Abstract: In the wake of social development, energy consumption is continually increasing. The development and utilization of renewable energy has become an important part of the sustainable development strategy in more and more countries. Distributed clean energy has become a key part of the energy distribution system. With the release and promotion of the "Guiding Opinions on Promoting the Development of Internet+ Smart Energy", the smart energy system, which integrates the IoT (Internet of Things) sensing technology and fully understands the user's energy and living demands, has become the objective requirement of future energy development.

Based on the customer-oriented power program, the smart micro-grid is an advanced power supply, grid and load management system, which integrates advanced measurement technology, data encryption communication transmission technology, big data operation analysis technology, smart adaptive protection technology, artificial intelligence control decision technology and human-computer interaction technology. The unique optimal control core technology of the micro-grid has strong compatibility with any equipment which generates or uses electrical energy. It also has auto-control, auto-protection, and managementcapabilities and is extensively interconnected. As a result, the micro-grid can be widely used in all types of industries to build a brand new energy utilization system. It is an important form of future smart energy applications.

Key words: Internet; Smart Energy; Smart Micro-grid; Big Data; User

18. Smart Energy Internet Leads Two Major Changes in Thermal Power Sector

Yang Yusen / 260

Abstract: In recent years, the energy industry research has been focused on smart Energy Internet, especially in the context of the rapid development of renewable energy, such as wind power and PV. Around the world, more and more scholars and energy professionals recognize that distributed renewable energy will gradually replace centralized coal-fired power plants. Therefore, China's thermal power sector is facing a major change. This article summarizes and analyzes the development trend of smart Energy Internet and thermal power plants, especially the flexibility and de-carbonization of thermal power plants, and describes the main domestic and international technologies related to flexibility and de-carbonization, using relevant fundamental concepts. This helps to establish a smart Energy Internet which integrates a smart grid, a smart hot/cold water network and a smart gas network.

Key words: Smart Energy; Energy Internet; Thermal Power Generation; Flexibility; De-carbonization; Energy Storage; Peak Shifting

19. A Key Component of the Energy Internet: Energy Storage System

Liu Mingchuan / 283

Abstract: The energy industry is moving in the direction of the Energy Internet, and energy storage technology is an important component of the latter. However, energy storage has not been widely used because of its technological development stage and its cost. This paper outlines the main development trends and conditions of energy storage technology. Based on the technical characteristics of energy storage systems, the research scope includes, among others: pumped storage, compressed air energy storage, flywheel energy storage, superconducting energy storage, Lithium-ion batteries, sodium flow batteries, flow batteries, super capacitors, hydrogen fuel and fuel cells. This paper also reviews the advantages and disadvantages of different technologies and summarizes the technological development paths of various energy storage technologies. Additionally, it analyzes the demand trend of energy storage technology in the energy field and summarizes the market's judgment on the important aspects of energy storage technology development.

Key words: Energy Internet; Energy Storage Systems; New Energy Power Generation; Power Systems

B.20. Study on Sewage Source Heat Pumps Absorbing Heat from Untreated Sewage Directly *Luo Hong, Pang Weike, Lv Lianhong* / 296

Abstract: At present, the structure of energy consumption and the mode of energy use in Chinese cities and towns need to be adjusted and improved. As a novel technology for saving energy and protecting the environment, heat pump technology could take advantage of the low-grade heat of water, soil or air, and then provide energy for the clean heating of residential premises and industrial manufacturing processes. Therefore, energy is renewed and reused with the help of heat pumps. This article considers a sewage source heat pump with thermal energy absorption, directly from untreated sewage. Adding a device for drawing sewage and a function of automatic back-washing ensures the stability and reliability of the whole system. Compared with a sewage heat pump with indirect heat absorption, there is no heat-exchanger or water pump in the middle, so manufacturing and operation costs are not too high. Compared to the conventional combination system of a boiler and a water chiller, there is a lower rate of installations being left unused and a shorter return period of investments. In addition, for this type of sewage source heat pump, the heat-transfer temperature difference is small during thermal energy absorption from untreated sewage, which reduces heat loss during the irreversible heat transfer process. In theory, its energy consumption is about 50% less.

Key words: Sewage Source Heat Pump; Direct Heat Absorption; Small Temperature Difference

B.21. Building Energy Technologies for Operation of Low-Carbon Smart Cities

Han Ke, Luo Shuxiang, Gu Zhongxuan / 305

Abstract: Reducing carbon use and increasing the use smart technology are two features of future cities. Exploring and advancing the development of low-carbon smart cities is the call of the times. The operation of cities involves the mode of operation and the development and operation process. Buildings are the medium of cities, while building energy technologies are key measures to construct low-carbon and smart cities. This article examines and analyzes the development and trends of urban construction in the context of a new type of urbanization. In addition, based on the research and use of outstanding technologies and cases by Beijing Building Technology Development Co., Ltd., this article describes the application of related technologies such as CCHP, the smart operation of heat supply systems, ultra-low energy green building and BIM technology, in order to help build and develop a new generation of livable and sustainable low-carbon smart cities.

Key words: Low-Carbon; Smart City; City Operation; Heat Supply in Buildings

B.22. The Study on Recycling and Harmless Disposal of Crystalline Silicon Photovoltaic Modules

Wu Cuigu, Song Dengyuan / 314

Abstract: This article analyzes the current status of crystalline silicon PV module recycling technology in China and elsewhere. Based on a large number of experimental studies using physical and chemical methods, this paper presents, for the first time, a comprehensive set of recyclingtechnologiesand harmless disposal of crystalline silicon photovoltaic modules, which includes the recycling and harmless processing of plastics, glass, copper, EVA, aluminum, silver, silicon and other important materials. The reclamation and harmless disposal program proposed in this article can form the basis for the subsequent large-scale reclamation of PV modules and, to a certain extent, alleviate the issue of raw material shortages for PV devices. It can also help to avoid the wasting of raw materials and reduce ecological and environmental pollution, at the same time making PV Products a clean energy for a "Full Life Cycle".

Key words: PV Module; Recycling; Reuse; Harmless Disposal

Abstract: Gas-fired combined cooling, heating and power supply system, namely CCHP, is a distributed energy supply system providing electrical energy to users. It uses gas as the primary energy source for power generation and uses waste heat from power generation for cooling or heating purposes. The system can provide grid-connected power as complementary energy and, at the same time, it has comprehensive benefits such as being energy-saving and beneficial to the environment. It is also one of the necessary means to improve the comprehensive energy utilization rate and urban air pollution control, and is in line with China's sustainable development strategy. This paper conducts an in-depth study on the technical and economic advantages and industrial development situation of distributed energy CCHP, makes technical and economic analysis and evaluation on the engineering cases of CGGC UN-POWER, and puts forward some suggestions on the implementation and development of this type of engineering project.

Key words: Distributed Energy; Gas-Fired Power Generation; Combined Cooling, Heating and Power Supply (CCHP)

24. Intelligence in the End, Smart in the Cloud — Antai Cloud Services to Help Enterprises Improve Energy Efficiency *Xia Xiaobo* / 344

Abstract: For a long time, there has been little progress in measurement-data based energy management system. Antai Company has made meaningful explorations and attempts regarding how to use advanced information methods to improve the actual efficiency of enterprises using energy, in order to improve enterprise efficiency.

In practice, the company has put forward the idea of "managing energy from outside of energy"; used the technical architecture of enterprise efficiency control systems using "end-to-cloud integration", based on the edge computing theory; established the "end-to-cloud complementary" enterprise energy control system, and brought about the next step of business model innovation through "users purchasing services".

Through the construction of enterprise energy control systems, an ecological system for the energy industry has been established, which integrates enterprises, governments, suppliers and research institutions.

Key words: Cloud Computing; Promotion of Energy Efficiency; Energy Management; Edge Computing; End-to-Cloud Integration

25. System Energy Conservation Technology Based on Cloud Platform for Smart Energy Services *Shen Xinrong*, *Chai Qiuzi* / 351

Abstract: With the innovation and development of smart energy and the Energy Internet, the cloud platform for smart energy services, built on cloud architecture using Internet of Things, big data and mobile Internet technologies, is widely used in industrial processes and civil contexts. However, the energy efficiency of energy station equipment and facilities based on the cloud platform for smart energy services in China is generally lower than that in developed countries. According to the principles of fluid mechanics, Hangzhou ZETA Technology Co. , Ltd. , developed seven key technologies based on the cloud platform for smart energy process industry services, namely CAEC (Compressed Air System Energy Conservation Technology) , WECS (Water Energy Conversation System) , BFEE (the Blast Furnace Drum Wind Energy Saving and Efficiency Increasing Integration Technology) , HRHT (Heat Recovery Heating Technology) , S-AC (Super smart Air-Conditioning solution) , S-HT (Super Smart Heat Supply System Solution) and TRT (Blast Furnace Top Gas Recovery Turbine Unit Energy Efficiency Analysis Technology) . They also built a cloud platform for smart energy services for a group of processing industry enterprises, specifically a compressed air station, refrigeration station, water pumping station, fan station, heat supply station, among others. Based on this platform, ZETA provides a series of high-quality value-added services, such as system energy efficiency analysis and operation optimization, equipment safety monitoring, energy system control, deep energy conservation and efficiency enhancement, equipment maintenance, spare parts zero inventory, energy station trusteeship and industrial energy efficiency benchmarking.

Key words: Smart Energy; Energy Conservation and Efficiency Enhancement; Optimal Control; Fluid Machinery

Abstract: This article starts by looking at the requirements, design and implementation of the operation and maintenance of smart energy distribution, and elaborates on its functions. It then explains the cumulative knowledge of Guangzhou Zhiguang Electric Ltd regarding exploration and implementation in this field.

Key words: Operation and Maintenance of Smart Energy Distribution; Cloud

Platform; Service Expansion

Abstract: In recent years, China has been frequently hit by smog in winter. Promoting clean heating in north China is vital to people's lives. This article examines the current status of clean heating, methods of heating and existing problems regarding heating in north China. It also elaborates on the relevant technologies and achievements of the "Energy Storage + Multi-energy Supplement + Smart Energy" carbon-zero pollution-free efficient heating and cooling system (HSES system), independently developed and designed by Enesoon. This technology provide feasible solutions for tackling winter smog problems in north China, improve air quality and guarantee quality of people's life.

Key words: Clean Heating; Energy Storage; Multi-energy Supplement; Smart Energy; Carbon-Zero

Abstract: This article builds on the experience of Yantai East Energy Science and Technology Co. Ltd. in energy saving services in the industrial sector over a period of almost ten years. The concept of "smart + energy-saving" has driven the healthy and rapid development of comprehensive energy service providers. Along with domestic and overseas energy production and consumption, which are being promoted and carried out in revolutionary ways, comprehensive energy services regarding the supply and demand of energy are also drawing more attention and becoming more important. Their positive role and significant value are being explored in more detail.

Key words: Smart + Energy-Saving; Implementation; Integrated Energy Service

Abstract: The worsening of global warming and carbon emissions have made people become more aware of the urgency of environmental protection. To boost economic growth and tackle resource depletion and environmental pollution, "carbon neutral life" has increasingly become people's focus. To achieve net zero carbon emissions and continuously improve people's quality of life, it is imperative to take actions on the demand side and make full use of the smart energy innovations which focus on renewable energy and Energy Internet of Things, so as to realize harmony between humans and nature, and ensure the sustainable development of human society. This article describes what carbon neutral life means, why carbon neutral life is important for China and how to promote being carbon neutral in China. In addition, this article reviews the concept of carbon neutral, sums up the experience in building a carbon neutral community in other countries, analyzes the environmental challenges, and then demonstrates the possibility and necessity of carbon neutral life in China.

Key words: Global Warming; Carbon Neutral Life; Demand Side; Smart Energy; Net Zero Emissions